U0693517

高校社科文库
University Social Science Series

教育部高等学校
社会科学发展研究中心

汇集高校哲学社会科学优秀原创学术成果
搭建高校哲学社会科学学术著作出版平台
探索高校哲学社会科学专著出版的新模式
扩大高校哲学社会科学学科研究成果的影响力

研究生教育
与国家创新体系
Graduate Education and
National Innovation System

谢桂华 /主编
许 放

林喜庆 /副主编
李志红

光明日报出版社

图书在版编目（CIP）数据

研究生教育与国家创新体系／谢桂华，许放主编.
--北京：光明日报出版社，2011.4（2024.6重印）

（高校社科文库）

ISBN 978－7－5112－1058－6

Ⅰ.①研… Ⅱ.①谢…②许… Ⅲ.①研究生教育—
研究—中国②国家创新系统—研究—中国 Ⅳ.①G643②322.0

中国版本图书馆 CIP 数据核字（2011）第 051286 号

研究生教育与国家创新体系
YANJIUSHENG JIAOYU YU GUOJIA CHUANGXIN TIXI

主　　编：谢桂华　许　放			
责任编辑：田　苗　祝　菲		责任校对：李　喆　李　勇	
封面设计：小宝工作室		责任印制：曹　净	

出版发行：光明日报出版社

地　　址：北京市西城区永安路 106 号，100050

电　　话：010-63169890（咨询），010-63131930（邮购）

传　　真：010-63131930

网　　址：http://book.gmw.cn

E－mail：gmrbcbs@gmw.cn

法律顾问：北京市兰台律师事务所龚柳方律师

印　　刷：三河市华东印刷有限公司

装　　订：三河市华东印刷有限公司

本书如有破损、缺页、装订错误，请与本社联系调换，电话：010-63131930

开　　本：165mm×230mm		
字　　数：380 千字	印　　张：21	
版　　次：2011 年 4 月第 1 版	印　　次：2024 年 6 月第 2 次印刷	
书　　号：ISBN 978－7－5112－1058－6－01		
定　　价：78.00 元		

版权所有　　翻印必究

序

  研究生教育是我国教育结构中的最高层次，肩负着为国家培养高层次创新人才的重任，是建设国家创新体系的重要支撑力量，对我国综合国力和国家竞争力的提升有着举足轻重的作用和重要的战略意义。

  改革开放 30 多年以来，我国研究生教育取得了举世瞩目的成就，为我国社会主义现代化建设作出了重要贡献，已经成为世界研究生教育大国，并开始迈进建设研究生教育强国的新阶段。我国已明确提出，到 2020 年将把我国建设成人力资源强国和创新型国家。为了更好地适应建设创新型国家的需要，我国研究生教育要以改革创新为动力，以提高培养质量为核心，更新教育理念，深化研究生培养机制改革，发展专业学位教育，推进学位类型多样化；要进一步加强研究生导师队伍建设，改革研究生培养模式，推行产学研联合培养研究生的"双导师制"；特别是要进一步强化研究生创新思维与创新能力的培养力度，营造良好的创新文化，促进高层次创新人才的培养与成长。

  中共中央、国务院于 2010 年 7 月印发的《国家中长期教育改革和发展规划纲要（2010～2020 年）》指出，要"充分发挥高校在国家创新体系中的重要作用，鼓励高校在知识创新、技术创新、国防科技创新和区域创新中作出贡献。大力开展自然科学、技术科学、哲学社会科学研究"。"促进科研与教学互动、与创新人才培养相结合。充分发挥研究生在科学研究中的作用。"这既是对研究生教育寄予厚望，也是对研究生教育提出了更高的要求。

  充分认识和发挥研究生教育在国家创新体系建设中的作用是我们面临的一个重要课题。谢桂华和许放同志主编的《研究生教育与国家创新体系》一书，对这一问题进行了较为深入地研究和探讨，试图从历史与现实的角度出发，从理论与实践的剖析入手，从国内与国外的对比与借鉴中，阐明研究生教育在国家创新体系建设中的地位和作用，进而从建设国家创新体系的角度，提出了研究生教育改革与发展，特别是研究生创新能力培养的途径。本书的主编长期在学位与研究生教育领域工作，经验丰富，研究能力强。所以，本书的出版，对充分认识和发挥研究生教育在国家创新体系建设中的作用，促进学位与研究生教育的改革与发展具有一定的作用，对相关读者有一定的参考价值。

教育部原副部长　　周远清

中国高等教育学会会长

2010 年 9 月

前　言

　　世界上实现工业化与现代化的道路大体可分为三种类型：一是资源型国家，主要依靠自身丰富的自然资源增加国民财富，如中东产油国家；二是依附型国家，主要依附于发达国家的资本、市场和技术，如一些拉美国家；三是创新型国家，把科技创新作为基本战略，大幅提升科技创新能力，形成日益强大的竞争优势。我国是一个发展中的人口大国，既不能走资源型国家的道路，也不能走依附型国家的道路，而只能走创新型国家的道路。2006 年 1 月，中共中央、国务院在《关于实施科技规划纲要增强自主创新能力的决定》中明确提出："到 2020 年使我国进入创新型国家行列"。建设创新型国家，是全面落实科学发展观、开创社会主义现代化建设新局面的重大战略举措。

　　目前世界上公认的创新型国家有 20 个左右，包括美国、日本、芬兰、韩国等。这些国家的共同特征是，创新综合指数明显高于其他国家：（1）科技进步（对 GDP）贡献率在 70% 以上；（2）研发投入占 GDP 的比例一般在 2% 以上；（3）对外技术依存度指标一般在 30% 以下。此外这些国家所获得的三方（美国、欧洲、日本）专利数占世界数量的绝大多数。我国自实施建设创新型国家的发展战略以来，在增加创新投入、支持自主创新基础能力建设和鼓励企业技术创新等多方面采取了一系列措施，促进科技创新能力不断增强，取得了显著成效。如：新修订的《科学技术进步法》正式颁布实施，为自主创新提供了法律保证；科技创新能力显著增强，2008 年我国专利申请量快速增长，达到 82.83 万件，增长 19.33%；授权专利 41.20 万件，增长 17.11%；关键领域自主创新能力加快提升，如攻克超百万亿次高性能计算机，特深井石油钻机 6000 马力绞车等一批产业关键技术进一步加强，国产时速 350 公里高速列车成功下线并在京津城际铁路开始商业运营等①。但是，与发达国家相比

---

①　www.csoet.com/n16/n1100/n1553/n1583/n5186…2009 – 6 – 26。

差距很大，我国科技创新能力还比较弱。如：投入水平仍然偏低，研究开发投入占国内生产总值的比重较低，2006 年仅为 1.41%，而世界各国平均为 1.6%，OECD 国家 2002 年已达 2.26%；企业创新主体作用不够，设立研发机构的大中型工业企业比例不高，大中型企业研发投入占销售收入的比重仅为 1% 左右，而发达国家大企业一般不低于 5%；我国对外技术依存度高达 50%，而美国、日本仅为 5%，核心技术受制于人的局面未得到根本改变，高科技含量的关键装备基本上依赖进口。这就充分说明，当前我国竞争力的主要来源仍是低成本劳动力，随着劳动力成本上升，会导致低成本制造业向其他发展中国家转移，这将会对我国产业的发展空间产生不利影响。如果我们不掌握核心技术，不能快速提升自主创新能力，实现由"中国制造"向"中国创造"转变，将会严重影响到我国竞争力的提升，严重影响到我国经济的发展方式转变与可持续发展。当今，科技进步和创新愈益成为增强国家综合实力的主要途径和方式，科学技术作为核心竞争力愈益成为国家间竞争的焦点。我们必须抓住和用好本世纪头 20 年发展的重要战略机遇期，全面落实科学发展观，大力提高自主创新能力，建立中国特色的国家创新体系，不断增强我国科技竞争力和综合国力。

建设中国特色的国家创新体系，主要包括五个方面：一是建立以企业为主体、市场为导向、产学研相结合的技术创新体系；二是建设科学研究与高等教育有机结合的知识创新体系；三是建设军民结合、寓军于民的国防科技创新体系；四是建设各具特色和优势的区域创新体系；五是建设社会化、网络化科技中介服务体系。[①] 作为高等教育最高层次的研究生教育，与国家创新体系的上述五个方面之间都有着密切的关联，正在发挥并将进一步发挥重要作用。

在建设国家创新体系过程中，知识创新与技术创新是基础，培养结构合理、素质优良的各级各类人才是根本，而培养造就一批高层次的创新型人才是关键。研究生教育是人才培养与知识创新和技术创新的结合点，是培养高层次创新型人才的主渠道。研究生教育不仅为企业科技研发和技术创新提供高水平服务，还为企业提供高层次的研发人才。由此可见，建设国家创新体系，需要研究生教育提供知识与技术支撑，提供源源不断的高层次创新型人才；建设国家创新体系，既对研究生教育提出了新的更高要求，又为研究生教育提供了新的发展机遇。研究生教育必须加快改革与发展，从研究生教育大国建设成研究

---

① 《中共中央国务院关于实施科技规划纲要增强自主创新能力的决定》

生教育强国，更好地适应建设国家创新体系的国家战略，更加主动地服务于建设创新型国家的需要。

经过 60 年的求索与奋斗，特别是改革开放以来，我国学位与研究生教育取得了巨大成就。一方面为建设创新型国家输送并储备了一大批高层次创新型人才，他们已经成为或将成为建设创新型国家的骨干力量乃至领军人物；另一方面研究生特别是博士生已经成为我国高等学校和科研机构科学研究的生力军，为建设创新型国家提供了知识与技术支撑，作出了并将源源不断地作出重要贡献。同时，我们必须看到，当前我国高等教育包括研究生教育仍不适应社会主义现代化建设的需要，最突出的问题主要表现在两个方面：一是研究生的创新能力不够，特别是博士生的培养机制仍不适应高层次创新型人才的培养，不利于拔尖创新人才脱颖而出；二是研究生的培养类型仍然比较单一，研究生专业学位教育没有摆脱传统的学术型人才培养模式，存在重理论轻实践、重学术轻能力、重分数轻素质的倾向，严重制约着高层次专门应用型人才的发展，毕业研究生不仅适应不了企业的需要，而且也不愿意去或去不了企业。据教育部博士生质量调查显示：1995 至 2006 年期间，我国毕业博士生的近 70% 流向了高等学校和科研机构，而进入企事业单位工作的博士毕业生仅占 16%。有关统计数据显示，2006 年我国有大中型工业企业 32647 家，拥有博士仅 8880 人，平均每个企业仅 0.27 人；拥有硕士 62262 人，平均每个企业不足 2 人。[①]造成这种状况的原因虽然不能全归咎于研究生教育，它与我国企业研发能力不强，企业吸引研究开发人员的力度不够直接相关。但如何使更多的高层次创新型应用人才进入到作为我国技术创新主体的企业，则是研究生教育必须解决的迫切问题。

在技术创新发达的国家，"产学研"合作开发是一种最为普遍的创新模式，产学研合作技术创新已成为当今世界发展的潮流。高校与企业的技术合作，充分利用科研机构、高等学校和企业的各自优势资源，通过合作研究开发可以达到加速技术创新的目的。同样，我国要建设创新型国家，关键是提高自主创新能力，积极推进产学研合作。产学研合作是关系国家创新体系建设的关键突破口，关系提升国家自主创新能力的重要着力点，是增强我国自主创新能力的必然要求。长期以来，国家及有关部门采取了一系列措施，积极推动产学研合作，取得了一定的成绩，产学研合作已经成为我国技术创新的基本组织模

---

① www.csoet.com/n16/n1100/n1553/n1583/n5186···2009 – 6 – 26

式。但是，由于缺乏整体设计与统筹协调，产学研结合在组织形式上比较松散，合作行为短期化，致使我国的科技、教育、经济始终未能紧密结合，严重影响技术创新的可持续性，同时也造成创新资源的分散，使用的低效，既难以保障科技成果的及时产业化，又难以不断提升产业的竞争力，这就制约着创新型国家建设的发展进程。为此，党中央和国务院作出重大决定，把建设企业为主体、市场为导向、产学研相结合的技术创新体系，作为建设创新型国家的重中之重。这也正是研究生教育与国家创新体系的一个重要结合点。企业要发挥国家技术创新的主体作用，需要研究生教育提供知识与技术支撑，需要研究生教育提供高层次创新型的研发人才。研究生教育也需要通过产学研合作，深化培养模式改革，增强创新能力，为企业培养更多高层次专门应用型人才，为建设创新型国家作出更大贡献。从一定意义上说，作为高等教育最高层次与高层次创新型人才培养主渠道的研究生教育参与产学研合作，对于提升产学研合作的层次与水平，促进中国特色国家创新体系建设是极为重要的。因此，研究探讨研究生教育与国家创新体系的关系，对于研究生教育如何更好地适应国家创新体系的需要，在为我国建设创新型国家作出积极贡献的过程中，促进研究生教育的改革与发展，不仅具有重要的理论价值，而且具有重要的现实意义。《研究生教育与国家创新体系》一书，就是在这方面作的一种有益探索。

为了既能比较全面又能有重点地研究探讨研究生教育与国家创新体系的有关问题，既结合我国实际又借鉴国外经验，本书编写的基本框架分为上篇与下篇两大部分。上篇由第一至第四章组成，分别研究探讨了我国学位与研究生教育的历史、现状与发展趋势，我国国家创新体系的建设与特点，研究生教育在国家创新体系中的地位与作用，研究生教育的改革与创新能力的培养。下篇由第五至第八章组成，分别对美国、法国、日本和韩国的研究生教育与国家创新体系有关方面的问题作了介绍与比较研究，分析论述了上述四国在研究生教育与建设国家创新体系关系中的经验及其对我们的启示。

CONTENTS 目 录

上 篇

■

上 篇

第一章

我国学位与研究生教育的历史沿革、基本现状与发展趋势

第一节 我国学位制度与研究生教育的历史沿革

一、学位制度与研究生教育的渊源与试行

现代意义的学位与研究生教育制度的创立，始于德国的"新大学运动"。1809 年柏林大学的创建，确立了教育和科研相结合的办学理念，为大学实施更高阶段的硕士、博士两级学位的研究生教育提供了可能。德国大学的研究生培养模式对世界各国研究生教育产生了深远的影响。而在大学实行学士、硕士、博士三级学位则是始于美国。1693 哈佛学院正式定名后不久，便开始为其毕业生授予学士学位。1825 年创设的弗吉尼亚大学于 1831 年首次给进修者授予文科硕士学位。1701 年设立的耶鲁学院于 1861 年首次授予了哲学博士学位。①

----

① 谢桂华：《20 世纪的中国高等教育——学位与研究生教育卷》，高等教育出版社 2003 年版，第 10 页。

1

将我国科举的秀才、举人、进士这三种功名视同于西方大学的三级学位是不恰当的。在我国，始于明代、制度化于清代的"庶吉士"的选拔，与西方的学位与研究生教育有些类同。"庶吉士入选庶常馆后，须肆习规定课业，接受'教习庶吉士'指导，可与修史、撰写'实录'等研究性工作，且以 3 年为期，又有专门的散馆试，因此颇类现代的研究生教育。"① 另外，始于唐代的古代书院在对新兴学术的追求及其研修学问的方式上也与现代研究生培养方式颇有相似之处。

自 1840 年鸦片战争后，随着教会大学的开办以及回国留学生的介绍，西方的学位与研究生教育制度也随之传入。我国现代意义的研究生教育始于 1918 年的北京大学。在蔡元培主持下，1918 年北京大学创设了文、理、法三科研究所，其中有研究生 148 人②。1935 年国民政府颁布《学位授予法》，规定设学士、硕士和博士三级学位，我国的学位制度得以确立。但旧中国教育落后，直至解放前并未培养博士生和授予博士学位，只授予了 200 多名硕士。

二、学位制度与研究生教育的重建与发展

1953 年 11 月，高等教育部颁布《高等学校培养研究生暂行办法（草案）》，对培养研究生的目的、条件、修业年限和研修方式等作出了明确规定，重建了我国研究生教育制度，改变了此前无章可循的状况。1949 年至 1966 年期间，我国研究生教育在曲折中有所发展。在 1955 年至 1965 年的 10 年间，曾两次起草过《中华人民共和国学位条例（草案）》，但均因"政治运动"冲击而被搁置。在 1966 至 1976 年的"文化大革命"中，研究生教育和学位制度建设则完全中断。我国研究生教育的发展和学位制度的实施，是在 1978 年"中共十一届三中全会"以后。1978 年研究生招生考试的恢复和 1981 年《中华人民共和国学位条例》的实施，标志着我国学位与研究生教育的改革与发展进入了一个新的历史时期。在这个历史时期，我国学位与研究生教育的改革与发展大体经历了五个阶段。

（一）学位制度的初创与研究生教育的恢复阶段（1978～1985）

1980 年 2 月 12 日，五届全国人大常务委员会第 13 次会议审议通过了《中华人民共和国学位条例》（以下简称《学位条例》），并于 1981 年 1 月 1 日起实施。这是新中国颁布的第一部教育学位法律，标志着学位制度的创立。在

---

① 周洪宇：《学位与研究生教育史》，高等教育出版社 2004 年版，第 261～262 页。
② 萧超然：《北京大学校史〔1898～1949〕》，北京大学出版社 1988 年版，第 68 页。

这个阶段主要做了以下几个方面的初创工作。

1. 成立国务院学位委员会及其办公室，组建了第一届国务院学位委员会学科评议组，为《学位条例》的实施提供了行政管理与学术评审的组织保障。

2. 制订了《中华人民共和国学位条例暂行实施办法》、《国务院学位委会关于审定学位授予单位的原则与办法》，为《学位条例》的实施从配套法规上作出了具体规定，有利于保障在学位工作中依法办事。

3. 在制订《授予硕士、博士学位的学科专业目录》的基础上，先后于1981、1983、1985 年进行了三次硕士、博士学位授权单位及其学科专业的审核工作，批准了一批博士、硕士学位授予单位及其学科专业，为我国学位制度做了大量奠基性工作。

4. 制订了关于授予硕士、博士学位的有关规定，1983 年授予了中国历史上首批由我国独立自主培养的博士。

5. 1985 年开展了以毕业研究生同等学力在职人员申请硕士、博士学位的试点工作，为具有相应学术水平者开辟了获得学位的另一条渠道，标志着《学位条例》开始全面实施。

6. 1985 年开展了首次学位与研究生教育质量检查评估的试点工作，开始建立质量保证体系的探索。

1978 年 1 月教育部发出《关于高等学校 1978 年研究生招生工作安排意见》，决定将 1977、1978 年两年的研究生招生工作合并进行，经考试录取突破 1 万人，停顿了 12 年之久的研究生教育得以恢复，迎来了研究生教育事业的春天。1978 年 7 月教育部召开了"研究生培养工作会议"，讨论通过了《高等学校培养研究生工作暂行条例》、《关于高等学校制订理工农医专业研究生培养方案的几项原则规定》、《关于高等学校研究生政治理论课的规定》、《关于高等学校研究生学籍处理的几项暂行规定》、《关于高等学校培养研究生的经费、人员编制和研究生的助学金及其他生活待遇问题的几点规定》，初步完成了研究生教育制度的恢复重建工作。1981 年《学位条例》实施以后，推动了研究生教育的制度化与规范化，学位工作在互动中改革与发展。在此阶段，对于研究生教育产生重要而又深远影响的一项举措，就是"研究生院"的试办。1984 年 8 月，经国务院批准，教育部发出《关于在北京大学等 22 所高等学校试办研究生院的通知》，北京大学、清华大学等 22 所国内高水平大学研究生院的成立，为建立我国研究生培养基地奠定了基础。

（二）学位制度深化改革与研究生教育波浪式发展阶段（1985～1992）

1985年3月，中共中央颁布了《中共中央关于教育体制改革的决定》，它是在中共中央陆续颁发了《中共中央关于经济体制改革的决定》、《中共中央关于科学技术体制改革的决定》之后配套出台的纲领性文件，它标志着我国教育进入深化改革的历史新阶段。学位与研究生教育的改革与发展也随之进入一个新阶段。

根据《中共中央关于教育体制改革的决定》中有关"扩大高等学校的办学自主权"、"实行中央、省（自治区、直辖市）、中心城市三级办学的体制"以及"建设重点学科，发挥科研优势"等方面的要求，国务院学位委员会和教育部在学位与研究生教育方面进行了一系列改革，取得了显著成绩。

1. 首次开展在一定学科范围内下放硕士点审批权的试点工作。1986年4月，国务院学位委员会发布了《授权部分学位授予单位审批硕士学位授权学科、专业的试行办法》，规定了各类学校自行审批硕士点的学科范围和条件，即综合大学、师范院校的哲学、经济学、法学、教育学、文学、历史学和理学门类，以及综合大学与理学门类密切相关的工学门类各学科、专业；理工科院校的工学门类及与工学门类密切相关的理学门类各学科、专业；医科院校医学门类各学科、专业；农学院校的农学门类各学科、专业。属于上述门类的一级学科内至少有1个博士点或2个硕士点，可以自行审批新增硕士点。首批自行审批新增硕士点的试点单位是已试办研究生院的22所高等学校。此后，在1989年第四次学位授权审核中，又进一步扩大了试点范围，可以自行审批新增硕士点的试点高等学校有33所，此外还有中国科学院和中国社会科学院。

2. 试行建立省级学位委员会。1991年3月，国务院学位委员会发布《关于试行建立地方学位委员会的几点意见》，对地方学位委员会的职责及应具备的条件作出了明确规定，先后批准江苏、陕西、上海、四川、湖北和广东6省市建立省级学位委员会。省级学位委员会的建立，是深化管理体制改革，实行三级学位管理体制的重要举措。

3. 试办专业学位。为适应社会对高层次应用型人才需要，1990年10月，发布《关于设置和试办工商管理硕士的几点意见》，并先后批准清华大学等9所学校试办工商管理硕士专业学位（MBA）。这是我国设置的第一个专业学位，对推动我国专业学位制度的建立，逐步实现学位类型的多样化具有重要意义。

（三）中国特色学位制度基本建立与研究生教育稳步发展阶段（1992～1999）

1993 年 2 月 12 日，中共中央、国务院颁发《中国教育改革和发展纲要》，为中国教育跃上更高发展阶段进行了具体设计。这一时期，在邓小平理论的指引下，具有中国特色的学位与研究生教育制度得以基本建立和稳步发展。

1.《中国教育改革和发展纲要》指明了学位与研究生教育改革和发展方向。在《中国教育改革和发展纲要》中明确提出，应"努力扩大研究生的培养数量，应基本稳定基础学科的规模，适当发展新兴和边缘学科，重点发展应用学科"，同时指出要"完善研究生培养和学位制度。通过试点，改进硕士学位授权点和博士生导师的审核办法，同时加强质量监督和评估制度，在培养教学、科研岗位所需人才的同时，大力培养经济建设和社会发展所需的应用性人才。鼓励有实践经验的优秀在职人员采用多种形式攻读硕士、博士学位。研究生学习期间，实行兼任教学、研究和管理等辅助工作的制度，其待遇视学校内部管理体制改革的进展、所兼工作的实绩，参照在职人员的水平，由学校确定"①。在 1994 年 7 月 3 日国务院发布的《关于〈中国教育改革和发展纲要〉的实施意见》中，进一步具体指出，"硕士生、博士生的培养基本上要立足国内"。

2. 研究生教育制度的深化改革。1995 年 11 月 3 日，国家教委发出《关于进一步改进和加强研究生工作的若干意见》。其中有关研究生教育制度变更的要点包括以下几项内容。（1）优化和调整学科、专业结构。其调整原则是，规范和理顺一级学科、调整并拓宽二级学科，大力辅助新兴学科、交叉学科和应用学科。（2）研究生培养制度的改进。应统筹规划专业学位的研究生教育，并扩大其比重。博士生应拓宽培养口径，优化培养过程，有条件的单位可试行"硕博连读"。（3）集中力量，加强研究生培养基地的建设。为此，1996 年 10 月国家教育委员会发布了《研究生院设置暂行规定》，使研究生院的建设、管理和研究生培养工作走上规范化轨道。同时，要求高等院校和科研机构联合培养研究生，建设并形成新型的教学、科研、生产三结合基地。（4）建立和完善研究生教育质量监督和评估制度。制定和完善有关法规、办法，使各项评估工作制度化、规范化。

1999 年 12 月 13 日，教育部再次发布《关于加强和改进研究生培养工作的几点意见》，针对研究生培养工作尚未解决的难点问题，确立了继续"深化

---

① 《中国教育改革和发展纲要（摘要）》，《学位与研究生教育》1993 年第 3 期。

改革"的方针，并将"素质教育"引入质量保证体系。有关研究生教育制度变更的要点包括改革研究生培养方式、拓宽研究生培养口径、实行弹性学制、建立开放的研究生培养体系、改进专业学位研究生入学考试办法等。

3. 学位制度日臻健全。1996 年，国务院学位委员会颁发《学位评议组组织章程》，使学科评议组的组成有章可循，从而保证了学位授权审核工作的规范进行。在省级学位委员会的设立方面，在前期批准设立的 6 省市学位委员会基础上，国务院学位委员会从 1995 年至 1998 年又批复了 18 个省级学位委员会，使地方学位管理机构的设置达到 24 个。在学位授权审核制度方面，这一时期，国务院学位委员会先后发出了一系列"通知"或"意见"，这类"通知"或"意见"，均与时俱进地对学位授权审核制度加以改进和完善。在专业学位的设置方面，此期也逐步得以制度化。1996 年 7 月 22 日，国务院学位委员会颁布《专业学位设置审批暂行办法》，确立了专业学位授予制度。其后，陆续发布了《关于开展教育硕士专业学位试点工作的通知》（1996 年 6 月 10日）、《工程硕士专业学位设置方案》（1997 年 4 月 24 日）、《临床医学专业学位试行办法》（1997 年 4 月 24 日）等一系列文件。此外，关于在职人员以同等学力申请博士、硕士学位的制度，在前期试点的基础上，此期也得以基本完善。

（四）中国特色学位制度进一步完善与研究生教育跨越式发展阶段（1999～2005）

1999 年 11 月召开的全国研究生培养工作会议上，提出了研究生教育工作的基本方针，即"深化改革、积极发展；分类指导、按需建设；注重创新、提高质量"。2000 年 1 月教育部下发《关于加强和改进研究生培养工作的几点意见》正式确认了这一方针，从而确立了我国研究生教育今后一段时期"积极发展"的战略。在规模上，1999 年我国真正意义上的研究生扩招开始，"研究生招生规模从 1999 年的 9.2 万人，增加到 2004 年的 32.6 万人，年均增幅达 28.8%"①。2002 年又出台了《中国学位与研究生教育发展战略报告（2002～2010）（征求意见稿）》，对我国学位与研究生教育的发展进行了前瞻性的规划。在改革上，2003 年研究生招生政策出现重大改革，教育部下发了《关于做好 2003 年招收攻读硕士学位研究生工作的通知》，首次提出了复试差额比例，首次大范围扩大招生自主权，首次规定推荐、接受免试生由校级部门

① 中国学位与研究生教育发展报告课题组：《中国学位与研究生教育发展报告（1978～2003）》，高等教育出版社 2006 年版，第 142 页。

管理等等。

（五）开始从研究生教育大国向研究生教育强国迈进（2005～2008）

2005 年以后，我国跨入从研究生教育大国向研究生教育强国迈进的新时期。在研究生培养和学位授权体系上，形成了以普通高校为主体，科研机构、军队院校和党校在内的 4 大系统。经过共 10 批博士、硕士学位授权审核，建立了有相当规模的门类齐全的博士、硕士学位授权学科体系。截至 2006 年，全国有一级学科的博士学位授权点 1378 个，二级学科博士学位授权点 1739 个，一级学科硕士学位授权点 3459 个，二级学科硕士学位授权点 10008 个①。在研究生规模上，进入世界前列，成为研究生教育大国。截止 2007 年，全国在校研究生达到 119.5 万人，其中在校博士生 22.25 万人，在校硕士生 97.25 万人②，其规模仅次于美国，居世界第二位，实现了高层次专门人才培养基本立足国内的奋斗目标。在培养质量上，2005 年 1 月，教育部下发《关于实施研究生教育创新计划 加强研究生创新能力培养 进一步提高培养质量的若干意见》，强调通过研究生创新能力的培养以提高质量。此后，国务院学位委员会和教育部采取了一系列重要举措，包括重点学科的评选、研究生培养机制的改革、研究生教育创新工程、博士和硕士学位授权审核进一步改革、全面开展博士质量调查工作等。

从上述发展历程，我们可以得出如下判断：改革开放 30 年来，我国学位与研究生教育事业取得了巨大成就，为国家经济建设和社会发展做出了重大贡献，实现了历史性跨越。具体表现为：（1）从无到有，建立了完整的、开放的具有中国特色的学位制度；（2）从有到大，成为研究生教育大国；（3）促进高等学校三大职能的全面实现与提升，推动研究型大学群体的建设；（4）为国家输送大量博士和硕士，实现高层次专门人才培养基本立足国内的奋斗目标；（5）由单一的培养模式，走向高层次人才培养多样化的新格局；（6）突破传统体制，建立比较完善的学位与研究生教育的三级管理体制。

---

① 国务院学位委员会办公室：《中国学位授予单位名册（2006 年版）》，高等教育出版社 2007 年版，第 573 页。

② 资料来源：教育部发展规划司。

第二节　我国学位与研究生教育的基本现状

一、我国学位与研究生教育的基本制度

（一）研究生招生与考试制度

1978 年，我国恢复了研究生招生。我国的研究生招生，由国家统一组织全国研究生招生入学考试，向各招生单位下达招生计划，各招生单位根据研究生入学考试成绩、招生指标和国家主管部门制定的录取标准，录取招收研究生。经过 30 年的探索与实践，我国形成了灵活多样的研究生招生形式。

1. 统考统招。我国自从恢复研究生招收以来，研究生招生贯彻"德、智、体全面衡量，择优录取，确保质量"的原则，实行考试与推荐相结合、以考试为主的办法，硕士研究生在全国范围内进行统一招生、统一录取，政治理论课、外国语还实行全国统一命题。博士研究生由招生单位自行组织入学考试，按照国家确定的招收指标，自主录取。这是我国研究生招生与考试的主要形式。

2. 推荐免试。为了选拔优秀人才，加快人才培养，在学生中树立良好的学习风气，促进本科教学，我国从 1985 年起在部分高等学校进行了推荐少数优秀应届本科毕业生免试为硕士生的试点。全国重点高等学校推荐的比例一般控制在应届本科毕业生总数的 5% 以内，各省、自治区、直辖市所属少数重点高等学校和少数部委所属重点高等学校推荐的比例一般控制在应届本科毕业生总数的 3% 以内。

3. 单独考试。为了有利于有实践经验的在职人员报考并录取为硕士生，1986 年国家教委规定：少数硕士招生单位，经国家教委批准，可以进行对大学毕业后有 5 年（后改为 4 年）以上实践经验，且在工作中确有成果的在职人员进行单独入学考试的试点。这部分考生一般作为计划内定向培养或计划外委托培养硕士生。

4. 委托培养。为了鼓励高等学校挖掘潜力，培养更多的硕士生，教育部、国家计划委员会、财政部 1985 年 11 月 6 日发布《关于高等学校招收委托培养硕士生暂行规定》，该暂行规定明确了招收委托培养硕士生的条件和制定招收计划的原则、招生录取原则、合同、费用及其他问题。

5. 定向培养。为了扩大优秀生源，按照社会需求培养研究生，1988 年 11 月国家教育委员会发布了《高等学校招收定向培养研究生暂行规定》。定向培

养研究生是指在招生时通过合同形式明确其毕业后工作单位的研究生，其学习期间的培养费用按规定标准由国家向培养单位提供。定向培养研究生主要从要求定向培养的用人单位中的优秀在职人员中招收，也可根据用人单位的需要从其他考生中招收。

6. 自筹经费培养。1993年，国家教委在有条件的学校进行招收自筹经费研究生的试点，自筹经费研究生不单纯是由学生本人负担培养费的一种收费形式，而是利用导师的科研经费、学校创收收入和集资收费等多渠道筹措经费招收研究生。

7. 提前攻读博士学位。为了加速培养高级人才，改革和完善具有中国特色的研究生教育制度，根据实际情况，教育部于1984年发出通知，决定在有权授予博士学位的学科、专业内对少数优秀硕士生试行提前攻读博士学位的办法。提前攻读博士学位的学生必须政治思想好、课程成绩优秀、科研能力强、有培养前途。

（二）研究生培养制度

在我国，研究生培养有多种方式，有招生单位独立培养、招生单位联合培养、招生单位与境外联合培养等。

1. 招生单位独立培养。招生单位独立培养是指由学位授予单位及其学科、专业点，从招生、培养、学位授予各个环节，独立负责对研究生的培养。

2. 招生单位联合培养。招生单位联合培养是指两个招生单位之间经协商制订联合培养的方案，这一形式既可以是两个招生的高等学校之间的联合培养，也可以是招生的高等学校与科研机构之间的联合培养。这种培养方式有利于两个招生单位之间学科的优势互补和教育资源的共享，提高培养质量。

3. 招生单位与境外有关机构联合培养。与境外有关机构联合培养工作有以下几种方式：（1）研究生在国内学习课程，到境外进行课题研究，再回国内进行论文答辩和授予学位；（2）录取研究生入学后经过一段准备即送到境外学习，按协定进行联合培养；（3）招收出国预备研究生以及从在校硕士研究生中选拔留学生等。

（三）毕业研究生就业制度

改革开放以来，我国研究生就业可以分为两个时期：一是1987年以前，毕业研究生采取国家统一分配工作方式就业；二是1988年以后，毕业研究生采取"学校推荐，双向选择，自主择业"方式就业。研究生就业从国家分配工作到自主择业，是我国研究生就业制度在新形势下进行的重大改革。目前我国已基本实现了"学校推荐，双向选择，自主择业"的研究生就业制度，改变了由国家分配研究生工作的做法。在向社会主义市场经济转轨过程中，随着人才市场、毕业生就业市场的形成与发展，这种新的研究生就业制度获得了旺盛的生命力，成为我国研究生就业的基本形式。

（四）学位与研究生教育评估制度

在我国，研究生教育的管理与评估是与学位授予的管理与评估紧密联系在一起的。我国学位与研究生教育评估制度的建立，经历了两个主要阶段：一是1985～1991年的试点与探索阶段；二是1992年以来的全面开展与逐步发展阶段。[①] 学位与研究生教育评估制度的建立和实施，对于保证学位与研究生教育的质量，促进学位与研究生教育的健康发展起到了重要作用。

我国学位与研究生教育的评估，其领导、组织及实施主要有六种形式。（1）由国务院学位委员会及其办公室或由教育部及其研究生司直接组织与实施的评估；（2）由前者委托各省级学位委员会或教育厅、国务院有关主管部门组织实施的评估；（3）由国务院各部委自行组织与实施本部门或本行业的评估；（4）由各省级学位委员会或教育厅（教委）组织实施本地区的评估；（5）由国务院学位委员会及其办公室或教育部负责组织，委托"高等学校与科研机构学位与研究生教育评估所"（该所1999年以后并入全国学位与研究生教育发展中心，2003年该中心转制为教育部学位与研究生教育发展中心）具体实施；（6）由各学位授予单位自行组织的本单位的评估。[②]

我国学位与研究生教育评估，按其性质大致可以分为三类。第一类是质量鉴定性评估，包括合格评估、水平评估、选优评估、工作检查评估。第二类是行政审批性评估，包括博士与硕士授权审核中的评议、评选重点学科中的评议。第三类是质量鉴定与行政审批相结合的评估，[③] 如将对已有硕士、博士点合格评估与相应的授权审核相结合而进行的评估。从评估所采取的评估方法来看，主要有自我评估、社会评估（如通讯评议、实地考察、专家会议、声誉调查等）、客观评估等。

（五）研究生导师遴选和审定制度

在我国，研究生导师分为硕士研究生导师和博士研究生导师。我国对硕士

---

① 谢桂华：《学位与研究生教育工作实践及思考》，高等教育出版社2002年版，第462页。

② 谢桂华：《学位与研究生教育工作实践及思考》，高等教育出版社2002年版，第482页。

③ 谢桂华：《20世纪的中国高等教育——学位与研究生教育卷》，高等教育出版社2003年版，第143页。

研究生导师的遴选和审定，由各研究生培养单位负责，各单位都制定了相关制度。对博士研究生导师的遴选，在恢复研究生教育和学位制度创立之初，就制订并实行了由国家统一审核的办法，建立了博士研究生导师遴选和审定制度。从1981到1993年，共进行了5批博士生导师的遴选和审核工作，全国批准博士生导师8043名。① 这种由国务院学位委员会统一组织评审的所谓"国批博导"的做法弊大于利。为此，1993年国务院学位委员会第十一次会议决定对我国学位审核制度进行改革，在少数有代表性的博士学位授予单位开展自行审批增列博士生指导教师的试点工作。此后，国务院学位委员会第十一次会议决定全面改革博士生指导教师审批办法，从1995年起国务院学位委员会不再单独审批博士生指导教师，逐步由博士学位授予单位依据国务院学位委员会和国家教育委员会的有关规定，在审定所属博士点招收培养博士生计划的同时，遴选确定博士生指导教师。

二、我国学位与研究生教育的主要特色

（一）建立了以中央政府为主导的三级管理体制

改革开放初期，中央政府对全国各级各类教育，包括研究生教育都实行高度集中统一的领导。1985年《中共中央关于教育体制改革的决定》和1993年国务院颁布的《中国教育改革和发展纲要》，提出实行中央统一领导和地方政府分级管理相结合的管理体制，改革的方向是扩大地方政府对教育的决策和管理权限，以及下放学校办学自主权。在这一改革形势下，中央政府加强了省级政府对本区域内培养单位研究生教育和学位工作的管理和统筹能力，并逐步扩大研究生培养单位的办学自主权，逐步形成了学位工作与研究生教育管理的中央、地方和培养单位三级管理体制。②

1991年以前，我国学位管理体制处于初建时期，主要是二级管理，即：国务院学位委员会和学位授予单位。根据《学位条例》及国家有关法规，国务院设立学位委员会，由全国著名的专家、学者及国务院有关部门的负责人组成，成员由国务院任免。学位委员会主要负责制定全国学位工作的方针、政策并协调国务院有关部委做好学位工作；审定硕士、博士学位授予单位及其有权

---

① 谢桂华：《20世纪的中国高等教育——学位与研究生教育卷》，高等教育出版社2003年版，第143页。

② 中国学位与研究生教育发展报告课题组：《中国学位与研究生教育发展报告（1978～2003）》，高等教育出版社2006年版，第59页。

授予硕士、博士学位的学科、专业；领导全国各级学位授予工作以及学位授予质量的检查工作等等。国务院学位委员会日常办事机构为国务院学位委员会办公室。国务院学位委员会按照不同学科设立学科评议组，由国内各学科中学术水平高、具有指导博士研究生经验的学者、专家组成，任期四年。学科评议组主要承担审核新增博士、硕士学位授予单位，新增博士、硕士学位授权点；研究确定授予学位的学科、专业目录；对学位授予和研究生教育质量进行检查和评估等学术性工作。

1991 年以后，江苏、四川、上海、陕西、湖北、广东、北京、天津、辽宁、吉林、黑龙江、浙江、山东、福建、湖南、安徽等 16 个省市人民政府先后建立省级学位委员会，担负对本地区内学位与研究生教育进行管理、质量监督，在一定学科范围内对硕士学位授予单位申请新增硕士点进行审批，审批新增学士学位授予单位等多项统筹管理职能。部委院校新增学位授权点的审批也可由有关部委委托学校所在省市的省级学位委员会统一负责进行。以后，广西、山西、云南、重庆、甘肃等省、自治区、直辖市也先后建立起了省级学位委员会。这样就逐步形成了由国务院学位委员会、各省（自治区、直辖市）和军队学位委员会、学位授予单位构成的三级管理体制。

实践证明，我国研究生教育所取得的成就与三级管理体制密不可分。这一体制有效地调动了中央、地方和培养单位各方面的积极性，中央政府通过立法和规划、财政投入、制度建设、政策支持、质量监控等方式，实行对学位与研究生教育的统一领导，宏观上主导着全国学位与研究生教育的发展；省级政府则发挥了对本地区内学位工作和研究生教育重要的管理和统筹功能；在中央、地方两级政府的领导、管理和统筹下，培养单位面向社会自主发展和自我调节的能力不断增强。①

（二）实行严格的学位授权审核

按照学位条例的规定，被批准的学位授予单位有权决定对某一个学位申请人是否授予学位，不再需要经过上级部门的批准。国家对各级学位的监督，主要依靠严格审批学位授予单位。因此，《学位条例》实施伊始，中国就建立起一套有自己特色的、严格的学位授权审核制度。某个高等学校、科研机构及其学科、专业要培养研究生，必须首先经过国务院学位委员会组织的同行专家的

---

① 中国学位与研究生教育发展报告课题组：《中国学位与研究生教育发展报告（1978～2003）》，高等教育出版社 2006 年版，第 59 页。

严格评审，取得学位授予单位资格及在相应学科、专业上的学位授予权。评审依照"坚持标准、严格要求、保证质量、公正合理"的原则进行，既对学位授予单位整体条件进行审核，又对授权学科、专业进行审核。学位授权审核由国家统一部署，一般为每 2 ~ 3 年进行一次审核。严格的学位授权审核工作，对保证学位授予质量，促进学科建设，推动教学质量和科研水平的提高，都有极为重要的作用。

（三）形成了以高校为主的多系统培养途径

世界上绝大多数国家的研究生教育通常是由普通高等学校来承担，而我国的研究生教育在实践中形成了以高校为主的多系统培养途径。我国的学位授权单位具体包括：普通高等学校、科研机构、军队和党校四大培养系统。其中普通高校是规模最大的培养系统，科研机构包括中国科学院、中国社会科学院、国务院部委和地方下属科研机构等，军队院校包括国防大学和其他类型的军事院校与科研机构，党校包括中共中央党校和一些省级党校。截至 2006 年底，我国已有 346 个博士学位授权单位，697 个硕士学位授权单位，其中普通高校博士和硕士学位授权单位分别有 291 个和 530 个。[1] 实践证明，多系统培养研究生对于充分挖掘我国现有高等教育资源，调动社会相关单位、部队的积极性，培养社会急需的多种类型高层次人才具有重大意义，是我国研究生教育未来发展的巨大潜力和独特优势之一。[2]

（四）开辟了以同等学力申请博士、硕士学位的渠道

根据我国学位条例规定，具有研究生毕业同等学力人员可以申请博士、硕士学位，符合条件者经过一定程序可以获得相应的学位。这是人们获得学位的重要渠道之一，也是中国学位制度的特色之一。目前我国通过同等学力获得学位有两种方式：一是从 1985 年开始的以同等学力申请博士、硕士学位；二是从 1997 年开始的有组织有计划地开展在职人员攻读专业学位。

国务院学位委员会从 1985 年开展了以研究生毕业同等学力申请博士、硕士学位的试点工作，经过十多年的试点，1998 年颁布了国务院学位委员会《授予同等学力人员硕士、博士学位的规定》。新规定突出了同等学力的水平认定，强调目标管理，并制订了比较科学、规范、可行的水平认定政策与办

---

[1] 　国务院学位委员会办公室：《中国学位授予单位名册（2006 年版）》，高等教育出版社 2007 年版，第 569 页。

[2] 　中国学位与研究生教育发展报告课题组：《中国学位与研究生教育发展报告（1978 ~ 2003）》，高等教育出版社 2006 年版，第 61 页。

法，从而有利于多渠道促进高层次人才的成长，也有利于保证学位授予质量。

在职人员攻读专业学位，是由国务院学位委员会办公室有计划有组织地进行的，通过"入学联考"者，由培养单位按照由教育部学生司组织的"全国统考"入学的研究生同一要求进行培养，合格者可获得相应的专业学位，但无研究生毕业学历，这可称之为"学位教育"；而经过"全国统考"入学合格者，既可获得相应的专业学位，也有研究生毕业学历，这可称之为"研究生学历教育"。"两条腿走路"发展专业学位是一条行之有效的途径，体现了我国多渠道培养高层次专门人才的特色。

（五）形成了具有双重属性的研究生院制度

我国的研究生院在建设过程中借鉴了美国研究生院制度，同时又立足中国国情，具有中国特色。美国大学的研究生院只是学校的内设机构，一般指负责学术型研究生的管理事务，而我国的研究生院则具有双重属性。一方面，研究生院设立在大学或科研机构内，是校（院）长领导下具有相对独立职能的研究生教学和行政管理机构，研究生院院长一般由校（院）长或副校（院）长兼任，以利于统筹全校之力开展研究生教育。另一方面，研究生院是我国国家重点建设的研究生培养基地，其设置必须经过国家教育行政部门的批准，实际上成为国家有关部门在高校或科研机构的延伸机构。这一特殊地位，使研究生院在建设过程中获得了国家政策、财政上的许多优先支持。许多重大的改革措施，如博士生导师自主审批、硕士点自主审批、硕士招生分数线自主划定等，首先都是从设立研究生院的高校开始试点，取得经验后，再逐步推广。我国的研究生院已成为我国研究生培养的主要基地，承担着重要的人才培养和科研任务。同时，研究生院还通过研究生院长联席会议等途径，为政府有关研究生教育的决策提供咨询服务。①

研究生院是我国高层次人才培养的重要基地，代表着我国研究生教育的最高水平，在我国研究生教育发展中具有举足轻重的作用。研究生院的建设极大地推动了我国学位与研究生教育的发展，对全国研究生教育发挥了示范和骨干作用。截至 2002 年，设有研究生院的大学在校硕士生占全国在校硕士生总数的 55.4%，在校博士生占全国在校博士生总数的 78.0%，科研经费占全国高校的 60.0%，国家重点学科占全国高校的 75.2%，全国百篇优秀博士学位论

---

① 中国学位与研究生教育发展报告课题组：《中国学位与研究生教育发展报告（1978～2003）》，高等教育出版社 2006 年版，第 61～62 页。

文数占全国高校的 68.0%，在 SCI、EI、ISTP 上发表的论文数占全国相关论文总数的 73.8%。①

（六）坚持质量第一的原则

学位与研究生教育制度是为国家培养高层次专门人才的，因此，保证培养质量和学位授予质量是我国学位制度成败的关键。我国从学位制度建立一开始，就强调"质量是学位与研究生教育的生命线"，坚持"质量第一，宁缺毋滥"的原则。一是树立全面质量观，强调德、智、体全面发展；二是抓好从招生、培养、管理到授予学位的各个环节，把好质量关；三是建立并不断完善质量监督和保证机制，加大检查评估力度，对检查评估中发现的不能保证培养质量的学科、专业或授予单位，视其情况严重程度分别给予"责期改进"、"暂停招生"、"暂停授权"、"撤销授权"等处罚；四是坚决反对和抵制各种不正之风，维护中国学位的声誉。

三、我国学位与研究生教育发展中存在的主要问题

（一）传统教育理念仍需进一步转变

经过改革开放 30 年的艰苦奋斗和不断探索，我国现在已经基本建立起具有中国特色、符合中国国情的学位与研究生教育体系。但是，从历史发展这一维度看，我国学位与研究生教育起步晚、制度化晚的特征较为明显，因而一些传统的教育理念在研究生教育中仍然不同程度地存在并对研究生教育实践产生影响。具体表现为：在培养目标上，出现单一化、趋同化的特征；在教学观上，仍然是以传授式、灌输式为主；在质量观上，评价的标准相对单一、统一和绝对；在管理上，官本位、学术行政化的现象仍然很严重。此外，受传统教育理念的影响，我国研究生教育中存在着重理论轻实践、重学术轻技能、重科研轻教学、重分数轻素质的现象。

（二）高层次人才总量不足，研究生教育国际竞争力偏弱

高层次人才队伍建设是"人才强国"战略的重点。② 而研究生教育的主要任务就是培养高层次人才，因而研究生教育在我国人才队伍建设中担负着特殊的重要使命。但是，目前我国研究生教育距离"人才强国"战略的要求还有相当大的差距。以上海地区为例，2003 年全市专业技术人员中，大专及以上

① 中国学位与研究生教育发展报告课题组：《中国学位与研究生教育发展报告（1978～2003）》，高等教育出版社 2006 年版，第 13～14 页。

② 中共中央、国务院：《关于进一步加强人才工作的决定》，人民出版社 2004 年版。

学历人数达到 78.97 万人，其中，研究生学历占总数的 3.9%。① 再以软件产业为例，软件产业作为知识密集型产业，需要大批高学历人才。但在 2002 年软件业从业人员中，研究生学历的共 43208 人，只占全部从业人员的 7%。② 人事与人才研究所的专题研究表明：目前我国一般性人才短缺的状况已得到有效的缓解，在一些地方、行业甚至出现了暂时过剩的现象，但高层次人才仍然十分短缺。以享受国务院政府特殊津贴的专家为例，截至 2001 年，全国享受政府特殊津贴的专家共有 14.3 万人，但近 11 万人已到退休年龄，即使采取措施让部分知名专家延缓退休，我国目前在岗的这部分高层次人才总数也不足 5 万人。③ 而高层次人才紧缺问题在西部地区尤其突出。

　　造成我国高层次人才"总量不足"的原因是多方面的。但研究生教育特别是博士生教育的起步较晚、水平不高，是造成高层次人才总量缺乏的一个重要原因。

　　研究生教育既是培养高层次人才的主要阵地，同时又是吸纳全球一流人才的重要途径。当今世界，以经济为基础、科技为先导的综合国力竞争日益激烈。在知识创新、科技创新、产业创新不断加速的时代背景下，人才资源已成为最重要的战略资源，综合国力竞争说到底就是人才竞争，而人才的竞争主要是高层次人才的竞争。对高层次人才培养水平与吸纳一流人才的能力，是研究生教育国际竞争力的重要标志。目前我国研究生教育国际竞争力偏弱，主要表现在三个方面。一是研究生教育特别是博士生教育的培养起步较晚、水平不高，这是造成高层次人才总量缺乏的一个重要原因。二是对高层次人才的吸纳能力低。以留学生教育为例，世界一流大学的外国留学生占研究生的比例均超过 20%，有的高达 40%，而我国招收留学生人数最多的北京大学，外国留学生占研究生的比例仅为 3.1%。三是我国研究生外流现象严重。美国国家科学基金会的一个调查显示，在美国获博士学位后决定留美工作的外国留学生中，在理工、自然科学、社会科学三个领域，中国留学生所占比例在 1995、1996、1997 三年中都高达 40% ~ 60%。④ 科技部政策研究室的一项研究也表明：我

　　① 中国学位与研究生教育发展报告课题组编：《中国学位与研究生教育发展报告（1978 ~ 2003）》，高等教育出版社 2006 年版，第 67 页。

　　② 信息产业部：《2002 年中国软件产业发展公报》，中国学位与研究生教育发展报告课题组编：《中国学位与研究生教育发展报告（1978 ~ 2003）》，高等教育出版社 2006 年版，第 68 页。

　　③ 张景勇、翁声文、刘苗卉：《直面高层次人才短缺之痛　将才帅才短缺制约经济发展》，新华社 2003 年 12 月 17 日。

　　④ 谢桂华：《20 世纪的中国高等教育——学位与研究生教育卷》，高等教育出版社 2003 年版，第 506 页。

国 1052 个高新研究项目的部分核心人才（如项目负责人）在出国中流失，其中硕士及以上学位者超过流失总人数的一半。①

（三）研究生培养质量面临挑战

20 世纪 80 年代中期以来，质量已经成为高等教育改革中最受关注的热点和难点问题之一。我国研究生教育自恢复以来，注重质量要求，坚持"质量第一"的原则，强调"质量是学位与研究生教育的生命线"②，在相当长的时间中，研究生教育的质量普遍得到肯定。但随着近年来研究生招生规模的不断扩大，我国研究生培养质量出现了新的情况和问题，日益受到教育界及社会各界的关注，也引起一些专家学者的关注和担忧。如中国人民大学教授顾海兵认为，"我国的研究生总体质量严重下降，这已是不争的事实。我国研究生质量严重下降的根源，在于形成于计划经济时代的我国研究生教育制度，没有能够随着向市场经济体制的转轨而与时俱进，因而大大滞后于社会发展的要求。"③我国高等教育学学科的开拓者潘懋元先生对目前研究生教育质量情况也非常关切。他认为目前研究生教育质量问题比较严重，尤其值得注意的是出现了"本科化"的现象和趋势。他认为目前研究生教育质量问题主要表现在 4 个方面：研究生教育规模"大众化"、研究生招生"本科化"、硕士生培养"本科化"以及研究生只求学历不求学问的现象。④

近年来，由于"211 工程"、"985 工程"和"研究生创新工程"等项目的实施，一些国内水平较高的大学研究生培养环境也同步得到了改善，师资队伍得到了加强，保证了这些学校的研究生培养质量，特别是博士生培养质量。据中国学位与研究生教育发展报告课题组 2004 年的一项调查表明，与 5 年前相比，有 42.2% 的硕士生导师认为硕士生培养质量基本稳定和有所提高，有 48.9% 的博士生导师认为博士生培养质量基本稳定和有所提高。在对研究生院（部、处）负责人的调查中，有 47.3% 的负责人认为近 5 年硕士生培养质量基

---

① 张景勇、敏声文、刘苗卉：《直面高层次人才短缺之痛　将才帅才短缺制约经济发展》，新华社 2003 年 12 月 17 日。

② 谢桂华：《20 世纪的中国高等教育——学位与研究生教育卷》，高等教育出版社 2003 年版，第 111 页。

③ 顾海兵：《研究生教育制度必须改革》，《南方周末》2002 年 8 月 1 日，转引自余三定：《关于我国研究生教育问题讨论的评述》，《云梦学刊》2007 年第 2 期。

④ 陈慧青：《研究生教育质量问题探讨——潘懋元教授学术沙龙观点荟萃》，《教育与考试》2007 年第 1 期。

本稳定和有所提高，有 58.0% 的负责人认为博士生培养质量略有提高。[①]

从调查结果看，全国研究生培养质量虽然有下行的倾向，但就整体而言，仍有近一半的人认为硕士生的培养质量保持稳定或有所提高，近六成的人认为博士生的培养质量保持稳定或有所提高，这说明研究生培养质量基本得到了保证。但是，研究生培养中出现的质量问题仍不容忽视，特别是随着研究生规模的进一步扩大，研究生培养质量将面临着严峻挑战。

（四）研究生教育结构不够合理

研究生教育结构包含研究生培养的学科结构、类型结构、层次结构和地区分布结构等多方面内容。经过多年发展，我国已经初步建立了较为完善的研究生教育培养体系，学科领域不断拓宽，人才培养分类进一步明晰，培养单位条件日益改善。但相对我国经济社会转型时期对高层次专门人才多样化的需求而言，研究生教育结构仍存在许多的不适应性。具体表现在以下几方面：

1. 学科结构与社会人才需求结构不匹配。虽然自 1981 年到 1997 年，我国研究生教育学科、专业目录经过了三次重要调整，但目前研究生教育中的学科结构仍然存在不少问题。主要表现在一些社会需求逐渐减少的传统优势学科的比例偏大，而市场急需的应用性专业培养能力不足，一些代表国际新科技发展方向的交叉学科、综合学科等发展缓慢。

2. 类型结构不合理，应用型人才培养比例过小。我国的研究生培养有注重学术性和理论性的传统。但随着社会和经济的发展，高层次应用型人才需求日益增加，要求研究生尤其是硕士研究生培养应当主要面向社会生产和经济发展的实际。为满足企业和实际应用部门对高层次应用型人才的需求，我国自 1991 年开始实施了专业硕士学位教育制度，专业学位在我国研究生教育中得到迅速发展，但职业型学位在读人数与学术型学位在读人数相比，比例仍然偏低。随着市场经济的多元化发展，社会对高层次专门人才需求发生了显著的变化。除传统的学术性岗位如高校教师、科研机构研究人员需求外，非传统学术岗位如工矿企业、技术推广应用及社会公共管理部门对高层次应用型和创新型人才也表现出巨大的需求，为职业型研究生教育的发展提供了一个巨大的需求市场。在国际上，与经济发展处于同等水平的国家相比，我国专业学位授予规模和比例较低。

---

① 中国学位与研究生教育发展报告课题组：《中国学位与研究生教育发展报告（1978～2003）》，高等教育出版社 2006 年版，第 71 页。

3. 研究生教育区域结构不平衡，西部地区研究生教育落后。我国地域辽阔，各地区之间高校布局、研究生教育资源的配置长期存在不平衡状况。我国东部地区研究生教育资源相对丰富，而西部地区则高校数量少，师资力量匮乏，大部分学科基础薄弱，培养研究生能力有限。同时，由于经济欠发达，对高层次人才进入西部工作吸引力不强，与国家西部大开发战略实施对高层次人才的强烈需求呈现突出矛盾。研究生教育区域结构调整是我国研究生教育政策一直关注的问题。西部地区只有在国家政策大力支持下，积极发展符合区域特色的研究生教育体系，集中有限资源发展适应西部地区经济建设和社会发展的特色和优势学科而非均衡发展所有学科，才能培养出数量较为充足，且留得住、用得上的高级专门人才。

（五）研究生教育管理体制与管理方式仍不适应

目前，我国已经进入高等教育大众化的阶段，研究生规模的不断扩大，研究生结构和学科结构的不断调整以及研究生教育多元化的发展趋势，给研究生教育管理工作带来新的挑战。纵观当前我国研究生教育管理，由于受长期计划经济体制的影响，其管理体制和管理方式还普遍不能适应研究生培养规模迅速扩大和研究生教育多元化的新形势的需要，不可避免地存在一系列弊端，与形势的要求仍不适应。主要表现为传统的计划管理体制与方式没有根本性转变，行政管理缺乏分类指导，省级政府统筹权落实不够，以及法律法规不健全等。

1. 传统的计划管理体制与方式没有根本性转变。主要表现为：研究生教育管理体制过于僵化，培养单位缺乏自主办学的调整空间；运行机制缺乏活力，还没有建立起主动适应市场经济体制和社会发展需要的调节机制；研究生教育与社会的结合不够紧密，科技创新能力弱；学位授予单位发展不平衡，不适应区域经济发展的需要；学科机构与社会要求及科技发展存在这较大距离。①

2. 行政管理缺乏分类指导。研究生教育是由不同层次、不同规格、不同管理方式构成的一个复杂系统，而政府在行政管理中却往往是采取全国统一标准，缺乏对不同层次、不同地区、不同学科和不同类型高校的分类指标。这就导致原本属于不同层次的高校不断谋求从较低层次向较高层次的跃升，这种过强的"升格"冲动容易使培养单位忽略自身优势的发挥和对特色的重视，致

---

① 谢桂华：《20 世纪的中国高等教育——学位与研究生教育卷》，高等教育出版社 2003 年版，第 323 页。

使培养单位难以根据市场需求和自身特色进行科学的发展定位。

3. 省级政府统筹权落实不够。我国高等教育实行中央、省级政府两级管理，以省级政府为主的办学体制。但是，省级管理并未完全落实，特别是在省级政府对所属院校投入责任增加的情况下，出现了财权与事权相分离的现象。省级政府对所属高校研究生教育的决策权尚未完全落实，如招生计划的制定、学科专业的设置等。

4. 法律法规不健全。学位与研究生教育管理种存在的问题，根本上是政府、培养单位、市场三者之间关系的问题，需要完善制度建设，特别是建立并完善相关的法律框架，理顺以上三方的关系。相对于日益发展的学位与研究生教育事业而言，我国学位与研究生教育的立法工作明显滞后，相关法律法规不够健全。第一，我国于 1980 年颁布的《学位条例》已明显滞后于现实的发展。《学位条例》颁布以来，我国学位与研究生教育制度进行了许多重大的改革，这些改革经验需要以立法的形式加以巩固。另一方面，学位工作实践中存在和积累的问题，需要通过法律的完善加以解决。但由《学位条例》修改为《学位法》的工作至今尚未完成。第二，研究生教育的评估监督机制缺乏法律保障。在我国，评估已经成为加强对学位与研究生教育监督的有利手段。但在实际工作中，评估也面临着如何保证有序性和科学性，合理规范政府的评估行为等问题。因此，有必要制定科学、合理和可行的评估法规，实现依法评估。第三，我国高等教育管理体制改革的成果，许多是以政策形式体现的，尚未法律化。例如，尽管省级学位委员会对本省的研究生教育有一定的统筹权，但在相关的法律和条例中，并没有明确其职责和地位。因此，需要通过立法明确中央与地方在研究生教育管理方面责、权、利的关系，进一步扩大地方政府的统筹权力。

针对上述存在的问题，我们要在总结经验的基础上，进一步解放思想，深化改革，扩大开放，贯彻落实科学发展观，为将我国从研究生教育大国建设成为研究生教育强国而努力。

第三节　我国学位与研究生教育的发展趋势

21 世纪经济和科技全球化趋势不断增强，国际竞争日益激烈，知识经济将逐步占据经济发展的主导地位，具有创新能力与创新技术的人力资源在生产力发展中的重要性将超过以往任何时代。在以经济和科技实力、国防实力和社会发展水平为主要内容的日趋积累的综合国力竞争中，高层次人才越来越成为竞争的焦点。目前我国正处于从人口大国迈向人力资源强国发展的重要战略机遇期，研究生教育肩负着为国家现代化建设培养高素质、高层次创造性人才的重任，将成为建设国家创新体系为未来夺取世界知识经济制高点的重要支撑力量。只有抓住战略机遇，按照科学发展观的要求，把握发展节奏，正确处理好规模、结构、质量、效益的关系，才能保证我国研究生教育健康协调发展。

一、积极发展、改革创新、面向国际是我国研究生教育改革与发展的重要指导思想

积极发展是我国研究生教育改革与发展的一个重要指导思想。中国是一个典型的"后发展"国家，要实现中华民族的伟大复兴，必须超越"后发展"的困境。21 世纪，知识经济、知识革命为我国实施超常规的赶超战略提供了千载难逢的机遇，但是，中国的知识经济远不如发达国家，还处于发展的早期阶段。因此，要真正实施知识发展战略，就必须扩大高素质人才培养规模，加大原创性研究的力度，促进科技成果的转化，高起点地扶植一批高新技术产业，就必须高起点地发展研究生教育。在知识经济的条件下，劳动力的国际竞争不再以廉价为主要指标，而在很大程度上取决于其科学文化和技术素养。而研究生教育本质上是培养一大批高素质的、具有创新能力、能够做出大量创新成果的人才，这就决定了它在整个社会与经济发展中的特殊地位与重要作用。因此，在我国基础教育已经取得较好成效，高等教育规模迅速扩大的形势下，积极发展研究生教育，培养一大批能够领导我国科学研究走向世界前列的科研新生力量，培养一大批能够获得自主知识产权并转化为高新技术产业的新型学术人才，培养一大批熟悉国际规则、具有国际竞争意识和能力的国际型人才，是我国研究生教育在 21 世纪的神圣职责。未来我国研究生教育将在三个方向上得到全方位的积极发展：一是研究生教育的适度超前发展的战略决策将得到进一步的巩固和落实；二是使受过研究生教育的人不仅仅有一定的研究生学历，而且能够胜任和创造新的工作，尤其要培养大量熟悉国际规则的应用型人才；三是培养出能够从事开创性研究的高素质专家。① 为此，要实现结构、规模、质量、效益的协调发展，并切实把工作重心转移到提高培养质量上来；要

---

① 谢桂华：《20 世纪的中国高等教育——学位与研究生教育卷》，高等教育出版社 2003 年版，第 528 页。

始终把提高我国研究生教育自身的培养能力作为中心，并努力探索和建立符合中国国情的研究生教育发展道路。随着研究生教育的积极发展，我国研究生教育的规模、结构、质量和效益将进一步得到优化。同时，研究生教育系统将更加有效地适应经济社会的发展，与社会大系统的良性循环逐步形成，研究生教育的基础性、先导性和全局性的战略地位进一步显现，研究生教育成为科教兴国发展战略的重要组成部分。

在积极发展我国研究生教育的同时，还要认真思考和积极探索研究生教育发展的新思路和研究生教育改革的新突破，要不断深化改革，推进创新。因为没有改革，就不会有研究生教育的大发展；没有创新，就不可能发展起高水平的研究生教育。因此，做好研究生教育的改革与创新，是我国研究生教育的另一个重要指导思想。研究生教育的改革与创新是一个系统的工作，主要包括以下几个方面。（1）制度的改革与创新。包括研究生招生与考试制度、培养制度、导师制度、就业制度；学位授权审核制度、学位授予制度、同等学力申请学位制度、专业学位制度；教育成本补偿制度；管理制度等。（2）机制的改革与创新。包括科学民主与公开透明的决策机制、自主自律的办学机制、行之有效的监督机制、公平公正的竞争机制、政府与中介组织及社会参与的评估机制；经费划拨与投入机制等。（3）教育教学的改革与创新。包括高层次创新型人才的培养，这是研究生教育的根本任务，必须下大功夫。要通过培养制度的改革与创新，为这样的创新型人才培养与成长，提供良好的条件，营造宽松的环境。

我国研究生教育的第三个重要指导思想是立足国情，面向国际。一方面，立足国情，坚持自主发展，是我国研究生教育一贯坚持的原则。研究生教育立足国内的标志是建立起一套能够主动适应社会发展需要的运行机制和管理体制，形成一批具有国际领先水平的研究生教育基地、学科、指导教师队伍，所培养的研究生具有与国际水平相当的素质。自主发展，立足国内培养研究生是我国研究生教育的必然选择，也是我国社会发展和未来发展的必然选择。另一个方面，"立足国内"并不排斥"面向世界"，两者是相辅相成的。由于经济全球化的趋势和中国对外开放的格局，决定了我国高等教育的发展进程必须坚持国际合作与借鉴。任何一个国家都不可能关起门来孤立封闭地发展教育，每一个国家都必须有选择地利用他国的教育资源来弥补本国的不足。而作为一个国家教育的最顶端部分，进一步加强研究生教育的国际合作与竞争，对于开放的中国来说意义重大。只有坚持面向世界，积极参与国际研究生教育的合作与竞争，注重学习发达国家学位与研究生教育工作的先进经验，才能更好地立足国内培养人才。在21世纪，我国研究生教育的发展走向是抓住战略机遇期，实现跨越式发展，在继续学习与借鉴发达国家研究生教育先进经验的同时，更好地发挥与贡献我国研究生教育的智慧与创造力。从教育大国发展到教育强国，除了教育整体实力的提升外，一个重要的标志是其教育理念和发展模式被国际教育界认可和借鉴。中国作为四大文明古国之一，有着悠久的教育历史、渊博的教育思想和优良的教育传统，理应成为全新的研究生教育理念和发展模式的积极创造者。

二、适应和促进知识经济的发展是我国研究生教育改革与发展的重要方向

研究生教育已经成为知识经济社会的轴心，其发展成为知识投入的优先领域。就整个社会大系统而言，高新技术产业不只是资金投入的重点，也是知识投入的重点，否则知识经济就有可能成为"泡沫经济"。教育系统、国家创新系统也应当是知识投入的重点，因为没有教育和科研的不断创新，也就建立不起以知识为基础的经济，所谓知识经济因此就成了"无源之水"。而研究生教育系统以其智力资源优势和科研优势理所当然成为知识投入最有价值的优先行动领域之一。同时，中国面向高等教育特别是研究生教育加大知识投入的空间和余地还很大。一方面通过改革科技体制，可以调集相当量的知识投入资金支持研究生教育；另一方面研究生教育发展迅速，也有能力承接相当量的知识投入并完成相应的义务。

面向知识经济时代，我国研究生教育未来的发展趋势如下。一是通过发展研究生教育，直接提高劳动力水平层次，特别是为知识经济社会提供大量的具有高附加值的劳动力；增加知识产量从而不断提高知识存量，特别是提高具有自主知识产权的知识产量和知识存量，同时，激活知识存量中具体化和尚未具体化的知识，如专利、科学出版物等；改善教育系统和科研系统的知识存量结构，并进而改进整个社会的知识存量结构，使整个社会的知识存量跃上一个新的台阶。二是积极适应知识流量形态的多样化，研究生教育应在发现知识、传播知识、应用知识和综合知识等四种学术层面上做出贡献；改变传统的研究生教育培养目标，为学生提供获得更广泛的各种技能的选择；鼓励研究生到非传统的学术部门就业，促进知识、信息的社会流动。三是实现研究生教育发展与知识产出之间的互动，扩大具有自主知识产权的知识产出；促进研究生教育过程与探索过程相统一的特征，使研究生教育成为知识产出的"探究的场所"；辩证地对待基础研究与应用研究之间的区别以及科学与技术之间的区别，围绕

由应用引起的基础研究和战略研究而不断拓展研究生教育新领域。

三、产、学、研结合是我国研究生教育改革与发展的重要方面

在知识经济时代，研究生教育与"产、学、研"之间存在着良性的互动作用。一方面，研究生教育是"产、学、研"合作的一个重要组成部分，另一方面，"产、学、研"又是研究生群体的一个重要载体，两者有机地结合在一起，互相促进。适应知识经济时代要求，研究生们不仅要在知识的传承、科学的研究等方面发挥重要作用，还要在科技成果转化为生产力和社会发展的过程中扮演重要的角色，即在"学、研、产"各方面发挥重要作用。在 21 世纪，在遵循教育规律的前提下，研究生教育面向经济建设主战场的办学方向更加明确和坚定，与社会发展的结合更加紧密，更能满足、反映、选择和引导时代需求，其发展更加结合中国实际。在基础研究、技术研究、产业化开发及为社会服务上寻找创新的突破点，在研究生的学习、研究、开发中实现"学、研、产"的完美结合，使有限的投入产生尽量大的效益，为中国的工业现代化和知识经济发展做出贡献，成为 21 世纪我国研究生教育改革与发展的重要方面。

知识经济时代，创业教育业已成为研究生教育的重要取向之一。创业教育是研究生教育完成基本任务的有效保证，是研究生教育顺应时代潮流的有效举措。研究生通过创业经验的熏陶和磨砺，更能适应未来的发展变化，更能够尽快地成长为技术创新的主力军。在国外，将研究生培养与企事业、工商界的合作紧密结合起来的研究生创业教育计划正在一些发达国家兴起。如美国麻省理工学院的"制造业领导者"计划（leaders for manufacturing program）的使命，就是培养一大批同时懂得大系统的技术和管理并且具有事业心的年轻的领导者。日本政府经济财政咨询会议 2002 年 5 月提出了经济活性化战略，其中人力战略部分计划在 2006 年前培养产业界所需要的 240 万名信息技术、环境、生物、超精密技术和材料等领域的高级人才，其目的是向企业提供实践性强的技术人员，为此，有关方面将主要从大学生、研究生和研究人员中选派一些人前往佳能和索尼等技术力量雄厚企业的研究现场学习一段时间。① 在中国，以国家大学科技园、"高校高新技术产业化工程"为龙头的产学研合作，为研究生锻炼创业意识和创业能力提供了舞台。今后的发展趋势是，进一步改革脱离

---

① 谢桂华：《20 世纪的中国高等教育——学位与研究生教育卷》，高等教育出版社 2003 年版，第 530 页。

社会实际的教育思想和教学模式，通过经济体制、科技体制和教育体制的配套改革，建立起教育与经济、科技密切结合的新机制。

四、与区域发展互动是我国研究生教育改革与发展的重要动力

在知识经济时代，一方面，研究生教育以其智力资源和科研优势逐渐引起人们的重视并走向社会生活的中心，其发展状况直接关系到一个国家综合国力的提升和国际竞争力的增强。另一方面，与其显赫地位相对应的是，研究生教育本身对一个国家综合国力、国际竞争力存在很大程度的依赖，特别是对经济发展支持力度和允许空间的依赖。一个国家如此，一个地区也是如此，这集中体现在研究生教育与区域发展之间的互动上。因此，长期实行的部门办学体制所形成的思维方式将进一步转变，加强与区域发展的联系和结合成为研究生教育的基本方向。从实际出发，实施非均衡的研究生教育发展战略，在国家大政方针和发展战略规划的指导下，形成具有地方特色、反映区域发展需要的研究生教育发展目标、发展模式，为区域发展提供坚实的智力基础，成为研究生教育发展的重要动力。

研究生教育与区域发展的互动集中表现为：研究生培养单位转变政府隶属观念，把自己看成是为众多需求主体服务的机构，注意横向联系，与区域发展战略研究相结合，充分发挥研究生教育的科技创新作用，发展和扶植所在区域的知识型企业。在参与区域企业科研合作的时候不仅仅注意单一问题的解决，而且始终注重发挥研究生教育的优势，协助区域企业综合性地、深入地解决带有根本性的问题，坚持从新生产力的形成与发展、从企业形成新的经济增长点来考虑问题。研究生教育面向区域发展的时候，应体现出超前性和现实性之间的统一，一方面是高瞻远瞩，走在时代的前面，具有超前性；另一方面表现出现实性，要紧密结合区域发展的现实需要。顶天立地、合纵连横的内涵发展模式是研究生教育与区域发展之间互动的有效模式，也是我国研究生教育在21世纪的发展模式之一。所谓"顶天"，就是主动纳入世界科学网络；所谓"立地"，就是立足区域经济发展的需要，脚踏实地，强化服务动能。"顶天"与"立地"是相互补充、相互支持的。缺乏"顶天"的气魄，"立地"则是固守一隅；而缺乏"立地"的精神，"顶天"则常常成了空中楼阁。只有真正做到既"顶天"又"立地"，既"合纵"又"连横"，研究生教育才能保持活力，处于有序发展的运行状态，也才能实现内涵发展。

五、建设研究生教育强国是我国研究生教育改革与发展的重要目标

在改革开放的30年里，中国高等教育事业在拨乱反正、调整整顿的基础

上，实行了对外开放，使高等教育由相对封闭转变为一个全面开放的体系；基本完成了高等教育体制改革，使高等教育体制基本适应了社会主义市场经济体制的要求；持续推进教学改革，特别是大力推进以人文素质教育为突破口的素质教育，使高等教育更加符合教育规律的要求；由于"211 工程"、"985 工程"的实施，提升了一批高水平大学的综合实力，带动了整个高等教育水平的提高；我国高等教育在学人数达到 2700 万人，高等教育毛入学率达到 23%，高等教育规模已经是世界第一，成为名副其实的高等教育大国。作为高等教育重要组成部分的学位与研究生教育事业同样获得了前所未有的发展，实现了历史性跨越。在校研究生人数从 1978 年的 1.1 万人发展到 2008 年的 128.3 万人，位居世界第二；而博士研究生教育则是从零开始，1982 年开始招收博士生，到 2007 年在校博士研究生达到 22.2 万人，同年授予的博士学位为 4.3 万多人，每年授予博士学位人数也仅少于美国而跃居世界第二，标志着我国已成为名副其实的研究生教育大国。我国研究生教育站在一个新的历史起点上，从研究生教育大国建设成研究生教育强国，是历史的必然选择。

第四节　从研究生教育大国到建设研究生教育强国

经过 30 年的改革与发展，中国取得了举世瞩目的巨大成就。站在新的历史起点上，党中央先后提出全面建设小康社会、建设创新型国家、构建社会主义和谐社会、建设人力资源强国等一系列战略目标。在此背景下，中国研究生教育应该提出一个什么样的战略目标与之相适应的问题被十分尖锐地提了出来。

一、建设研究生教育强国的战略需要

（一）激烈的国际竞争：发展研究生教育是发达国家着眼于未来综合国力竞争的战略选择

1. 强化研究生教育在国家长远战略中的地位。1960 年 11 月，美国总统科学顾问委员会发布的"西博格报告"（Seaborg Report）指出，现有的一流机构不能完全满足国家的未来需要，美国需要更多的科学家、更好的研究生训练以及更优的设施，建议联邦政府加大支持力度，在未来 15 年中造就 15～20 个新的"卓越中心（centers of excellence）"。此后，联邦政府的大学资助连同福特基金会等私人资助，总计有 8.22 亿美元投向了 216 所大学，其中 36 所大学得到的资助都超过了 600 万美元。2007 年美国研究生教育协会发布的《研究生

教育：美国竞争力与创新支柱》中提出，要加强政府、高校与企业合作，共同推动研究生教育发展，为美国保持国家竞争力提供高水平的高层次创新人才队伍。1996 年，日本大学审议会在《关于提高日本研究生教育质量的对策研究》中提出，日本研究生教育在数量与规模上要有所发展，在质量与水平上要不断提高，以培养新一代创新能力强的能参与国际竞争的科技工作者。2005 年，日本政府通过《研究生教育振兴纲要》，强调要强化研究生院培养高水准人才的功能，构建具有国际影响力的研究生教育，进而增强国家的整体竞争力。1999 年，韩国政府颁布《面向 21 世纪的智力韩国》计划，重点支持国内顶尖级的研究生院建设，并提出建立世界级研究生院的发展目标。

2. 重点建设高水平研究生教育基地。2003 年，英国政府发表了《高等教育的未来》白皮书，明确提出今后研究经费要向研究型大学集中。对于教学科研水平高的大学中的学科进行重点投入，每年资助 50 万英镑，连续资助 5 年。韩国从 1999 年开始实施"KB21"计划，建设具有世界一流水平的研究生院和地方优秀大学。日本从 2002 年启动"21 世纪 COE"计划，在日本大学中建立若干以学科方向为单位的世界最高水平的研究生教育基地。德国从 2004 年启动"精英大学"计划，重点资助德国大学的基础研究，建设培养高层次科研后备人才的博士生院。

（二）我国发展的战略需要：建设创新型国家、建设人力资源强国与全面建设小康社会的战略需求

1. 创新型国家建设亟需大规模高质量高层次人才支撑。建设创新型国家，我国的经济结构将由传统农业和工业向知识和技术服务业转变，经济增长方式将由劳动密集型和资本密集型向知识和技术密集型转变。经济社会发展的这种根本性转变，需要大批创新人才。研究生教育是培养高层次拔尖创新人才的主渠道，为建设创新型国家提供和储备人才资源。在创新型国家建设中，企业是主体，迫切需要大批高层次拔尖创新人才，但我国博士生毕业后到企业工作的很少。据统计，在 1995 至 2006 年间，70% 左右的博士生在毕业后仍集中在高等学校与科研机构，到企业工作实际上只有 16.2%，而在美国大约 80% 的优秀人才集中在企业。因此，我们应当改革研究生的培养模式，制定相关政策，引导与鼓励更多的博士与硕士到企业去工作，以提高企业自主创新的能力。

2. 研究生教育与科学研究的有机结合，成为知识创新的重要源泉。根据我国中长期科技发展战略规划，从现在到 2020 年，科技创新能力从目前的世界第 28 位进入到世界前 15 位，科技发展模式将从跟踪模仿为主向自主创新为

主转变。但目前我国科技创新拔尖人才严重匮乏，成为达到上述目标的根本性制约因素。为此，在加大国家对研发投入的同时，要改革研究生培养机制，进一步促进研究生教育与科学研究的有机结合，在科学研究与知识创新的过程中，加快研究生教育的发展，以适应我国科学技术发展战略的需求。

3. 小康社会建设要求研究生教育全方位满足民生发展与文化繁荣的需求。研究生教育的规模与高等教育大众化程度成正相关，预计到 2020 年，我国高等教育的毛入学率将达到 40% 左右，研究生教育要把解决民生中的重大问题纳入发展的重点，源源不断地培养和输送服务于民生的高水平人才。同时，要重点发展事关民生的学科和从事与民生关系重大的研究，社会对研究生教育需求将更加旺盛。

二、我国已具备建设研究生教育强国的良好基础

（一）从无到有，已建立了完整的开放的具有中国特色的学位制度

1978 年恢复研究生招生，1981 年实施《中华人民共和国学位条例》，我国高等教育由"乱"到"治"走向改革开放。经过 30 年的不断深化改革与快速发展，我国已经形成了高等职业（专科）教育、本科教育和研究生教育"三足鼎立"的新格局。截至 2008 年，我国有普通本科院校 740 所，高职（专科）院校 1168 所，有学士学位授予单位 700 多个、硕士学位授予单位 697 个（其中普通高等学校 530 个、科研机构 152 个、党校 15 个）、博士学位授予单位 346 个（其中普通高等学校 291 个、科研机构 54 个、党校 1 个）构成了完整的高等教育体系和学位与研究生教育体系。[①] 经过共建、调整、合并等形式的高校管理体制改革，大多数高校由单科性院校发展成为综合性与多科性的高等学校，改变了以单科性院校为主体的高校结构。

改革开放以来，我国教育特别是高等教育开放不断扩大，已累计接受来自世界 180 多个国家和地区的国际学生 123 万人。2007 年底，来华外国留学人员共计 19 万多人，其中学历生占 34.89%。1996~2006 年出国留学人员 106.7 万人，回国 27.5 万人；1996~2007 年国家公派出国留学人员 3.47 万人，回国比例达 97.5%；有留学经历的在高校校长中占 77%，在中科院院士中占 84%，在工程院院士中占 75%，在长江学者中占 94%，在国家"863 计划"

---

① 国务院学位委员会办公室：《中国学位授予单位名册（2006 年版）》，高等教育出版社 2007 年版。

首席科学家中占 72%，在博士生导师中占 62%。① 截至 2008 年，我国已与世界上 184 个国家和地区建立了教育合作交流，其中已经与俄罗斯、德国、英国、法国、澳大利亚、新西兰等 32 个国家签订了相互承认学历与学位文凭的协议。我国是《亚洲和太平洋地区承认高等教育学历、文凭和学位公约》的缔约国，来华攻读各级学位的留学生人数在不断增加。到 2008 年，我国已向 52 个国家与地区 202 位知名人士授予了中华人民共和国荣誉博士学位。② 所有这些都充分表明，一个完整的开放的具有中国特色的学位制度与研究生教育体系已经基本建立。

（二）为国家输送了大量研究生，实现了高层次人才培养基本立足国内的奋斗目标

研究生教育是高层次人才培养的主渠道。改革开放 30 年来，我们在比较齐全的学科门类的基础上，立足高素质创新人才培养。截至 2008 年，已为国家输送了 28.6 万名博士，228.9 万名硕士。我国自己培养的博士和硕士，在我国社会主义现代化建设中发挥着重要作用，已经成为各行各业的骨干力量，其中许多是领军人物与中坚力量。例如：承担国家自然科学基金项目的负责人中，90% 以上是毕业研究生，其中毕业博士生占近 80%，而这些毕业研究生中又有近 90% 是我国自己培养的；1995 年新增院士中第一次有了改革开放后我国自己培养的博士，2005 年新增的 51 位中科院院士中，在国内接受研究生教育的有 17 人。③

（三）高等学校三大职能的全面实现与提升，推动了研究型大学群体的建设

人才培养、科学研究和社会服务是高等学校的三大职能。在改革开放前，我国高等学校主要从事人才培养，科学研究薄弱，也谈不上社会服务。改革开放 30 年的今天，我国高等学校三大职能得到了全面实现与提升，为国家经济建设与社会发展做出了重大贡献。学位制度的实行与研究生教育的发展对高等学校三大职能的全面实现与提升，发挥了极大的促进作用。在研究生教育大国崛起的进程中，随着高等学校三大职能的全面实现，通过"211 工程"和"985 工程"建设，推动了我国高等教育整体办学水平的提升与研究型大学、

---

① 资料来源：教育部国际交流与合作司。
② 资料来源：国务院学位委员会办公室。
③ 资料来源：国务院学位委员会办公室。

教学研究型大学群体的建设，以北京大学、清华大学为代表的若干所高等学校正在向建设成世界一流大学或国际知名的高水平研究型大学迈进。

（四）由单一的培养模式，走向高层次人才培养多样化的新格局

1990 年设置了我国第一个专业学位——工商管理硕士（MBA），到目前已先后设置了法律硕士、教育硕士、工程硕士、建筑硕士和建筑博士、临床医学硕士和临床医学博士、口腔医学硕士和口腔医学博士、公共卫生硕士、农业推广硕士、兽医硕士和兽医博士、公共管理硕士、军事硕士、会计硕士、体育硕士、艺术硕士、风景园林硕士、汉语国际教育硕士和翻译硕士等 18 种专业学位，并开辟了在职攻读专业学位的渠道，这就从制度上解决了"三个单一"的问题。目前，我国既培养学术型的研究生，又培养应用型与复合型的多种专业学位研究生；既有"经全国统考入学攻读硕士和博士学位的研究生学历教育"（有学位、有学历）、又有"经联考入学在职攻读专业学位的学位教育"（有学位、无学历），还有同等学力申请硕士、博士学位三条渠道培养高层次专门人才。采取了国内校校之间、校所之间、校企之间以及与国内外之间联合培养等多种形式培养研究生的措施，形成了高层次专门人才培养多类型、多渠道及多方式的多样化新格局。

（五）突破传统体制，建立了比较完善的学位与研究生教育的三级管理体制

在改革开放初期，我国学位制度与研究生教育实行高度集中的管理体制。随着我国由计划经济体制向社会主义市场经济体制的转变，高等教育管理体制进行了多轮改革，学位与研究生教育的管理体制改革也随之不断深化，逐步建立了比较完善的由国家、地方和研究生培养（学位授予）单位构成的三级管理体制。即国务院学位委员会、各省（自治区、直辖市）学位委员会、各学位授予单位的学位工作三级管理体制，教育部、各省（自治区、直辖市）政府、各研究生培养单位的研究生教育三级管理体制。

三、建设研究生教育强国的路径

建设研究生教育强国是一项复杂的系统工程，它涉及到为什么要建设研究生教育强国（意义与使命）、什么是研究生教育强国（中国特色）、什么是我们要建设的研究生教育强国（内涵、特征、本质与主要指标）、在现有基础上能不能建设研究生教育强国（背景与条件）、怎样建设研究生教育强国（建设路径）等一系列理论与实践命题。这里只就建设研究生教育强国的路径作些探索。

（一）建设研究生教育强国路径之一：教育理念创新

研究生教育的发展史在某种意义上，便是教育理念的演变史。因此，建设研究生教育强国，首先就面临着教育理念创新的问题。如：树立以个性培养为核心的多元差异的教育理念，从单一的质量目标向以创新为核心的多元化质量目标转变，坚持质量第一，坚持基本质量标准与"多样性"和"统一性"的有机结合，学位类型多样化，培养模式多样化，树立多元质量观；树立科学定位、分层办学、分类指导、强化特色的办学理念，学校要分类发展，分层次办学，切忌趋同化；管理要分类指导，可以"切一刀"，但"不一刀切"；人才要分规格类型培养，防止"千人一面"；结构要分类调整与优化，促进协调发展；评估指标体系要分类制订，分类评估，要突出重点，强化各自的特色等。

（二）建设研究生教育强国路径之二：制度完善与制度创新

主要内容有：完善立法，健全法制体系；研究生招生与考试制度、就业制度的完善与创新；培养制度、导师制度的完善与创新；学位授权审核制度、学位授予制度、同等学力申请学位制度、专业学位制度的完善与创新；教育成本补偿制度的完善与创新；管理制度的完善与创新等。

（三）建设研究生教育强国路径之三：体制改革与创新

管理体制的改革与创新是关键，涉及政府职能的进一步转变，由对研究生培养单位的直接管理，真正转变为主要运用立法、规划、政策指导、信息服务等手段进行宏观管理与分类指导，从"行政管理"向"公共服务"转变。要进一步发挥省级政府的统筹作用。要进一步落实研究生培养单位的自主权。要从立法与政策层面，使社会力量参与研究生教育，发挥行业协会、学会及有关社会中介组织的监督作用。

（四）建设研究生教育强国路径之四：机制改革与创新

主要内容有：科学民主与公开透明的决策机制的改革与创新；自主自律的办学机制的改革与创新；行之有效的监督机制的改革与创新；公平公正的竞争机制的改革与创新；政府与中介组织及社会参与的评估机制的改革与创新；经费划拨与投入机制的改革与创新等。

（五）建设研究生教育强国路径之五：科学规划发展规模与速度

影响研究生规模与发展速度的因素是多方面的：经济发展水平（GDP）与发展程度（产业结构状况）是最基础因素；人口因素，研究生教育规模与人口变化是同向的；研究生教育的发展是建立在本国高等教育整体水平的基础上的；研究生教育的发展规模与速度受到支撑条件的制约（综合国力、政治文化背景等)。应以科学发展观为指导,在调查研究的基础上,制订研究生教育的中长期规模与发展速度。

(六)建设研究生教育强国路径之六:结构优化

研究生教育结构决定着研究生教育体系对国家发展支撑作用的发挥程度。大力调整研究生教育结构已经成为我国研究生教育体系充分发挥其功能的有效途径。结构优化涉及科类结构、类型结构、层次结构与布局结构,要从以发展带动结构调整向以结构调整带动发展转变,从被动调整向主动适应转变。通过全面优化研究生教育结构,建立与经济发展相协调、与科技进步相一致、与社会发展需求相适应的研究生教育体系,从而提高研究生教育的内部协调性和外部适应性,使研究生教育资源得到合理、有效利用,保证研究生培养质量,提高研究生培养效益。

(七)建设研究生教育强国路径之七:提升质量与水平

主要内容包括以下几个方面。(1)改革研究生培养机制,创新培养模式,激励拔尖创新人才成长。一是优化研究生奖学金和助学金的奖励激励机制,二是完善研究生培养的协调机制,三是健全研究生培养的过程管理机制。(2)推动研究生教育创新计划,为提高研究生培养质量创造良好环境。建立博士生访学制度;设立多种形式的博士生学术论坛和学术会议;建设研究生创新中心;推动研究生教育区域合作;评选全国优秀博士论文;开设研究生暑期学校。(3)创新中国特色的研究生培养模式,坚持对研究生思想政治素质的培养与要求;坚持对硕士生科研能力的培养与要求,坚持对博士生培养课程与论文并重;坚持对研究生导师的严格遴选;促进创新意识、创新精神和创新能力的培养。(4)改进和完善评估工作,充分发挥对质量的监督与保障作用,处理好评估工作中三个方面的关系:评估主体规定统一性与评估客体多样化的关系;政府部门与中介机构、民间组织的关系;评估主体与评估客体的关系。健全多元评估体系:全国性评估与区域性评估相结合;政府、社会和培养单位评估相结合;单项评估和综合评估相结合;定量评估与定性评估相结合;过程评估与目标评估相结合。

(八)建设研究生教育强国路径之八:建设高水平大学与研究生培养基地

研究生教育强国必须有若干所世界一流大学和一批高水平研究型大学及世界知名的研究生院作为研究生教育体系的骨干支撑。继续加大实施“211 工程”、“985 工程”、重点学科建设工程,使之制度化、常规化。加大研究生院建设力度,从政策倾斜、自主权力到投入支持,核心是加强学科建设。

（九）建设研究生教育强国路径之九：扩大开放，提升国际竞争力

充分利用国际优质研究生教育资源，推进与国际知名大学联合培养研究生。大力开展选派博士研究生导师和博士研究生到国外开展学术交流和合作科研。积极吸引来华留学生攻读中国学位，逐步提高攻读学位层次，增加发达国家比例，扩大学科领域。选聘国外知名专家参与博士论文评审、评估工作。

（十）建设研究生教育强国路径之十：加大研究生教育投入力度

投入主体多元化：政府、企业、社会；增加政府常规投入，增加政府专项投入；制订相关法规，通过税收减免、财政补贴等方式鼓励企业、事业单位和研究机构参与研究生的培养；提高研究生的待遇。

第二章

我国国家创新体系建设

国家创新体系是 20 世纪 80 年代兴起的一种理论，这一理论认为国家创新体系建设对于一国经济和科技的创新具有重要的影响作用。随着 20 世纪 90 年代知识经济时代的到来，创新成为经济发展的基石、企业发展的依靠、民族进步的灵魂、国家强盛的支柱，创新能力是决定一个国家和民族国际竞争力和国际地位的重要因素。而国家创新能力的实现，依赖于国家创新体系的建设和功能的充分发挥，这就是国家创新体系日益受到人们广泛重视和热烈讨论的根本原因。

第一节　国家创新体系的产生与发展

一、国家创新体系的产生

（一）国家创新体系的理论渊源

1. 创新思想

创新思想最早起源于西方经济学领域，可追溯到 1912 年美国经济学家熊彼特在《经济发展理论》中的相关论述。他认为国家经济发展的决定因素是生产方式的在某个领域的创新，并将创新内容概括为五个方面，即：（1）生产新的产品；（2）引入新的生产方式；（3）开拓新的市场；（4）寻求新的原材料供应源；（5）采取新的组织模式。熊彼特的创新思想包括三个重要方面：（1）技术创新思想；（2）制度创新思想；（3）观念创新思想。它的产生与发展为国家创新理论的形成奠定了基础。①

美国著名经济学家曼斯菲尔德和比尔科克等人，通过对技术变革、扩散与

---

① 约瑟夫·熊彼待：《经济发展理论》，商务印书馆 1990 年版，第 102～106 页。

转移等方面的深入研究，对熊彼特的创新思想进行了推广，形成了独树一帜的技术创新理论，并由此创立了技术创新经济学。

技术创新经济学理论有关技术进步是国家经济增长的决定因素的论述，无疑是正确的。但深入地分析技术创新活动的环境因素，也许还需要新制度经济学理论做解答。况且，技术创新经济学理论本身的发展已无法解答"李约瑟之谜"。因此，许多经济学家把目光投向了一定的社会经济制度。在承认技术进步在国家经济增长中的重要地位的同时，他们认为，国家经济增长的决定因素是制度安排而不是技术进步，这就是制度创新理论。

20 世纪 50 年代，美国学者德鲁克把创新概念引入到了管理领域。他认为创新分为技术创新和社会创新两者，其中社会创新是在经济和社会中创造一种新的管理机构、管理方式，从而取得更大的经济价值和社会价值。德鲁克从整个国家的经济和社会发展的研究角度阐述了创新问题。

2. 国家创新体系的前身

国家创新体系理论的形成源于经济领域的实践活动与科学研究，其目的是研究创新与国家经济增长之间的关系，解决国家经济可持续增长中的理论问题。在国家创新体系正式被提出前，经历了以下几个阶段。

（1）国家体系阶段。早在 1814 年，德国著名经济学家德里希·李斯特就出版了著作《政治经济学的国家体系》，着重分析了"国家专有因素"如何影响一国的经济发展实绩。

（2）创新阶段。1912 年，美国经济学家熊彼特将发明与创新区分开来，并首次提出创新的概念，认为创新是生产要素和生产条件的"新组合"。其代表作是《经济发展理论》。

（3）强调基础研究阶段。20 世纪五六十年代，人们普遍认为基础研究会自动地化为一国的经济竞争力。

（4）技术创新阶段。20 世纪 70 年代前后，以美国经济学家纳尔逊、罗森伯格和英国经济学弗里曼为代表的"新熊派"，对技术创新过程、技术创新产生、技术经济基础、技术轨道、技术集群与扩散等重大理论进行了深入的探讨，提出了许多著名的技术创新模型，这些学者认为创新是科学技术成果的第一次商业化应用。

经历了上述几个阶段的发展，国家创新体系终于在 20 世纪 80 年代被提出。

（二）国家创新体系的提出

除上述理论方面的积淀，国家创新体系概念的产生与 20 世纪 70 年代以来世界上出现的一些变化相关。一是随着科技竞争取代军事对抗成为新一轮竞争的焦点，各国的科学技术政策从关注"基础研究"向技术创新转移，传统的研究开发系统概念让位于创新体系的概念，政府从注重科技知识的创造转向知识的创造、扩散、转移和应用并重。二是产业政策和创新政策成为推动一国经济发展的重要武器。比如日本，通过产业政策，政府干预，使本国的经济发展出现了很大的飞跃，这就强化了国家在推动创新和经济发展中的重要作用。可以说，这些变化在客观上为国家创新体系概念的提出奠定了基础。

国家创新体系这一概念首先是由英国学者弗里曼在《技术和经济运行：来自日本的经验》中提出的。弗里曼在 1987 年考查日本时发现，日本的技术创新主要不是来自于正式的研究开发，其创新以渐进的创新为主，创新者主要是来自生产部门的工程师、车间里的技术工人，他们以技术创新为主导，辅以组织创新和制度创新。政府的通产省也在技术的追赶中起着重要的作用。日本在技术落后的情况下，只用了几十年的时间，便使国家的经济出现了强劲的发展势头，成为工业大国。这说明国家在推动一国的技术创新中起着十分重要的作用。他认为，在人类历史上，技术领先国家从英国到德国、美国，再到日本，这种追赶与跨越，不仅是技术创新的结果，而且还有许多制度、组织的创新，从而是一种国家创新系统演变的结果。换句话说，在一国的经济发展和追赶超越中，仅靠自由竞争的市场经济是不够的，需要政府提供一些公共产品，需要从一个长远的、动态的视野出发，寻求对资源的最优配置，以推动产业和企业的技术创新。[1] 正是在对日本考查分析的基础上，弗里曼提出了国家创新体系的概念。

其后，美国经济学家纳尔逊和丹麦经济学家伦德尔，在 1990 年代初进一步发展了国家创新体系的概念。经济学家们在考察和研究后发现，一些国家创新绩效明显的原因是该国有一个运行有效的国家创新体系。因此，必须从系统整合的角度出发考察国家的创新效率。于是 20 世纪 90 年代后，国家创新体系便成为许多国家和国际组织研究的课题和制定政策的基础。

综上所述，创新，从行为上来讲，经历了从个人行为到企业行为再到国家行为的演化过程。从内容上讲，人们对创新的认识也越来越深刻。从专有因素到生产要素的新组合，到技术在市场上的实现和知识的生产、转移、传播与使用，再到科学技术理论和设想的"商业化"等，现代意义上的创新内容已十

---

① 石定寰、柳卸林等：《国家创新体系：现状与未来》，经济管理出版社 1999 年版。

分丰富。所以，国家创新体系是人们从国家层面上对创新的一种整体认识的升华，它既是科技进步与经济发展一体化的产物，同时又是进一步推进这种一体化的杠杆。国家在创新过程中担负领导角色，是创新活动的决定因素。

应该说，国家创新体系的提出与研究，是对科学技术与经济发展关系认识不断深化的结果，是对技术创新理念的一个新的发展。首先，从弗里曼到纳尔逊是分别通过考察日本和美国经济快速发展的原因时，提出国家创新体系的概念及其作用的，并进而发现了技术创新与经济运行的关系。其次，当前无论是企业、科研机构还是政府，强调创新，强调相互作用以提高创新绩效，都离不开科学技术的利用和发展，而企业绩效的提高首先体现在生产效率的提高和经济实力的增长；政府间的竞争就是综合国力的竞争，经济发展是重要的表现；高校和科研机构对社会的贡献率也体现在其科研成果转化带来的社会效益，当然经济发展也是这种效益的重要体现。因此，我们认为，创新中所包含的知识创新、技术创新、制度创新等的根本目的还是促进经济的发展，国家创新体系的研究是对科学技术创新与经济发展关系认识不断深入的一种反映。

（三）国家创新体系的涵义

目前，关于国家创新体系的概念，还没有统一的定义，可谓仁者见仁、智者见智。下面仅介绍几种有代表性的观点。

首先，英国学者弗里曼在 1987 年论述中指出国家创新体系是公共、私有部门机构之间的网络，其各种活动和相互作用对新技术有启发、引入、改进和扩散等作用。他认为，国家创新是一组制度，因此制度的设定和功能是决定创新体系效率的关键。

丹麦学者伦德尔，在 1992 年提出，国家创新体系是在新型、经济实用型知识的产生、扩散和使用中相互作用的各种因素和关系，它处于一国国界之内。可以看出，伦德尔更强调生产企业和用户、企业和供应商之间的相互作用。

美国学者纳尔逊 1993 年在他的著作中将国家创新体系定义为"其相互作用决定着一国企业的创新实绩的整套制度"。[①] 他和弗里曼一样，认为国家创新是一组制度，因此，制度的设定和功能是决定创新体系效率的关键。

帕特尔和帕维特研究了国家创新体系与经济增长之间的关系，认为国家创

---

① Richard R. Nelson：National Innovation Systems：A Comparative Analysis，Oxford University Press，1993，Chapter 1.

新体系是国家各级科技机构，其奖励机制和研究能力决定着一个国家学习新技术的速度和方向。他们更多地强调科技体制的作用。

麦特卡夫认为国家创新体系是一系列特殊的机构。它们共同或分别对新技术的发展和扩散产生影响，并能构建基本结构，在此基本结构中，政府形成和所实施的政策会影响创新进程。因此，国家创新体系是一个能够创新、保存、转化与新技术有关的知识、技能和产品的体系。

经济合作与发展组织（OECD）经过一系列指标分析创新各要素在知识的生产、扩散和使用方面的相互作用和效率后，提出创新是不同主体和机构间复杂的相互作用的结果。技术变革并不以一个完美的线性方式出现，而是这一系统内各要素之间的反馈、相互作用的结果。这一系统的核心是企业，是企业组织生产和创新以及获取外部知识的方式。这种外部知识的主要来源是别的企业、公共或私有的研究部门、大学和中介部门。他们给出的定义是：政府、企业、大学、研究院所、中介机构等为了一系列共同的社会和经济目标，通过建设性地相互作用而构成的机构网络，其主要活动是启发、引进、改造和传播新技术，创新是这个体系变化和发展的根本动力。因此，企业、科研机构和高校、中介机构是创新体系中的主体。研究国家创新体系应着重关注整个创新体系内的相互作用和联系的网络。

中国社会科学院政策研究室王春法、游光荣认为，所谓国家创新体系就是一种有关科学技术植入经济增长过程之中的制度安排，其核心内容就是科技知识的生产者、传播者、使用者以及政府机构之间的相互作用，并在此基础上形成科学技术知识在整个社会范围内循环流转和应用的良性机制。他们认为在实际生活中，国家创新体系具体表现为一国境内不同企业、大学和政府机构之间围绕着科学技术发展形成一种相互作用的网络机制，而且各不同行为主体在这种相互作用网络机制之下为发展、保护、支持和调控那些新技术进行着各种各样技术的、法律的、商业的、社会的和财政的活动。

中国国务院 2006 年初颁布的《国家中长期科学和技术发展规划纲要（2006～2020 年）》指出："国家创新体系是以政府为主导、充分发挥市场配置资源的基础性作用、各类科技创新主体紧密联系和有效互动的社会系统。"

中国科学院《迎接知识经济时代，建设国家创新体系》的报告中，将我国国家创新体系定义为：由知识创新和技术创新相关的机构和组织构成的网络系统。即它实际上是在一个宏观层次上，建立起包括企业、科研机构、高等院校和政府部门参加的网络体系。目前，这一定义已被国内广大学者所认同。

中国国家创新体系建设战略研究组提出如下定义：国家创新体系泛指一个国家整合创新要素所构成的社会网络。我国新时期国家创新体系主要表现为，在国家层次上推动持续创新、提升国际竞争力的组织和制度。①

目前，国际上较通用的定义是：国家创新体系是指由一个国家的公共和私有部门组成的组织和制度网络，其活动是为了创造、扩散和使用新的知识和技术。政府机构、企业、科研机构和高校是这一系统中最重要的因素。

（四）国家创新体系的要素及其作用

国家创新体系的要素是：创新活动的行为主体、行为主体的内部运行机制、行为主体间的联系和相互作用、创新政策、市场环境和国际联系。创新活动的行为主体是企业、科研机构、教育机构和各级政府；行为主体的内部运行机制是决定国家创新体系运行效率的重要因素；行为主体间的联系和相互作用是整体发挥效能的保证和构筑的前提；创新政策是对创新体系产生影响的法律、法规和政策；市场环境是指企业及其他主体创新活动所需的基本背景，市场作为资源配置的一种方式，对企业等的创新活动具有重要影响；国际联系指每个国家的国家创新体系与国际大环境进行资源交流，行为主体进行国际竞争与合作。②

从行为主体角度，国家创新体系主要包括企业、研究机构、大学和政府四个要素。创新能力是创新主体的核心竞争力，反映的是创新的本质。创新能力增强了，创新水平才会提高，科学技术的国际竞争力才有较大提升。如果把国家创新体系视作一个主体结构，则企业、研究机构、大学三要素分别是 3 个三维坐标轴。其中，创新主体的协同与联系是一种规模，为"势"；而创新能力为"质"，"质与势"有机结合通过市场激活机制的联结，就形成了较强竞争力的国家创新体系。

1. 企业。企业作为社会经济的细胞，是国家创新体系中最基本的要素，也是最重要的要素。大多数创新（尤其是技术创新）发源于生产领域，企业作为生产过程的主体，也是创新过程的主体。但生产过程与创新过程并不能互相替代，生产过程只是一个重复的过程，其惯例只是扩大产量，而创新过程是一个连续和积累的过程，十分强调创造的重要性，因此企业的创新意识和创新

---

① 国家创新体系建设战略研究组：《2008 国家创新体系发展报告：国家创新体系研究》，知识产权出版社 2008 年版，第 4 页。

② 周文磊：《建设国家创新体系的思考》，《科学对社会的影响》1999 年第 4 期。

能力决定了它在国家创新体系中发挥作用的程度。

　　企业负担的主要职能是进行技术创新和知识应用，同时进行知识传播。作为以盈利为目的的经营团体，企业非常注重其各种研究投入的回收时间和程度。企业参与技术创新和知识应用的形式主要有两种：一是企业内部设立专门的研究机构，从事 R&D 研究和开发活动；二是企业与外部独立的研究机构或大学合作进行创新活动。不论以何种形式创新，利润最大化始终都是企业的动机，因此企业真正关心的还是创新收益。创新收益有短期与长期之分，也有无形与有形之分，当企业的创新投入获得了相应的创新收益，企业才会具有持久的创新动力和创新能力。

　　2. 研究机构。研究机构在各国的界定与表现形式都不尽相同，总体来看，研究机构从形式上可以分成两种：一种是独立的研究机构，这种研究机构也可称为公共的研究机构，由国家提供主要资金来源，其研究领域多为基础研究和对国民经济、社会发展、国家安全、国家综合实力具有广泛影响的技术开发。另一种是从属的研究机构，它们或者从属于企业，或者从属于大学。这里所探讨的作为单独一个要素存在的研究机构主要是指第一种，而从属于企业和大学的研究机构则分别作为企业和大学的一部分来说明。研究机构的主要职能是进行知识创新、知识传播和知识转移。

　　3. 大学。大学被公认是科学技术知识的公共存储器，它们在教学中传播、提取知识，又通过学术研究扩展知识的存储。应当强调的是，学术研究有着与产业研究不同的范围和目的，前者致力于探求新的知识和新的规律，后者却更多地是为了满足市场和企业的需要。但两者并非是完全脱离的，在许多领域，学术研究和产业研究都有着很强的相关性。在美国，大学的科学及工程研究与以科学为基础的产业几乎是一同成长的，大学向产业、研究机构输送人才，学术研究也为产品创新和工艺创新提供了思路。大学在国家创新体系中的主要功能是创造与传播知识、培养与输送人才。

　　4. 政府。政府是国家创新体系中一个十分关键的要素，它与其他要素不同的地方在于，它不仅是创新过程的主要参与者，更是创新活动的重要推动者。政府的作用在创新体系研究之初就受到了人们的重视，在对各国创新体系的研究分析中，人们更致力于探讨政府在创新活动中的参与形式。各国政府参与创新的方式、深度和广度是不同的，如美国主要通过资金支持基础科学研究和军事技术研究，日本则通过直接干预企业的技术创新活动来影响和推动整个创新的发展。政府在国家创新体系中的功能是引导、激励、保护和协调，其作用影响着知识和技术的创新、扩散及应用的整个过程。1990 年代以后，各国政府对创新活动的参与逐渐从直接转为间接，强调提出国家创新战略和营造良好的创新环境。

国家创新体系的主要功能是对体系所需资源的配置功能、国家创新制度与政策体系的建设功能、国家创新基础设施建设功能和创新活动的组织与执行功能。

二、国家创新体系的研究与发展

（一）国家创新体系研究的进展

1987 年，英国学者弗里曼率先使用"国家创新系统"（National Innovation System）概念之后，国内外学者对此进行了广泛的研究。特别是 20 世纪 90 年代以后，"国家创新系统"已经成为一个新的研究领域，更成为各国推进科技进步、经济与社会全面发展的政策工具。在我国，理论界和科技界已经更多地采用了具有科技政策色彩的"国家创新体系"提法来代替学术研究的"国家创新系统"提法。

国家创新体系中"创新"的概念，主要包含了科学发现和创造、技术发明和商业价值实现的一系列活动，即科学创新、技术创新。

现在在国际上对国家创新体系的研究大致可分为三派。一派以丹麦奥尔堡大学伦德尔教授及其同事为代表。另一派以费里曼和纳尔逊为代表。第三派则以 OECD 为代表。其主要观点，上文已提及，这里不再赘述。

从国家创新体系的概念出发，便有这样的认识：国家创新体系是一个完整、开放的体系，是若干要素按一定关系组成的网络。网络内各要素间围绕创新产生相互联系，是一个在国家层次上推动和提升创新能力的网络。因此各创新主体之间的互相作用对创新效果的影响与研究开发对创新的影响同样重要。技术知识和信息在人、企业和机构间的流动是技术创新过程的关键。必须把研究开发成果的生产、扩散和使用各个环节有机地联系起来。从而，国家创新体系概念是要强调创新要素或主体（企业、科研部门、大学和中介机构）之间的联系和互相作用，强调这一体系能否有效地使新的知识在创新体系内部流动起来，能否提高企业的竞争力。即国家创新体系是社会网络，它涉及方方面面，超出科学技术的范畴。社会网络的节点是创新主体，节点间相互连接，则体现网络中的互动。

近年来，国内外学者围绕着国家创新体系研究又出现了一些新的进展，从而推动着国家创新体系的研究不断深化。这主要集中于以下四个方面。

第一，将国家创新体系进一步分解为区域创新体系或者是部门创新体系，从而将国家创新体系这个概念与区域经济学或者部门经济学结合了起来。在这方面，特别是在区域创新系统的建设方面，国内外学者都已经做了大量的工作。一个典型事例就是，近年来欧盟开始的生物技术产业创新系统的研究。既然区域创新系统的主要功能就是各创新主体创造、扩散和应用具有经济价值的技术知识，那么，区域创新系统创造、扩散和应用这些技术知识的能力就是区域创新能力。

第二，将国家创新体系与经济全球化联系起来进行研究，学者们认为，由于存在着国家技术专业化的倾向，而且不同机构之间相互作用的偏好与强度在国与国之间存在着巨大的差异，因此，需要在国际一体化日益增强的框架内研究国家创新体系问题。

第三，公司创新系统（CIS）的研究。公司创新系统的提出是基于这样的前提条件，即以科学技术国际化为背景更好地理解科技政策与制度基础的演进。它包括组织能力与战略、研究开发结构、先进的学习安排、与公共部门的联系、人力资源管理、竞争战略、获得新开发的知识与技术、知识产权管理、网络能力与战略、融资战略等等。近年来，更加密切的国家间科技政策协调也变得十分必要。这是因为：首先，由于小国受到大规模跨界跨国公司经营的强烈影响，通过国家间科技政策协调以利于它们在国际层面上利用技术资源；其二，许多作为全球创新者经营的企业受到政府提供的某些技术基础设施的吸引。

第四，国家创新系统的专业化。国家创新系统的专业化包括四个方面的内容：（1）科学专业化，主要是按出版物来测度各国科学系统中各学科的相对权重，以说明各国在各学科的相对优势与劣势；（2）技术专业化，主要是按专利活动和研究开发强度来测度，说明各国在产业化技术领域中的偏好与相对优势与劣势；（3）贸易专业化，主要是通过出口业绩指标来描述各国贸易部门的相对专业化，说明各国以技术为基础的部门的国际竞争力优势；（4）生产率指标，说明各国之间专业化程度的差异。

可以说，有关国家创新体系的研究正在向更宽的领域、更高的层次、更深的内涵方面发展和深化，有着广阔的研究前景。

（二）国家创新体系研究的未来前景

国家创新体系是科技进步与经济发展一体化的产物，同时又是进一步推进这种一体化的杠杆。因此有学者认为，未来国家创新体系的研究，应该是技术创新理念的一个新的发展，它体现在人们对科学技术与经济发展关系认识的不断深入上。

目前，国家创新体系还会不断发展完善。因为国家创新体系是适应时代发展的要求而提出的，是现代经济社会发展的理论反映。它以科学技术与经济发展的关系为研究对象，它所要回答的是一个基本的问题，那就是如何看待和解释科学技术在当代经济发展中的作用。其研究经历了由浅入深，从简单到复杂的过程，揭示了世界科技与经济发展的兴替规律，反映了国与国之间科技竞争及其跨越式发展的方向，体现了世界社会经济发展的趋势。

可以预见，迅猛发展的世界经济、激烈竞争的综合国力必将为人们在更广泛的意义上理解国家创新体系提供新的更丰富的事实。国家创新体系不仅是一种单纯的学说理论，而且还是一种新的概念框架和系统分析方法，它可用作分析一国整体的技术创新效率，分析不同组织制度、各类政策之间的协调程度，分析它们之间的关联方式及其有效性，进而找到创新的薄弱环节和解决问题的关键，最终为制定政策提供依据，为国家增进创新绩效和提高整体竞争力提供可行思路。

胡锦涛在关于建设创新型国家的讲话中十分明确地指出，我国创新型国家建设的目的，不仅仅在于国家创新体系自身和科技体系内部，而是借助创新型国家建设以实现中国特色社会主义的伟大使命。为了确保全面建设小康社会战略目标的实现，我们不能仅局限于科技体系之内，而是要着眼于国家科技、经济、社会协调创新发展的总体。我国创新型国家建设的概述性内容应包括：第一，实现依靠创新支持经济、社会的发展；第二，创新成为社会的普遍行为，形成有利于创新的社会环境与文化；第三，形成有利于创新的制度基础、有效的创新资源网络体系等三个方面。①

（三）建设国家创新体系的意义

1. 建设国家创新体系是提高国家综合国力、增强国际竞争力的需要

建设国家创新体系为创新主体提供刺激和动力，激励创新活动的展开，并使有限的创新资源得到合理配置和充分利用，提高技术创新的产出与投入比；建设国家创新体系加快新技术和技术创新成果向社会经济领域的扩散和渗透，促进社会技术能力的迅速提高，并把研究开发、技术创新、技术扩散与产业组

---

① 国家创新体系建设战略研究组：《2008国家创新体系发展报告：国家创新体系研究》，知识产权出版社2008年版，第28页。

织、教育、投资、管理等因素有机地结合在一起，从而增强本国经济竞争力；建设国家创新体系，依据本国国情制订产业技术政策，选择关键技术和技术范式，有次序地进行创新选择，推动产业技术层次的提高，提高产品质量，促进产业结构合理化；更为重要的是，通过国家创新体系，建立技术经济一体化机制，形成新的技术经济范式，使经济发展建立在技术进步之上，具有较高的素质和强大的发展后劲，推动国民经济的可持续发展。

近几十年内，随着创新发展模式推动知识经济的出现，使一些迅速摆脱传统发展模式而实施创新发展的国家，如芬兰、爱尔兰、新加坡、韩国等国先后实现了跨越式的腾飞。芬兰、爱尔兰等国的人均 GDP 都超过了美国。2004 年春天欧洲国家竞争力排行榜芬兰第一；2003～2004 年全球竞争力排行芬兰同样高居榜首；芬兰将科技成果转化为生产力的模式被认为是世界上最有效的；发展速度与劳动生产率都快速超过美国，成为世界公认的创新能力最强、信息化程度最高、世界最发达的国家之一。韩国从 1961 年实施第一个五年计划算起，仅用 17 年就达到人均 1000 美元的生活水平（1977 年），解决了温饱与初步小康的目标；又用了 10 年达到人均 3000 美元（1987 年），实现全面小康的建设任务；至 1995 年仅用 8 年就提升到人均 10000 美元的水平，基本达到中等发达国家的水平；至 2000 年 GDP 增长 200 倍，人均 GDP 增长 100 多倍，出口总额增长 1700 多倍。韩国于 1996 年加入被称为"发达国家俱乐部"的经济合作与发展组织，一只脚已经跨入发达国家的门槛。韩国通过建设国家创新体系，有效推动了技术经济的发展，创造了世界的经济奇迹。①

2. 建设国家创新体系直接推进国家科学技术和文化发展

国家创新体系是由于知识创新和技术创新有关的机构和组织构成的网络系统，其主要组织机构包括企业、科研机构、高等学校等。这些机构进行研究与发展活动时，开展技术创新和知识创新，促进了科学技术和文化的发展。

美国硅谷科技园的成功不仅带动了当地经济的迅速发展，而且推进了斯坦福大学的教育和科研。斯坦福大学以硅谷为科研实验基地，教育和科研实力迅速提升。60 年代，斯坦福大学跻身美国一流学府行列，1982 年在全美大学中排名第 2 位，此后一直名列美国一流和世界一流大学的前茅。这说明国家创新体系的发展和完善，促进了美国高校的教学与科研，为科学技术和文化的发展

---

① 国家创新体系建设战略研究组：《2008 国家创新体系发展报告：国家创新体系研究》，知识产权出版社 2008 年版，第 21～22 页。

作出了重要贡献。①

3. 建设国家创新体系培育和造就高素质高层次的创新人才

国家创新体系涵盖科研、教育与培训机构，具有知识生产和传播的功能，是培养和造就高素质、高层次创新人才的摇篮。美国斯坦福大学在 1988 年，每 144 位教师中就有 1 位是诺贝尔奖获得者，到 1999 年增加到每 106 位教师中就有 1 位是诺贝尔奖获得者。这说明创新要靠人才，同时创新又促进了人才的培养。②

第二节 我国国家创新体系的建设与特点

一、党和政府对国家创新体系建设的重视

中国学者对国家创新体系的研究起步较晚，但近年来，党和政府对国家创新体系建设高度重视，并作出了重要的战略部署。

1999 年，江泽民在全国技术创新大会上号召 "积极推进国家创新体系建设，为技术创新和科技成果向现实生产力转化提供有效的保障与激励机制"。③ 2000 年 6 月，江泽民为美国《科学》杂志撰写社论时指出："知识经济的发展正在给人们带来新的机遇和挑战。这再一次证明，知识和技术创新是人类经济、社会发展的重要动力源泉。中国将致力于建设国家创新体系，通过营造良好的环境，推进知识创新、技术创新和体制创新，提高全社会创新意识和国家创新能力，这是中国实现跨世纪发展的必由之路。"④

2006 年，胡锦涛在全国科技大会上庄严宣布：中国到 2020 年将 "进入创新型国家行列"，为此必须 "加快推进国家创新体系建设"。⑤

《国家中长期科学和技术发展规划纲要（2006 ~ 2020 年）》提出，"以促进全社会科技资源高效配置和综合集成为重点，以建立企业为主体、产学研相结合的技术创新体系为突破口，全面推进中国特色国家创新体系建设，大幅度

---

① 李志仁、方勇、杨雅文：《高等教育与国家创新体系建设》，大象出版社 2005 年版，第 208 ~ 209 页。

② 李志仁、方勇、杨雅文：《高等教育与国家创新体系建设》，大象出版社 2005 年版，第 209 页。

③ 江泽民：《论科学技术》，中共中央文献出版社 2001 年版，第 34 页。

④ 江泽民：《论科学技术》，中共中央文献出版社 2001 年版，第 207 页。

⑤ 胡锦涛：《在全国科技大会上的讲话》，《人民日报》2006 年 1 月 10 日第 2 版。

提高国家自主创新能力"。①

《中共中央国务院关于实施科技规划纲要增强自主创新能力的决定》指出，推动经济与科技的紧密结合，形成技术创新、知识创新、国防科技创新、区域创新、科技中介服务等相互促进、充满活力的国家创新体系。

2007 年《中国共产党第十七次全国代表大会报告》将科技发展作为经济建设的第一部分进行论述，提出提高自主创新能力，建设创新型国家是国家发展战略的核心、是提高综合国力的关键、是促进国民经济又好又快发展的八个着力点之首。

温家宝在《2008 年国务院政府工作报告》和《2009 年国务院政府工作报告》中都专门用一段文字强调自主创新，提出大力推进科技创新，建设创新型企业，实现经济结构的战略转型。

以上举措不仅说明了党和国家对科技与经济的关系有了更深入的认识，而且已经把建设国家创新体系作为全面建设小康社会的有力支撑。

二、我国国家创新体系的构成与功能

在中国科学院向国务院提交的题为《迎接知识经济时代，建设国家创新体系》的报告中，将我国国家创新体系定义为由与知识创新和技术创新相关的组织机构和社会单元组成的网络体系。其主要组成部分是企业、科研机构（包括国立科研机构、地方科研机构和民营科研机构）和高等院校等。广义的国家创新体系还包括政府部门、其他教育培训机构、中介机构和起支撑作用的基础设施等。社会创新文化、创新的环境和机制、管理创新等，在创新体系中起着重要作用。

（一）我国国家创新体系的组成和分工

按机构性质划分，国家创新体系应由政府、企业、教育与培训机构、科研机构、中介机构和基础设施等组成；按行政区划分，由中央创新体系和地方创新体系组成。除企业外，其他教育与培训、科研、中介等机构的构成成分，应由大学、其他教育科研事业单位和民办的非营利组织构成。

在国家创新体系中，充分考虑行业和区域的特点，统筹规划，各组成部分既有分工，又有合作，形成一个相互促进的网络系统。各组成部分的分工如下：政府制定科技发展和改革的政策，实施宏观调控，运用法律、经济和行政

① 《国家中长期科学和技术发展规划纲要》，《人民日报》2006 年 2 月 10 日第 7 版。

手段，保证发展改革目标的实现；企业作为科技创新的主体；国家通过大学和科研院所实施基础性、全局性的科技创新研究、发挥导向作用；民间非营利科研机构、其他中介机构作为研究与推广的必要补充；教育与培训机构根据需要培养输送创新人才；其他组成部分为创新活动提供社会环境和支撑条件。

（二）我国国家创新体系的功能

我国国家创新体系的主要功能是知识创新、技术创新、知识传播和知识应用，具体包括以下几个方面。

1. 创新活动的组织执行。企业是技术创新投入、产出和应用的主体，市场行为占主导地位；科研机构和高等院校则主要从事知识创新、知识传播和人才培养，政府行为占主导地位；社会及企业是知识应用的主体；政府可根据国家目标，组织重大创新计划和项目，促进产学研合作，推广创新成果等。

2. 创新资源（人力、财力和信息资源等）的配置。通过国家财政金融管理体系、教育与培训体系、信息服务体系和资源分配体系，高效配置资源。

3. 创新制度的建立。为全社会的创新活动提供良好的制度环境，包括政策和法律的制定、知识产权的保护、维护国家和公众的利益、规范创新主体的行为等。

4. 创新基础设施建设。为创新活动提供良好的条件，包括国家科技基础设施、教育基础设施、情报信息基础设施的建设等。大力促进和广泛进行知识的生产、传播和应用，是我国国家创新体系的基本任务。

（三）我国国家创新体系的子系统

建设国家创新体系，不仅要重视知识、技术创新，更要重视包括观念、管理等方面的创新。因此，我国的国家创新体系框架应包括以下五个子系统：知识创新系统、技术创新系统、知识传播系统、知识应用系统和制度创新系统。知识创新是技术创新的基础和源泉，技术创新是企业发展的根本，知识传播系统培养和输送高素质人才，知识应用促使科学知识和技术知识转变成现实生产力，而国家可以通过制度创新系统进行制度安排，以调控整个国家创新体系的良好运行。各个子系统各有侧重，相互交叉，相互支持，是一个开放的有机整体。

1. 知识创新系统

知识创新系统是由与知识的生产、扩散和转移相关的机构和组织构成的网络系统。知识创新是指通过科学研究获得新的基础科学和技术科学知识的过程。知识创新系统的核心是国立科研机构（包括国家科研机构和部门科研机构）和研究型大学，它还包括其他高等教育机构、企业科研机构、政府部门和起支撑作用的基础设施等。知识创新系统的主要功能是知识的生产、传播和转移，政府行为起主导作用。

2. 技术创新系统

技术创新系统是由与技术创新全过程相关的机构和组织构成的网络系统。技术创新是指学习、革新和创造新技术的过程。技术创新系统的核心是企业，它还包括政府部门、科研机构、高等院校、其他教育培训机构、中介机构和基础设施等。发达国家的技术创新更多地由市场机制起作用。我国市场机制发育不完善，企业创新能力和市场竞争能力不强，政府行为起较大作用的现象，还将维持相当长时间，但应通过积极深化经济体制改革等措施促使转变，使市场机制起主要作用。

3. 知识传播系统

知识传播系统主要指高等教育系统和职业培训系统，它包括高等院校、科研机构、企业等。其主要作用是培养具有较高技能、最新知识和创新能力的人力资源。政府行为在知识传播中起主导作用，同时亦应注意利用市场机制的引导作用，充分发挥各方的积极性。

4. 知识应用系统

知识应用系统的主体是社会和企业，它包括政府部门、企业、科研机构、其他机构和组织等；其主要功能是知识和技术的实际应用。知识应用主要是市场机制起主导作用，社会和企业是行为主体；政府的作用是制定并执行法律、法规和政策，引导、监督和宏观调控社会及企业的行为，并应用知识做出科学的决策，以提高知识转化成现实生产力的能力和效率，促进我国知识密集型产业和服务业的发展。

5. 制度创新系统

制度创新系统主要是由政府、企业、科研机构与大学等组成的子系统，以政府为核心机构，主要通过政府现行体制的改革、创新制度，为其他子系统的良好运行提供合理的制度安排。

总之，国家创新体系是一个系统工程，在今后的重构和发展中应形成这样一个有效的结构：首先应形成以企业为主体的知识应用和创新体系、以企业和国家开发型研究机构为主体的开发型研究体系、以国立公共研究所、国家重点实验室和高校为主体的基础研究体系及以高校为主的基础知识和应用知识的生产和传播体系；其次要形成以教育、培训、金融等中介服务机构为主的创新支撑体系；再次是以国家科技计划和创新战略为引导的国家创新引导体系；最后是以市场激励与国家调控政策相结合的激励制度体系。

三、我国国家创新体系发展的特点

在传统的计划经济体制时期，我国国家创新体系带有浓厚的计划色彩。改革开放以来，由于市场机制的不断引入，我国国家创新体系发生了很大的变化，已从计划型的创新系统向计划市场混合作用的形式转变。转变的突出之点是政府的职能发生了很大的变化，它扬弃了许多计划体制的弊端，使企业和科研机构有了越来越大的自主权，政府虽然还是技术创新的发起者，组织者和推广者，但企业、科研院所和高校在创新中的作用进一步增强了。

在社会主义市场经济体制下，确定各创新主体在国家创新体系中的定位和分工，是推进国家创新体系建设的一个重要方面。目前，在我国创新体系内各创新主体发展状况呈现以下特点。

（一）国家加大对企业的支持力度

企业已成为国家创新体系中的重要一员。尤其是民营科技企业和乡镇企业的崛起，使企业的科技力量布局发生很大的变化，有些民营科技企业在技术创新方面甚至优于一些国有大型企业。现在企业对技术的需求不断增加，已成为技术市场的最大买主。"八五"期间，企业在技术市场中购买技术合同金额占技术合同总金额的比重在65%左右。

国家在相关政策中加大了对企业的支持力度。国务院发布的《关于实施〈国家中长期科学和技术发展规划纲要〉的若干配套政策》中把促进企业成为技术创新的主体作为政策的重点。为真正促进企业成为技术创新的主体，"十五"期间，科技部通过国家科技计划加大了对企业技术创新的支持力度。在国家战略高技术发展计划（863计划）中，企业承担的比例约为20%；在国家科技攻关计划中，企业承担的比例约为32%；在政策类引导的计划中，企业参与的比重约为70%。"十一五"期间，国家科技计划特别是重大科技专项进一步加大企业承担的比例，更多地反映企业需求；在具有明确的市场应用前景的领域，建立企业牵头组织、产学研共同参与计划项目实施的机制。国家发展改革委员会在国家工程实验室、国家工程中心、企业技术中心建设等方面进一步加大了对企业的支持，以促使企业真正成为技术创新的主体。相关部门正在研究制定相关政策，鼓励企业增加研发投入，吸引社会资金投资科技创新活动，包括研究制定相关财税政策，引导和鼓励企业增加对研发的投入，积极探索建立和完善中小企业的科技投融资体系和创业风险投资机制等。

目前我国产业结构调整已进入创新主导的发展过程，企业发展将由重点提高生产能力转向重点提高创新能力，企业技术需求和技术投资能力也大大提高。因此，国家正在积极采取措施，为各种类型的企业提供公平有效的创新支持，真正确立企业在技术创新中的主体地位。企业也努力成为技术创新投入和组织的主体，在全社会 R&D 投入中发挥更加积极的作用，并利用和集成企业内外的各种要素和资源，解决企业乃至行业发展中的重大技术性问题。当前的重点工作是：进一步加强国有大中型企业技术创新机构和能力的建设，发展以企业为主导的工程技术中心，引导企业调整、制订创新发展战略，加大对创新的投入；进一步发挥民营企业在高新技术产业化方面的积极作用，鼓励民营企业参与国家和地方重大科技计划；进一步引导转制科研机构、加强应用基础研究和增强持续创新能力，在相应产业领域发挥先导和支撑作用；进一步鼓励外资企业在我国设立研发中心，开展本土化的创新活动。

（二）高校已成为国家创新体系中的一支重要力量

人才培养、科学研究、社会服务是现代大学的三大职能。随着全球科技的不断发展，以研究型大学为核心的高等教育系统已经成为了世界各国国家创新体系的重要组成部分。在我国，由于长期受计划经济体制的影响，高等学校在改革开放之前的主要职能一直是教学，科研工作和与企业的联系都较弱，教学和科研长期处于相互隔离的状态。然而，经过 30 年的改革与发展，我国的高等教育系统已经成为了我国国家创新体系的重要组成部分，在国家创新体系中发挥着越来越重要的作用。

首先，高校培养出大批优秀毕业生，为建设国家创新体系提供了重要的人才保障。现代企业已成为技术创新的主体，高校积极与企业密切合作，正在努力探索出一条产、学、研相结合的培养创新人才的新路子。高校的侧重点正在向有针对性地为企业和社会培养人才转移。这表现在专业学位硕士研究生的引入，在职培训的不断增加，工科本科毕业生在毕业生总人数的比例中逐年上升，为企业定向培养研究生等方面。

其次，高校在基础研究方面具有不可比拟的优势，而基础研究所产生的可能是某一领域的革命性成果。在这一方面，研究型大学有能力承担国家的一些重点科研项目。近十年来，我国高等学校的国内科技论文数量增长较快，高校从市场获得的科研经费也不断上升。仅从高等学校与科研机构的 R&D 经费支出、基础研究经费支出在全国所占比重的相对变化看，就很能说明问题。

从科研机构与高等学校的 R&D 经费支出占全国 R&D 经费总支出的比重

看，科研机构所占的比重从 1991 年的 49.42% 下降到了 2005 年的 20.9%，而高等学校所占的比重则从 1991 年的 8.59% 上升到了 2005 年的 9.90%。如果从基础研究经费支出占全国基础研究经费总支出的比重看，则高等学校的相对地位上升更快。科研机构在基础研究领域的经费支出比重已经从 1991 年的 65.95% 下降到了 2005 年的 44.23%，而高等院校在基础研究领域的经费支出比重则从 1991 年的 25.57% 上升到了 2005 年的 43.24%，已经与科研机构的比重非常接近①。

在未来国家创新体系建设中，大学应继续深化科研体制改革，重点开展自由探索的基础研究，同时还应新建和组建一批多学科交叉的国家重点实验室，从事围绕国家目标的基础研究和战略高技术研究，并向社会提供公共科技产品及服务。通过联合承担国家科研任务和开放实验室等，加强与科研机构之间的结合。通过加强研究型、综合性大学建设，大力培养优秀创新人才，促进自然科学与社会、人文科学的深入融合。此外，大学还应当成为区域研究开发中心，并不断通过向产业的技术转移和扩散，提升区域创新能力。

（三）科研院所为经济建设服务的格局已基本形成

国家将原来的针对所有科研机构的科技拨款改为对科研事业费的分类管理，提高了科研院所的经营自主权，这一措施与国际上鼓励创新的做法是基本一致的。这一改革调动了科研部门从各种渠道争取研究开发经费的积极性，加强了科研从技术导向向市场导向的转变。科研院所的市场意识大大增强，科技面向经济建设的局面已基本形成。科研院所不仅是基础知识的生产者，而且是应用知识的生产者。政府拨款已不再是科技机构资金的唯一来源，科研机构的科技活动经费筹集来源实现了多元化。2007 年，全国研究与开发机构科技活动经费筹集总额 12643675 万元，其中政府资金 10417449 万元，占 82.39%，企业资金 542500 万元，占 4.29%，金融机构贷款 102458 万元，占 0.81%。②科研机构院所办的高技术企业为中国的经济增长注入了新活力。

国家科技计划也不断向实现技术创新的方向转移。科技计划中有国家投资为主的指令性计划和国家、地方或企业共同投资的指导性计划。它们是《科技攻关计划》、《863 计划》（1986）、《攀登计划》（1992）、《星火计划》

① 国家创新体系建设战略研究组：《2008 国家创新体系发展报告：国家创新体系研究》，知识产权出版社 2008 年版，第 109 页。

② 数据来源：《2008 中国科技统计年鉴》。

(1986)、《火炬计划》（1988）、《国家科技成果推广计划》（1990）、《国家级重点新产品试制计划》（1988）、《技术创新工程计划》（1997）、产学研联合工程高技术计划、《国家重点工业试验项目计划》（1990），这些计划和国家自然科学基金的建立等都为科研院所更好地服务经济建设提供了广大平台和政策支持。

当前，要加快建立以公益类院所为主体的国家公共科技供给和服务体系，加强中国科学院创新能力的建设。通过进一步推进和深化知识创新工程试点工作，积极探索符合中国国情的现代科研院所管理制度，进一步优化学科布局，形成一支精干、高效的科学研究队伍，建设具有国际先进水平的科学研究基地、培养造就高级科技人才的基地和促进我国高技术产业发展的基地。科研院所的主要功能是紧紧围绕国家战略目标，承担基础性、战略性和前瞻性的研究工作，并与企业、大学及其他科研机构形成相互开放、分工合理的结构布局，在国家层次上实现创新资源的优化配置和创新成果的充分利用。

（四）政府开始注重通过立法、政策手段推动技术创新

自 1980 年代以来，我国已先后颁布了《中国专利法》（1984）、《技术合同法》（1987）、《标准化法》（1988）、《科学技术进步法》（1993）、《农业技术推广法》（1993）、《促进科技成果转化法》（1996）和《关于加速科技进步的决定》（1995）等一系列法律法规，为政府从项目管理向政策管理转变铺平了道路，促进了科技与经济的结合，如科技贷款是改革以后出现的政策性手段。

在传统的计划体制下，科研部门和生产部门的联系很少，这阻碍了科研成果向生产力的转化。为了解决科技成果向市场转化难的问题，政府推出了加强成果转化的一系列措施，以建设技术创新的支撑服务体系，这包括为解决科研生产相脱节的工程（技术）研究中心，为中小企业和乡镇企业服务的生产力促进中心，为高科技企业服务的科技创业服务中心等机构，及以创建技术市场、建立高新技术园区等形式推动科技成果的市场化，把原来政府的职能让位于由市场来解决，在技术和应用之间架起桥梁。

从技术市场来看，我国合同成交金额逐年上升（见图 2.1），2008 年全国技术市场交易总量继续稳步上升，共签订技术合同 22.6 万项，同比增长 2.48%，成交技术合同总金额 2665.2 亿元，同比增长 19.71%，高于 1996 ~ 2008 年全国技术市场成交总金额 19.37% 的平均增速。平均每项技术合同成交金额由上年的 101 万元上升到 118 万元。成交金额占国内生产总值的比例达到

0.89%，较上年增长 0.02 个百分点。①

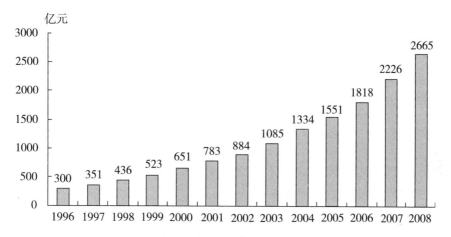

图 2.1　1996～2008 年全国技术合同成交金额

资料来源：科学技术部发展计划司《科技统计报告》2008 年第 3 期，中国科技统计网，http：//www.sts.org.cn/tjbg/jsmy/documents/2009/09062301.htm

（五）我国的科技实力不断增强

近年来，我国科技实力不断增强。统计资料表明，2003 年至 2007 年，我国 R&D 经费占世界的比重，发明专利授权量占世界的比重，SCI、EI、ISTP 收录我国论文占世界的比重等主要科技指标不断上升，如表 2.1 所示。

表 2.1　我国主要科技指标在世界上的位置

	2003	2004	2005	2006	2007
R&D 经费占世界的比重（%）	2.5	2.9	3.5	4.0	4.9
R&D 经费的世界排名	6	6	6	6	5
发明专利授权量占世界的比重（%）	6.3	8.3	8.8	8.0	9.6
发明专利授权量世界排名	4	3	4	4	4
SCI、EI、ISTP 收录我国论文占世界的比重（%）	5.1	6.3	6.9	8.4	9.8
SCI、EI、ISTP 收录我国论文数世界排名	5	5	4	2	2
EI 收录我国论文数世界排名	3	2	2	2	1

资料来源：科学技术部发展计划司《科技统计资料汇编》，2009 年 2 月，第 4 页。

---

① 科学技术部发展计划司：《科技统计报告》2008 年第 3 期，中国科技统计网，http：//www.sts.org.cn/tjbg/jsmy/documents/2009/09062301.htm

另据中国科学技术信息研究所 2008 年 12 月 9 日召开的 "2008 中国科技论文统计结果发布会"表明，2007 年我国科技论文数量继续稳步增长，发表在国际主要科技期刊和重要会议上的论文总数为 20.8 万篇，比上年增加了 3.6 万篇，占世界总数的 9.8%，居世界第 2 位。其中，反映基础研究状况的《科学引文索引》（SCI）数据库，收录了我国科技论文 9.48 万篇，占世界总数的 7.5%，排在世界第 3 位。反映工程科学研究领域的《工程索引》（EI）数据库，收录了我国期刊论文 7.82 万篇，占世界总数的 19.6%，第一次超过美国，排在世界第 1 位；《科学技术会议录索引》（ISTP）中，收录了我国 4.53 万篇国际会议论文，占世界总数的 10.1%，排在世界第 2 位。在过去的一年里，我国科技论文不仅数量增长，影响力也出现了跃升。据统计，从 1998 年至 2008 年（截至 2008 年 8 月），我国科技人员共发表论文 57.35 万篇，排在世界第 5 位；论文共被引用 265 万次，排在世界第 10 位，比上一年度统计时提升了 3 位。平均每篇论文被引用 4.6 次。①

四、我国国家创新体系建设存在的问题②

一个国家创新体系的效率取决于以下两个方面：创新体系内各要素的构成在创新中的功能定位是否恰当；创新体系内各要素之间的联系是否广泛与密切。这两个问题都与我国的经济科技体制改革相关。在职能定位上，创新体系内部资源的配置是关键。而我国目前存在的问题恰恰又都在这些关键点上。

（一）科技创新的宏观管理体制不适应发展的需要

我国国家创新体系从整体看仍处在转型的过渡期。其中不仅存在创新投入严重不足的问题，而且存在深层次的体制问题。事实上，我国科技投入不足，虽然有经济实力相对不足和思想观念尚未转变等原因，但从本质上讲根本原因仍然在体制方面。

1. 我国科技组织结构只包括科学技术管理机构（包括科技部、财政部、发改委、国防科工委、国家自然基金委等）、实际从事科学研究的机构（包括科学院系统、部门研究机构、高等院校和企业研究机构）两个层次，没有科技最高决策和协调机构（国务院科教领导小组虽然是出于协调各个部门之间科技发展中的问题而成立的，但目前还没有真正发挥应有作用）。这造成了在国家层面上军口、民口创新活动难以统筹协调；也造成了科技管理部门职能分

---

① 翟帆：《我国国际科技论文影响力进入世界前十》，《中国教育报》2008 年 12 月 10 日第 1 版。
② 本部分主要参考《2008 国家创新体系发展报告》编写。

割、彼此扯皮。而正是由于部门分割，使不少计划从策划、预算到实施完成，带有很强的部门意识，相互联系和协调很少，且没有一个部门有协调权，导致科研经费分散和重复使用，不利于国家目标的实现。

2. 缺乏国家层面常设的科技决策咨询、评估、监督机构，科技创新的宏观决策支持机制有待完善，不能针对我国科技发展总体方针、战略规划、重点方向和重大经费安排等问题，向党中央、国务院提供政策建议和咨询意见。

3. 科技预算、执行和监督三个分立的体系还没有建立起来。国外的科技管理实践表明，加强对科技项目的监督、评估，是提高国家科技资源使用效率的重要手段。而在我国，科技经费浪费；评价工作做不到统一、准确、频度适当；许多重大的国家计划，部门自己立项、自己验收，没有与其他部门进行协商，也缺乏事后的评价；基础研究、应用研究以及技术开发的立项、进度评估、成果验收鉴定几乎都是一个模式和标准；成果鉴定的评语"国际先进、国内领先或填补空白"比比皆是，而失败几乎没有，能实际应用的则更少；腐败现象仍然存在。根源就在于缺乏对科技活动的有效监督，评价、监督组织与管理机构混合，管理职能与评价功能不分。

（二）科技创新机制尚不完善

1. 科技创新的机制同一化，缺乏灵活性，不适应创新规律的多样性。现在科技计划部门分散和科技立项实行全面课题制，割裂了科技研究与企业开发的结合，加剧了成果转化的难度，易于出现部门性重复浪费的倾向。宏观统调不力而微观管得过细的问题依然存在，部门职能错位是其重要原因。分散型的课题与国家急需解决的战略任务不相匹配，不适应社会发展的需求，因此，在科技创新的机制上急需放活。

2. 促进科技创新、加快科技成果转化应用的有效激励机制尚不健全。促进优秀创新人才脱颖而出的激励政策还在探索之中，特别是鼓励企业增加研发投入的税收激励政策还有待加强。关于对高新技术企业的股权激励和转制科研机构产权制度改革与激励的政策已经取得了突破，但还有待积极地试点和推行实施。对现有科技鼓励政策进行系统化和法律化的工作亟待加强。

3. 保障科技创新的制度建设不足。科技法规都是些原则性、指导性的规定。科技立法面较窄，在科技体制改革和科技创新等许多领域还存在一些立法空白，尤其是经济立法没有充分考虑科技发展的需要。科技创新政策还存在不协调、不和谐、不全面之处。有些重要的政策层次低、力度不够。其中财政金融政策对企业技术创新关注不够。科技政策法律的实施缺乏应有的监督机制和法定程序。风险投资机制尚不健全，缺乏适合中小企业技术创新特点的贷款政策和信用保证制度。公众对政府提出的公共政策的信任度不高。

4. 市场机制的基础性作用没有很好地发挥。在原有的计划体制下，国家计划及相关政府部门是资源配置的主要方式和主体。随着社会主义市场经济体制的建立与发展，原有的体制逐渐被打破，政府的直接干预作用在减弱，市场机制的作用有所加强，但并没有完全发挥其应有的作用。传统的计划指令调配资源的方式，还没有遵循市场经济规律的基本要求，难以实现科技资源的有效配置和综合集成。在创新活动中仍存在着盲目性，造成创新资源的浪费和整个体系运行的低效。

（三）科技投入不能满足创新需要

1. 政府没有科技投入的稳定增长机制。近年来，国家财政科技投入总量虽有所增加，但占同期财政支出比例却没有增加，总体投入数量仅仅达到同类国家发展阶段一般投入水平的一半左右。在一些国家重大经济建设项目中，既存在着建设投入的浪费现象，又存在着严重的科技投入不足问题；政府经济建设项目没有匹配足够的科研经费。

2. 没有形成良好的引导和激励社会各类资源积极投入的机制。尽管现在的研究费用和资金来源已走向多元化，但相当程度上还是国家的专项资金占大头。同时，政府投入难以起到示范、引导、调整的作用，社会资金也难以先期介入。如果在"十一五"期间研究院所的研发费用来自生产部门委托或自筹资金能够超过50%的话，研发和转化的速度就会大大加快。

3. 科技投入管理机制不健全。对国家科技经费的使用缺乏全过程的有效监管，部分科技经费未能保证专款专用，对科技经费的使用效果也缺乏科学、公正的评价。科研项目经费用于流动人员的部分严重不足，部分科技事业经费难以择优支持跨部门、跨区域的科技项目。

薄弱与分散重复是中国目前在资源配置方面存在的最主要的问题。分散、重复建设现象更为严重。仅以2003年爆发的非典疫情为例，SARS疫情期间，有关研究的立项在全国遍地开花：诊断试剂20多项，疫苗研究竟通过不同渠建立了40多项，为研究SARS病毒而在建、筹建的P3实验室全国有50多个……

4. 用于科技基础条件建设、基础研究、社会公益研究的经费比例过低。长期以来，由于科技基础条件建设没有纳入国家的科学发展规划，缺乏整体布局，加之我国R&D经费投入相对短缺，大部分经费都用在了急需解决的一些实际问题上或短期能有显示度的项目上。这导致了 R&D 经费中投入到相关仪器设备研究方面的经费很少，因而自主研发仪器设备的能力非常薄弱，科研中使用的大型仪器设备几乎是 100% 依赖进口。

在科技要为经济建设服务的战略下，应用研究得到了比基础研究更多的重视。基础研究经费占三类研究经费的比例呈下降趋势，长期徘徊在 5% 左右，并没有随着经济发展水平的提高而提高。国家对卫生健康等公共科技的投资严重不足，公益性科研成果远远无法满足全社会的基本需求。部门属公益类院所人均经费只相当于开发类院所的 1/3 到 1/2，科技人员的收入和工作条件较差，骨干人员特别是青年人才流失现象严重。

5. 国家财政对科技的投入主要流入竞争性领域，不利于企业的研发。中科院的有关专家指出，目前国家财政对科技的投入主要是给了 "863"、"973"、"十一五" 攻关等几大计划，项目又多集中在软件、信息、生物技术等，绝大部分属于竞争性领域，巨额财政投入产出了大批公共产品，企业可以白白享用，这就导致了企业不会在这些领域投入大量资金去搞研发。

（四）促进创新的氛围还未形成

1. 学术民主作风没有得到充分发扬，学术与科研机构存在严重行政化倾向。学术和科研机构内部缺乏民主气氛，不同意见难以形成争鸣和深入讨论，许多学术争论无法展开，束缚了新思想的产生，缺乏知识创新的土壤和氛围。

2. 协作精神不够，分割现象严重。各科研部门彼此封闭、封锁资料信息，知识无法共享；条块分割，阻碍着资源的有效利用，妨碍了各创新主体间的真诚互动和沟通，增加了创新的难度；合作精神不够，仍存在门户主义、小团体主义等，难以形成创新的集成与协作优势。

3. 存在急功近利和浮躁现象。发表论文更多地注重数量，不注重观点的创新性和质量，追求真理的观念逐步淡薄和放松，社会责任感缺失，甚至出现弄虚作假、抄袭他人成果的现象。

4. 科技人员的竞争动力和能力不强，创新精神和创业勇气不足，风险意识和产业化意识薄弱，难以应对激烈的竞争。传统的、保守的、惰性的中庸价值观在科技系统中仍然存在。

（五）各创新主体创新能力不足，未能充分发挥各自的应有作用

1. 企业的自主创新能力较弱，尤其是装备制造业水平长期得不到提高，甚至存在 "引进依赖" 现象。表现在：一是我国两万多大中型企业中有研发机构的仅占 25%，有研发活动的仅占 30%，40% 左右的企业研发机构没有稳

定的经费来源，众多中小企业难以获得必要的技术支持；二是企业难以吸引优秀的科技创新人才；三是企业创新投入严重不足；四是在技术引进项目中，消化吸收费用的比例为 1：0.07，而韩国、日本的比例为 1：5。

2. 科研机构的原始创新能力不足。科研院所课题小型化、资源分散化，心态浮躁；创新思想贫乏，原创性成果较少；科技支撑条件、资源的整合与社会共享不足，资源利用效率低，创新效率不高。

3. 社会公益类研究机构长期以来经费不足，年人均事业费仅 1 万多元，而其中很大部分用来支付离退休人员工资，无法开展许多急迫的公益性科研。这种状况特别严重地影响了社会公益领域的基础科学研究。农业、卫生与健康、资源与环境、标准等领域的公益性研究，都远不能满足社会发展的基本需求。公益部门的部门分割、重复建设、资源共享不充分，导致基础设施不完备，技术装备相对落后。监测设备自动化、综合化水平不高，缺乏知识和人才储备，科研能力较弱，缺乏预警和应对重大突发事件的有效体制和机制。许多社会公益类科研机构公益性研究与面向市场的开发和服务并存，难以适应经济社会全面协调发展的需求，难以满足日益增长的社会各方面对公共科学技术的需求。在国家创新体系中，公益类科研机构成为最薄弱的环节之一。

4. 大学分类发展的思路和定位不够明确，发展趋同。大学作为基础研究的重要主体，其潜力尚未充分发挥，与研究所和企业的知识交流严重不足。大学没有形成良好的治学环境及浓厚的学术氛围。没有真正形成具有中国特色的高层次人才培养体系，对专业人才、创新人才培养不够。大学的科研组织不力，基地建设与基础设施落后。科研力量过于分散，实验室亟需调整和加强。

5. 我国专业服务机构特别是科技中介机构的发展还处于起步阶段，能力薄弱，存在许多问题和障碍。中介机构自身的能力有待加强，专业化的服务水平亟待提高；中介机构缺乏科技经济人和中介机构经营管理等方面人才；各类中介协会在规范行业行为、维护行业利益等方面的作用没有得到充分发挥。经济欠发达地区中介服务机构发展更为滞后。

（六）各创新主体间没有形成有机联系

1. 参与创新活动的各个主体在创新活动组织中彼此分割、相互脱节，无法集中力量办大事。科研机构被赋予知识的生产者的作用，不关注知识的传播、使用。企业是知识的使用者，不关注知识的传播，而高校则主要是知识的生产和传播，不关注知识的使用。

2. 企业与研究院所、大学之间的联系、合作与交流弱。企业的技术引进、消化吸收和创新，科研机构和大学无法参与，科研机构和大学承担的国家科研任务，企业也没有渠道参与。我国企业很少参与和支持大学的系、专业的设置，企业与大学合作研究开展不多，我国企业参与大学实验室建设的积极性远不如跨国公司。知识从科研机构、大学向企业流动被这种分割体制所限制。

3. 系统配置方式不合理。国家创新体系间各要素联系方式和机制主要是通过国家相关的政府机构。政府则既是知识的生产、传播和使用的组织者又是推动者。这一系统配置方式既造成了要素创新动力的低下，又造成各要素之间的功能分割的局面，所谓技术经济两张皮的现象便是这样形成的。创新机构之间相互作用的网络体系远未形成。

（七）科技力量布局不合理、人才现状不容乐观

1. 科技力量部署中间大两头小。中国的科技力量主要集中在大学和科研院所，从事的科技工作涵盖了从基础研究、应用研究、技术开发、生产技术和应用直到市场化的创新链的全部环节。但过度强调科学技术的发展一律向"用"看齐，造成了科学研究方面的自由探索十分薄弱，原始性创新的学术研究稀缺。

2. 人才总量虽然不少，但结构不合理，整体创新能力不高，高层次人才严重缺乏；人才作用未能有效发挥，创新人才的积极性未能充分调动，巨大的能量还没有释放出来；学术上论资排辈，不利于年轻人才脱颖而出；人才流动不畅，"近亲繁殖"严重；分布不合理，企业高素质的技术创新人才严重缺乏。

第三节　我国国家创新体系的未来建设与发展[①]

一、我国国家创新体系建设的总体战略

（一）国家创新体系建设的指导思想和战略

我国国家创新体系建设与发展的指导思想是：以"科学技术是第一生产力"和"三个代表"重要思想以及中共十六大、十六届三中全会、十七大精神为指导；坚持"以人为本"，落实"科学发展观"；相信和依靠全社会的创新能力，调度一切有效的创新资源，发挥政府宏观调控功能和市场配置资源的

---

① 本节第一二部分主要参考《2008 国家创新体系发展报告》编写。

基础性作用，实现全社会科技资源的高效配置和综合集成，形成政府引导、市场调节、全社会协调互动的创新格局，构建既适应市场经济发展的客观要求又符合创新规律的创新体系；大幅度地提高国家创新能力，加速科技成果的创造与应用，为全面建设小康社会提供坚实的科技支撑。

推进国家创新体系建设的战略是：以增强整体创新能力为总体战略目标；以提升技术创新能力为战略重点；以培育科学创新能力为战略储备；以优化创新服务能力和整合世界科技资源为战略支撑；以实施若干国家重大专项为战略突破。

（二）国家创新体系建设的主要原则

依据国家创新体系建设的指导思想，推进国家创新体系建设的主要原则如下。

坚持国家创新体系建设服务于国家总体战略目标。我国国家创新体系的建设必须立足于我国的基本国情，以实现全面建设小康社会战略目标的需求为依据。

坚持发挥政府宏观调控功能和市场配置资源的基础性作用。依靠全社会的创新能力、调动一切有效的创新资源，实现全社会科技资源的高效配置和综合集成。

坚持科学技术"优先发展"。倡导适应时代特征的科技价值观，实施科学技术"优先发展"的原则。在科学技术范围内，在我国目前条件下突出以提升技术创新能力为重点的组织和制度安排。

坚持科技经济社会协调发展。重视现代科学技术与经济社会的融合，推进科技、教育、经济、社会协调发展的网络化。

坚持倡导和加强哲学、人文科学、社会科学与自然科学的协调发展。实现自然科学的技术方法与哲学、人文科学、社会科学的技术方法相结合。

坚持以改革促发展。要立足国家发展的全局，放眼新世纪发展远景，以宏观管理和体制创新为重点，深化科技体制改革。

坚持开放发展。充分利用全球知识共享的环境，实施创新的开放原则，加强我国创新活动的国际合作交流。

（三）国家创新体系建设的目标与步骤

1. 国家创新体系建设的总体目标

在未来几十年内，中国的国家创新体系要逐步建设成结构合理、机制灵活，具有持续创新能力的国家创新体系。在这个体系中，有效整合资源，提高效率，使科技资源配置基本优化，科技投入效益明显提高；创新主体结构合理、功能明确并形成良好的互动联系；科技创新的机制和政策环境基本完善；极大地提高我国的技术创新能力，特别是技术的自主创新能力；在全面建设小康社会为核心的战略决策体制下，建立和完善宏观管理体系、技术创新体系、科学创新体系、军民结合创新体系、创新服务体系、区域创新体系等。到本世纪中叶，使我国创新能力进入世界的前列，建立起支撑发达国家创新能力的国家创新体系。

2. 国家创新体系建设的阶段目标和步骤

上述总体目标的实现分三个阶段进行。

第一阶段 2006～2010 年，实现战略调整，为建设创新型国家奠定科技发展的制度基础，初步建立适应市场经济体制和科技自身发展规律的国家创新体系。

至 2010 年（"十一五"期间），整体实现国家创新体系的基本结构和科技主体布局，重点建成以企业为主体，产学研互动为基本运行机制的企业技术创新体系和以科研机构、高等院校为主体，科技与教育结合的科学创新体系。在国家层面上，理顺科技领导与管理体制关系，围绕战略重点形成合理的学科布局与协作机制；初步建立现代科研院所制度，形成一批具有国际水平的研究型大学；探索和实施军民互动、有机结合的创新体制和机制，建成重点领域的信息共享、人才流动和知识传播平台。实现科技进步对经济增长的贡献率接近50%；国家科技基础条件、创新体制和创新文化等方面的建设取得明显成效；国家重点科研基地建设达到世界先进水平，重点领域的自主创新能力显著提高；基本具备能够支撑我国科技与经济可持续发展的国家创新能力。

第二阶段 2010～2020 年，加速科技发展，提高自主创新能力，进入创新型国家行列，建成能支撑全面建设小康社会要求的国家创新体系。

至 2020 年（小康社会），在总结前 10 年成功经验的基础上，建立比较完善的国家创新体系。实现科技进步对经济增长的贡献率接近 60%；全社会研究开发经费占国内生产总值的比重达到 3%，极大地提高我国的研究开发能力；发明专利和科技论文的数量、质量和结构都有显著提升，进入世界先进水平，并显示出原始性创新的整体活力；国家科技竞争力进入世界前列。

第三阶段 2020～2050 年，建立起支撑发达国家创新能力的国家创新体系。

至 2050 年（建国百年），在科学技术若干领域达到世界领先水平，进入创新型国家前列，成为世界一流科技创新强国。

3. 我国科技发展的重点

为了实现上述目标，未来十年我国科学技术发展的重点主要包括以下几个方面。

一是掌握一批事关国家竞争力的装备制造业和信息产业的核心技术，使制造业和信息产业技术水平进入世界先进行列；二是农业科技整体实力进入世界前列，促进农业综合生产能力的提高，有效保障国家食物安全；三是能源开发、节能技术和清洁能源技术取得突破，促进能源结构优化，主要工业产品单位能耗指标达到或接近世界先进水平；四是在重点行业和重点城市建立循环经济的技术发展模式，节约资源、保护环境，为建设资源节约型、环境友好型社会提供科技支持；五是重大疾病防治水平显著提高，新药创制和关键医疗器械研制取得突破，全面提升医药产业发展的技术能力；六是国防科技基本满足现代武器装备自主研制和信息化建设的需要，为维护国家安全提供保障；七是涌现出一批具有世界水平的科学家和研究团队，在科学发展的主流方向上取得一批具有重大影响的创新成果，信息、生物、材料和航天等领域的前沿技术达到世界先进水平；八是建成若干世界一流的科研院所和大学以及具有国际竞争力的企业研究开发机构，为形成比较完善的具有中国特色的国家创新体系创造条件。

二、我国国家创新体系未来建设的基本架构

（一）建设以企业为主体的技术创新体系

技术创新体系主要包括大型骨干企业、民营科技企业、专业化中小型企业、外资企业以及科研机构与高等院校中从事应用研究的力量。

企业成为技术创新的主体，主要是指：一是企业要成为先进科技成果主要的吸纳和应用者；二是企业要成为资金主要投入者和创新人才的吸纳者；三是企业要成为工业产权的主要拥有者；四是企业要成为新技术的主要创造者；五是企业要成为发展先导技术的引领者；六是企业要成为先进管理模式的开拓者。

政府要积极发挥经济和科技政策的导向作用，激励和引导企业真正成为研究开发投入的主体、技术创新活动的主体和创新成果应用的主体。调整国家科技计划实施机制，加大国家科技计划对企业技术创新的支持。建立政府与企业间的信息沟通机制，国家有关科技计划要充分反映企业、产业发展的需求，项目评审要更多地吸纳企业同行参与。鼓励企业参与国家科技计划项目的实施，对重大专项和科技计划中有产业化前景的重大项目，优先支持有条件的企业集团、企业联盟牵头承担，或由企业与高校、科研院所联合承担，建立以企业为主体，产学研结合的项目实施新机制。

实施"技术创新引导工程"，支持企业建立和完善各类研发机构，特别是鼓励大型企业或主要行业的龙头企业建立企业技术中心，打造企业技术创新和产业化平台，努力形成一批集研究开发、设计、制造于一体，具有国际竞争力的大型骨干企业。开展创新型企业试点，促进形成一批有特色的创新企业集群。吸引海外高层次人才回国创办高新技术企业。鼓励外资企业在我国设立研发中心，加强合作研究。鼓励企业与科研院所、高等院校联合，加强工程实验室、工程中心、企业技术中心、产业技术联盟建设，加大现有研究开发基地与企业的结合，建立企业自主创新的基础支撑平台，并着重建立面向企业开放和共享的有效机制，整合科技资源为企业技术创新服务。

完善符合市场经济特点的技术转移体系，将技术转移作为科技计划和公共科技资源配置的重要内容，促进企业与高等院校和科研院所之间的知识流动和技术转移。创造各类企业公平竞争的制度环境，打破行业和市场垄断，重视和发挥民营科技企业在自主创新，发展高新技术产业中的生力军作用。国家有关计划要加大对科技型中小企业的支持力度，建立适应中小型企业创新需要的投融资机制，建立和完善支持中小企业技术创新的信息、技术交易、产业化服务的平台，营造扶持中小企业技术创新的良好环境。深化技术开发类科研机构企业化转制改革，鼓励和支持其在行业共性关键技术研究开发和应用推广中发挥骨干作用，推进国家工程技术创新基地的建设和发展。

（二）建设科学研究与高等教育有机结合的科学创新体系

我国的科学创新体系建设，是建设国家创新体系的重要内容，无论是科学创新活动的自身价值还是其社会意义，都属于社会公益性范畴。它是属于市场机制失灵的领域，应按社会需求的模式，以国家财政为主，建立多元投入机制予以扶持推动。

我国的科学创新体系主要涉及高等院校、国家科研院所和社会（民办）研发机构。首先，要以建立开放、流动、竞争、协作的运行机制为重点，探索实行理事会制度，完善所长负责制，扩大科研院所的管理自主权，健全科研管理规范，建立现代科研院所制度；其次，推进社会公益类科研机构分类改革，提高改革验收后人均事业费标准，完善管理和运行机制，形成一批稳定服务于国家目标的高水平公益科研基地；第三，实施中国科学院知识创新工程三期项目，在基础研究和战略高技术的若干重要领域形成一批具有国际一流水平的研究所；第四，深化高校科研管理体制改革，加强科技创新与人才培养的结合，建设一批高水平的研究型大学。

深化科研体制改革，要明确不同类型科研机构的职责定位。研究型大学的科学创新应突出与人才培养相结合的自由探索型研究的特点，并在各类科学创新活动乃至技术创新活动中发挥它所具有的潜力。国家科研院所定位在前瞻性、战略性、综合交叉性、社会公益性的重大科学研究为主，并为国家高新技术创新提供知识基础和创新平台，为国民经济与社会的发展提供科学基础和可持续发展的动力。社会（民办）研发机构以自有优势为基础，竞争参与重大基础性任务专项的科学创新，并发挥科学创新与技术创新相互连接的功能作用。

科学创新主体间，主要以功能互补、人才交流、信息与基础设施的共享、合作研究、重大任务的牵引以及政策的调控等方式，促成主体互动的网络关系。

（三）建设军民结合、寓军于民的国防科技创新体系

深化国防科研体制改革，以促进军民科技资源统筹配置、有效共享为重点，建设军民结合、寓军于民的国防科技创新体系。加大军民科技发展战略和科技政策的协调力度，以组织实施重大专项为突破口，统筹军民科技计划，加大民口企业和科研机构参与国防科技计划的力度，促进军民科技从基础研究、应用研究开发、产品设计制造到技术和产品采购各环节的有机衔接。加强军民两用技术研发，促进军用和民用科技的双向转移以及军民两用技术的产业化。加强军民科技资源的有效集成，建立军民科技基础设施和条件平台有效配置、合理共享的机制。加快国防科研院所体制改革，推进有条件的国防科研机构的企业化转制，探索促进军民科研结合的管理模式，促进军民创新人才的有序流动和优化组合。

（四）建设各具特色和优势的区域创新体系

区域创新体系是在区域层次上，以区域的经济、社会发展为牵动力，以中心城市为枢纽，以技术创新和科技创业为主体，聚集和整合创新要素，推动持续创新、提升竞争力的社会网络组织和制度。区域创新体系是国家创新体系的重要组成部分，以有优势的重点高新区和特色产业集群为支柱。

区域创新体系的建设，应以行政区域为基础，推进跨行政区域的创新体系建设，根据不同地区的资源与发展水平，选择适当的发展模式。

中央政府应根据综合协调，分类指导，注重特色，发挥优势的原则，以促

进中央与地方科技力量的有机结合,推动区域紧密合作与互动,促进区域内科技资源的合理配置和高效利用为重点,围绕区域和地方经济与社会发展需求,建设各具特色和优势的区域创新体系,全面提高区域科技能力。

加强区域科技规划工作,发挥中央财政配置资源的引导作用,统筹区域科技资源,形成合理的区域科技发展布局。东部地区加强高技术的研发和基地建设,大力推动我国自主创新能力和产业技术的提升与跨越,形成具有国际竞争优势的产业;中部地区充分发挥区域综合优势,重点提升农业、能源等支柱产业和新兴产业的技术水平;西部地区综合应用多种科学技术手段,保护和治理生态环境,合理开发优势资源,发展区域特色产业,形成区域创新和新经济增长极;东北地区加强高新技术改造传统产业,积极开拓新兴产业,振兴东北老工业基地。通过重大项目引导,促进跨区域的创新合作和创新联盟建设。发挥高等院校、科研机构和国家高新技术产业开发区在区域科技创新中的引领作用和区域知识扩散中的辐射作用;积极推进科技创新型试点市工作,强化区域中心城市对区域创新活动的带动作用和对区域科技资源的凝聚作用。

同时,中央政府要加强对地方科技工作的指导,强化地方科技管理部门的职责。集成中央和地方的科技资源,形成中央和地方联动的机制,支持有条件的地方组织实施国家重大科技项目。地方科技工作要以提升自主创新能力,加强科技成果转化和产业化为重点,加快先进适用技术的推广应用,促进地方优势和特色产业发展与社会进步。深入实施科技富民强县行动计划,加强对县(市)科技信息平台等科技基础条件建设的支持力度,增强县(市)科技服务和支撑能力,健全县(市)科技机构,推动基层科技队伍的建设。

(五)建设社会化、网络化的科技中介服务体系

形成以专业服务中介机构、大学、职业培训机构为主体的知识传播和技术扩散体系。主要包括各类孵化器、生产力促进中心、评估咨询机构、职业培训机构、科技信息中心等。要形成组织网络化、产业规模化、服务社会化的中介服务网络,使其成为联系各创新主体,促进互动的桥梁和纽带。

按照政府推动与市场调节相结合,发展与规范相结合,全面推进与分类指导相结合,专业化分工与网络化协作相结合的原则,以促进科技成果转化和加强创新服务为重点,建设社会化、网络化的科技中介服务体系。制定出台支持科技中介机构发展的税收政策,建立有利于各类科技中介机构发展的运行机制和政策法规环境。鼓励多种所有制投资主体参与科技中介服务活动,充分发挥高等院校、科研机构和各类社团在科技中介服务中的重要作用。把依靠中介机

构完善管理和服务，作为转变政府职能的重要内容，对科技中介服务能够承担的工作，积极委托有条件的科技中介机构组织实施。通过任务委托等方式，培育骨干科技中介机构，发挥示范带动作用。大力开展培训工作，提高科技中介机构从业人员的业务水平和素质。加强行业协会建设，充分发挥行业协会在推动技术创新中的服务和协调功能。加强先进适用技术的推广应用，加快农业技术推广体系的改革和创新，鼓励各类农科教机构和社会力量参与多元化的农业技术推广服务。

三、推进我国国家创新体系建设的基本措施

（一）建立有效的市场化机制

市场过程，是一个对创新活动进行自我组织的过程。在要素主体进行创新活动的过程中，市场消除了创新的一部分不确定性，市场竞争为各要素主体提供了创新的压力和动力，市场也为创新收益的最终实现提供了源泉和场所。良好的市场化机制，有利于优化创新资源的配置，有利于通过价格信号引导创新。因此，未来必须加快市场机制建设的步伐，确立各要素在市场中的主体地位，改进市场结构，规范市场行为，从而使"看不见的手"，充分发挥其作用。

1. 继续完善和发展技术市场

改革开放 30 年来，我国的技术市场蓬勃发展并已初具规模。技术市场的发展使技术作为商品通过开发、转让、咨询、服务以及技术入股、技术经济承包等多种形式渗透到经济和社会发展的广泛领域，产生了巨大的效益。但值得注意的是，由于我国的技术进步走的是引进发展的道路，从而使自主创新能力一直相对较弱，具有自主知识产权的产品仍然少见。为了改变这一状况，还必须进一步发展和完善技术市场，为提高技术创新能力创造良好的市场环境和政策条件。要积极推进现代技术交易所的建设，大力发展多种所有制的技术交易中介组织，组建技术经纪人队伍，加强技术成果流通环节。应根据新情况、新问题，修订市场管理条例，制定公正的技术交易规范，强化技术市场执法力度。还应建立符合国际规范的技术贸易制度，加速技术市场的统一性、开放性和国际性步伐。通过这些措施，建成充满活力、功能齐全、规范有序、高效畅通的我国技术市场体系。

2. 建立以企业为主体的技术开发体系

要继续鼓励企业以多种方式创建研究开发机构，并不断增加科技投资，逐步形成企业的技术开发体系。就目前情况来看，我国企业的技术开发力量还相

当薄弱，科技投资量和国外相比还相当低，企业还远远没有成为技术开发的主体。为了改变这种落后局面，实现更高程度的科技经济一体化，必须从以下两方面入手。一方面，要努力改变企业科技投资低的状况。我国企业的科技投资只占全国科技总投资的13.8%，而美国和日本都已达到60%以上。应该通过企业产权制度改革和建立现代企业制度，增大企业对科技创新的需求，才能从根本上改变企业科技投资低的状况。另一方面，要积极推动有条件的科技机构进入企业，特别是进入国家的大型企业集团，共同组成科研生产联合体，提高企业技术创新能力。还应该允许一些科研机构打破所有制界限，进入民营科技企业及其他非国有企业，实现跨所有制的资产重组。引导和支持科技实力强的一批行业科研院所，与相关大企业联合开发新技术，加强成果转化和扩散。

（二）转变政府职能，充分发挥政府的引导、扶持和综合协调功能

政府在一个国家的科技发展中到底起什么作用，不同政治、经济体制和不同经济发展阶段的国家各不相同。就我国而言，有两个基本点：一是按照市场经济的基础规则，政府应在市场失灵的领域发挥主导作用；二是根据我国的经济发展阶段，政府应该在产业科技发展中起引导作用。按照这一原则，我们认为，政府应在以下几个方面发挥重要作用。

1. 完善科技计划的出台和管理体制。科技计划是发挥政府促进企业科技发展、引导企业投资、最终提高产业竞争力的重要手段。但在我国，科技计划执行中企业参与的比重少。未来的方向是：改进计划的内容，完善管理体制，加大企业的参与力度。

2. 确立政府在公共科技领域的主导作用。政府要逐步减少对竞争领域企业科技活动的直接支持，要加强在农业、公共卫生、能源、交通、环境保护、国防安全领域的科技投入，加强对公益类研究机构的支持。

3. 确立国家在重大平台技术、共性技术、公共技术供给方面的作用。高科技是一个国家科技发展的制高点。发展中国家的企业创新能力较低，因此政府在一定程度上介入产业科技是合理的。日本和韩国政府10年前在推动本国半导体产业发展上都做出了很大贡献。从未来发展的趋势看，随着企业成为创新的主体，国外企业相当多的可模仿性技术、已成熟技术都可以通过我国企业自身的力量加以解决。政府重点是解决关乎社会发展全局的科技问题，解决具有较大产业带动作用的高技术、共性技术和国防尖端技术问题。

4. 管理国立的研究开发机构。政府作为公共物品提供者，可以有两种提供方式：直接提供与间接提供。当然在这两种方式之间存在多种组合。直接提

供，即是由政府建立科研机构，生产满足国家需求的公共物品；间接提供，是政府从各类科研机构手中购买科研成果再提供给社会，购买多是采用委托课题的方式，通过课题费的投向和验收科研成果来调控科研活动。无论是哪种提供方式，前提都是要有一支有层次、有分工的科技队伍，有多样化的研究开发机构存在。这些机构包括政府科研机构、非营利机构、高校与企业的研究开发机构、各种中介机构等等。不同的机构有不同的职能。对于不同的机构，政府承担的责任不同。兴办政府科研机构，这是政府的职责所在，但这一职责也是有限的，它应符合一定的原则。一是职责原则，即设立这些机构是完成政府职责所必需的；二是经济原则，即设立这些机构是政府的财力所能允许的；三是剩余原则，即这些机构是社会所需要但又无力或者不可能由社会其他机构创办的。对于其他各类机构，政府的职责主要是创造环境，并给予多种形式的支持。在国家确定了哪些研究机构是国立研究机构后，国家应加强对国立研究单位事业费的支持。

5. 通过税收、财政和金融等手段促进科技的发展。政府要积极制定鼓励创新的财政政策、金融货币政策，尤其是对企业的创新方面，要给予充分的激励和优惠。同时，政府还应在政府采购、知识产权保护、孵化和鼓励中小企业发展、培养、吸引和留住人才、鼓励创新主体间的合作、产业创新、国际合作等各方面加强政策的研究和制定，堵住传统计划经济的惯性渠道，疏导社会主义市场经济的通道和途径。政府支持创新活动的行为包括政府直接资助、减免税收、优惠信贷、政府采购、建立风险基金、提高基础设施水平和知识产权保护等。

综上，发展和完善国家创新体系，必须转变政府职能，深化经济与科技体制改革，整合科技、教育与经济，充分发挥政府对技术创新的引导和扶持作用，以及政府与市场在推动创新中的互补作用。加强各部委在创新中的分工和职能协调，使技术改造、技术引进与科技发展计划有机地集成起来。①

（三）加强立法在科技发展中的重要地位

我国对于政府科技管理活动没有相应的制约手段。这使得国家重大科技资源在分配上存在随意性，重大科技项目在立项上存在主观性，不少项目甚至是因人而定，从而导致了国家科技资源配置的低效。有些需要国家管理的地方，

---

① 李志仁、方勇、杨雅文：《高等教育与国家创新体系建设》，大象出版社 2005 年版，第 232 页。

如公共卫生、农业等领域，政府的作用有限；有些需要通过法律制度来管理的地方，缺乏相应的规范。因此，要通过立法维护科学技术活动的正常秩序。例如，国外对科研机构的立法在整个科技立法中占有重要地位，而我们尚未对从事科技活动的最基本的组织——研究院的活动进行规范。我们应该像重视企业法、公司法那样，重视制定研究院法，清楚地界定各类科研机构的法律形式及其权利义务，创造一个能使研究机构健康发展的外部环境。再如，我国科技计划的启动任意性较大，国家科技计划常常演变为部门计划。所以，应对一定限额以上的科技计划采取立法措施，具体明确地规定计划的目标、内容、实施办法、负责实施的机构和法律责任等，保证重大科技计划和项目的出台能得到充分的论证，同时有相应的责任制确保其真正落实。

加强科技法制建设是巩固和发展改革成果、推动科技进步的根本保障。要在科技法制建设已有成就的基础上，发挥中央和地方两个积极性，强化法律制定和实施监督两个环节，加速我国科技体制改革和科技事业的发展步入法制轨道。《科技进步法》是科技基本大法，应以该法为主导，加紧制定科技投入、科技成果转化、科研机构机制转换、高新技术产业开发区、科技基金管理等方面的与《科技进步法》配套的法律、法规。还应推动各省市自治区制定地方性科技进步条例，尽快形成以《科技进步法》为核心、健全完善的科技法律体系。应进一步健全知识产权法制，大力加强知识产权保护制度的法律实施环节，强化司法、执法和监督工作，坚决查处各类侵犯知识产权的行为，坚决打击各类违法活动。

（四）建立对科技计划和研究单位进行监督与评估的机制

我们必须建立一个有效的科技监督和评估体系，来审定各个部门的国家计划是否有利于国家目标的实现，是否达到了国家的项目标准，是否存在重复和浪费现象，国家的研究机构是否得到了有效的管理。在国家科技部，建议设立科技监督司，以确保政府科技计划的实现，并动态地跟踪国家科研院所的绩效，做出动态性评估意见。

（五）大力促进产学研合作

所谓产学研结合也就是要以高等院校和科研机构为中心，通过科技攻关合作、科技园区合作、研究开发机构合作以及建立高新技术企业孕育中心、高新技术转让中心等形式，建立一大批高新技术企业，并使之进一步发展、壮大和产业化、社会化。我国与发达国家相比，研究与开发的投入是很低的。以20世纪90年代为例，美国每年研究与开发投入1500亿美元，日本每年700亿美元，而1990年我国仅为35亿美元左右（300多亿元人民币）。在我国目前国力有限的情况下，只有走科技活动社会化的道路，建立科技开发的新体系，才能逐步改善我们的低投入状况。因此，科技活动的社会化必须把重点放在科教方面，实现产学研相结合。

（六）为社会力量发展科技提供制度保障

大量的应用和开发技术主要由面向市场的企业来承担，因此我们应该重视社会力量在发展科技中的重要作用。

我们所说的社会力量由两个方面构成：第一是由科学家和工程师组成的各类科学技术协会。科技活动需要不断创新、长期投资、充分交流。在科技界呼唤原创性创新的今天，我们应该发挥各类科学技术协会等科学共同体在确立部分科技研究目标和评价方法上的自主权，给一些科学技术协会和团体以更多的发展空间，但现在，各类科学技术协会在我国基本上处于半工作状态。

第二是大力扶持非营利科研机构和民营科研单位的发展。非营利机构是国家和企业研究开发机构的重要补充，主要活跃在公共研发与私人研发的过渡地带，即市场低效的领域。这类机构以社会投入和捐赠作为发展基金，实行社会共有和信托经营制，由经营者依据信托约规和机构章程自主经营，自负盈亏。国家对它的支持主要是税收优惠，但享受优惠的机构必须符合一定的条件：主要从事技术转让与开发活动，其净收入不得用于使私人受惠，符合税法规定的各项有关条款。民间的基金会可以成为支持科技发展的重要力量。如美国微软创始人盖茨在支持癌症、艾滋病研究方面已经捐助了数额巨大的资金。关键是通过立法的手段，来确保企业和个人的捐款能够得到税收的优惠和恰当的使用。

总之，国家要制定相关的保障制度，以确保社会力量发展科技的积极性。

（七）国家技术创新工程是建设国家创新体系的重要举措

为贯彻落实党中央、国务院关于发挥科技支撑作用，促进经济平稳较快发展的战略部署，大力支持企业提高自主创新能力，加快建立以企业为主体、市场为导向、产学研相结合的技术创新体系，2009年7月14日，科技部、财政部、教育部、国务院国资委、全国总工会和国家开发银行联合发布了《国家技术创新工程总体实施方案》。国家技术创新工程的实施，标志着国家创新体系建设迈上一个新的起点。

《国家技术创新工程总体实施方案》提出：实施技术创新工程要坚持"企业主体、政府引导；深化改革、创新机制；立足当前、着眼长远；部门联合、上下联动"的原则。实施技术创新工程的总体目标是：形成和完善以企业为主体、市场为导向、产学研相结合的技术创新体系，大幅度提升企业自主创新能力，大幅度降低关键领域和重点行业的技术对外依存度，推动企业成为技术创新主体，实现科技与经济更加紧密结合。

《国家技术创新工程总体实施方案》将创新型企业、产业技术创新战略联盟、技术创新服务平台作为实施技术创新工程的三大载体。《方案》提出，从推动产业技术创新战略联盟构建和发展、建设和完善技术创新服务平台、推进创新型企业建设、面向企业开放高等学校和科研院所科技资源、促进企业技术创新人才队伍建设、引导企业充分利用国际科技资源等 6 个方面着手推进产学研紧密结合，为企业技术创新提供有效的支撑服务，促进企业成为技术创新主体。

围绕技术创新工程各方面任务，6 部门制定了创新科技计划组织方式，发挥财政科技投入的引导作用，建立健全有利于技术创新的评价、考核与激励机制，落实激励企业技术创新政策，加大对企业技术创新的金融支持等 5 方面保障措施。

实施《国家技术创新工程总体实施方案》在当前具有重要意义。6 部门推进产学研结合工作协调指导小组组长、科技部党组书记、副部长李学勇指出：国家技术创新工程是在现有工作基础上，进一步创新管理，集成相关科技计划（专项）资源，引导和支持创新要素向企业集聚，加快以企业为主体、市场为导向、产学研相结合的技术创新体系建设的系统工程。实施国家技术创新工程是《国务院关于发挥科技支撑作用促进经济平稳较快发展的意见》（国发〔2009〕9 号）提出的重要举措，是建设国家创新体系的战略安排。实施技术创新工程是转变经济发展方式、实现科学发展的重大举措，是建设国家创新体系的重要任务，是促进科技经济结合的有效措施，是应对国际金融危机的迫切要求。①

---

① 陈磊：《加快国家创新体系建设的战略性行动》，《科技日报》2009 年 9 月 25 日第 4 版。

第三章

研究生教育在国家创新体系中的地位与作用

  我国现代化建设正处于一个重要的历史时期，社会对教育的需求也在发生变化，主要反映在三个方面：一是对人才素质和质量的要求提高；二是对人才层次需求的重心上移，其中也包括对研究生的需求增长，这集中体现在近几年来我国报考研究生的人数逐年递增；三是我国社会对高等学校知识创新、为新的经济增长点作出贡献的期望值增大，社会、经济发展对高等教育的依赖程度越来越大。

  随着教育和科技的不断进步，在我国已经形成了尊重知识、尊重人才的良好风气。广大人民群众接受高等教育、获得学位的愿望和热情越来越高，研究生教育面临着前所未有的发展机遇。研究生教育处于高等教育的最高层次，其教学科研相结合的特点更加突出。研究生既是学生，又是导师的助手，他们的工作水平和工作效率普遍较高，是一支奋发向上的科研生力军。研究生，特别是博士生的科研工作，一般都处于本学科的前沿，本身具有创造性。因此，研究生教育是知识创新的重要力量，研究生教育在国家创新体系中具有重要的地位和作用。

第一节　研究生教育在国家创新体系中的地位

  研究生教育是高等教育的最高层次，是一个国家教育和科技发展水平的重要标志。1999 年国务院下发了教育部制定的《面向 21 世纪教育振兴行动计划》，提出了高等教育要 "瞄准国家创新体系的目标，培养造就一批高水平的具有创新能力的人才"，要实施 "高层次创造性人才工程"，既明确了我国高等教育在 21 世纪的战略任务，同时也为我国研究生教育迈向新世纪指明了发展目标。要实现这个目标，并配合国家创新体系的整体建设，使研究生教育更能适应本世纪初期我国经济发展和社会的进步，就需要首先明确研究生教育在国家创新体系中的地位与作用。

一、研究生教育是国家创新体系中知识创新系统的核心

国家创新体系是一个复杂的、开放的系统，从国家创新体系的基本要素及其相互关系来看，一般认为，在知识经济时代，国家创新体系是由大学、科研机构、企业和政府等创新要素组成的网络。大学及科研机构是国家创新体系最为关键的要素，是高新技术产生的原动力；而企业是高新技术的消化者和应用者，是高新技术产业化的实践者；政府的主要作用是通过建设有效的机制，创造良好的外部环境来保证高新技术的产生和发展。如果我们把国家创新体系比喻成一辆正在公路上行驶的汽车，那么大学、科研机构就是这辆汽车的发动机，是高新技术产生的原动力；企业则是这辆汽车的车体和车轮，是高新技术的消化者、应用者和实践者；政府就是这辆汽车行驶所需要的公路等外部环境。如果车辆设计合理、配件齐全、安装坚固，道路畅通，各种安全措施齐全，那么它就会行驶快、载量大、耗油低。否则，结果会恰恰相反，难以发挥其本身的效能。

从国家创新体系的结构和功能来看，一般认为，国家创新体系可分为知识创新系统、技术创新系统、知识传播系统和知识应用系统四个部分。"知识创新是技术创新的基础和源泉，技术创新是企业发展的根本，知识传播系统培养和输送高素质人才，知识应用促使科学知识和技术知识转变成现实生产力。四个系统各有重点，相互交叉，互相支持，是一个开放的有机整体。"① （如表3.1所示）

表3.1　国家创新体系的结构和功能

名称	核心部分	其他部分	主要功能
知识创新系统	国立科研机构，研究型大学	其他高校、企业、地方科研机构	新科学知识的创新、扩散和转移
技术创新系统	大企业、高新技术企业	部分科研机构、技术工程类大学、中介机构、政府部门等	新技术知识的创新、扩散和转移
知识传播系统	高校、职业培训机构、中介机构	其他教育机构、科研机构、企业、政府部门等	新知识的传播、人才培养
知识应用系统	企业	科研机构、政府部门	新知识的应用、储存和扩散

---

① 中国科学院"国家创新体系"课题组：《迎接知识经济时代，建设国家创新体系》，《世界科技研究与发展》1998年第3期。

在国家创新体系的四个子系统中，知识创新系统居于核心地位。这是因为，一方面，知识创新是技术创新的基础，是新技术和新发明的源泉，是促进科技进步和经济增长的革命性力量。另一方面，知识传播和知识应用依赖于知识创新，没有了知识创新，就谈不上知识传播和知识应用。

知识创新是指通过科学研究获得新的基础科学和技术科学知识，是追求新发现、探索新规律、创立新学说、创造新方法的过程。知识创新系统是由知识的生产、传播和转移的相关机构和组织构成的网络系统。知识的生产是指发展和提供新的知识；知识的传播是指教育和开发人力资源；知识的转移是指传播知识和提供解决问题的措施。

知识创新系统主要由四个部分组成：研究型大学、国立科研机构、其他高校和其他性质科研机构。目前在我国，研究型大学和国立科研机构在知识创新系统中居于核心位置。这是因为，一方面，研究型大学和国立科研机构具有学科综合、人才荟萃、学术氛围浓厚、国际交流广泛的特点；另一方面，从人才培养的角度看，研究型大学和国立科研机构也是研究生教育的主力军。国家创新体系是创新人才的函数，创新人才的数量和质量决定着国家创新体系的规模和品位。而教育体系特别是研究生教育是提供创新性人才的摇篮。研究型大学和国立科研机构在人才培养上的重要特点就是，教育与科研相结合，通过开创性的科研，培养创新型人才。

从发达国家的经验看，情况也大体如此。以美国的研究型大学为例，美国的研究型大学在以下几个方面起到了很大的作用：一是精英教育，培养国家栋梁之才，许多科学家、政治家、企业家，都毕业于这些大学，或在这些大学从事过科研、教学；二是基础研究，能够不断产生获诺贝尔奖级的科技创新成果；三是推动高科技产业的发展，被誉为"美国新技术的摇篮"的"硅谷"，就是依托斯坦福大学和伯克利大学两所主要的研究型大学而发展起来的。

知识创新有两个基本要素：一个是高素质的人才，一个是高水平的教育。其关键在高素质人才，没有高素质人才，就不会产生新知识，而高素质人才的培养关键在高水平的教育，特别是高等教育中的研究生教育，这已被无数事实所证明。在研究型大学和国立科研机构这样一个探究高深学问的场所，研究生教育是有目的的、自觉的行为，是有高度的主体性、自觉性和创造性的一种理性活动，它处于大学教育的最顶端，是高等教育的最高形式，是培养高素质人才进而创造新知识的主要手段。研究生教育在知识创新系统中体现出了鲜明的能动作用，正是由于研究生教育的这种特有功能，决定了研究生教育是国家创新体系中知识创新系统的核心（如图 3.1 所示）。

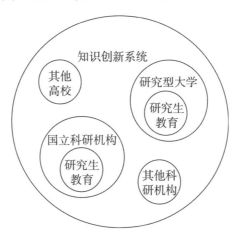

图 3.1   研究生教育在知识创新系统中的地位

二、研究生培养单位是国家创新体系的重要要执行主体

从理论上讲，任何个人、群体、集团和阶层都具有成为特定创新活动主体的可能性，他们都是特定创新活动的潜在主体。但事实上，根据创新主体应具备的条件，不同的社会成员实现特定创新活动的概率存在着很大的差异。创新活动最有可能实现于具备相关能力的社会成员之中，这些社会成员也最有可能成为创新活动的真正承担者。由此可见，针对特定的创新活动，其执行主体是在不同社会成员基于知识结构和能力差异的竞争中形成的。

在国家创新体系的各个子系统中，分别存在着各自相应的运作过程，每个过程又分别对应着不同的执行主体。知识创新过程是一个自由探索的过程，不可能有很强的计划性；它具有失败的风险性，研究的前景是不确定的；而且也不会立即产生经济效益，它需要最富于创新意识和创新能力的人才群体，需要多学科的综合和一种能够自由探讨的宽松的学术环境。这些特征决定了它只能在研究型大学和国家科研机构中进行，而研究生教育又是最适宜的。这是因为，研究生教育同时承担着教学与科研双重任务，各学科有大量的优秀学术带头人，各专业有极富朝气和创新精神的博士、硕士研究生群体。这个由导师和学生组成的群体，在通过科研创造知识的同时，还通过教学在应用和传播知识。可以说，研究生教育培养单位肩负着为国家现代化建设培养高素质、高层次创造性人才的重任，将成为我国建设国家创新体系和未来夺取世界知识经济制高点的重要支撑力量。

在我国，参与研究生教育培养的单位有四个系统：一是高等学校系统，二是科研机构系统，三是军队系统，四是各级党校系统。而其中的主力军应该说是高校系统与国立科研机构，因此，承担着研究生教育培养任务的重点高校与国立科研机构就成了国家创新体系的主要执行主体。

（一）高等学校在国家创新体系中的地位

高校是进行科学研究、知识创新的学术殿堂，是进行教学、培养人才的地方，向社会扩散知识和技术、输送高水平的高级专门人才是高等学校参与国家创新体系建设，加速国家科学创新、技术创新步伐的最主要方式。高校尤其是教学科研型大学具有专家多、学科门类齐全、人才密集、科研基础雄厚、成果产出多、国内外信息灵通等优势，被社会公认是"人才、技术、成果、信息"的四大宝库。高校人才、学科、设备、科研等方面的优势，决定了高校在国家创新体系建设中占有重要地位。

1. 高校为国家创新体系提供强大的人力资源支撑

高校人才培养的方式更加趋向于"二元化"，以两种不同的方式共同达到人才培养的目的。科技活动正逐渐成为高水平大学人才培养的重要方式之一。高校由单纯的课堂教学，通过改革，把课堂教学和实践结合，培养学生分析问题和解决问题的能力，现在正逐渐成为通过教学活动加科技活动来培养人才。这个趋势反映了社会要求高校培养的人才能更快进行创新活动，到企业能为企业创新做出贡献，对人才的规格提出了新的要求。

从我国高等教育的发展实践看，高校作为国家创新体系中的创新人才培养子系统的职能正在获得越来越广泛的认同。2003 年全国人才工作会议提出"要努力造就数以亿计的高素质劳动者、数以千万计的专门人才和一大批拔尖创新人才"[1]。数以千万计的专门人才的培养离不开众多的高等教育机构，而一大批拔尖创新人才的培养更是离不开高水平的研究型大学。1995 年到 2007年，我国研究生在校生总数已经从 14.54 万人增长到了 119.5 万人[2]。这些研究生覆盖了人文科学、社会科学、自然科学以及工程技术等领域的绝大部分学科，不仅在攻读学位期间是我国国家创新体系中的重要生力军，同时还将在获得学位或陆续成为我国国家创新体系的中坚力量。因此，高等学校的人力资源培养功能将在国家创新体系中发挥着基础性和关键性的功能与作用。

① 教育部科技司：《中国高校科技进展年度报告（2004）》，高等教育出版社 2005 年版。

② 中国科技统计年鉴（2008），中国统计出版社 2008 年版。

除了在培养研究生方面为我国的国家创新体系提供强大的人力资源支撑外，我国的各级各类普通高校还拥有巨大的科技人力资源。无论是从事科技活动人员数，还是其中的科学家与工程师人数，或者是研究与试验发展人员全时当量数，我国的高等学校都占据着及其重要的位置。2007年，我国高校科技活动人员54.22万人，占全国总量的11.93%，研究与试验发展人员全时当量25.39万人年，占全国总量的14.62%（如表3.2所示）。

表3.2　2007年我国高等学校科技人力资源情况表

科技人力资源指标	全国总量	高等学校	
		绝对数	相对比重（%）
科技活动人员（万人）	454.39	54.22	11.93
其中：科学家与工程师数（万人）	312.87	49.95	15.97
研究与试验发展人员全时当量（万人年）	173.62	25.39	14.62
其中：科学家与工程师数（万人）	142.34	24.83	17.44

数据来源：中国科技统计年鉴（2008），北京：中国统计出版社，2008。

2. 高校日益成为我国研发经费的重要执行主体

随着我国R&D经费投入占国内生产总值（GDP）的比重不断提高，高等院校用于R&D活动的经费也呈现不断增长的趋势。近年来，我国高等学校R&D经费增长速度有所加快。2007年高等学校的R&D经费为314.7亿元，比2006年增加了37.9亿元，增长13.7%。①

高等学校R&D活动的主体部分是科学研究活动（包括基础研究和应用研究），高等学校的基础研究活动多年来一直是我国基础研究活动的重要组成部分。从国际通行经验看，高等院校在基础研究领域往往具备着其他创新主体所不具备的独特优势。2007年，我国高等学校的基础研究活动进一步加强。高等学校的基础研究经费也表现出较好的增长态势。一是基础研究经费增长快，2007年基础研究经费为86.8亿元，与2006年相比，基础研究经费增长幅度达到21.7%，应用研究经费增长17.9%，试验发展经费减少3.1%；二是基础研究强度继续提高，2007年基础研究经费占高等学校R&D经费的比例为27.6%，这一比例已连续四年不断提高；三是高校基础研究活动占全国的份额继续提高，2007年高等学校基础研究经费占全国基础研究经费的比例为

---

① 根据《中国科技统计年鉴（2008）》相关数据计算而得。

49.7%，比 2006 年提高 3.9 个百分点（如图 3.2 所示）。①

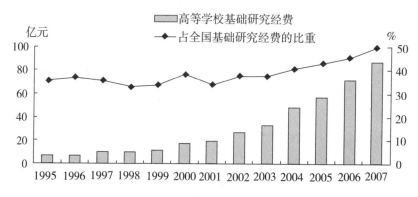

图 3.2　高等学校的基础研究经费（1995～2007 年）

数据来源：科学技术部发展计划司《科技统计报告》2008 年第 20 期，中国科技统计网，http://www.sts.org.cn/tjbg/gdxx/documents/2008/08123103.htm

上述有关数据表明，随着我国高等院校在科学研究领域的职能不断强化，基础研究的相对地位正不断上升，高等院校已经成为国家创新体系中研发经费的重要执行主体。

3. 高校是知识创新的重要主体

从 R&D 活动的循环体系看，基础性的研究活动主要以新的发现和新的概念为研究目的（即知识创新阶段），在此基础上发现新的市场机会并获得有用的技术创新（即技术创新阶段），然后通过专利体系获得独有的法律权利，最后通过知识产权的管理和使用实现产品的生产或服务的提供。因此，基础研究活动是国家创新活动的基础和源泉。

科技论文是科技活动产出的重要形式之一，也是基础研究最主要的成果体现，它可以从不同层面反映我国在基础研究与应用研究等方面的情况。2007年，SCI、EI 和 ISTP 三系统收录我国高等学校论文 16.63 万篇，占我国总论文数的 84.6%；收录科研机构论文 2.73 万篇，占总论文数的 13.9%；收录公司企业论文 1667 篇，占总数的 0.9%；收录医疗机构论文 916 篇，占 0.5%（如图 3.3 所示）。

---

① 科学技术部发展计划司：《科技统计报告》，2008 年第 20 期（总第 435 期）。

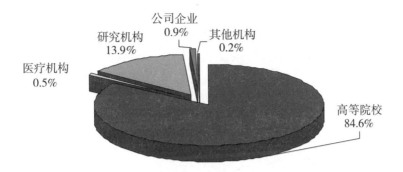

图 3.3　2007 年我国国际科技论文的机构类型分布

数据来源：科学技术部发展计划司《科技统计报告》2008 年第 18 期，中国科技统计网，http：//www. sts. org. cn/tjbg/cgylw/documents/2008/08123101. htm

4. 高校是技术创新和产业创新的重要推动者

除了为社会生产科学知识，高等院校还是技术创新和产业创新的重要推动者。从全球范围看，各国的高等院校系统在促进技术创新和产业创新方面的具体形式不尽相同。但是，在大学技术创新的基础上，不断完善技术创新成果的产业化一直是大学推动产业创新的关键环节。随着我国高等教育职能的不断拓展，我国的高等院校不仅在基础研究领域的地位不断上升，而且在技术创新和产业创新方面的作用也日益凸显。

从我国具体实践看，我国的大学从自己的现实出发，创造性地发展出三种有效促进技术创新和产业创新的途径。

一是高校科技企业。根据 2005 年的统计数据显示，2005 年全国高校中校办产业收入总额超过 10 亿元的高校总数已经达到了 13 家，其中北京大学和清华大学分别达到了 267. 55 亿元和 198. 32 亿元。而校办产业利润总额超过亿元的高校总数也已经达到了 9 家，其中北京大学和清华大学分别达到了 11 亿元和 6. 79 亿元。[1] 2007 年，全国高校产业向国家纳税超过 57 亿元，给学校回报超过 20 亿元，接纳了近 30 万人就业，既为社会做出了贡献，也有力支持了高校的发展[2]。

二是大学科技园。大学科技园的主要职能为"大孵化器"，目的是孵化科

---

[1]　国家创新体系建设战略研究组：《2008 国家创新体系发展报告：国家创新体系研究》，知识产权出版社 2008 年版，第 109～110 页。

[2]　教育部副部长陈希在 2009 年度直属高校产业工作会议上的讲话，http：//www. moe. gov. cn/edoas/website18/36/info1242629733162136. htm

技成果和科技企业，我国从 20 世纪 80 年代末期开始着手推动大学科技园的建设和发展，截至 2009 年底，科技部、教育部已经认定了 69 家国家级大学科技园（如表 3.3 所示）。大学科技园已经开始成为高校推动科技创新和产业创新的重要动力，日益成为国家创新体系的重要组成部分和自主创新的重要基地。

表 3.3　国家大学科技园名录

序号	认定时间	所在地	国家大学科技园名称	依托高校/单位
1		北京	清华大学国家大学科技园	清华大学
2		北京	北京大学国家大学科技园	北京大学
3		天津	天津大学国家大学科技园	天津大学
4		沈阳	东北大学国家大学科技园	东北大学
5		哈尔滨	哈尔滨工业大学国家大学科技园	哈尔滨工业大学
6		上海	上海交通大学国家大学科技园	上海交通大学
7		上海	复旦大学国家大学科技园	复旦大学
8		南京	东南大学国家大学科技园	东南大学
9		南京	南京大学—鼓楼高校国家大学科技园	南京大学、河海大学、中国医科大学等
10		杭州	浙江大学国家大学科技园	浙江大学
11		合肥	合肥国家大学科技园	中国科学技术大学、合肥工业大学、安徽大学等
12	2001	济南	山东大学国家大学科技园	山东大学
13		武汉	东湖高新区大学国家大学科技园	华中科技大学、武汉大学、华中农业大学
14		长沙	岳麓山国家大学科技园	中南大学、湖南大学、国防科技大学等
15		广州	华南理工大学国家大学科技园	华南理工大学
16		成都	四川大学国家大学科技园	四川大学
17		成都	电子科技大学国家大学科技园	电子科技大学
18		重庆	重庆大学国家大学科技园	重庆大学
19		昆明	云南省大学国家大学科技园	云南大学、昆明理工大学、云南农业大学等
20		西安	西安交通大学国家大学科技园	西安交通大学
21		西安	西北工业大学国家大学科技园	西北工业大学
22		杨凌	西北农林科技大学国家大学科技园	西北农林科技大学

续表

序号	认定时间	所在地	国家大学科技园名称	依托高校/单位
23	2003	深圳	深圳虚拟大学园国家大学科技园	深圳市高新区
24		上海	上海大学国家大学科技园	上海大学
25		天津	南开大学国家大学科技园	南开大学
26		上海	同济大学国家大学科技园	同济大学
27		秦皇岛	燕山大学国家大学科技园	燕山大学
28		南京	南京理工大学国家大学科技园	南京理工大学
29		哈尔滨	哈尔滨工程大学国家大学科技园	哈尔滨工程大学
30		上海	东华大学国家大学科技园	东华大学
31		北京	北京航空航天大学国家大学科技园	北京航空航天大学
32		长春	吉林大学国家大学科技园	吉林大学
33		北京	北京理工大学国家大学科技园	北京理工大学
34		北京	北京邮电大学国家大学科技园	北京邮电大学
35		北京	北师大—北中医国家大学科技园	北师大—北中医
36		绵阳	西南科技大学国家大学科技园	西南科技大学
37	2004	辽宁	大连理工大学—七贤岭国家大学科技园	大连理工大学、大连海事大学、大连医科大学、大连水产学院、东北财经大学、中科院大连化学物理研究所
38		江西	南昌大学国家大学科技园	南昌大学
39		北京	北京化工大学国家大学科技园	北京化工大学
40		甘肃	兰州大学国家大学科技园	兰州大学
41		重庆	重庆市北碚国家大学科技园	西南大学、北碚区人民政府
42		河南	河南省国家大学科技园	郑州国家高新技术产业开发区、郑州大学、河南工业大学、河南农业大学、郑州轻工业学院
43	2005	北京	北京科技大学国家大学科技园	北京科技大学
44		北京	北京工业大学国家大学科技园	北京工业大学
45		上海	华东理工大学国家大学科技园	华东理工大学
46		浙江	浙江省国家大学科技园	浙江工业大学、浙江理工大学、中国计量学院
47		福建	厦门大学国家大学科技园	厦门大学
48		山东	中国石油大学国家大学科技园	中国石油大学
49		四川	西南交通大学国家大学科技园	西南交通大学
50		新疆	新疆大学国家大学科技园	新疆大学、新疆农业大学、新疆医科大学

续表

序号	认定时间	所在地	国家大学科技园名称	依托高校/单位
51		北京	中国农业大学国家大学科技园	中国农业大学
52		北京	华北电力大学国家大学科技园	华北电力大学
53		北京	北京交通大学国家大学科技园	北京交通大学
54		天津	河北工业大学国家大学科技园	河北工业大学
55		辽宁	沈阳工业大学国家大学科技园	沈阳工业大学
56		上海	华东师范大学国家大学科技园	华东师范大学
57	2006	上海	上海理工大学国家大学科技园	上海理工大学
58		江苏	中国矿业大学国家大学科技园	中国矿业大学
59		江苏	江南大学国家大学科技园	江南大学
60		广东	中山大学国家大学科技园	中山大学
61		陕西	西安电子科技大学国家大学科技园	西安电子科技大学
62		甘肃	兰州交通大学国家大学科技园	兰州交通大学
63		北京	中国人民大学国家大学科技园	中国人民大学
64		山西	山西中北大学国家大学科技园	山西中北大学
65		黑龙江	哈尔滨理工大学国家大学科技园	哈尔滨理工大学
66		上海	上海财经大学国家大学科技园	上海财经大学
67		上海	上海电力学院国家大学科技园	上海电力学院
68	2008	江苏	南京工业大学国家大学科技园	南京工业大学
69		江苏	常州市国家大学科技园	常州市科教城管委会、中科院常州先进制造技术与产业化中心、南京大学常州高新技术研究院、东南大学常州研究院、常州九所高校、武进高新区管委会

资料来源：根据科技部网站和各大学科技园区网站相关资料整理而成。

　　三是直接申请专利。2007 年，高等学校的专利活动延续了从 2000 年开始的快速增长趋势，专利数量继续大幅增加。2007 年高等学校专利申请数达到 32680 项，比上年增加 9730 项，增长 42.4%。专利申请数中发明专利申请为 23001 项，比上年增加 5689 项，增长 32.9%（如图 3.4 所示）。

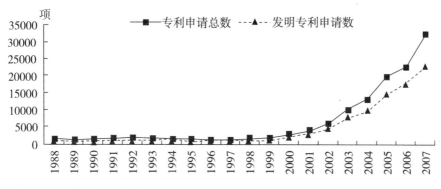

图 3.4　高等学校专利申请数（1988～2007 年）

数据来源：科学技术部发展计划司《科技统计报告》2008 年第 20 期，中国科技统计网，http：//www. sts. org. cn/tjbg/gdxx/documents/2008/08123103. htm

2007 年，高校专利授权数为 14773 项，比 2006 年增加 4316 项，增长41.3%。其中发明专利授权 8214 项，比 2006 年增加 2016 项，增长 32.5%（如图 3.5 所示）。

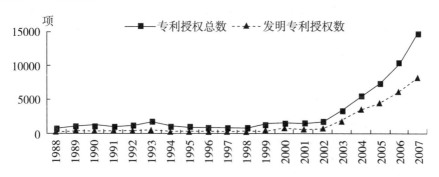

图 3.5　高等学校专利授权数（1988～2007 年）

数据来源：科学技术部发展计划司《科技统计报告》2008 年第 20 期，中国科技统计网，http：//www. sts. org. cn/tjbg/gdxx/documents/2008/08123103. htm

江泽民在 1998 年 5 月 4 日北京大学 100 年校庆的讲话中指出："大学应该是培养和造就高素质的创造性人才的摇篮，应该是认识未知世界、探求客观真理为人类解决面临的重大课题提供科学依据的前沿，应该是知识创新、推动科学技术成果向现实生产力转化的重要力量，应该是民族优秀文化与世界先进文明成果交流借鉴的桥梁。"① 高校的这种"摇篮"、"前沿"、"桥梁"的作用，

---

① 江泽民：《在北京大学百年校庆上的讲话》，《人民日报》1998 年 5 月 5 日第 1 版。

是对我国高校在国家创新体系和整体发展中发挥作用的精辟论述。目前，世界各国都将高等教育系统作为国家创新体系的重要组成部分，不断提高本国高等教育系统和国家创新体系的竞争实力。

（二）国立科研机构在国家创新体系中的地位

1. 国立科研机构概况

从世界范围来看，每个国家基于不同的政治、经济、文化和社会制度，形成了各具特色的国家科技体制。在各国的科技体制中，国立科研机构都扮演着重要角色。国立科研机构主要指由国家建立并提供资助的研究机构，包括国家大型综合性科研机构，联邦或中央政府部门所属的科研院所或联邦（国家）实验室等。世界上一些主要国家均设有国家大型综合性科研机构，它们是由若干研究所、实验室和研究组等组成的全国性、综合性的大型科研机构。国家科研机构的特点是综合性强，学科门类较齐全，大多由若干研究所或实验室组成。这些机构不仅从事领域广泛的战略性基础研究和应用研究，在重大科学项目和跨学科研究中发挥重要作用，有的还担负重要的资助、管理和培训职能。代表机构有法国国家科研中心、德国赫尔姆霍茨研究中心联合会、俄罗斯科学院、澳大利亚科学与工业组织、印度科学与工业研究理事会等。

国立科研机构是知识创新和技术创新的重要力量，是国家创新体系的重要组成部分，在开展与国家利益和国家安全相关的基础性、战略性、尖端性重大科技问题的研究，培养和凝聚高级人才，拓展国际合作与交流，促进产业化发展等方面发挥着非常重要的作用。

从我国情况来看，早在 1928 年，我国就成立了中央研究院，蔡元培先生担任首任院长。作为当时国家的最高学术研究机构，中央研究院的主要任务是负责人文及自然科学研究，指导、联络和奖励学术研究以及培养高级学术研究人才。在抗日战争爆发前，中央研究院已在北京和上海建立了 10 个下属研究所。新中国成立后，党和人民政府十分重视科学研究工作，经过几十年的努力，我国国立科研机构取得了较快的发展。国家设立了中国科学院与中国社会科学院等大型综合性科研机构，国家科技部、农业部、水利部等许多部委也纷纷建立起了专业性综合科研机构。

在各类国立科研机构中，中国科学院最具有典型意义。它是 1949 年 11 月 1 日在原中央研究院、北平研究院的基础上，汇集了当时中国最优秀的科学家组建的。中国科学院由中国科学院学部和中国科学院各直属机构组成，是中国自然科学领域最高的学术机构，也是全国自然科学与高新技术综合研究与发展的中心，同时还是国家在科学技术方面的最高咨询机构。

经过六十余年的艰苦创业和不断发展，中国科学院在自然科学和高新技术领域形成了学科门类比较齐全的科研布局，并通过建制转移和人才转移等方式，支持成立了中国社会科学院等国家研究机构和一大批部委与国防研究机构，取得了包括"两弹一星"、人工合成牛胰岛素结晶和哥德巴赫猜想等许多具有国际先进水平的科研成果，还曾为我国的计算机、能源、材料、化工和国家安全等科技创新方面作出了重大贡献。1998 年，中国科学院知识创新工程试点工作正式启动，为实现国家知识创新工程，大幅度增强国民的创新意识和提高创新能力创造了条件。中国科学院现有 6 个学部、11 个分院、84 个研究院所、1 所大学、1 所研究生院、4 个文献情报中心、3 个技术支撑机构和 2 个新闻出版单位，有 5 万余名职工，分布在全国 20 多个省、市、自治区。

2. 国立科研机构的研究生教育

可以说国立科研机构的研究生教育与新中国研究生教育是同步发展的。国立科研机构参与了全国研究生教育事业发展各个重要阶段的重大改革。中国科学院的研究生教育已经成为我国高等教育事业的有机组成部分，是我国高级人才培养体制的构成要素。

1951 年 6 月中国科学院与教育部联合发布了《一九五一年暑期招收研究实习员、研究生办法》，拉开了新中国研究生教育的序幕。1955 年 8 月，国务院全体会议第 17 次会议通过了《中国科学院研究生暂行条例》，标志着中国科学院研究生教育制度的正式建立。1978 年 3 月中国科学院又率先成立了我国第一所研究生院——中国科学技术大学研究生院（北京），同年中国科学院招收了我国恢复研究生制度后的第一批研究生，招生总数占全国的 14.3%，成为我国恢复研究生教育制度后，研究生教育的重要承担者。

"紧密结合科技创新活动，坚持科研与教育并举，出成果与出人才并重"，一直是中国科学院的办院宗旨。1995 年，中央提出了要"努力把中国科学院建设成为具有国际先进水平的科学研究基地，培养造就高级科技创新人才的培养基地和促进我国高技术产业发展的基地"①，进一步确立了中国科学院在国家高级科技创新人才培养体系中的地位。

中国科学院"知识创新工程"启动后，为中国科学院研究生教育的快速发展提供了新的历史机遇。截至 2003 年 9 月，中国科学院的在学研究生人数

---

① 石磊、张海英：《国立科研机构在研究生教育方面的作用》，《教育与现代化》2005 年第 3 期。

已达到 2.8 万多人。其中博士研究生 1.2 万多人，硕士研究生 1.6 万人，比 1998 年在学人数（1.1 万人）增长了 1.6 倍，年均增长率超过 30%。中国科学院培养的研究生中，有很多人都已经成为我国科研事业的骨干力量。

2003 年，全国共有研究生培养单位 720 个，其中科研机构 313 个，占全国培养单位总数的 43.5%。可以看出，我国国立科研机构通过发展研究生教育，为社会培养了大批高级科技人才，在我国的研究生教育中占有重要地位。这是由中国的国情决定的，也是历史的必然选择①。

可见，我国的国立科研机构在国家科技体制中占有重要的地位和作用。充分挖掘国家科研机构的高级科技人才培养能力，形成国家研究机构与研究型大学相互统一、协调、互补的高级科技人才培养平台，建设我国的高级科技人才培养体系，是加快我国高级科技人才培养的重大举措。面对知识经济、经济全球化和科学技术迅猛发展的新形势和我国实施科教兴国战略的新要求，加强以中国科学院为代表的我国国立科研机构的建设，对提高国家科技创新能力、实现跨越式发展有着极其重要的现实意义。

（三）引导国立科研机构与高校相互结合共同缔造国家创新体系

国立科研机构和大学都是国家创新体系的重要组成部分，它们构成了国家创新体系中相互联系、优势互补的重要单元。但这些单元并没有完全清晰的功能界限，特别是对于科技不够发达的国家，这一点更为明显。在大学则加强科学研究，在研究机构则加强人才培养，从内部促进大学与研究机构的合作、联合。大学与国立科研机构在研究生培养方面，各具优势，可以取长补短。对大学科学研究的支持和对国立研究机构教育的支持，也是新时期构建国家高层次人才培养体系的重要内容。总之，我国应充分利用国立科研机构人才的优势和基础设施条件，与大学共同承担起为社会培养高层次人才的任务，为国家创新体系的建设贡献力量。

三、研究生教育创新计划是国家创新体系的重要组成部分

国家创新体系建设包括知识创新系统、技术创新系统、知识和技术传播与应用系统、制度创新系统和文化创新系统的建设，每个子系统的不断完善都是整个国家创新体系建设的一部分。研究生教育作为知识创新系统的核心部分，是整个国家创新体系建设的重要方面，其自身的不断完善就是知识创新系统核

---

① 石磊、张海英：《国立科研机构在研究生教育方面的作用》，《教育与现代化》2005 年第 3 期。

心部分的构建，它包括研究生教育的方方面面：培养目标的定位，学科专业目录的设置，学位结构的调整，培养模式的创新等。研究生教育的创新关系到知识创新系统的结构和功能，进而关系到国家创新体系的整体绩效。

研究生创新教育是指在研究生培养过程中始终贯彻以提高研究生的创新意识、创新精神、创新知识和创新能力为主要目标的教育。研究生教育是我国教育的最高层次，对研究生实施创新教育有着现实和深远的意义。

创新教育的内容包括以下几方面：（1）创新意识、创新思维和创新精神的培养以及创新情感、创新人格的塑造，是创新活动的动力与保障系统，起到促进和调控作用。（2）创新能力、创新方法的掌握，是创新活动的操作系统，起到核心作用。（3）创新知识的学习和积累，是创新活动的工具，起到基础作用。

2004 年，国务院批转了教育部《2003～2007 年教育振兴行动计划》，明确提出推进"研究生教育创新计划"。采取评选全国优秀博士学位论文、举办博士生学术论坛等各项措施，鼓励并资助研究生参与科技创新活动，促进研究生教育与生产劳动和社会实践紧密结合，提高研究生培养质量，促使拔尖创新人才脱颖而出。

21 世纪是知识经济主导的世纪，知识经济的本质是知识创新成为社会和经济发展的原动力。我国把建立国家科技创新体系作为我们追赶先进国家和实现跨越式发展的战略举措，正适应了知识经济时代对我们提出的基本要求。研究生教育不仅是知识创新、传播和应用的主要基地，也是培育具有创新精神的创新型人才的摇篮。因此，研究生教育创新体系本身就是国家创新体系的重要组成部分，它关系到国家创新教育的实现，关系到全球化高层次人才竞争战略。

第二节　研究生教育在国家创新体系中的作用

当经济发展越来越依赖科技进步的时候，构建国家创新体系，对于推动一个国家的经济发展、增强国家的综合竞争能力和实现民族进步的目标，具有越来越重要的意义。在知识经济时代，一个拥有持续创新能力及大量高素质人力资源的国家将会具有发展知识经济的巨大潜力。相反，一个国家如果缺少科学储备和创新能力，它就会丧失由知识经济带来的机遇。

那么，在国家创新体系建设中，高等教育，尤其是作为高层次的研究生教育又应该发挥怎样的作用呢？从国家创新体系的四大组成系统即知识创新系统、技术创新系统、知识传播系统和知识应用系统中，我们不难发现，教育在其中扮演着重要角色。在知识创新体系中，高等院校，尤其是研究型大学和教学研究型大学，承担着知识的生产、传播、转移等功能。在技术创新系统中，高等教育机构以及其他教育机构是重要力量，承担着学习、创造和传播新技术的作用。在知识传播系统中，高等教育系统和职业培训系统担负着培养具有较高职业技能、最新知识和创新能力的人力资源的重要任务。在知识应用系统中，企业和社会的职业培训部门通过职工培训实现知识和技术的实际应用。

从上述分析可以看出，我国国家创新体系的组成系统和构成要素无不与教育有着密切关系，国家创新体系的建设对整个教育领域提出了挑战。国家创新能力的基础在于人才的数量、质量、结构和整体作用的发挥。传播知识、造就创新人才的途径是教育和训练，教育是国家创新体系的支柱和基础。作为高等教育体系最高层次的研究生教育，担负着为国家培养高层次创新人才的重任，它对促进国家经济建设和社会发展有着重大影响。从研究生教育产生和发展的历史及其特征来看，研究生教育是国家创新体系中最重要的力量，是国家创新体系的原动力之一，也是改善我国创新体系的关键。人们普遍认同这一观点：研究生教育的水准，在一定程度上代表着一个国家的教育水准，反映着一个国家智力资源的开发与储备，标志着一个国家科学技术与经济竞争的能力。因此，当第三次技术革命到来之际，世界各国在迎接新技术革命挑战中的一个重要措施就是发展研究生教育。

具体来讲，研究生教育对国家创新体系的作用主要体现在以下三个方面。

一、研究生教育为国家创新体系提供知识储备

研究生教育不同于本科生教育，本科生教育主要集中在知识的积累、思维方式的培养和相关方法的掌握上；而研究生教育则侧重科研能力的培养。顾名思义，研究生的主要任务是研究，而研究的对象就是知识和技术。无论从研究生教育的培养目标，还是从研究生教育的实现过程来看，对知识和技术的研究始终是研究生教育的核心。

研究生教育主要由教学、科研、科技服务3个部分组成。从研究生教育的教学、科研和服务的内在联系看，教学系统向科研系统和科技服务系统提供研究和开发的基础理论与创新思想；科研系统向科技服务系统提供开发与创新技术的科研成果，同时向教学系统提供基础理论和创新思想的依据；科技服务系统向教学、科研系统提供实习和研究的场所。教学、科研和科技服务就是在掌

握原有知识的基础上，在一定的场所通过一定的方法和手段对知识的一个再加工过程，并提炼出新认识，进而创造出新知识。知识创新是研究生教育的本质特征，也就是说，研究生教育自身的这种动力结构决定了它能为知识创新提供最主要的原动力。

（一）高等学校是知识创新的源泉

随着我国的经济、政治体制改革的深入，"大学自治"、"学术自由"、"教学与科研统一"办学理念的逐步落实，以及社会科学国际交流的广泛开展，大学在社会中的地位日益强化。高校不仅是人才培养和科学研究的基地，同时也是一个参与社会变革、提供科学咨询、促进社会进步的思想库。在为社会提供创新思想和创新知识方面，发挥着重大作用。它的优势主要体现在以下几个方面。（1）高层人才密集。不仅拥有一批学术造诣深厚的大师级专家、学者，而且拥有从学士、硕士、博士到博士后的完整人才培养序列，每年都有源源不断的、充满活力的、有志于探索真理的年轻人加入其间，这些年轻人思维活跃、反应敏捷，勇于向权威挑战，对研究不带任何框架，在学术自由、学术自治的宽松氛围下，易于产生新理论、新方法、新技术，是思想创新、知识创新的生力军。（2）学科领先且综合性强。由于拥有一批科研视野开阔、理论功底扎实的学术带头人，在本学科领域辛勤耕耘，不断获取新的知识，提出新的思想，力求站在本学科领域的最前沿。拥有学科综合的优势，学科门类齐全，便于学科交叉融合，在发展边缘学科、新兴学科方面具有十分有利的条件，容易实现知识创新。（3）具有自由、宽松的学术氛围。良好的学术氛围不仅有利于提高人才的培养和科学研究的质量，形成百花齐放、百家争鸣的局面，而且有利于学术群体彼此疏通感情、密切相互交流，保持集体凝聚力，尤其是一批著名院校具有悠久的历史，文化积淀深厚，又有人才培养和科学研究相结合的优势，容易形成启发灵感、活跃思维、增强创新性的良好氛围，从而产生各种创新思想、创新行为和创新成果。因此，高校无论在物质条件、人力资源方面和环境氛围各个方面都有利于知识和思想的创新，在国家决策过程中扮演着思想库的角色。

（二）科研机构是知识创新的主体

国家科研机构与大学具有不同的职能定位与分工。国家科研机构必须从国家战略需求出发，开展定向基础研究、战略高技术创新与系统集成以及事关经济社会全面协调可持续发展的重大公益性创新。大学更适宜于从事自由的科学前沿探索，促进以学科深入为主的科学发展。两者都具有科技创新与人才培养的双重功能，但国家科研机构的首要与中心任务是科技创新，而大学的首要与中心任务则是培养人才。从国家高度看，国家科研机构与大学应建立功能互补、竞争合作、联合互动的关系，共同成为国家创新体系的科技创新平台，共同成为面向全社会的知识源头，共同促进我国科学技术进步。

1997 年 12 月，中国科学院向中央提交了《迎接知识经济时代，建设国家创新体系》的研究报告。报告系统分析了世界知识经济发展态势及其对我国的挑战，提出了建设面向 21 世纪的我国国家创新体系的思路与新时期中国科学院的战略选择，建议国家组织实施"知识创新工程"。1998 年 6 月，国家科技教育领导小组第一次会议决定，由中科院作为国家创新体系建设的试点，率先启动知识创新工程。知识创新工程分 3 个阶段实施，1998 年至 2000 年为启动阶段，2001 年至 2005 年为全面推进阶段，2006 年至 2010 年为优化完善阶段。知识创新工程的总体目标是：到 2010 年前后，把中国科学院建设成为瞄准国家战略目标和国际科技前沿，具有强大和持续创新能力的国家自然科学和高技术的知识创新中心；成为具有国际先进水平的科学研究基地、培养造就高级人才的基地和促进我国高技术产业发展的基地；成为有国际影响的国家科技知识库、科学思想库和科技人才库。

（三）研究型大学在国家创新体系中的作用

国际上的经验表明，研究型大学在国家高科技创新产业发展中具有不可替代的作用。现代大学不仅从事基础研究，而且从事知识与技术的转化和应用研究，大学的研究成果不仅用于改造旧的产业，而且不断地创造着新的高技术产业。众所周知，美国的东北部，曾经是"夕阳工业"集中的地区。二战以后，这些地区的传统产业开始走向衰退，但这个地区并没有衰退，原因是这里有几所最好的大学，有强大的科研力量，智力集中，所以创造了新技术，新的尖端工业。①

1. 研究型大学拥有丰富的资源条件

一般来讲研究型大学学科比较齐全，以基础研究见长，具有整体科研实力和以培养创新人才为核心的教育实力，以及具有科学、知识、人才的整合实力和集成作用。此外，研究型大学拥有丰富的智力资源和知识财富，具有强大的科研能力和人才优势，每年都有大量的硕士、博士人才补充到科研队伍中来。

---

① 王孙禺、袁本涛：《关于我国研究生教育发展战略的几点思考》，《现代教育科学》2005 年第 3 期。

目前，我国的研究型大学在教师素质、学生素质、常规课程的广度和深度、通过公开竞争获得的研究基金、师生比例、大学硬件设备的数量和质量、大学财源、历届毕业生的声望和成就、学校的学术声望上比非研究型大学更有优势，具有更加丰富的资源条件。同时，研究型大学一般与国外的科技交往广泛、密切，能够及时把握和了解最新科技前沿及发展动态，为参与国家创新提供更加有利的条件。

2. 研究型大学是知识创新系统主要执行主体

人类对自然界进行基础研究和应用基础研究中所获的新现象、新规律、新原理扩散与传播到技术创新系统中去，从而启发并产生新产品、新工艺、新产业。研究型大学的知识创新系统由参与基础研究和应用研究的专家教授及相关的学术研究机构所组成。其执行主体是高校的重点学科、重点实验室和重点研究所，其主要任务是开展包括国家自然科学基金在内的各类科学研究基金项目研究及自由选题的基础性探索研究。

3. 研究型大学是技术创新系统执行主体的组成部分

充分依靠和利用高校的知识创新优势，开展高技术的开发研究，促进科技向现实生产力转化，实现综合国力和国际竞争力的提高。高校的技术创新系统，是由参与技术与产品开发研究的专家、教授和科技开发机构、科技产业及咨询服务机构所组成；其执行主体是高校的技术开发研究所、工程研究中心、技术开发成果转移中心、高技术产业及各类产学研联合体等；主要任务是各类攻关计划、新产品开发计划、产业开发项目、成果推广计划的组织与实施等；是以市场经济运作模式为发展依据的经济振兴系统。

二、研究生教育为国家创新体系提供助推力

（一）研究生教育为国家技术创新提供间接原动力

从本源上看，知识创新与技术创新是源与流的关系，即知识创新是源，技术创新是流。没有知识创新，技术创新就成了无本之木，无源之水，即没有知识创新就没有技术创新。研究生教育为知识创新提供了直接动力，而知识创新又是技术创新之本源，所以研究生教育还为技术创新提供了间接的原动力。如从研究生参加科研的实际情况看，很多项目是学校和企业联合进行的技术改造、开发或应用研究，这在理工类研究生的培养过程中非常普遍，这样研究生教育就间接地参与到以企业为主体的技术创新中。所以，研究生教育不但为整个国家创新体系直接提供知识创新的动力，而且它还是技术创新的间接提供者，是技术创新的原动力之一。

以研究生教育的主体——高校为例，当前，我国高等学校的科技服务主要分两个方面：其一是创办高新科技企业，直接实现学校科研成果转化为现实生产力；其二是成立以科技成果转让、开发和为工农业服务的科技服务公司。校办科技产业是我国经济、科技、教育发展到一定时期的产物。特别是当前，高等院校的科技产业已经被迎接知识经济的浪潮推到了社会经济发展的前沿，以高等院校为核心的高新技术产业不断涌现。我国高等院校的校办科技产业，集科技开发、成果转让、新产品试制和推广于一体，以知识密集为主要特征，以实现技术创新为主要目的。如东北大学的东大软件园（东大阿尔派的前身）是我国第一个软件园，也是国家科技部确定的我国第一个国家火炬计划软件产地。几年来，他们在注重产业化的同时，还先后承担了国家自然科学基金、国家"863"计划等项目，是一个典型的知识密集型产业。它以雄厚的科研力量、丰硕的科技成果为后盾，成为软件产业领域的科技先导。

我国高等院校校办科技产业实力的增强，不仅推动着高等教育的整体发展，而且在国家创新体系中推动着高新技术产业的现代化建设。通过理顺体制，转换机制，改善经营，加强内部的制度建设和改善外部环境等措施，提高综合实力，高等学校的校办产业必将在国家创新体系中发挥重要作用。

（二）研究生教育促进了国家高等教育学科体系发展

高等学校在教育、科技和社会发展中的地位与作用，与其拥有的学科门类、学生水平及其数量有着直接的关系，而研究生教育在促进高校学科建设方面功不可没。学科是高校的基本单位，是承载高水平科研和产出创新成果的平台，是造就学术大师、孕育拔尖人才的基础。一个学科要持续不断地培养出优秀的博士、硕士，就必须引进更好的教授和学者，购置最先进的仪器和设备，积极申请前沿性科研课题，努力营造浓郁的学术氛围，即发展研究生教育对学科环境的改善和学科建设水平的提高，无疑起着积极的促进作用。既然研究生教育尤其是博士生教育要紧紧依靠学科的建设，因此研究生教育发展壮大之同时，必然会刺激学科向着更高的水平努力，自然而然地对学科的发展提出更多更高的物质条件和前沿学术研究氛围的需求。高水平的研究生教育，要求学科应形成特色突出、优势明显并能不断引领潮流、开创前沿的研究方向。研究生教育的改革与发展，不仅可以促进大学学科的物质条件改善，还能推动大学学科学术特征和研究氛围的形成；同时研究生教育培养高层次人才的神圣使命，直接促使研究生导师要不断获取新知识、提出新问题、产生新思想。

在学科建设中，不断形成新的学科方向，才能够为研究生培养提供更加广阔的天地。与之相辅相成的是，研究生的培养又推动了学科水平的提高。正是由于大批具有创新精神的研究生作为生力军参与到科学研究中来，学科才得以持续的发展和壮大。中国学位与研究生教育发展报告课题组在对博士生导师的问卷调查中，在问到关于拥有博士点对院（系、所）最重要的意义是什么时，有 63.5% 的导师认为拥有博士点对提升本学科在国内外学术界的地位有重要意义；只有 14.9% 的导师认为拥有博士点最重要的意义在于为教师提供更大的发展空间，有利于吸引和留住人才；12.2% 的导师认为博士点有助于院（系）争取并完成科研项目。① 可见，在大部分博士生导师的眼中，博士点建设对学科发展有着最为重要的实际意义。

研究生教育不但对一所大学的学科建设有着极其重要的作用，而且对国家整个高等教育学科体系的建设起到了重要作用，国家整个学科体系的确立，可以说是研究生教育发展取得的主要成就之一。

（三）研究生教育促进了研究型大学群体的兴起

1. 研究型大学的基本特征

最早的研究型大学当属欧洲工业革命时期德国的某些大学，以柏林大学为代表，该校在 19 世纪 60 年代就鲜明地主张大学不仅是一个教育机构，更应该是一个研究中心。

1994 年，美国卡内基教育基金会在《高等教育结构分类》中的研究型大学分类标准是："提供领域广泛的学士学位计划，承担直到博士学位的研究生教育，给研究以高的优先权。每年至少得到 4000 万美元（研究型大学 I 类）或至少得到 1550 万美元至 4000 万美元（研究型大学 II 类）的联邦支持，每年至少授予 50 个博士学位。"② 可见当时美国划分研究型大学的最主要的两个参数是：每年培养博士的数量和承担政府课题经费的多少。但在 2003 年，卡内基教学促进会又把美国研究型大学分为广博型和集中型两类。广博型的标准是每年至少在 15 个学科授予 50 个博士学位，而集中型的标准是每年至少在 3 个学科授予 20 个博士学位。③ 这种分类更加突出了一定规模的研究生群体是建设研究型大学的基础。

---

① 中国学位与研究生教育发展报告课题组：《中国学位与研究生教育发展报告（1978～2003）》，高等教育出版社 2006 年版，第 199 页。

② 沈红：《美国研究型大学形成与发展》，华中理工大学出版社 1999 年版，第 117～118 页。

③ 马万华：《从伯克利到北大清华——中美公立研究型大学建设与运行》，教育科学出版社 2004 年版，第 12 页。

总体来讲，研究型大学一般具备以下基本特征：高品位的师资和高质量的学生生源；充足的科研经费和高层次的科研成果；通过承担前沿性、对国民经济社会发展有重大影响的科研课题，培养高素质、高水平、创新性人才。即研究型大学在师资力量、生源质量、经费投入额度、成果水平、培养人才的层次等各方面都有优于一般大学的高标准。从世界范围看，最著名的研究型大学一般具有以下共同特点：毕业生中产生有国际著名的杰出人才；师资队伍中有一批世界级学术大师和教授；有一批处于世界领先水平的学科点；产出了具有划时代意义的重要科学研究成果；为社会发展做出过重大贡献。研究型大学依托高水平科研，以培养高素质、高水平、创新性人才即研究生为重点，在培养拔尖人才之同时产出高水平的科研成果；即通过培养出更多精英人才的过程创造新知识、形成新文化，从而推动整个社会乃至整个世界的物质文明和精神文明进步。

2. 发展研究生教育对形成研究型大学的作用

研究生教育是一所大学教育和学术水平的重要标志之一。研究生教育对研究型大学的作用，主要有以下几个方面。

（1）研究生教育对提升研究型大学师资水平有重要作用。研究生教育能直接促进师资队伍水平的提高，因为要培养高质量的研究生，研究生导师以及协助指导研究生的其他教师就必须具有很高的业务素质，这就要求教师必须重视自身素质的不断提高；再则，高水平的研究生生源是奔着高水平的学术大师、著名的教授而来的，所以作为研究型大学的具体学科点及管理部门，也会按吸引和培养高质量研究生的需求积极引进高水平的教授；并且研究型大学培养出的优秀人才，又及时补充师资队伍，从而使其能持续保持一流师资的优势。

（2）研究生教育促进研究型大学教学和科研水平的提高，提升研究型大学的学术地位。从教学来看，研究生课程教学侧重训练和培养学生科研基本能力的特点决定了从事研究生课程教学的教师要把科学研究的思想方法、课程所涉及学科领域科学研究的最新进展等贯穿于研究生课程教学的全过程；而且，研究生课程教学活动要以科学研究的形式进行组织、实施，要求研究生积极参与其中，在研究中学习，在学习中研究，使他们成为理解、评价、应用以及发现知识的主动参与者。即研究生课程教学具有的这种鲜明的研究性、创造性特征，对承担研究生课程教学教师的理论功底、学术研究能力、教育教学方式等都提出了很高的要求，促使教师不断更新教学内容，更重视学生科研基本素质的训练，并积极采取有助于科研基本素质培养的教学方式。再有，聘用很多博士生作助教，由他们担负起大量的本科生教学一线的助教工作，通过他们的具体参与对本科生潜移默化地施加研究式学习模式的影响，这也是许多研究型大学成功的教学经验之一。

（3）高水平研究生教育成为研究型大学不断产出高水平科研成果的重要支撑之一。研究型大学产出的高水平科研成果之所以比一般大学多，除研究型大学建设资金投入多且其中科研支出所占比例高，重视基础研究，建有承担着为国家发展战略目标服务、从事前沿课题研究、开展高新技术转移等三大使命的国家实验室之外，高水平、成规模的研究生教育也是其共有的鲜明特征之一。因为成规模研究生尤其是博士生的培养，大多是以创新性基础研究为载体的。研究型大学基于高水平的科研，培养训练研究生独立从事学术研究的能力和素养。研究型大学高水平研究生教育的直接成果是在产出大批高水平科研成果之同时，培养出了大批能为社会发展、经济建设、科教进步和文化繁荣发挥重要作用的精英人才。

（4）研究生教育国际化加强了研究型大学与国外一流大学和知名科研院所及企业的交流与合作，带动了研究型大学自身的发展，扩大了研究型大学的国际影响。近年来，发达国家的研究型大学"国际化"的一个重要方面，就是通过设立充足的留学生奖学金并尽可能向外国留学研究生提供助教、助研岗位等吸引外国留学生尤其是研究生，以达到并保持较高比例的留学生数量；而且越来越注重研究生的国际联合培养与训练。许多国外研究型大学还在积极制订办法、采取措施、筹措资金，鼓励并资助本国学生尤其是研究生到国外大学、科研院所或知名企业、跨国公司去学习课程、考察实习、撰写论文，以拓展本国学生的国际化视野，增加其参与国际交流与合作的素养和能力。此外，许多国外研究型大学全力支持自己的教授与国外大学的教授、国际著名研究机构和大企业等开展科研合作。

三、研究生教育为国家创新体系提供具有创新能力的人才

研究生教育肩负着为国家现代化建设培养高素质、高层次创造性人才的重任，将成为我国建设国家创新体系和未来夺取世界知识经济制高点的重要支撑力量。2004 年 1 月 7 日，时任教育部部长周济在教育部直属高校工作咨询委员会第十四次全体会议上的讲话指出："研究生是高校重要的研究力量，一方面要组织研究生在研究中学习、在研究中成长；同时要注意研究生的思想道德教育，真正把这支力量的内在积极性发挥出来，这是高校科技创新的最为突出

的优势。"①

（一）人才强国与拔尖创新人才

人才资源是世界各国经济发展最重要的战略资源，在综合国力竞争中具有决定性作用。早在1995年，党中央、国务院在《关于加速科学技术进步的决定》中就明确提出了科教兴国战略，强调要重视教育、科技和人才工作。2001年，国家"十五"计划纲要专门列出"实施人才战略，壮大人才队伍"，首次将人才战略确立为国家战略。2002年中央制定下发了《2002~2005全国人才队伍建设国家纲要》，明确提出实施人才强国战略。2003年，党中央、国务院召开了新中国成立以来的第一次全国人才工作会议，具体部署人才强国战略的实施。拔尖创新人才是我国宏大人才队伍中的核心人才、骨干人才，是各条战线上的领军人才。拔尖创新人才虽然只是人才金字塔顶上的一小部分人，但他们能释放巨大的能量，作出巨大的贡献。一个民族、一个组织拔尖创新人才储备及其作用代表着这个民族、这个组织的科学技术水平。面对激烈的竞争环境，教育必须培养出足够数量和相当水平的拔尖创新人才。

（二）培养拔尖创新人才是研究生教育的重要使命

教育是实施人才强国的基础。面对当今世界人才与科技的激烈竞争，中共十七大报告以空前的力度强调了教育在现代化建设中所具有的基础性、先导性、全局性作用，把教育摆在优先发展的战略地位。与此同时，特别赋予了教育重大的历史责任，不仅要造就数以亿计的高素质劳动者、造就数以千万计的专门人才，而且第一次提出了要造就一大批拔尖创新人才。如果说前两个"造就"的责任分别落在了基础教育与本专科教育肩上，显然，后一个"造就"的责任就主要落在了研究生教育的肩上。

创新对于研究生教育已不是一个一般的教育目标和要求，而是关系国家富强与民族兴旺的大事，培养高素质的知识创新型人才应该成为面向知识经济时代研究生教育的重要使命。

研究生教育要增强使命感和责任感，要把有利于知识和科技创新，为知识经济服务作为研究生教育改革和发展的出路。我国《高等教育法》明确规定"培养具有创新精神和实践能力的高级专门人才是高等教育的任务"，这实际上是人才培养目标定位问题，即我们要培养的是创造者，他们应该具有一定的

---

① 周济：《以人为本，人才强校》，载教育部科技司：《中国高校科技进展年度报告（2003）》，高等教育出版社2004年版，第56页。

广阔性、敏捷性和深刻性的思维能力,掌握专业基础,了解基本的科学方法并能应用,能够自主学习以适应新环境,具有创新意识和实践技能,具备良好的创新心理素质,具有团队合作精神和跨文化学习与交流能力,了解科技的社会效果,具有社会责任、经济观念、环境意识和可持续发展意识等。这些不仅应落实到拔尖创新人才培养目标上,更应体现在知识、能力和素质结构以及人才培养特色上。

人才强国,高校有责。作为高等教育中培养高层次人才的研究生教育应当以培养具有创新精神和创新能力的人才为己任,积极投身于知识创新与科技创新活动中,为国家的经济建设和科技发展作出应有的贡献。1999 年以来,我国研究生招生规模进入了跨越式发展阶段。2005 年,全国在校硕士生和博士生规模超过 100 万人。面对研究生教育规模超常规的发展,如何确保研究生培养质量,使一大批拔尖创新人才脱颖而出,已经成为社会关注的焦点。

事实上,我国高校不少研究生在学期间就参加了各类研究课题的活动,为我国的国家创新体系作出了贡献(如表 3.4 所示)。

表 3.4　研究生参与 R&D 课题人员情况（1986 ~ 2005）

年份	高等学校在学研究生（万人）	参加自然科学与工程技术领域 R&D 课题的研究生（万人）	自然科学与工程技术领域 R&D 课题人员（万人年）
1986	11.4	1.60	10.25
1987	12.02	2.54	12.33
1988	11.28	2.92	12.89
1989	10.13	2.80	13.18
1990	9.30	2.97	13.40
1991	8.81	2.70	13.00
1992	9.42	2.98	13.67
1993	10.68	3.14	14.67
1994	12.79	3.28	14.73
1995	14.54	3.60	15.26
1996	16.33	3.87	15.55
1997	17.64	4.10	15.87
1998	19.89	1.15	15.85
1999	23.35	4.59	16.62

续表

年份	高等学校在学研究生（万人）	参加自然科学与工程技术领域R&D课题的研究生（万人）	自然科学与工程技术领域R&D课题人员（万人年）
2000	30.12	6.27	19.37
2001	39.33	8.24	12.78
2002	50.10	9.83	13.18
2003	65.13	13.17	13.83
2004	81.99	17.33	16.07
2005	97.86	21.55	17.33

数据来源：科学技术部，《中国科学技术指标2006》，科学技术文献出版社，2007年，第206页。

从表中可以看出，随着1999年以后我国研究生教育规模的急剧扩大，参加自然科学与工程技术领域R&D课题的研究生人数也逐年增加。1986年，高等学校在学研究生有11.4万人，其中参加自然科学与工程技术领域R&D课题的研究生有1.60万人，占研究生总数的14.04%；2005年，高等学校在学研究生达到97.86万人，其中参加自然科学与工程技术领域R&D课题的研究生达到21.55万人，占研究生总数的比重提高到22.02%。研究生通过参加各类课题研究，科研能力得到了锻炼，整体素质也得到了提高。

（三）研究生教育能为国家创新体系建设提供具有创新精神和能力的高素质人才

国家创新体系形成和发展的关键是具有创新精神和创新能力的人才，研究生教育在这方面发挥着重要作用。现代知识经济的本质特征是：科学技术是生产力，而且是第一生产力。劳动力数量的多少在生产力发展和经济增长过程中所起的作用已不再十分重要，而拥有现代科学技术知识的高质量劳动力已经日益成为技术创新和提高生产力的第一决定因素。

在21世纪，高新技术迅猛发展，知识经济已初见端倪。高新技术和知识经济对创新的要求是持续性、系统性和全员性的。适应未来社会对人才的要求，培养具有创新精神和创新能力的高素质人才是国际竞争的需要，同时也是国家创新体系整体建设的需要。国际间综合国力的竞争也迫切要求我们加强对学生的创新精神和实践能力的培养，许多国家都把创新人才的培养作为构建国家创新体系的重要内容，作为教育发展和改革的主攻方向。而研究生教育的"科学研究"实质就是培养和造就这样的群体，所以研究生教育的不断发展，能为国家创新体系建设提供具有创新精神和创新能力的大量高素质人才。

1. 研究生教育有效解决了我国科研队伍"人才断层"问题

20 世纪 70 年代末，研究生招生工作恢复、研究生教育制度初创之际，由于受"文化大革命"影响，我国专业科技人才队伍总体上呈现出危机状况。科研人员缺乏、研究队伍青黄不接一度曾是困扰我国高等学校和科研机构的难题。可以说，培养大批具有创新精神和创新能力的专业科技人才，是中国恢复研究生招生、建立学位制度的直接原因。在我国研究生教育的发展过程中，始终将培养高层次专门人才作为主要任务，不断提高人才培养质量，向社会各界输送了数以万计的高质量人才，培养了一批具有一流水平的科学家和科技人才，使我国的专业科技人才队伍状况发生了根本性的变化。2004 年 11 月，中国科协宣布：我国科技界已经基本上解决了 20 世纪 80 至 90 年代由于"文化大革命"造成的人才断层问题，形成了一支老、中、青结合，以年轻人为主的科研队伍。科研队伍高学历结构基本稳定。重点单位科研人才已经呈现出比较稳定的高学历特征。在科研第一线的骨干队伍中，学士、硕士和博士所占的比例基本相当。① 以计算机人才为例，改革开放初期，欧美国家已经形成了一支相当规模的计算机专业人才队伍，与之相比，我国在这一领域的人才储备与培养几近为零。通过 20 多年的研究生教育，我国自主培养了数以万计的电子计算机产业人才，基本造就了一支能够进入国际前沿、掌握核心技术的技术带头人队伍，一支专业跨度大、市场观念强、软硬技术结合的复合型人才队伍和一支有一定规模和质量、从事研究开发和应用的专业人才队伍。在华为、中兴等高技术企业员工队伍中，具有研究生学历和高级职称的比例超过三分之一，从结构、层次和水平上基本与国际接轨。②

2. 具有硕士学位以上的研究生人才群体已经成为我国科学研究的领导骨干

以国家自然科学基金为例，作为国家创新体系的重要组成部分，国家自然科学基金在支持基础研究方面具有重要地位。它包括对面上项目、自由申请项目、青年科学基金项目和地区科学基金项目的资助。其项目负责人的情况在一定程度上反映和代表着我国当前科研一线骨干人才的状况。分析 2001 年至

① 冯永锋、齐芳：《我国科技界基本解决"人才断层"》，《光明日报》2004 年 11 月 7 日。
② 董云庭：《我国电子信息产业综合竞争力评述》，转引自《中国学位与研究生教育发展报告（1978~2003）》，高等教育出版社 2006 年版，第 99~100 页。

2006 年间国家自然科学基金面上资助项目、自由申请项目、青年科学基金项目和地区科学基金项目负责人的学历学位情况（见表3.5、表3.6、表3.7、表3.8），可以发现，这些项目负责人中拥有硕士、博士学位的比例很大，尤其是具有博士学位的负责人，其比例基本上是逐年稳步上升，这从一个方面反映了我国具有硕士学位以上的研究生人才群体在国家科学研究事业中的地位和作用。

表 3.5　国家自然科学基金面上项目资助情况（按负责人学位统计）

年份	总人数	拥有博士、硕士学位人数及比例			
		博士人数	占总人数比例%	硕士人数	占总人数比例%
2001	4435	2929	66.04	724	16.32
2002	5808	4041	69.58	950	16.36
2003	6359	4535	71.32	1130	17.77
2004	7711	5872	76.15	1132	14.68
2005	9111	7307	80.2	1173	12.87
2006	10271	8493	83.69	1189	11.58

数据来源：国家自然科学基金委员会网站统计数据，2001～2006 年。

表 3.6　国家自然科学基金自由申请项目资助情况（按负责人学位统计）

年份	总人数	拥有博士、硕士学位人数及比例			
		博士人数	占总人数比例%	硕士人数	占总人数比例%
2001	3525	2239	63.52	567	16.09
2002	4503	3044	67.60	723	16.06
2003	4859	3398	69.93	834	17.16
2004	5847	4385	75	829	14.18
2005	6846	5470	79.9	823	12.02
2006	7429	6138	82.62	791	10.65

数据来源：同表3.5。

表3.7 国家自然科学基金青年科学基金项目资助情况（按负责人学位统计）

年份	总人数	拥有博士、硕士学位人数及比例			
		博士人数	占总人数比例%	硕士人数	占总人数比例%
2001	726	612	84.30	102	14.05
2002	1064	897	84.30	158	14.58
2003	1269	1024	80.69	231	18.20
2004	1590	1345	84.59	224	14.09
2005	1934	1650	85.32	272	14.06
2006	2429	2109	86.83	302	12.43

数据来源：同表3.5。

表3.8 国家自然科学基金地区科学基金项目资助情况（按负责人学位统计）

年份	总人数	拥有博士、硕士学位人数及比例			
		博士人数	占总人数比例%	硕士人数	占总人数比例%
2001	184	78	42.39	55	29.89
2002	241	100	41.49	69	28.63
2003	231	113	48.92	65	28.14
2004	274	142	51.82	79	28.83
2005	331	187	56.5	78	23.56
2006	413	246	59.56	96	23.43

数据来源：同表3.5。

第三节 国家创新体系对研究生教育的更高要求

当今世界，国际竞争日益激烈。国际竞争的实质在一定意义上是国家创新体系的竞争，归根结底是基于国家创新体系的培养创新能力人才的教育竞争，尤其是以培养创新人才为宗旨的研究生教育的竞争。各国都把国家创新体系放在国家战略的主要地位。我国政府也不例外，把国家创新体系放在至关重要的战略位置，江泽民多次指出创新是一个民族进步的灵魂，是国家兴旺发达的不竭动力……一个没有创新能力的民族，难以屹立于世界先进民族之林。研究生教育在国家创新体系中具有重要的地位与作用，国家创新体系对研究生教育也提出了一系列新的更高的要求以进一步提升我国在国际竞争中的实力与水平。

一、国家创新体系下研究生教育的目标定位

在我国，研究生教育肩负着为国家现代化建设培养高素质高层次创造性人才的重任，研究生教育将成为建设国家创新体系和未来争取世界经济制高点的重要支撑力量。① 随着国家创新体系建设的不断推进，研究生教育作为教育结构中的最高层次备受关注。1995 年，美国科学、工程与公共政策委员会等机构提交的一份研究报告认为："研究生教育制度作为未来的科学家或工程师的领导者的泉源或新思维的源泉都是十分重要的。我们必须保持这个制度的实力以使创造性和智能的活力得以持久的发展，这种活力对于面临不断增长的社会经济热点问题的美国来说是必须的。"② 这对我国也是必须的，创新能力培养已成为我国研究生教育的灵魂和核心。研究生教育要"瞄准国家创新体系的目标，培养创造一批高水平的具有创新能力的人才"③。随着国家创新体系建设的进一步完善，其对智力支持的依赖性和需求也不断增强，国家创新体系建设越来越依赖于培养具有创新能力的高层次人才的研究生教育，进而使其成为国家创新体系的重要基础性平台之一。"科学与工程研究生院是非常重要的，它不仅是未来科学与工程领袖的源泉，而且是国家强盛和繁荣的必不可少的基石——正在增加的社会和经济课题所需的创造力和智能活力的不竭源泉。"④ 创新能力的培养是研究生教育的灵魂，是提高研究生素质的核心。培养具有创新能力的高层次人才是新形势下研究生教育顺应时代潮流的需要。

（一）国家创新体系呼唤研究生创新能力的培养

研究生的创新能力是指学生善于从不同的角度发现问题，具有创造意识，创造思维和探索精神，综合运用知识，创造性的解决问题的能力，以及树立不畏困难，刻苦钻研的研究精神和态度，通过对基本理论的概括、分析及运用创造性的思维，实现对基础理论的延伸、拓展和升华。⑤ 就研究生学习阶段而

---

① 《中国学位与研究生教育发展战略报告（2002～2010）》（征求意见稿）。

② ［美］科学、工程与公共政策委员会：《重塑科学家与工程师的研究生教育》，科学技术文献出版社 1999 年版，第 24 页。

③ 教育部《面向 21 世纪教育振兴行动计划》。

④ ［美］科学、工程与公共政策委员会：《重塑科学家与工程师的研究生教育》，科学技术文献出版社 1999 年版，第 24 页。

⑤ 杨叔子：《有志有力　有物相之——兼谈研究生素质和创新能力》，《高等教育研究》2001 年第 4 期。

言，创新能力主要是指依据已有的知识，对未知的科学研究领域或方向做出预测、设想或设计，推断出较为新颖且符合事物发展规律的答案。

21 世纪是知识经济时代，知识经济是以知识为基础，直接依赖知识和信息的生产、分配与应用的经济。知识经济是"以知识为基础的经济"，亦即以知识、智慧为动力，以创新为生机的一种崭新经济形态。知识成为经济长期增长的首要因素。经济的长期增长取决于运用知识不断创新开发高科技的能力。知识经济是以创新的知识产品为基本特征的经济，其核心是科技，关键是人才，基础是教育，而灵魂则是创新，创新需要通过人才培养来实现。在知识经济时代，创新决定着一个国家和民族的综合实力和竞争力。作为培养高层次人才的研究生教育，应该重视创新能力的培养，充分认识培养研究生创新能力的重要性。知识经济的内涵是创新。事实已证明：一个拥有持续创新能力和大量高素质人才资源的国家，才具有发展知识经济的巨大潜力；而一个缺乏科学储备和创新能力的国家，则将失去知识经济带来的机遇。创新能力决定一个国家和民族在国际竞争和世界格局中的地位。我国的创新能力与国际先进水平相比还有一定的差距，这在一定程度上阻碍科教兴国战略的实施。为此，加速国家创新体系的建设，呼唤知识创新工程的出台，已成为我国迎接知识经济，挑战知识经济的紧密而关键的选择。① 在知识经济时代，综合国力的竞争取决于人才的竞争，最终取决于具有创新能力人才培养的研究生教育竞争。研究生作为知识经济时代的中坚力量，创新能力直接影响着高等学校知识创新的水平，也关系着国家未来整体的创新能力。为此，知识经济对研究生教育提出了更高的要求，要求研究生成为创新的主力军，成为国家创新工程的一支重要的中坚力量。

（二）培养创新人才是研究生教育的最高目标

《中国学位与研究生教育发展战略报告》指出我国研究生教育的培养目标是："瞄准国家创新体制的目标，培养一批具有创新能力，创业精神和实践能力的高水平人才。"② 研究生教育应当把培养创新能力作为核心，并将其融入到培养的全过程。这不仅是研究生教育自身发展的要求，更是时代赋予研究生教育的重要历史使命。研究生教育的基本任务是培养具有创新精神和创造能力的高层次人才。《中华人民共和国高等教育法》规定："高等教育的任务是培

---

① 薛天祥：《研究生教育学》，广西师范大学出版社 2001 年版。

② 《中国学位与研究生教育发展战略报告（2002～2010）》（征求意见稿）。

养具有创新精神和实践能力的高级专门人才，发展科学技术文化，促进社会主义经济建设。"① 由此可见，作为人才培养的摇篮，高等学校培养的人才是否合格，关键要看这些人才是否有利于推动经济发展和社会进步，这些人才是否是创新人才，是否具有创新能力。研究生教育作为高等教育的最高层次，具有很强的辐射性、带动性和示范性，更应责无旁贷地担负起崇高的历史使命，为国家、社会培养出更多的具有创新精神和创新能力的高层次人才。培养创新能力是实施创新教育、素质教育，也是提高研究生综合素质的核心问题。《中共中央、国务院关于加快教育改革全面推进素质教育的决定》中强调："素质教育的重点是培养受教育者的创新精神和实践能力。"② 因而，要根据知识经济的特征与社会热点的问题，特别强调创新能力的培养，并将它作为人才各项素质的核心。

二、国家创新体系对研究生教育提出新的更高的质量要求

质量是研究生教育的生命线。原教育部副部长吴启迪在 2005 年全国优秀博士学位论文评审会上指出："当前研究生教育的重要任务是提高质量，特别是要着力抓好研究生创新能力培养。"③ 创新能力的培养和提高是研究生教育的重中之重，是其生命力所在。《中华人民共和国学位条例》明确规定：博士学位获得者应具有独立从事科学研究工作的能力，在科学或专门技术上做出创造性的成果；硕士学位获得者应具有从事科学研究工作或独立担负专门技术工作的能力；研究生学位论文的质量必须以有无创新见解或有无创造性成果作为标准，研究生教育质量评估也应以学生的整体创新能力作为根本依据。创新能力既是研究生学位的标准，又是研究生知识结构和科研能力的体现，还是衡量研究生培养质量高低的关键，更是培养高层次创新人才的核心素质。建设与完善国家创新体系是应对知识经济和未来社会发展的战略性选择。我国国家创新体系已初具规模，各个子系统也都有一定的基础。但从系统整合的角度分析，还存在很多问题，突出表现为企业创新能力相对薄弱，特别是具有知识产权的创新少；国家政府科研机构占绝对优势，各个子系统之间缺乏有效的联系；科技与经济相结合的体制问题没有很好解决，产、学、研三者之间的连接不够密切，从而导致我国国家创新体系整体功能没有达到应有的效果。研究生教育作

① 《中华人民共和国高等教育法》。
② 劳凯声：《高等教育法规概论》，北京师范大学出版社 2000 年版，第 359 页。
③ 吴启迪：《构建立体化研究生教育质量保证体系》，《中国教育报》2005 年 4 月 15 日第 1 版。

为主体既参与知识经济系统和知识传播系统，又积极参与技术创新系统和知识应用系统，从而使研究生教育具有"集结点"和"引力中心"的潜在功能，成为国家创新体系的主要知识供应链。要迅速提高国家创新能力，提高国家创新体系的效能，必须进一步发挥研究生教育的这些切入点和"集结点"的作用。①

从 1978 年恢复研究生招生以来，我国研究生教育的质量定位一直是知识创新和知识传播两方面。这种质量定位对于在较短的时间内恢复和提高我国的科研水平，起到了非常重要的作用。而且，在今后的相当长时期内，这种质量定位仍是我国研究生教育的重要目标之一。研究生教育仅仅立足于培养未来的科学家是不能满足国家创新体系的发展要求的。在国家创新体系的知识创新系统、技术创新系统、知识传播系统、知识应用系统四个系统中，虽然各有其核心的执行主体，但不能因为各系统的核心主体各异，就将国家创新体系也分割成几个系统而损伤创新体系的完整性。其实，四个系统间是存在着紧密联系的。因为技术创新系统和知识应用系统与知识创新系统和知识传播系统是不能割裂开的，知识创新的成果构成技术创新的基础和源泉。② 所以，研究生教育在培养质量定位上，一定要将培养能将新知识、新技术运用于企业技术创新的高层次应用型人才纳入人才质量体系，以期这些人切实发挥知识创新系统和技术创新系统间的纽带作用。近几年来，我国已开始重视培养高层次应用型人才，工程硕士等专业学位的出现及其发展就是认识到了研究生教育在质量定位或者培养模式方面存在的不足而采取的改革措施之一。专业学位研究生的培养也开始强调与工程实际和本单位的技术改造相结合，体现出了与学术型研究生教育模式的区别，在研究生教育的观念和认识上有了质的改变。但从国家创新体系对研究生教育的要求及国家创新体系发展的主要障碍来看，仅仅能将知识应用于实际工作显然是不够的，应用型人才的知识基础应立足于新知识、新技术。国家创新体系要求尽快改变我国知识—技术互动不足的状况，因为企业需要的将是能把当今的新知识、高科技迅速运用于我国的技术创新系统并能将其迅速转化为现实生产力的高层次应用型人才。只有这种应用型人才才能成为连接知识创新系统、连接高校和企业的纽带，研究生教育应该切实调整质量定位，要加强能将知识转化为现实技术的高层次应用型人才的培养，要培养具有

---

① 廖湘阳：《研究生教育发展战略研究》，清华大学出版社 2006 年版，第 295 页。
② 肖念、沈红：《国家创新体系下的研究生教育》，《科技导报》2004 年第 4 期。

高新知识基础的高级技术专家。

三、国家创新体系对研究生教育改革的诉求

（一）进一步加强产学研相结合，使科研与研究生培养一体化

"研究生教育是国家强盛和繁荣的必不可少的基石，是不断发展的社会和经济所需的创造力和智能活力的不竭源泉。"① 研究生教育肩负着为国家现代化建设培养高素质、高层次创造性人才的重任，是经济全球化趋势下国家增强国力和国际竞争力的重要支撑力量。前教育部部长周济指出："研究生，顾名思义，就是通过研究工作来进行学习的学生。所以，要紧紧抓住科学研究这一关键的环节来推进改革。"他表示，在今后的研究生培养中，要加重科学研究的成分。没有科学研究工作的课题，就不能进行研究生的培养。没有科研课题的导师，就不能带研究生。② 现代研究生教育本质上具有两大特征：一是在培养方式或者说在培养手段上是科研与教学相结合，重点是科研活动；二是在办学目标上，既要培养高水平研究人才，同时又要创造出高水平的科技成果。不管是科研活动与高层次科研人才，还是有创造性的科研成果，这些都是国家创新体系的基石。而这些均需要科研与研究生培养一体化来完成。

目前，我国科研机构大部分已经实现了科研与研究生培养的一体化，特别是中科院与一些大院大所已基本上实现了科研与研究生培养的一体化，而高校在这方面还存在一定差距与问题，其主要表现：（1）没有把研究生理解为主要通过研究工作来培养学生，这一点在文科类研究生培养方面表现尤为突出；（2）研究生的培养资格与培养数量没有与导师的研究经费与研究能力挂钩，不管导师有无研究经费均可招收研究生，认为研究生的培养经费应该全部由国家出，而与导师没有任何关系，认为研究生招生的数量由培养机构的能力来确定，而不应该单纯用导师的科研经费来衡量；（3）对导师的身份定位存在问题，把导师当作一种职位，而不仅仅是一种岗位。这些问题的存在，就人为地、无形地将科研排除在研究生培养过程之外了。由此造成一些有科研的教师没有资格招收研究生，而一些没有科研或科研项目很少的教师招收了研究生，

① ［美］科学、工程与公共政策委员会：《重塑科学家与工程师的研究生教育》，科学技术文献出版社1999年版，第24页。

② 周济：研究生自费生人数将减少，http：//education. 163. com/edu2004/editor_ 2004/kaoyan. /050516/050516_ 196447. html. 2005－05－16。

这样招上来的研究生就只能打游击，没法通过科研培养出高素质高创造性的研究生。在国家创新体系的知识创新系统、技术创新系统、知识传播系统、知识应用系统四个系统中，都离不开高层次人才培养的研究生教育，研究生教育已成为关系国家前途和命运的最重要的创新主体之一。脱离高层次人才培养，就不可能有知识创新、技术创新、知识传播与知识应用，更谈不上国家创新体系的建设。因而，只有科研与研究生培养一体化在完全意义上的实现，才能培养出高素质高创造性的人才，才能实施"科教兴国"战略，才能建设国家创新体系与创新型国家。因此，加大研究生培养过程中的科学研究参与，使科研与研究生培养一体化，这不仅是现代研究生教育的本质要求，同时也是国家创新体系对研究生培养改革的理性诉求。

科研与研究生培养一体化的前提是大学成为科学研究的中心。从事科研工作与培养人才这两大任务应该而且可以结合起来，相互促进。大学教授积极争取科研课题和经费以招收优秀的研究生并指导其完成有关的科研任务；学生为了完成论文、获得学位或得到奖学金而努力工作；最终科研实力雄厚的大学可以吸引到最优秀的学生来做研究，而高素质的研究生可以进一步推动大学的科研。要使科研与研究生培养一体化就需要研究生招生与研究课题和研究经费挂钩，把研究生培养纳入国家科技总体规划框架，把研究生作为主要研究人员来培养，要把培养研究生经费纳入科研经费的管理框架，同时将出成果与出人才当作是衡量科研的标准。目前作为研究生教育模式之一的产学研结合的研究生培养模式，在今天的知识经济、"科教兴国"战略实施、国家创新体系建设、建设创新型国家的背景下，有着重要的时代意义。中共十五大指出有条件的科研机构和大专院校要以不同形式进入企业或同企业合作，走产学研相结合的道路，解决科技和教育体制上存在的条块分割、力量分散的问题。要进一步加强产学研合作，通过培养合格工程师和合格技术人员，促进知识创新系统与技术创新系统间的互动，疏通新知识流向企业的渠道，使国家创新体系诸系统协调发展。

（二）进一步完善培养人才结构，使应用型人才与研究型人才达到一个合理的结构

我国高校研究生培养模式从广义上不仅包含了基础研究、应用研究，也应逐步充实技术创新、技术开发等。科学研究内涵的拓展对人才培养观念发生改变，要求实行"教学——科研——生产"的协作式培养方式，比如美国建立"科学公园"、英国大学与新兴工业建立联盟等形式，不仅加快了新技术的创

制和科学理论的再生产，同时也实现了对研究生新科技的再训练。无疑，现代科技背景下，研究生培养方式应当更加灵活，研究生培养模式也应更加适应时代的要求。高等教育大众化、终身教育理念、知识经济的到来、科技发展等因素，是推动我国高校研究生培养模式变革的主要因素，在这些因素的影响下，要求我国高校研究生培养模式逐渐从单一向双元模式转变，而与此同时，这些因素所体现的内涵与特征又成为研究生培养模式内在要素变革的理论依据。因此，研究生培养模式变革实质包含双层涵义，即在宏观层面上，研究生培养模式逐渐从单一走向双元模式；而在微观层面上，要求研究生培养模式内在各要素发生适时变革。

对于硕士研究生的培养，在扩大招生规模的基础上应立足于应用型研究生的培养，这里提到的应用型研究生是指广义的有实践能力和操作技能的人才的培养；对于博士研究生的培养，应立足于拔尖人才的培养，这里的拔尖人才指能够担当社会发展中起推动作用和决定性作用的人才，他们将是国家建设的中流砥柱。有创新能力、有开拓精神、有扎实的理论基础、有巨大的科研潜力、有充分的实践经验是对博士研究生的最低要求。对于博士研究生与硕士研究生应有一个科学的比例，只有比例合理才能提高研究生教育国际竞争力与推进国家创新体系的建设。在西方一些国家，特别是英美等国的非全日制研究生所占的比例一般较高，在硕士层次甚至超过了全日制研究生所占的比例。如 2003~2004 学年度，在英国的 523830 名在校研究生中，有全日制在校学生 220395 人，非全日制在校学生 303435 人，非全日制在校研究生占到了在校研究生总数的 57.93%。目前我国非全日制研究生即在职人员攻读博士、硕士学位研究生数约有十六七万人，约占在学研究生总数的 17%，比例明显不高，远远不能满足广大在职人员接受高学历教育的需求。由于历史和文化传统的影响，我国一直存在着"重学术、轻职业"的教育传统，学术类研究生占了绝对的比例和优势。20 世纪 90 年代，我国开始并大力发展以职业为背景的专业学位教育，职业类研究生教育取得了迅速发展，但其在整个研究生教育系统中所占的比例还只有百分之十几，仍被作为一种补充来对待。我国是一个发展中国家，现阶段社会所大量需要的是硕士层次的应用技术型人才，而不是大量的理论研究者，因此这种结构很不合理。即使是发达国家，以职业为背景的专业学位也受到充分的重视。至 20 世纪 90 年代，美国职业学位获得者的比例已占全部硕士学位获得者人数的 55% 以上。同样在英国，以职业为导向的课程硕士教育非常发达。以教育方面的课程硕士为例，目前英国设置的课程硕士有：教育研究硕士、教育管理硕士、数学教育硕士、科学教育硕士、宗教教育硕士、儿童文学研究硕士、艺术教育和文化研究硕士、戏剧教育和文化研究硕士、艺术和设计教育硕士、音乐教育和文化研究硕士、教育社会学硕士、英语教学硕士等。

（三）改革研究生教育拨款模式，加大经费投入

1993 年，中共中央、国务院颁发《中国教育改革和发展纲要》，提出逐步提高国家财政性教育经费支出占国民生产总值的比例，20 世纪末达到 4.0%，达到发展中国家 20 世纪 80 年代的水平。《纲要》颁布后的几年，这一比例不仅没有上升，反而有所下降。研究生教育经费的总体投入不足，对研究生培养质量和研究生教育发展都有着较大的制约。我国高等教育事业费由两部分组成：一是综合定额，通过政策参数与生均拨款标准相乘而得；二是专项补助，主要考虑高校的特殊需要，经学校申请主管部门批准确定，专款专用。政府对高校计划内研究生的财政拨款，政策参数为"全日制本科生当量数"，硕士生、博士生按本科生的一定比例拨付。研究生的综合定额公式操作简单，在透明度、公平性方面有所进步，但由于政策参数单一，全国部委院校都按照统一的生均标准予以拨款，因此也存在一些弊端，其主要表现在以下几点。第一，综合定额的拨款公式没有反映各研究生培养单位实际成本的差异。第二，综合定额拨款不能反映各高校间效率与效益的差异。第三，综合定额拨款公式刺激了培养单位的规模扩张，在"综合定额加专项经费"的拨款模式下，在校的国家计划内学生人数是拨款的基本依据。这使高校研究生综合定额的拨付与计划内招生指标捆绑在一起，有多少招生指标意味着将获得多少经费。第四，综合定额拨款公式没有区别不同学科和专业。要改革研究生教育的拨款方式，加大对高校科研经费的投入，尤其是培养研究生的高校，充分发挥它们在科研中的作用，使它们真正成为基础研究的主要阵地。高校应该而且可以成为国家基础科学研究的中心。

研究生，特别是博士生，是高校科技创新的生力军。研究生的培养与科研活动紧密相连，较充裕的科研经费是培养高质量研究生的重要保障。高等学校作为我国研究生培养的主要渠道，2000～2002 年，高等院校每年在校的硕士研究生规模大约为科研机构的 22～23 倍，每年在校的博士研究生规模大约为科研机构的 8 倍。但高等院校每年的科研经费支出却远低于科研系统，这与高等院校作为研究生培养主渠道的地位并不相称。在目前的科研体制下，高等院校的科研地位并没有得到应有的重视，这既不利于科研的发展与创新，也不利

于研究生的培养。高校科研经费不如科研机构充分，相应的高校发放给研究生的补助也低于科研院所。由于缺少科研课题支持，许多高校特别是地方院校难以招收到优秀生源，同时，研究生的科研训练也严重缺乏，使研究生的培养质量难以得到有力的保障。

第四章

研究生教育改革与研究生创新能力培养

第一节　创新精神和创新能力的培养是研究生教育的主题

一、创新是研究生教育的本质属性

研究生教育的本质属性是什么，它和创新的关系是什么，这是很值得探讨的问题。在此我们从研究生教育的自身要求和研究生教育的社会责任两个方面来阐述研究生教育与创新之间的关系。

（一）思维求新是研究生教育的自身要求

思维是人类所独有的高级心理活动，其本性就是能对未知世界作出预测、设想或设计，推断出并非现有的答案，这就是创新。从本质上讲，研究生教育是一种训练高级创新思维的教育。

研究生教育区别于本科教育和职业教育的重要之处在于它的培养目标更高、更远，是培养高层次的研究人才。一般说来，本科教育偏重于夯实学生的基础理论知识和基本技能，职业教育注重培养学生的实际动手能力，两者都是在学习前人的间接经验；而研究生教育则不同，它强调学生必须具备创新精神和研究能力。研究是对已有知识的批判和质疑，即对已有知识分析、综合、抽象、概括后，或扩展，或延伸，或推倒重建。总之，它应该是由此及彼、由表及里、由无生有的创造性思维过程。

现代意义的研究生教育自诞生之日起，即被赋予了科学研究的使命。它是一种高层次的科学研究素质养成教育，其目的在于通过系统的训练，使研究生具有广阔的科学视野、坚毅的科学精神和突出的科学研究能力。研究能力包括记忆、观察、思维、评价、操作等能力，其中最关键的是思维能力。其实，教育本身就是一种有计划有目的的思维训练，在不同的生理、心理发展阶段，教育应实施不同的思维训练，并且相互衔接、层层提升、依次操作，形成学校教育的思维训练体系。在研究生阶段，应训练学生既能拥有"由此及彼"、"举一反三"的发散性思维，同时又能够做到思维收敛，做到收放自如、能破能立，这是一种高级的思维创新能力。

因此，创新性成为研究生教育自身逻辑发展的要求和结果，是研究生教育的本质属性。

（二）知识创新是研究生教育的社会责任

无疑，教育的责任应包含传承文明、培养人才、科学研究三方面的内容。而研究生教育鉴于它自身高深性的特点，更侧重于为社会培养高级专业人才和探索高新科学技术。

21 世纪的社会是知识经济的社会。知识经济是主要依靠知识创新、知识应用和知识传播来发展的经济。目前美、欧等发达国家和地区的科技对经济增长的贡献率已高达 60% ～ 80%；知识经济时代的支柱产业已从传统产业转移到信息、新材料、生物工程、新能源、航空航天、环保、文化产业和科技信息服务业等方面；在知识经济时代，由知识创新、知识传播、技术创新和知识应用体系组成的国家和地区的创新体系，已成为国家和地区经济发展的重要基础设施和竞争力的基础。在知识经济时代，国家的创新能力，包括知识创新和技术创新能力，是决定一个国家在国际竞争和全球格局中地位的重要因素。因此，谈论知识经济就不能回避国家创新体系。国家创新体系可分为知识创新系统、技术创新系统、知识传播系统和知识应用系统。其中，知识创新系统、知识传播系统和技术创新系统与研究生教育均有密切关系。

首先，国家创新体系的目标与研究生教育的本质相吻合，研究生教育具有创新的本性，理应成为国家创新体系的主要承担者，在国家科学技术发展和高级人才培养方面负有重要责任。

其次，国家创新体系的任务的复杂性决定了对研究生教育选择的认同性。被列入创新体系建设中的项目都是各学科领域中的前沿项目，有的甚至是新兴学科。没有高级的专门人才、配套的实验设施、厚实的研究基础、便利的信息网络，根本无法胜任。因此，高校和科研院所是国家创新体系中科学研究的重要基地，而研究生教育则是科学研究和技术开发的主体。

二、创新能力培养是研究生教育的核心

21 世纪日趋激烈的国际竞争实际上是科学技术和人才的竞争，而具有原创性的科学技术和创新素质的高水平人才又是竞争的焦点。我国要全面建设小康社会，实现民族复兴，必须要有强大的经济实力和发达的科学技术，而创新正是推动经济发展和技术进步的主要动力。

研究生教育是教育的最高层次，具有很强的带动性和示范性。进入研究生层次攻读硕士、博士的学生，都已具有比较扎实的基础理论与专业知识，并已初步具备了从事科学研究的能力，最重要的是他们正处于思维最活跃的青年时期。除了他们需要进一步加深和扩大相关的基础理论和知识领域外，培养和激励他们敢于超越前人、攀登科学技术高峰的探索创新精神和能力，是研究生培养单位和导师的首要任务，是对研究生的成长和发展影响力最深远的教育，是造就大批高层次人才的生命力所在；也是促进我国科学技术快速发展，超越前人，达到领先水平的前提。因此，在研究生教育过程中必须始终抓住培养创新精神和能力这根主线。

（一）创新能力的内涵

什么是创新能力？怎么样的人才算是创新性人才？对这个问题不同的专家学者有不同的看法，对创新能力的内涵也有着不同的论述，如我国著名的材料学科专家左铁镛院士认为，创新性人才应具备以下几方面能力：很强的分析和解决问题的能力，包括系统的思维能力；对新问题、复杂问题的综合和表达能力；多种知识的综合及多元文化的融合能力；运用现代技术手段获取新知识的能力；把知识转化为现实财富的观念和能力；英语和第二外语的交流能力；判断自己的选择和决定所产生的结果及相关后果的能力；在复杂信息环境下的检索和判断能力；多元文化环境下的工作能力；了解外来文化和变化中的世界的能力。[①] 尽管不同的专家学者由于研究的角度不一样，因而对创新能力内涵的表述也不尽相同，但目前比较一致的看法是：创新能力是利用已积累的知识和经验经过科学的思维加工和再造，产生新知识、新思想、新方法和新成果的能力。它是一种综合能力，一般包括知识结构、创新思维和创新品格三个方面。

1. 知识结构

创新往往是在不同学科知识和思维方式的交叉渗透中产生的，广博而系统深入的知识是产生创造性灵感的基础，很难想象一个知识狭窄肤浅的人能有多大的创新能力。研究生的知识结构应由基础知识、专业知识、人文社会科学知识、实践知识等组成。基础知识是人类文明的精华，是创新的必备工具，如数学、物理、哲学和语言学等。只有学好基础知识，才能拥有锐利的创新工具，

---

① 陆熙：《授之以渔——左铁镛院士谈研究生素质教育与创新能力培养》，《中国研究生》2002年第1期，第27~28页。

具有更强的适应能力和发展后劲。专业知识是产生创造性思想、孕育创新成果的母体。对专业知识的理解不可狭隘。人文社会科学知识可以开阔视野、活跃思路，激发灵感，增强形式思维能力。实践知识是研究生在科研、教学、实验等实践中积累的知识。只有经过实践，研究生才能在分析问题、解决问题中逐步锻炼思维并应用、验证、扬弃学到的知识，将所学知识真正转化为自己的知识并不断增强创新能力。

2. 创新思维

创新思维是研究生在广博知识基础上产生创新的原动力，它主要包括联想思维（含溯因联想、求果联想、接近联想、相似类比联想、对比联想）、想象思维（含幻想、猜想、假想）、逆向思维、灵感思维、直觉思维、逻辑思维以及它们的排列组合如扩散思维、集中思维、多向思维、网状思维等。创新思维主要具有以下8个特征。（1）思维的独立性。对任何事物都能予以独立的思考，善于从司空见惯的现象中发现未知，提出见解，能够摆脱传统的束缚和习惯的影响。（2）思维的敏感性。对新事物、新现象、新思想、新观点、新方法、学术前沿和动态具有很强的直觉敏感性。（3）思维的想象性。对某些一时难以解决的问题，通过合理的幻想、猜想或假想先做出结论，再进行推导论证。（4）思维的联动性。可有四种表现形式：横向、纵向、逆向和网状联动。横向联动，是指在发现一种情况后，联想与之相类似的或接近的情况；纵向联动，是指善于打破沙锅问到底，寻找事物或现象发生的原因和结果；逆向联动，是指在发现某一情况后，能想到它的反面或朝着习惯、定势思维的反向思考；网状连动，是指能够将看起来好像毫无关系的各种材料综合起来，为解决问题服务。（5）思维的多向性。它包括以下几个方面的含义：一是从不同的角度思考问题；二是采用不同的方法验证问题；三是通过变换要素产生新的思路，寻找解决问题的新方法；四是转变角色思考问题；五是对一个问题提出多种方案并从中选出最优方案。（6）思维的跳跃性。指的是思维具有较强的跳跃性，能够在较短的时间内处理错综复杂的问题并做出正确的决策。（7）思维的顿悟性。能够就某一现象产生对某一问题的顿悟，是一种灵感思维。牛顿因苹果落地发现"万有引力定律"就是思维顿悟的结果。（8）思维的逻辑性。在充分占有信息的基础上经过严密的逻辑推导而得出正确答案。

3. 创新品格

创新品格是非智力的个性因素，包括自信心、激情、好奇心、开拓精神以及自尊、乐观、忍耐、坚毅等意志品质，是激发创新意识和欲望的内在因素。

具有创新品格的人一般有以下一些个性特征：高度的独立自主性；旺盛的求知欲，刻苦钻研和勇攀科学高峰的精神；善于观察，对事物运转的机理和原因勤于探索；严谨的治学态度，讲究条理、准确和严格；乐于挑战、不畏艰难；有丰富的想象与直觉能力；对新生事物有很浓的兴趣和较强的接受能力等。创新品格对于培养研究生坚定的政治信念、严明的组织纪律观念、良好的心理承受能力、雷厉风行的作风、严谨务实的科研作风等具有十分重要的意义。

（二）研究生创新能力的提升对国家创新体系具有乘数效应

作为国家教育体系最高层次的研究生教育，其基本目标就是培养具有创新性科学研究能力的人才。我国 1980 年颁布的《中华人民共和国学位条例》对硕士研究生和博士研究生的论文及研究成果在创新方面的要求有明确规定（如表 4.1 所示）。

表 4.1　《中华人民共和国学位条例》对硕士和博士的学术水平标准

学历层次	学术水平标准
硕士	1. 在本门学科上掌握坚实的基础理论和系统的专门知识； 2. 具有从事科学研究工作或独立担负专门技术工作的能力。
博士	1. 在本门学科上掌握坚实宽广的基础理论和系统深入的专门知识； 2. 具有独立从事科学研究工作的能力。 3. 在科学或专门技术上做出创造性的成果。

研究生只有具备创新能力，才能站在探索未知世界、探求客观真理的前沿，才能为解决人类面临的重大课题提供科学依据，才能进行知识创新，才能推动科学技术成果向现实生产力转化。所以，创新能力的培养和提升是研究生教育的核心，也是评价研究生教育质量的根本标准。

与此同时，从研究生创新能力与国家创新体系之间的关系来看，由于具有创新素质和创新能力的研究生一旦毕业后进入高校、科研机构和企业等国家创新体系各个子系统，就会成为知识创新和技术创新的主体，从而增加对经济增长的贡献率。因此，研究生创新能力的提升与国家创新体系的完善与高效运行之间不仅具有密切的关联效应和波及效应，而且对国家创新体系具有乘数效应或者说是外溢效应。① 具体表现如下。

1. 位于基础层面的研究生创新能力的提升，会因为创新执行主体参与未

---

① 王锐兰、王鲁捷：《基于国家创新体系的高校研究生创新能力的研究》，《中国高教研究》2002 年第 10 期，第 38 页。

来国家创新体系的不同维度、层面的创新行为，而被层层放大其创新绩效

不同系统或层次的创新，对于国家经济增长的贡献率是不同的。创新的核心资源是创新人才，创新人才的多寡优劣决定了创新的绩效。由于国家创新体系中"创新"的依托是各类型的创新性高层次人才，即创新执行个体，各类创新执行个体是国家创新体系高效运转的源头和根基。而研究生教育是培养各类型创新人才和创新执行主体的主要渠道，在国家创新体系中处于基础性位置，因此，广大研究生的创新能力一旦得以提升，必然会对国家创新体系各子系统的创新在整体上产生放大效应，导致其创新绩效被层层放大、扩散，最终对国家创新体系的创新绩效的提升产生不可估量的倍增效应。随着知识经济时代的来临，更加凸现了研究生教育在国家创新系统中的地位和作用，更加突出了研究生创新能力培养被置于比以往任何时候都要高得多的重要位置。

2. 高层次创新人才培养是改善国家创新体系运行效率的有效路径

不管是哪一个层次的创新，都具有比较明显的路径依赖特征。创新与系统绩效之间并不必然表现为线性关系。有效的创新或者说较高的创新绩效往往意味着选择了正确的初始路径，因而在以后的既定发展方向上不断得到自我强化。注重研究生创新能力的培养，就是选择了初始的正确的创新路径，因而在自我增强机制的作用下，使得国家创新体系呈现出创新的边际效益递增现象，进入互为因果、互相促进、不断优化的良性循环状态；反之，如果选择了错误的初始路径（即研究生创新方向、方式错误，或是低效、无效创新），则会使国家创新体系最终长期陷入恶性循环的状态。可以说，研究生创新能力的路径选择就像是一条别无选择的单行线，对国家创新体系的绩效提升和演化方向具有不断扩散和放大的驱动作用。

3. 研究生创新能力的培养，可以从根本上分散国家创新体系可能会引发的系统风险

创新并不是一个简单的线性过程，而是高等学校、研究开发机构、企业和政府部门互相作用、系统整合的结果。因此，政府、企业、高校、科研院所等都是影响创新的重要变量。由于创新过程内在技术上的不确定性和信息的不完全性、创新执行主体的创新能力的测不准性、创新市场需求的不确定性、创新激励机制的不完善性、创新政策环境的不确定性和创新供求双方的信息不对称性等因素，任何形式的创新必然会具有或多或少的风险性。创新风险的普遍存在，加大了对创新绩效的精确度量的难度。因此，从控制系统风险的角度出

发，要从源头上层层分摊、减少或控制系统风险，必须提高研究生的创新能力，以提高国家创新体系的绩效。

总之，研究生教育应当以创新能力的培养作为核心并将其融入到研究生教育的全过程，这不仅仅是研究生教育自身发展的质量要求，更是时代赋予研究生教育的重要历史使命。

三、教学与科研并重是研究生教育的显著特征

研究生教育之所以能在最近二三十年间引起各国的高度重视，其中一个重要原因就在于现代研究生教育具备教学与科研并重的显著特征。这个特征表现在两个方面：一是在培养方式或者说培养手段上科研与教学相结合，重点是科研活动；二是在办学目标上，既要培养高水平研究人才，同时又要创造出高水平的科技成果。科研活动、高层次科研人才、有创造性的科研成果都是国家创新体系的基石，研究生教育也因此成为关系国家前途和命运的最重要的创新主体之一。1995 年，美国国家科学、工程与公共政策委员会在《重塑科学家与工程师的研究生教育》这一重要研究报告中认为，"研究生教育直接为国家更广泛的科技、经济和文化发展目标做出贡献。在我们共同努力发展新技术产业、减少环境污染、与疾病和饥饿做斗争、开发新能源、保持工业竞争力方面，我们越来越依赖于拥有先进科学和技术知识的人。因此，我们的科学与工程研究生院是非常重要的，它不仅是未来科学与工程领袖的源泉，而且是国家强盛和繁荣的必不可少的基石。"①

（一）"研究性学习、参与式研究"的教育模式

教学与科研是研究生教育的两个方面，研究生在学习中研究，在研究中学习，它们相互渗透，相互促进，缺一不可。具体来讲可以表述为"研究性学习、参与式研究"的教育模式。所谓"研究性学习"，是指研究生学习不同于本科生的偏重于知识积累的学习，而是带有研究性质的学习。因此，研究生课程讲授应从"以教师为中心"转化为"以学生为中心"，学习内容要给学生一定的选择自由，使其自主涉猎多学科、跨学科知识，尊重学生的学习兴趣和个性发展，在学习中培养其创新思维、创新潜质、创新能力。"研究性学习"应写进研究生培养目标，贯彻到从入学考试到学位论文撰写的全过程、全方位教学环节之中。所谓"参与式研究"，是指在明确研究生研究方向的前提下，结

---

① 美国科学、工程与公共政策委员会：《重塑科学家与工程师的研究生教育》，徐远超等译，科学技术文献出版社 1999 年版，第 7～8 页。

合指导教师承担的科研项目，让研究生参与跨学科研究以及某些领域的基础研究、应用研究或开发研究，给予其自由发展、自主创新的空间，在科研中不断触发自身的创造力。这种科研前沿性训练，可以引领研究生们站在前人的肩膀上快速进入科研前沿领域，快速提升自己的科研创新能力。

研究生教学与科学研究之间是一种相互促进、相辅相成的关系。一方面，科学研究是培养研究生的重要手段，是提高研究生培养质量的保证；另一方面，研究生也是进行科学研究的一支重要方面军，开展研究生教学能够有效地提高科学研究水平。一般说来，研究生，尤其是博士研究生，在知识的积累储备、技能的锻炼或能力的养成，以及在生活阅历、社会交往及工作的独立性方面，都已达到比较成熟的程度。他们已完全有能力在导师的指导下做出创造性的科研成果，甚至是重大的科学发现。因此，积极创造条件，发展和扩大研究生教育，可以显著地提高本学科的科研水平。据一些大学的调查研究显示：一所大学的科研成果不仅获奖的数量与研究生教育的规模相关程度很高，而且获奖的等级与其研究生教育的层次（博士生在研究生中所占的比例）之间也有很高程度的正相关。可见，一个学校或一个学科的研究生教育状况直接影响着该学校或学科的科学研究水平。

我国传统的研究生培养以获取书本知识为主，缺乏与科研部门和生产部门建立相应的联系和合作，注重考试成绩，对科研能力培养不够。因此，要培养创新人才，解决生产和生活中的实际问题，研究生教育必须牢固树立教学与科研相结合的指导思想。研究生教育既要加强正常的教学活动，又要让学生大量参与科研活动，注重实验、实习和实践锻炼，促进理论和实际相结合，提高研究生解决实际问题的能力，从而提高研究生培养质量。能否解决科研、生产以及社会问题，应成为衡量研究生培养质量的重要标准。只有将课程学习、实践锻炼与科学研究相结合，才能使培养出来的研究生在尖端领域和实践中发挥重要作用。只有在研究生教育中让学生参加科研，才能培养学生的研究能力，提高人才培养质量。

（二）导师与学生合作科研是研究教育的重要方式

如前所述，研究生教育处于高等教育的最高层次，其教学科研相结合的特点更加突出。这种特点反映在师生关系上，主要表现为导师与学生的紧密科研合作。

导师在高层次创新人才培养中的作用是毋庸质疑的。导师能够根据社会、经济、科学技术的发展，及时进行知识更新，把最新的、学科前沿的知识介绍给学生。在保证学生获得大量知识信息的基础上，鼓励学生多提问，不拘泥于现成的结论，敢于挑战权威，以不同的思路考虑问题，为学生创造一个宽松的互动的学习氛围。为了培养具有创新意识和创新能力的研究生，导师本身一般都活跃在科研第一线，教学和科研相结合，以科研带动教学，让学生在参与科学研究的过程中，学会科学的研究方法。导师能够在学生创新教育的过程中起引导和示范作用，以自身的创新意识、思维以及能力等因素去感染、带动研究生的创新能力的形成和发展。导师以自己严谨的治学态度和深厚的学术造诣教会学生做学问和做人。

导师的水平直接影响研究生，特别是博士生创新能力的培养。高水平的导师能够站在学科的前沿，预见学科今后的发展方向。他们一般都具有创造性的思维方法，有创造性工作的经验；他们治学严谨，对研究生严格要求，鼓励研究生大胆探索，勇于创新；好的导师能够教书育人，把自己的好思想、好作风和严谨的科学态度潜移默化地传授给自己的学生。只有这样的导师，才能培养出有创新能力的研究生。目前正在进行全国百篇优秀博士学位论文的评选活动从某种意义上说，也是对研究生导师教书育人水平的检验。

研究生既是学生，又是导师的助手，他们的工作水平和工作效率普遍较高，是一支奋发向上的科研生力军。研究生具有精力充沛、时间集中、思想活跃、思维敏捷等特点，同时他们正在接受系统的专业教育，有较扎实的理论基础。博士生经过硕士阶段的科研训练，已具备一定的科研能力，他们或作为导师的助手参与导师的科研课题，或独自承担国家、部委、省市的科研课题，这些研究生为学校科研水平的提高和众多科研成果的取得做出了巨大贡献。据调查，在我国重大科技研究项目中，约70%有研究生参加。我国许多著名大学科研成果的取得都有研究生的参与。例如南京大学1996、1997两年被SCI收录的文章数分别为572、642篇，其中以研究生为第一作者的分别是365、407篇；被SCI收录最多的物理学科和化学学科每年以研究生为第一作者的文章一般都在50%以上。据统计，1992年至1999年南京大学被SCI收录的论文数连续7年、被引用论文数连续6年位居中国大陆高校首位，其中，50%以上的论文以在校研究生为第一作者。[①] 又如，在华南理工大学，研究生参加了该校90%以上的科研项目，几乎参与了该校所有重点科研项目的研究。研究生在校

---

① 中国学位与研究生教育发展报告课题组：《中国学位与研究生教育发展报告（1978～2003）》，高等教育出版社2006年版，第203页。

期间，在导师的指导下承担了大量的实验研究、理论研究、计算机模拟、工程设计以及软科学研究工作，科技创新能力得到了培养和提高，以第一作者发表的论文数量显著增加，被三大索引收录的论文数量明显增大。2001年在统计源期刊和国际学术刊物发表的论文646篇，被三大索引收录34篇；2002年在统计源期刊和国际学术刊物发表的论文1137篇，被三大索引收录125篇，分别增长了76%和268%。①

可见，研究生是高校科研队伍中一支不可或缺的生力军，也是国家创新体系的一支重要力量。因此，学校应当为研究生参与科研活动提供更多的机会，创造更好的条件；导师也应在培养研究生掌握坚实、宽广的基础理论知识的同时，不断用新的知识武装研究生，不断开拓研究方向和研究领域，带领研究生跟踪科技发展的最新变化，进入学科前沿。在科研活动中注意培养研究生的综合能力和素质，加大研究生参与高水平课题的研究力度，让他们从中接受指导、得到启发，培养和提高他们的创新思维和能力。

（三）研究生教育创新计划的启动与实施。

在科学技术突飞猛进和知识经济崛起的新形势下，国家对高层次创新人才的需求不断扩大，研究生教育必须加快改革的步伐，把工作的重心切实转移到提高培养质量上来。为此，教育部提出实施研究生教育创新计划，其目的是要深入探索新形势下研究生教育规律，更新观念，深化改革，推进创新，建立研究生科研创新激励机制，营造创新氛围，强化创新意识、创新精神和创新能力的培养；努力使我国研究生培养质量和研究生教育的整体水平尽快接近或达到发达国家水平。

研究生教育创新计划于2002年酝酿并提出。2003年教育部启动研究生教育创新计划，并列为《2003～2007年教育振兴行动计划》的重要内容。从2003年开始，教育部通过立项方式支持了一批研究生教育创新计划项目，并逐年扩大支持面，增加新的项目类型。2003年，通过学校申报，教育部批准11个学校的13个创新计划项目，这些项目包括：举办全国博士生学术论坛，建设研究生创新中心，开设研究生精品课程，以及优秀博士生科研创新和国际联合培养等。2004年教育部扩大了支持面，批准20个学校的22个创新计划项目。2005年，在研究生培养单位高度重视积极申报的基础上，共批准42个

---

① 中国学位与研究生教育发展报告课题组：《中国学位与研究生教育发展报告（1978～2003）》，高等教育出版社2006年版，第200页。

单位的近 50 个创新计划项目。同时，项目类型有所增加，可分为：举办全国博士生学术论坛，举办全国研究生暑期学校，建设研究生创新中心，开展研究生培养及课程改革，组织研究生访学等（如表 4.2 所示）。2006 年和 2007 年，承担项目的单位进一步增加，同时也增加了项目类型，如举办确定科学主题的全国博士生学术会议，通过立项方式推动一批学校开展研究生培养机制改革试点工作，推动各省级学位与研究生教育管理部门开展本地区或区域合作的研究生教育创新计划活动等。

表 4.2　2003～2005 年教育部研究生教育创新计划项目清单

序号	单位名称	批准项目	启动年份
1	北京大学	研究生精品课程	2003
		承办 2004 年全国博士生学术论坛	2004
		暑期学校（中国现当代文学，中外哲学）	2005
		北京大学研究生访学基地	
2	中国人民大学	承办 2004 年全国博士生学术论坛	2004
		深化研究生教育改革，探索创新型人才培养模式	2005
3	清华大学	博士研究生科研创新	2003
		承办首届（2003 年）全国博士生学术论坛	
		研究生国际联合培养计划	2004
4	北京工业大学	研究生工程实训平台	2004
5	北京科技大学	研究生工程训练与实践平台	2004
6	北京师范大学	全国研究生心理健康研究	2004
7	北京交通大学	承办 2005 年全国博士生学术论坛	2005
8	北京航空航天大学	先进航空航天飞行器研究生创新实践基地	2005
9	北京理工大学	基于网络的远程控制、测量与决策系统研究生开放实验室	2005
		校所联合国防研究生培养基地	
		承办 2005 年全国博士生学术论坛	
10	中国石油大学（北京）	石油学科博士研究生培养模式的创新与实践	2005
11	首都医科大学	承办 2005 年全国博士生学术论坛	2005
12	天津大学	承办 2005 年全国博士生学术论坛	2005
		化工类研究生培养方案、教学内容、教学方法改革（含教材）	
13	哈尔滨工业大学	博士研究生创新计划	2003
		承办 2004 年全国博士生学术论坛	2004

续表

序号	单位名称	批准项目	启动年份
14	大连理工大学	研究生创新中心	2004
15	东北大学	与企业共建面向东北老工业基地振兴的研究生创新中心	2005
16	吉林大学	研究生创新中心	2005
17	复旦大学	金融信息处理研究生开放实验室	2003
		研究生暑期学校（新闻学）	2005
		承办 2005 年全国博士生学术论坛	2005
18	上海交通大学	集成电路芯片设计研究生开放实验室	2003
		试行博士生国内外访学和学术交流制度	2005
		开放式医学博士生培养基地	2005
19	同济大学	土木与交通学科研究生创新培育基地	2004
		博士生国际学术交流	2005
20	华东师范大学	承办 2004 年全国博士生学术论坛	2004
		研究生暑期学校（教育学）	2005
21	南京大学	研究生创新中心	2004
22	东南大学	研究生创新中心	2004
		承办 2005 年全国博士生学术论坛	2005
23	河海大学	长江黄河研究生培养基地	2004
		承办 2004 年全国博士生学术论坛	2004
		长江黄河研究生培养基地	2005
		西部水电开发研究生培养基地	2005
24	南京农业大学	承办 2005 年全国博士生学术论坛	2005
25	浙江大学	交叉学科试验平台	2004
26	厦门大学	研究生教学实验和科研创新基地	2005
27	中国科学技术大学	同步辐射博士生创新中心	2004
		同步辐射国家实验室博士生放学计划	2005
28	山东大学	承办 2005 年全国博士生学术论坛	2005
		研究生访学资助	2005
29	武汉大学	承办 2004 年全国博士生学术论坛	2004
		新时期研究生培养方式创新研究	2005
30	华中科技大学	复杂系统分析研究生开放实验室	2003
		中德合作医学研究生培养基地	2005
31	中南大学	研究生创新中心	2004
32	湖南大学	研究生教育创新实践基地	2005

续表

序号	单位名称	批准项目	启动年份
33	国防科技大学	承办 2004 年全国博士生学术论坛	2004
		微电子与微处理器设计实验室	2005
34	中山大学	研究生精品课程	2003
35	四川大学	数值仿真研究生开放实验室	2003
36	电子科技大学	电子信息类研究生创新实践基地	2004
		承办 2004 年全国博士生学术论坛	2004
37	重庆大学	"计算机多媒体网络"和"现代数字信号处理芯片设计与应用"研究生开放实验室	2003
		研究生开放实验室放学研究	2004
		研究生开放实验室	2005
38	西南交通大学	交通运输工程研究生创新实践基地	2005
39	西安交通大学	电气工程与非电量测量研究生开放实验室	2003
		西部地区研究生精品课程大讲堂	2005
40	西北工业大学	电子技术研究生开放实验室	2003
		研究生开放实验室	2005
41	西安电子科技大学	西电—西安高新技术开发区研究生创新基地	2005
42	西北农林科技大学	西部农科创造型研究生产学研培养基地建设	2005
43	兰州大学	研究生文献检索中心	2004
44	上海市学位办	上海研究生联合培养基地	2005
45	军事科学院	承办 2005 年全国博士生学术论坛	2005

资料来源：教育部学位管理与研究生教育司编，《2003～2005 研究生教育创新计划实施报告》，北京理工大学出版社，2006 年。

研究生教育创新计划实施以来，发动面稳步扩大，项目类型逐渐增加，内容不断丰富，取得了明显成效，在全国产生较大影响，初步形成激励和支持研究生创新的良好氛围。在教育部立项支持一批项目的同时，各研究生培养单位和有关主管部门也采取多种形式开展研究生教育创新计划活动，积极探索提高研究生培养质量的有效途径，在推动我国研究生教育的全面改革与快速发展上发挥了积极作用。

第二节　高校学科建设与研究生创新能力的培养

一、高校学科建设是研究生教育发展的基石

学科建设是高等教育，特别是研究生教育发展的基础，也是体现高等学校

办学实力和办学水平的重要标志。高等学校只有搞好学科建设，使其成为高层次人才培养基地和知识创新与技术创新的基地，解决国家经济建设和社会发展中的重大问题，才能在国家创新体系中发挥重大作用。

（一）学科建设的意义

学科建设是指学科主体根据社会发展的需要和学科发展的规律，结合自身实际，采取一切必要的、可行的措施和手段，促进学科发展和学科水平提高的一种社会实践活动。①

学科建设是高等学校建设的核心，是提高学校教学和科研及社会服务能力和水平的重要基础。对以教学、科研为中心的学校，学科建设是一个"龙头"工程。抓住这个"龙头"，就能带动学校的全面发展与提高。大学的学科建设，具体就是指大学作为学科建设的主体，根据社会发展的需要和学科发展的规律，以及高等教育的特点，结合大学自身的实际，通过采取必要的措施和手段，促进学科发展和学科水平提高的一种社会实践活动。

自中世纪大学产生以来，学科便是大学的细胞。因此可以说，没有学科就没有大学。无论大学功能如何拓展，学科始终是承载大学职能的基础平台，因而是大学竞争力的基础，也是大学赖以生存和发展的核心。学科是承载高校人才培养、科技创新和社会服务功能的平台，是高校建设的核心与龙头。

（二）学科建设的影响要素

学科建设是一项复杂的系统工程，融合教学、科研、师资队伍等诸多因素，涉及学校的重点与交叉学科建设、队伍建设和科研基地建设等方方面面。一般来讲，学科建设要素分为两个层次，其中学科带头人、研究方向、发展规划、资金投入为第一层次，属于学科建设的基础层，起着决定学科产生与生存的关键作用；而学术梯队、人才培养、科技开发、学术交流为第二层次，属于学科建设的功能层，决定着学科的发展能力与水平。这两个层次、八个要素整体构成了一个高校学科建设的基本结构体系，决定着学科的建设规模、发展实力等（如表4.3所示）。②

---

① 罗云：《论我国重点大学学科建设》，华中科技大学博士论文，2002年，第34页。
② 李晓群：《学科建设的要素及原则》，《学位与研究生教育》2001年第9期，第39页。

表 4.3　高校学科建设的影响要素表

层次	影响要素	建设内涵
第一层次	1. 高水平的学科带头人	实施超常规人才战略，以优秀学科带头人为纲，形成院士、首席教授、博士生导师为首的学科内核，由此奠定学科建设的坚实基础。
	2. 稳定的前沿研究方向	根据国家的发展需求，瞄准国际科技发展前沿，依据学科自身的优秀特色，确定主攻研究方向，组织重大科技攻关，推进学科整体发展。
	3. 可持续发展规划	体现指导思想，突出主攻方向，明确奋斗目标，落实关键措施，形成良性发展的运行机制和制度保障。
	4. 雄厚的资金、装备	集中资金，进行有效投放，配齐必需装备，创造优越条件，建设人才培养和科学研究基地，确保学科长足发展。
第二层次	5. 结构优化的学术梯队	建设一支结构合理、学缘协调、勇于创新的人才学术梯队，以科研攻关为突破口，加速学科整体优化。
	6. 跨学科人才的培养	瞄准学科发展前沿，优化教育模式，培养新世纪需要的高层次、复合型、创造型人才，既满足社会发展需求，又为学科建设输送后备生力军。
	7. 独创的高科技开发	面向经济建设主战场，加速高新科技成果产业化，解决重大、关键技术难题，建立技术创新体系，实现高校对社会发展的良好服务。
	8. 国际学术交流网络	及时把握世界学术理论前沿，拓展学科发展领域，既辐射又吸收最先进的学科理论，找准竞争对手，携手共促学科新发展。

资料来源：李洁，《高校学科建设促进研究生创新能力培养的研究》，北京科技大学硕士论文，2004 年，第 9 页。

（三）学科建设与研究生教育的关系

1. 学科建设是研究生教育赖以生存和发展的基础

第一，学科建设的主要内容之一是要形成富有特色的学科研究方向。一个学科若没有形成在全国或地区范围内的特色和优势研究方向，就不可能上水平；一个学科要开展研究生教育，首要的条件就是要有稳定、富有特色的研究方向，否则不可能获得学位授予权。从这点说，离开了学科的建设，研究生教育就无从谈起。

第二，一个优势学科的形成，要有一个结构合理的师资队伍。所谓结构合理包括年龄结构、知识结构、能力结构以及学历、职称等。导师队伍应具有德才兼备的学科带头人和学术骨干，为研究生提供获取各种知识的可能，为研究生培养创新能力和创新意识提供条件，为研究生的思想素质提高起到良好的示范作用。

第三，一个学科的建设水平要靠一个个科研成果来体现，学科建设中的科学研究是研究生教育中教学内容、教学方法改革的源泉。通过科学研究，特别是科学前沿的突破，产生新的学科知识体系，有利于形成新的研究生教育课程体系；通过科学研究，可以提高研究生导师的整体素质；通过科学研究，研究生各个方向的能力都可以得到较好的训练，特别是创新能力、团结协作能力等都会有实质性提高；同时也有助于学生了解学科的发展动态，增强学生的使命感和责任感。

此外，学科建设中的基础建设、信息交流、思维方式的形成等都为研究生培养质量的提高提供了良好的环境。

2. 研究生教育对学科建设的促进作用

学科建设与研究生教育之间存在辩证统一的关系。只有通过学科建设，才能形成一支高水平的、有较强科研能力和创造力的研究生导师队伍，才能获得一批高水平的研究课题以及足够的研究经费，从而促进研究生的培养工作。反过来，开展和加强研究生教育工作又能够促进学科研究水平的提高，丰富学术成果，从而推进学科建设发展。

第一，通过研究生培养客观上促进研究生教育单位形成了相对稳定的学科研究方向以及从事具有先进性、前沿性、创新性课题研究的学术实力，提高了学科研究水平，丰富了学术成果，大力推进学科建设的发展。

第二，开展研究生教育工作可以促进现有教师提高学历层次和学术水平。创新型研究生的培养过程中对导师能力有较高的要求，因此，能够作为一名优秀的研究生导师，是对该教师学术水平的肯定，从而成为许多教师的一种追求、一种自我价值的体现，这必将促进教师学术水平的不断提高。

第三，加强研究生教育工作还是学术梯队建设的有力保证。在创新能力的培养过程中，研究生十分系统地学习了本学科的基础理论和专业知识，接近或达到了本学科的学术研究前沿，大多具有了一定科研创新能力，因此，可以作为学术梯队后备人选的一支生力军，直接充实到学科建设队伍中，形成一个持续稳定的动态人才库，形成有利学科持续发展的学术梯队，集中力量形成和发展学术优势。

第四，研究生教育有利于促进新学科的发展和学科群的形成。现代科学已进入高度分化又高度综合的时代，学科之间的交叉、渗透、整合已成为学科发展的必然趋势。为此，学科建设不能停留在只看到彼此相对独立的个体学科的水平上，而应按照各学科自身的发展规律和学科的具体情况，在建设好各学科的基础上，着力加强学科之间的交流与联合，形成学科的群体优势及富有生命力的新学科。研究生教育本身具有必须注意本学科与其他相关学科之关系的要求，且研究生培养单位又是多学科或多专业方向人才聚集的结合点，故其最有利于为新学科的发展和学科群的形成创造条件。

3. 学科建设与研究生教育相辅相成、协调发展

一个教学、科研单位是否有资格培养研究生，首先取决于其现有学科建设的水平，包括教师水平、科研水平及科研条件水平。而对于已取得研究生学位授予资格和研究生培养资格的教学、科研单位，其能否培养出高质量的研究生和创造出高质量的学科研究成果，则取决于其是否有高水平、高质量的学科建设。

第一，学校在学科建设的规划中，应当把获得硕士点、博士点、博士后流动站作为学科建设目标中的重要指标，使学科建设的目的不但是为了创造知识、服务于社会，而且更着重于人才的培养。另外，通过高层次研究生人才的培养，使学科建设的速度更快，水平更高。

第二，实施跨学科或跨学校的研究生培养计划，促进学科建设上水平。学科发展呈现新趋势，各门学科将不断地交叉，同时又加速地综合，使学科朝着一个领域内不断深入和多个领域综合交叉的整体化方向发展。学校可以利用现有的学科点，欢迎其他学科的教师参加跨学科课题的研究，使研究生学习到多学科的思维方式，了解其他学科的发展动态，提高研究生的培养质量；另一方面可以提高其他学科教师的素质，通过研究生的科研增加这些非学位点学科的科研成果，使学科建设上水平。此外，这种研究生培养方式，对学位点所在学科也是一个研究方向拓宽或形成新方向的过程。有条件的情况下，可以开展跨学校的研究生培养，一来可以提高培养质量，二来可以拓宽学科的研究领域。

第三，开展社会在职人员研究生培养，促进产学研结合。随着经济和科技的发展，需要对在岗人员进行高层次研究生培养，学校通过开展此项工作，可以加强同社会各界的联系，了解社会技术需求，寻找学科研究方向的新生长点，增加更多的实用性、应用性课题，促进高校学科建设的进一步发展。

二、高校学科建设是提高研究生创新能力的有效途径

学科建设的最终目的是培养人才，特别是高层次创新型人才。创新型人才主要依靠研究生教育的培养。作为高等院校，肩负着高层次人才培养的重任，必须将研究生的创新能力作为研究生培养的"灵魂"。高校学科建设是提高研究生创新能力的有效途径之一，是研究生教育质量的有力保障。

（一）建设合理的学科布局是培养研究生创新能力的前提

1. 合理的学科布局是培养创新型研究生的前提条件

（1）学科布局综合化。从各国的经验来看，世界高水平的大学几乎都是真正的综合性大学，尤其是美国高校的学科布局虽然多样化，但总体呈现理工结合、文理渗透、基础与应用并行的综合化趋势。在一定程度上可以讲，学科的综合性是高校提高教学质量、科研水平的必要条件。我国当前在高校管理体制改革和结构调整中，影响最大的就是合并建立了一批各类学科专业比较齐全的综合性大学，为我国研究生事业发展奠定了良好的基础，为培养创新型研究生提供了前提条件。

（2）发展特色学科。综合并不仅仅是多学科、多专业，对绝大多数高校来说，只能向多科性方向发展，并争取有高水平的单科，从而达到一流水平或较高水平。由于各种制约因素，任何一所大学都不可能包容所有的学科、专业，也不可能使所有的学科在国际和国内均处于领先地位，只能使某些学科具有一定的优势，使某些研究领域具有一定的特色。例如，哈佛大学的商学、政治学、化学、哲学等都是办学历史较长的学科，而且很有名气；办学历史不太长的行政管理学院，办得也很有特色，主要就是顺应了社会发展需要，培养目标针对性强，且学生生源多元化。在特色学科领域，瞄准国际一流的学科水平，发现和培养具有创新能力的优秀研究生是世界高校研究生教育事业进一步发展的基础。

2. 国外知名高校学科建设的启示

（1）学科门类齐全。世界著名大学一般都经历了一个由单科性、多科性到综合性大学的发展过程。例如，牛津大学、剑桥大学、耶鲁大学从以文为主，发展到文、理、法、管、医、工相结合的综合性大学；麻省理工学院、斯坦福大学、加州大学伯克利分校则从以技术学院为主，发展到理、工、文、管相结合的综合性大学（如表4.4和表4.5所示）。

表4.4 部分大学的学院设置简表

学院＼学校	哈佛	斯坦福	牛津	剑桥	耶鲁	东京	伯利克	巴黎	MIT	普林斯顿
文学院	√	√	√	√	√	√	√	√	√	√
理学院	√	√	√	√	√	√	√	√	√	
工学院		√	√	√	√	√	√	√	√	
医学院	√	√		√	√	√	√	√	√	
农学院										√
经济学院		√	√	√			√	√		
法学院	√	√	√	√	√	√		√		
教育学院	√	√		√	√			√		
管理学院	√		√		√			√	√	

资料来源：王家平、龚月聪，《高水平综合性大学的学科特点》，《学位与研究生教育》2006年第6期。

表4.5 美国部分大学学科布局统计表（2001）

学校	学科总数 博士点数 硕士点数	学科门类										
		哲学	经济学	法学	历史学	文学	教育学	理学	工学	管理学	医学	农学
哈佛大学	117	4	3	8	7	18	19	24	12	7	14	1
	107	3	3	7	6	18	15	24	11	7	13	
	90	4	3	8	4	17	14	16	9	6	8	1
MIT	73	1	1	2		2	2	27	24	10	4	
	67	1	1	2		2	2	26	23	6	4	
	44			1		1		16	16	8	2	
普林斯顿大学	69	2	2	5	6	8	3	22	18	2	1	
	69	2	2	5	6	8	3	22	18	2	1	
	23		1	1	1			3				
耶鲁大学	94	3	5	5	9	18	1	27	11	6	7	2
	81	2	5	4	5	15	1	27	8	5	7	2
	54	1	3	3	8	13	1	7	10	5	2	1
斯坦福大学	94	2	3	7	4	17	15	15	17	9	5	
	77	2	3	5	1	13	12	15	14	7	5	
	73	2	2	5	4	15	11	6	17	9	2	

数据来源：周刚、曹群，《美国高水平大学学科布局研究》，《学位与研究生教育》2001年第5期。

从表4.4、4.5可以清楚地看到：这些大学既有基础扎实、实力雄厚、具有浓厚文化底蕴或长期研究积累的传统学科，也有生机勃勃、发展势头强劲的新兴学科；基本上在哲学、经济学、法学、文学、教育学、理学、工学、管理学、医学等学科门类上都设有学科点，充分显示了学科布局理工结合、文理渗透、基础与应用并行的综合化趋势。

综合齐全的学科门类可以为学科间的交叉渗透和新学科的产生奠定雄厚的基础，为创新型人才的培养提供肥沃的土壤，也可以为高水平的科学研究创造极为有利的条件。国外许多知名大学的学科设置齐全，综合性强，且实力强大，有利于交叉科学的发展和创新成果的形成。

（2）拥有世界知名的顶尖学科。曾任美国加州大学伯克利分校校长的田长霖教授指出：世界上地位上升很快的大学，都是在一两个学科领域首先取得突破。例如加州理工学院的腾飞就是靠两门学科，一个是密里根教授为代表的实验物理学科，另一个是冯·卡门教授为代表的航空技术学科。CIT拥有世界知名的理学和工学学科，它的空气动力学、航天航空、人造卫星、星际探测等学科领域享誉全球，设在该校的美国国家航空航天局（NASA）的喷气推进实验室是世界闻名的航空航天研究中心，我国著名科学家钱学森就曾在该实验室工作。

此外，美国其他著名的研究型大学都有几门学科名列全美第一二名，如哈佛大学的商学、医学和教育3门学科，麻省理工学院的工程学，耶鲁大学的法学，斯坦福大学的商法、法学、工程、教育，霍普金斯大学的医学等。各个大学都有自己的优势学科，代表着学校的水平和地位。拥有若干世界知名的顶尖学科，是国际知名高校的标志，也为该校的进一步发展指明道路。

3. 高度重视学科方向建设

学科方向建设是学科建设的基础。学科体系结构，大体包括学科门类、一级学科、二级学科和学科方向。国务院学位委员会颁发的《授予博士、硕士学位和培养研究生的学科、专业目录》（1997年颁布），把学科分成12个门类（文、史、哲、经、法、教育、理、工、医、农、管、军事），74个一级学科和321个二级学科。这是以学科的知识体系为主，兼顾行业的特点对学科进行的归类。一级学科由若干二级学科组成，二级学科由若干学科方向组成。因此，学科方向建设是学科建设的基础。

一个学科有多个方向，一所学校不可能去建设所有的学科方向，因而，学科建设中首要的任务是选择、调整学科方向。而学科方向往往是研究生创新能力的路径所在，它为研究生创新指明了科研努力的方向。

由于各种因素制约，任何一所大学都不可能包容所有的学科、专业，也不可能使所有的学科在国际和国内均处于领先地位，只能使某些学科具有一定的优势，使某些研究领域具有一定的特色。在选择和调整学科方向时，应把握以下两点。

（1）要确立有特色的学科方向，并以此为重点加强建设。学科方向具有主流性和前沿性。学科建设中，应审时度势，采取"异军突起，出奇制胜"的策略，选择能在国内外产生重大影响，或者独一无二的研究方向。例如，英国剑桥大学卡文迪什实验室，二战后，果断地从核物理研究转到天文和生物的研究，结果发现了基因双螺旋结构，此发现成为 20 世纪人类几个重大科学发现之一。

（2）要不断寻找新的生长点。现在，学科发展变化很快，只有不断地寻找新的生长点，学科建设才能焕发生机。学科方向的生长点具有时代性、灵活性和不稳定性等特点。这就要求我们在学科建设中要不断追踪学科发展的前沿，在学科前沿寻找新的生长点，努力创新，从而更好地为研究生创新能力的培养指明方向。

（二）重点、交叉学科建设是研究生创新教育的核心

研究生创新教育的核心在于重点、交叉学科的建设。当前研究生创新的主要领域，一是本学科的前沿领域；二是本学科与相关学科的渗透领域和多学科的交叉领域。因此，研究生创新能力的培养必须从学校的学科建设抓起，关键是抓好重点学科建设，扶植和发展新兴、交叉学科。

1. 重点学科是培养研究生创新能力的基点

重点学科是高校在培养高素质创新人才和开展高水平科学研究中具有示范和带头作用的学科，是衡量一所高校办学水平和特色的重要标志。因此，推进重点学科的可持续发展，无疑是高校各项工作的"重中之重"。[①] 重点学科建设是高等学校的一项战略性建设，它是教学、科研工作的结合点，是培养高水平人才的主要依托。学科建设成败的关键，在于能否抓好重点学科的建设。

所谓重点学科是根据国民经济建设和社会发展对高级专门人才的需求，科技发展的趋势和国家财力的可能，在高等学校择优确定并安排重点建设的学

---

① 谢桂华：《学位与研究生教育研究新进展》，高等教育出版社 2006 年版，第 261 页。

科。① 因而，重点学科具有优越的教学和科研条件，有高水平的科研队伍和充足的科研经费，并得到国家和高校的重视。而经济建设和社会发展的需求是重点学科建设的重要导向，面向经济建设和社会发展也是重点学科建设经费的重要来源。这都为研究生的学习、科研训练和独立开展科研提供了得天独厚的条件，加上高水平的学术带头人的教导，为研究生创新能力的培养奠定了基础。

重点学科的发展往往具有全局的作用，通过重点学科带动其他学科，提高教学和科研水平，促进学科整体水平的提高，形成合理的学科体系。以重点学科发展为主体，积极推进相关学科的重组、延伸和交叉融合，逐步寻找和形成新的学科生长点，将使传统学科焕发出新的生命力。通过重点学科带动学科群的发展，使高校成为知识创新和解决国家重大科技问题、培养创新型人才的重要基地，有效地推动和提高高校整体办学水平。重点学科建设有效地提高了高校的知识和技术创新能力，形成一批高水平科研成果，发挥了高校在国家创新体系中的重要作用。

2. 交叉学科建设是提高研究生创新能力的保障

随着科学技术的发展，学科之间表现出即高度分化又高度综合的大趋势，学科的交叉融合成为科技发展的时代特征和创新源泉。学科交叉是指不同学科（或分支学科）相互联系、相互作用、彼此融合渗透的过程。按学科交叉方式的不同可分为三类：（1）边缘学科，在两门及以上学科的交界处相互渗透实现交叉，如生物物理学、生物物理化学、生物化学、经济法学、科学社会学、技术经济学等；（2）横断学科，不同学科对具有普遍性、共同性的问题进行研究而形成的交叉，如数学科技、系统论、控制论和信息论等；（3）综合交叉，通过多学科的理论和方法对共同的研究客体进行研究产生交叉，如海洋学、空间科学、环境学等。②

所谓交叉学科是指"在自然科学、技术科学、人文社会科学各学科内，通过各自两门以上学科的理论、观念、技术和方法彼此杂交、吸引、融合、互补、共振等，形成具有单一学科所不及的特殊功能的新兴学科群"③。

科学技术发展到今天，世界科学技术已逐步向综合化、集成化发展。"经典的分门别类进行分析"的时代正在向"学科交叉与综合"的时代转变。学

① 教育部：《关于公布高等学校重点学科点名单的通知》，教研函［2002］2 号，2002 年 1 月 18 日。
② 谢桂华：《学位与研究生教育研究新进展》，高等教育出版社 2006 年版，第 286 页。
③ 胡之德：《浅议交叉学科方式培养研究生的创新性》，《学位与研究生教育》2001 年第 1 期。

科的交叉、渗透、融合和创新，是科学综合和分化趋势的重要特征，也是交叉学科发展的必然趋势。科学上的重大突破、新学科的产生经常也是在不同学科的相互交叉、渗透中形成的。交叉性的合作研究在诺贝尔奖中占有越来越大的比率。据最近 25 年的统计，这一比率已达到 47%。①

学科交叉也是高层次人才培养的需要。综合素质是科学技术飞速发展和社会文明进步对人才培养的客观要求，研究生的视野不能囿于狭窄的专业领域，而应具有开阔的思路、广博的知识，既要在学科内深入钻研，又要把握住机会进行学科间的必要交叉、综合。学科交叉有利于提高研究生的综合素质，通过学习不同学科的知识、理论、方法和技术，拓宽学科领域的知识面，培养利用多学科知识解决实际问题的能力，使研究生毕业后能更好地适应社会和工作需要，具备更强的综合集成能力。② 为了实现研究生创新能力的培养，必须在研究生的培养过程中有多学科的交流、摩擦与碰撞，这样才能产生新思想的火花，才能培养出高素质的创新型人才。

（三）导师队伍建设是培养创新型研究生的关键

1. 学科梯队建设是培养研究生创新能力的必要条件

学科梯队指在某一学科、专业或某一特定研究领域中按一定结构形成的学术队伍（教师或科学研究人员的组合）。该学术队伍或人员组合应是一个结构系统，包括比较合理的年龄结构、职称结构、知识结构和研究专长结构。其系统功能应能满足所从事的教学、科研等学术工作的需要。其组成结构一般为梯形，包括：少数学术带头人；能独立进行或组织他人进行教学、科研工作的部分中青年学术骨干；数量较多且年富力强的教学、科研助手。学科梯队的状况直接关系着学术工作的质量，影响着教学、科研任务的完成。学科梯队建设是培养研究生创新能力的必要条件之一。

学科梯队的发展在很大程度上依赖学科带头人的作用，其一切学术活动体现了所在学科的学术思想、学术水平。学科带头人是指某一学科、专业内具有很高声望、在国内外被公认为学术造诣很深，并在该学科、专业的建设和发展中有重要影响甚至起主导作用的高级专家、学者。③ 各学科带头人通常产生于该学科的创立、建设和发展的过程中，一般在该学科领域具有深厚的理论基础

---

① 王大中：《主动适应时代需要，大力加强学科建设》，《学位与研究生教育》2002 年，第 2～3 期。

② 谢桂华：《学位与研究生教育研究新进展》，高等教育出版社 2006 年版，第 288 页。

③ 秦惠民：《学位与研究生教育大辞典》，北京理工大学出版社 1994 年版，第 99 页。

和系统的专门知识、丰富的科研实践经验、丰硕的科研成果和为学科创立、建设和发展做出过较大贡献。

高等学校要跟踪国际学术发展前沿，成为知识创新和高层次创新型人才培养的基地，应抓好学科梯队的建设，尤其是学科带头人的培养和引进。学科带头人既要有本学科坚实的理论基础、较宽的相关学科的知识、很强的科学研究能力；也要有开阔的视野，并且能够善于把握和抓住学科前沿，带领学术梯队始终走在本领域学科建设的前列。学术水平高的学科带头人才可以准确把握学术研究方向，站在学科发展的前沿，根据国家建设的需要，研究出高水平的科研成果，培养出高质量的创新型人才。

2. 导师队伍建设是培养研究生创新能力的关键

研究生创新意识要得以发挥，导师合理的激发作用是相当重要的。没有创新意识的导师很难培养出创新型人才。高校教师是学科知识的传授者、研究者，是学科建设的主体。于是，进行导师队伍建设，培养一支高素质的具有创新意识和创新能力的导师队伍也成为学科建设的关键。作为导师，他们一般都应具有创造性的思维方法、创造性工作的经验，能鼓励学生大胆探索、勇于创新。这些对于培养和提高研究生创新能力的作用是不可低估的。所以要提高研究生的创新能力一定要在学科建设中重视导师队伍的建设。

优秀创新人才的出现，既有一定的自发性和个体性，要靠个体的努力与奋斗，同时也离不开学校的发现、扶持和具有创新意识、具备创新能力的导师的培养。因此，培养创新型研究生需要导师具有与时俱进的教育理念、立体多维的"综合观"，包括知识结构的综合、教学手段的综合以及课堂理论教学与课外实践指导的综合，具有功底深厚的学术水平和艺术高超的教学能力，并在自己的教学和科研实践中不断地创新。

发展研究生的创新能力，要求导师开设一系列具有创新意识的专题讲座，根据最新动态，找到自己思考的支点和创新的视角，以诱导的形式启发学生的创造性思维，开拓学生的视野，形成良性循环。导师可以根据课程内容，结合现实问题，不断设计具有挑战性的没有现成答案的专题研究项目，让学生自己主导学习的过程及方向，在这个过程中去发现问题、利用有效的研究方法并提出具有创新性的解决方案。同时，也要重视对研究生的团队合作训练，提高他们的合作创新能力。

（四）科研项目和基地建设是开展学科建设和培养研究生创新能力的载体

科研项目和基地建设既是学科建设的重要载体和培养研究生创新能力的主

要依托，同时也是高校科研的重要组成部分，有关内容在本章第三节有较详论述，此处不再赘述。

三、深化学科建设，提高研究生创新能力的措施与建议

研究生教育要以学位管理为纲，以质量为命脉，以创新能力的提高为测度，以学科建设为载体。[①] 时任教育部长周济在第三届中外大学校长论坛上的演讲指出："学科建设是大学最具有整合性与影响力的工程，也是创新能力建设的基础。……通过系统扎实的学科建设促进创新能力的提升是必须明确的工作思路，凝练学科方向、发挥学科优势、突出学科重点、打造学科特色是值得肯定的正确战略。"[②] 对于我国高校应如何深化学科建设，培养出大量具有创新能力的研究生，在借鉴国内外知名大学学科建设经验的基础上，提出以下几点看法，希冀对我国高校学科建设的发展有一定的借鉴意义。

（一）抓好重点学科建设，促进研究生创新能力的提高

重点学科建设是高等学校学科建设的核心，它对相关学科产生辐射及凝聚作用。因而可以说重点学科建设是学校学科建设的重要组成部分，也是辐射相关学科，带动学科建设整体发展的火车头。[③] 国家重点学科建设必须加强领导，坚持标准，突出重点，要以培养高层次创新人才和提高自主创新能力为目标，瞄准世界科学技术发展前沿，抓住能够促使学科上水平、凝方向、聚人才、筑基地、出成果、作贡献等关键方面，集中力量进行建设。[④] 重点学科建设应该牢牢把握以下几点。

1. 学科研究方向上注意研究方向的主流性、前沿性

研究生创新能力的培养往往依赖于研究方向的主流性、前沿性和先进性。前沿性的学科研究方向往往孕育出许多创新成果。目前我国各级各类重点学科大部分是以二级学科建设为基本建设单位，在二级学科下设置若干研究方向的模式开展，因此决定重点学科建设成败的重要因素在于所设置研究方向的主流性、前沿性和先进性。如果学科方向仅强调特色优势，而不能代表学科发展的主流，经过一段时间的竞争和发展，由于学科研究的方向偏离了主流发展方向，社会需求前景欠佳，发展速度会逐渐滞后，学科研究内容也逐渐不再具有

① 杨卫：《研究生教育：通向教育强国之路》，《中国教育报》2005 年 4 月 15 日。

② 周济：《创新与高水平大学建设》，http://www.edu.cn/20060714/3199891.shtml。

③ 谢桂华：《学位与研究生教育研究新进展》，高等教育出版社 2006 年版，第 296 页。

④ 教育部：《关于加强国家重点学科建设的意见》，教研［2006］2 号，2006 年 2 月。

前沿性，最终影响学科的建设和发展。因此，研究方向的设置上，应当首先强调学科前沿和学科主流，在围绕学科主流方向建设的同时，强调学科方向的特色和优势。

2. 学科队伍构成上注意队伍构成的合理性

学科方向的先进性受学科队伍构成的影响，需要有合理的学科队伍构成支持。学科队伍构成的合理性表现在：年龄结构的合理性；学缘结构的合理性；职称结构的合理性；个性结构的合理性。只有结构合理的学科队伍，才能为研究生创新能力培养提供强大的师资队伍和科研指导能力。

3. 研究设施上注意配置的先进性

"工欲善其事，必先利其器"，现代科学技术更是需要锐利的武器，才能从事先进的科学研究工作，才能发现新现象，总结新规律，产生新成果。近年来，随着"211 工程"和"985 工程"的实施，高校学科尤其是重点学科的研究设备有了很大幅度的改善，部分学科在设备条件上达到世界同类学科的先进水平，为创新性研究成果的产生提供了必要的物质条件。但是总体上看，我国高校大部分学科的研究设备和技术手段还是比较落后，甚至有不少学科开展高水平研究的基本条件还不具备。

4. 科学研究上注意研究的原创性

当前我国所取得的一系列重大的科研学术成果绝大部分是属于跟踪世界先进水平和追赶世界领先技术，属于中国的原创性的先进成果较少。尤其在关键技术问题上缺乏自主创新，几乎所有的现代技术都是西方技术先进国家发明创造的。原创性成果对于国家经济利益，甚至民族振兴有重大的影响。如何加强和促进学科开展原创性研究，提高自主知识产权在高技术产品中的比例，是学科建设尤其是代表学科最高水平的重点学科建设中亟待解决的重要问题。研究生一旦被引入原创性研究中，又得到导师的悉心指导，必将极大地提高他们的创新能力。

（二）注重交叉学科建设，鼓励跨学科培养研究生

控制论创始人维纳曾说过："在已经建立起来的科学领域之间的空白区，最容易取得丰硕成果。"[①] 高度重视学科的交叉融合，才能始终把握科学发展的最前沿。学科的创新，是知识创新、科学新发现的源泉。没有学科间的交

---

① 王大中：《主动适应时代需要，大力加强学科建设》，《学位与研究生教育》2002 年第 2 ~ 3 期。

叉、渗透，就没有学科的创新。为了实现研究生创新能力的培养，必须在研究生的培养过程中有多学科的交流、摩擦与碰撞，这样才能产生新思想的火花，才能培养和造就出高素质的创造性人才。

1. 鼓励跨学科招生培养

为支持新兴交叉学科领域的发展，调动导师在交叉学科培养研究生的积极性，高校可采取一些有效的政策。如，对交叉学科的招生名额分配提供一定的弹性，支持交叉学科的学科发展和人才培养；鼓励导师跨学科招生，对具有明显交叉学科特征的研究方向应在相关学科的招生介绍中列出，以利于招收其他相关学科的学生；学校保留部分名额优先录取优秀的跨学科考生等。跨学科培养方式使不同学科之间知识、理论和技术方法进行交叉融合，充分发挥各学科理论、技能和方法的互补互动作用，以改善其知识结构、思维方式和综合技能，提高研究生的科研素养和创新能力。

2. 组织跨学科的导师指导小组

对交叉学科研究生而言，应由多学科或多领域专家组成的导师指导小组来培养和管理。不同学科学术思想的熏陶，不同思维方式的影响以及多学科导师的合作，会促进研究生学术水平的成长，激发研究生的创造性，提高创新能力。首先研究生导师应对交叉学科发展趋势有所了解，而且有一定的知识积累和浓厚的兴趣。只有这样的教师才有兴趣去招收跨学科的研究生，千方百计地探索其他学科的理论、方法和技术，联系本学科和领域的研究课题，寻求新结合点，提高研究生培养的创新性。其次研究生指导小组要由多学科或多领域的专家组成，这种方式不仅促进不同学科或领域的教师进行学术交流与合作，也使专家们的经验、智慧和才华共同作用于培养创新型研究生的目标，以便达到良好的效果。

3. 促进不同学科研究生之间的学术交流

研究生是思维最活跃、也最具有创新意识的群体，组织不同学科、不同背景、不同研究领域的研究生一起讨论学科热点问题，开展广泛的学术交流，可以促使研究生多角度、多方位看问题。由于研究生各自从事的领域和课题不同，思路和方法及技术各异，因此组织不同学科研究生间的学术交流，营造良好学术氛围，形成思路碰撞，产生互补效应，有利于相互借鉴、提高创新能力。

4. 组建多学科的科研组织，推动跨学科研究

以相关学科为基础组建学科群，促进联合并发挥多学科群体优势，有条件

的可组建跨系的研究院及跨学科的研究中心。清华大学为了促进学科的交叉与融合，"九五"期间，重点建设了5个学科群：信息科学与技术学科群、材料科学与工程学科群、先进制造学科群、能源工程学科群、核能与核技术学科群。跨学科研究在一些重点大学受到重视，纷纷设立交叉学科基金，重点资助跨学科研究。如清华大学组建了跨系的研究院有：生命科学与技术研究院（含生物、化学、化工、电机、自动化等系）、材料科学与技术研究院（含材料、物理、化工、电子等系）、环境科学与工程研究院（含环境、核研院、热能、汽车系等）及14个校级跨学科的研究中心，① 如：高等研究中心，由杨振宁先生任名誉主任；艺术与科学研究中心，由李政道先生任名誉主任；21世纪发展研究院、宇航中心、人居环境中心、智能交通研究中心、微米/纳米研究中心、能源与环境研究中心等。

（三）加强学术队伍建设，奠定创新型研究生培养的师资基础

学科学术梯队建设是学科建设的最基本的建设。只有高水平的学科学术梯队，才能培养出高质量、高层次的人才。高素质的研究生导师队伍是研究生创新能力培养的关键，导师的水平直接影响研究生，特别是博士生创新能力的培养。高水平的导师能够站在学科的前沿，预见学科今后的发展方向。他们一般都具有创造性的思维方法，有创新性的工作经验；他们治学严谨，对研究生要求严格，鼓励研究生大胆探索，勇于创新；他们重视教书育人，能用自己的好思想、好作风和治学态度潜移默化地影响着学生。

1. 加强导师队伍自身的创新素质和能力

创新教育要求研究生导师自身必须具有很强的创新能力和科研能力，具有深厚的学术造诣，对学科前沿有深入的研究，对相关学科知识有一定的了解。这样才能把研究生带到学科前沿，带到创新领域，从而获得创造性成果，充分发挥其创新能力。通过带薪进修、岗位培训、学术交流等方式，充分发挥导师们教学、科研的主动性，提高他们的创新意识，从而使其有能力引导和挖掘研究生的创新潜力

2. 汇聚一批高水平的学科带头人

一是要通过有效的机制与制度保障，尽快培养和汇聚一批帅才、将才，造就一批具有国际先进水平的学术大师和学科带头人，使大学的科技创新能够站在世界前沿；二是要制定规划、配置资源、提供条件，加快培养和造就一大批

---

① 庞青山：《大学学科论》，广东教育出版社2006年版，第176页。

具有创新能力和发展潜质的中青年带头人和学术骨干,保证大学自主创新能力建设具有强大的后劲;三是发扬我们大学组织系统的传统优势,积极推进创新团队建设,大力倡导"大师加团队"的人才集聚模式,通过形成团队优势提高大学的自主创新能力。①

3. 建立严格的导师遴选制度

一是要严格导师遴选,实行研究生导师能上能下的制度,以保证导师队伍的高素质、高水平、高质量;二是构建开放的、流动的导师交流制度,以学术为纽带,打破体制的束缚,使研究生导师队伍常建常新,充满活力;三是对不合格的导师坚决实行淘汰制度,以保证导师队伍的学术水平和道德素养。这些将为培养具有创新能力的研究生打下良好的基础。

第三节　高校科研体制改革与研究生创新能力的培养

一、高校科研是培养研究生创新能力的重要途径

（一）高校科研与研究生教育

科学研究是在预设的目标和计划下来探索未知知识,探索世界的现状与发展规律,是综合利用各种知识与资源来解决探索过程中遇到的难题。科研活动从本质上说是一种向未知领域探索的活动,是一种创造知识的活动。② 在确定科研方向,选择具体科研突破点,进行调查研究,形成科研报告或研制新产品等各个方面都具有创造性。科研具有学术的、经济的、社会的、教育的等多种价值③,每个科研项目不同价值之间并不是均等的,有的偏重学术价值,有的偏重经济价值,也有的偏重社会价值,还有的偏重教育价值。不同的科研机构有着不同的价值诉求,对于科研院所而言,其价值诉求更多的是学术的、社会的、经济的价值;企业则更看好其经济价值与经济效益;高校科研有着自身的特性:教育性,高校科研理应追求更多更高的教育价值。"高校科研的各个方面和各个环节,都要有利于教育教学活动,有利于高校培养人这一根本目标的实现。换言之,高校中任何有利于人才的培养、与教学目标一致的科研活动,都应该得到鼓励与支持,而任何不利于人才培养、与教育目标不一致甚至相违

① 周济:《创新与高水平大学建设》,http://www.edu.cn/20060714/3199891.shtml。
② 谢安邦、罗尧成:《关于我国大学科研体制特征及改革的研究》,《教育研究》2006 年第 3 期。
③ 高新发:《高校科研的价值追求》,《湖北大学学报》2000 年第 1 期。

背的科研活动，都应该被谴责与制止。"① 高校的科研不能背离其教育的价值，高校科研必须强调科研的教育性，否则高校科研与科研院所及企业科研就没有本质的区别，就存在合法性与合理性危机。高校科研要把是否有利于人才培养作为重要依据之一，这是高校与专职科研机构的分水岭。任何科研，无论是基础研究还是应用开发研究，都可能具有教育价值，也可能缺少教育价值，关键是要看其是否有利于创造性人才培养目标的实现，高校科研是培养研究生创新能力的重要途径。

从研究生教育产生之日起，科研就是培养研究生的基本途径之一。19 世纪初，德国教育家洪堡提出"教学与科研相统一的原则"，全力倡导高校的科研，其根本出发点和归宿在于教育，在于培养人的理性与道德，只是把科研当作育人的一种手段，结果是科研过程教学化，大学科研是作为手段来补充大学教学。② 有着研究学术共同体并拥有丰富资源的高校科研最主要的价值是育人。并不是高校所有的科研都具有教育性，把高校科研中不具有教育性或反教育性的科研排斥在高校之外，使背离教育性的高校科研真正回归到本真的高校科研，这才是高校科研的真正追求，从而达到通过科学研究培养高素质、高创造性人才的目的。

进入 21 世纪，研究生教育在知识的生产与应用过程中日益发挥着不可替代的作用。作为世界经济与社会发展的关键性环节，研究生教育把知识创新与经济发展和社会进步广泛而紧密地连接在了一起。研究生教育为各行各业不断培养出一代又一代具有创新思维的建设者，发展创造出现代科学与文化建设所必需的层出不穷的新知识，同时成为世界各国经济社会科学文化交流与合作的主要参与者。目前，研究生教育在全球范围内受到高度重视。如何提升研究生教育的育人水平，已经成为世界各国，特别是发展中国家普遍关注的问题。研究生教育不同于其他层次教育的一个本质区别是教学与科研的统一，研究生通过参加科学研究来提高育人水平，来达到知识创新。研究生参加科学研究已成为培养创新能力的重要手段，高校科研能力的多少与强弱影响着研究生培养质量的高低。研究生教育是科技与教育的接口，研究生教育的"专业"与本科教育的专业设置有质的区别，本科"专业不是某一级学科，而是处在学科体系与社会职业需求的交叉点上"，而研究生教育的"专业"主要依从学科体系

---

① 周川：《从洪堡到博耶：高校科研观的转变》，《教育研究》2005 年第 6 期，第 26～30 页。
② 周川：《从洪堡到博耶：高校科研观的转变》，《教育研究》2005 年第 6 期，第 26～30 页。

的分类（目前研究生教育专业也考虑了学科与职业的统一，但就学习方法来说，是一致的）。如果说本科阶段的知识处于已知与未知之间，那么研究生阶段的知识则进入了学科前沿，落入未知领域，因而，科学研究既是研究生教育的目的，又是研究生培养的基本途径，也更加体现了科学研究与教学相统一的理念。

科学研究是研究生的本质特征，是研究生培养的重要环节，也是提高研究生培养质量的重要保证。早在1964年美国国家科学委员会的一份报告称："研究生教育只有自身作为科研过程的一部分来实施，它才能有最高的质量。"①在国家创新体系中，研究生是进行科学研究的一支重要方面军。研究生要进行科研训练和独立进行科研就离不开科研项目的申请立项和基地建设。

（二）科研项目是培养研究生创新能力的主要依托

高校科研最重要的载体就是科研项目。缺乏重大、重要的科研项目，科研水平、科研层次、高层次人才培养质量就不能迅速提高；没有大量的科研项目研究，研究生教学的水平、内涵与质量也就得不到充分保证，就谈不上培养创新型的高层次人才；项目带来的经费是衡量高校整体实力与水平的一个重要指标。

研究生教育主要是培养高层次的创新人才。科研项目是开展学科建设，培养创新型人才的重要载体。高层次人才的培养质量不仅关系到我国经济与社会的发展，而且关系到我国未来的综合国力和国际地位。研究生的创新能力主要是通过科学研究培养和体现。科研本身就是一个创新的过程，强化科研训练，就是加强研究生创新培养的力度。国外名牌大学如哈佛大学、牛津大学、剑桥大学等，国内如清华大学、北京大学、复旦大学等，无不既是教学中心，又是科研中心。

科研项目是学科的生存空间，学科建设与科研项目之间相互作用、相互依存，有着不可分割的联系。高水平科研项目会带动学科发展，促进学科水平提高，而学科水平的提高又可进一步集中优势力量，承担更重要的科研项目，出更高水平的科研成果。学科建设以科研项目为纽带，以重大科研课题为牵引，可集中人、财、物，发挥综合优势，形成对课题的联合攻关群体，解决单一学科难以攻克的问题，促进相关学科的基础理论相互交融和技术手段的相互借

---

① 美国科学、工程与公共政策委员会：《重塑科学家与工程师的研究生教育》，徐远超等译，科学技术文献出版社1999年版，第25页。

用，促进学科间的联合并形成多方优势。

高水平的国家大型科研项目是获得较高水平科研成果的前提，没有足够的科研经费，就无法从事高水平的科学研究，无法有高水平的鉴定成果和获奖成果，无法发表和出版高水平、高质量的学术论文和专著，研究生的培养和学术梯队的建设也会受到影响。因此，学科建设要上水平，就必须要重视科研项目的争取，要组织力量积极争取国家级高水平的科研项目。

（三）科研基地建设是培养研究生创新能力的主要阵地

现代学科建设离不开高水平的基地，基地是学科建设的重要依托。因为现代学科建设的主要目的是培养高层次的人才，创造高水平的科研成果。而高层次人才的培养需要有开创性、研究性实验，高水平的科研成果也必须经过严格的理论推导和精确的实验验证方能获得。

基地建设是进行学科建设应具备的最基本的条件和依托，也是学科发展水平的重要标志。我国为加速基地建设，设立了国家重点实验室，国家专业实验室，国家工程中心、文科研究基地、教学实验室和产业化基地等。这些基地的设立和建设，有力地推动了学科的发展。

世界各国知名大学的学科建设，都十分重视高水平基地的建设。重点实验室是高校学科建设的承担者，是学科培养高层次、高质量、高水平人才的重要场所，是重点学科开展重大基础性研究和重大科技公关课题的主要场所，是重点学科开展学术交流、活跃学术氛围的主要阵地。如美国加州理工学院的喷气推进实验室，美国航天工业上的许多重大成就多出自该实验室；斯坦福大学的线性离子加速器中心，在 16 年内为该大学争得两项诺贝尔奖。

二、高校科研是国家创新体系的重要组成部分

（一）高校科研在国家创新体系中的地位

科技部和教育部联合制定的《关于充分发挥高等学校科技创新作用的若干意见》，确立了高校科研在国家创新体系中的重要地位，把高校科研与国家创新体系的建设紧密联系在一起。高校的科学研究是研究生教育的本质要求，高校科研在不断的自我完善和积极进取过程中，已经逐渐建立起自己在国家创新体系中的重要地位，在创新型国家建设中发挥着不可替代的作用。科研本质上是创造知识，高校科研不仅创造知识，还传播知识，更重要的是培养高层次的人才，高校科研从某种程度来说是建设与发展创新型国家的引擎。

科技创新是我们今天经济发展的源动力。世界上著名的大学，都把教育和科学研究作为建设的重中之重，只有这样才能真正全方位地服务于国家创新体系，服务于国家综合国力的提升。我国已经将高校科研列为国家战略的重大举措。《国家中长期科学和技术发展规划纲要（2006～2020）》中明确指出："大学是我国培养高层次创新人才的重要基地，是我国基础研究和高技术领域原始创新的主力军之一，是解决国民经济重大科技问题、实现技术转移、成果转化的生力军。加快建设一批高水平大学，特别是一批世界知名的高水平研究型大学，是我国加速科技创新、建设国家创新体系的需要。"① 高校科研是国家创新体系的重要部分，是建设创新型国家的重要力量。目前，国家重点实验室有63%建在高校，国家工程研究中心有36%建在高校；正在进行试点的10个国家实验室，多数是依托高校进行建设的。"十五"期间，我国高校累计争取科技活动经费1300多亿元，年均递增18.5%。2006年，全国高校科研经费是1998年的6倍。我国高校科技创新取得突破性进展，为国家经济建设和社会发展服务能力不断增强，贡献力度不断增大。"十五"期间，全国高校共获国家自然科学奖75项，技术发明奖64项，科技进步奖433项，分别占全国总数的55.1%、64.4%和53.6%，特别是在原始性创新和高技术研究前沿领域取得了许多具有标志性的重要科技创新成果。2004年，高校一举获得国家自然科学一等奖1项和国家技术发明一等奖2项，后者打破我国连续6年国家技术发明一等奖空缺的局面；2006年，高校又囊括了在体现我国重大原始创新能力的自然科学奖和技术发明奖中全部3项一等奖，这充分展示了高校教师和科技工作者的创新活力。高校具有应用前景的科技创新成果不断涌现，不仅掌握了一批事关国家核心竞争力的关键技术，而且培育了一批具有自主知识产权的高技术产业，填补了我国在一些重要生产领域的空白，并创造了较好的经济效益和社会效益，为国家和地方经济发展做出了重要贡献。

（二）高校科研在国家创新体系中的作用

1. 高校科研为知识创新与技术创新提供了原动力

高校不仅要教会学生知识，还要教会学生研究，正如美国学者梅兹所言："大学制度不仅传授知识，而且还教授研究，这是它的骄傲和闻名遐迩的原因。"② 而研究能力的培养只能在参与科学研究过程中进行，强调大学科研的本质上的原创性，更强化科研在大学中的地位，要强化大学的学术中心地位，

①《国家中长期科学和技术发展规划纲要（2006～2020）》，《人民日报》2006年2月10日第7版。

② 黄福涛：《欧洲高等教育近代化——法、英、德近代高等教育制度的形成》，厦门大学出版社1998年版。

使高校的科研真正成为知识与技术的原动力。科研的知识与技术创新丰富了研究生知识与技术教学的内容，加速了其传播的速度，并提供了一些基础理论与创新思想的依据。创新是科学研究的本质特征，也就是说高校科研自身的动力结构与自身的特殊性决定了它能为知识创新与知识传播提供最主要的原动力。知识创新与技术创新是源与流的关系，高校科研不仅为高校的教学服务，以培养高素质的人才，高校科研还直接创造知识，为知识创新提供直接的动力，而知识创新又是技术创新的本源，高校科研也为技术创新提供间接的动力，大学科技园的建设帮助高校科技人员及时将科技成果转化，高校科研与企业合作使科研成果产业化，促进了企业的技术创新，为企业的技术创新提供了原动力。

2. 高校科研为国家创新体系建设提供了具有创新精神和能力的高素质人才

国家创新体系的建设，离不开高深的学术研究和高科技的创造，更离不开具有创新精神和能力的高素质人才。科研是大学的重要功能，科研经费的增长有效地改善了学校的科研环境，建成了一批先进的实验室和研究中心，提高了高校教师科研积极性，促进了具有创新能力人才的培养，强化了高校科研在国家创新体系中的作用。随着科研水平的不断提高，教师才能清楚地把握方向，在不断充实自身知识的同时，从而加深课程的内容，丰富课程的开设，增加学生的学习兴趣，加大对研究生科研素质的培养力度。可以说没有高水平高质量科研的参与，就不可能培养出高创造性的研究生，高创造性人才培养的唯一途径即在科学研究过程中进行培养和造就，高校科研为国家创新体系建设提供了具有创新精神和能力的高素质人才。

三、加强高校科研体制改革，努力提高研究生的创新能力

（一）推进高校科研管理体制改革，从管理体制上做到高校科研与研究生培养的良好结合

我国的科研系统主要包括政府部门所属的独立的科研院所系统与高校的科研系统，而在性质上有两类不同的科研活动，即竞争性的科研活动与非竞争性的科研活动，我们要在管理体制上分别对待这两类不同的科研活动。要让政府部门直属的科研机构退出竞争性的科研领域而去从事那些非竞争性的科研活动，这样，高校科研就会有获得更多更好的科研机会，从而更好地实现高校科研与研究生创新能力的培养密切结合。另外，要调整高校内部以单位为中心的校、院（系）"二级管理"的科研管理体制，实施课题或项目中心的科研管理方式，便于不同学科背景的研究生及其研究人员的进入及科研团队的组建，并

对其实行实际分层的不同管理。

（二）加大高校科研经费投入体制的改革力度，在资金上确保研究生创新能力的培养

我国高校科研在国家科研系统中占据着重要地位，已成为我国基础研究（特别是自然科学研究）的主力军。研究生，尤其是博士研究生参与基础研究（特别是自然科学研究）是各国的一个普遍现象，也是培养研究生创新能力的一条重要途径。国家要加大对高校基础研究经费的投入。目前，我国基础研究经费较低，基础研究投入力度明显不足，而与政府研究机构和产业界相比，高校科研获得的经费又处于一个较低的水平。因此，国家要加大基础研究的经费投入，切实提高高校的基础研究经费在总体中的比重。另外，国家应在拨款体制上创造条件，全面调动各方投资高校科研的积极性，实现高校科研投入渠道的多元化，实行以自由竞争力为科研经费的分配方式，鼓励与提倡研究生参与竞争并从政策上保证研究生参与经费的分配，从而在资金上确保研究生创新能力的培养。

（三）改革高校科研的评价机制

应把培养具有创新能力的研究生的数量与质量纳入高校科研的评价机制，在制度上确保研究生的培养与科学研究的一体化。高校是培养高层次人才的场所，高校科研本质上具有教育性，高校科研的评价不仅要看发表论文的数量与质量，还要看高校科研成果的产出与转化、专利的申请，更要看通过课题项目培养研究生的质与量，尤其是研究生的创新能力与素质。

（四）规范基地建设，为培养研究生创新能力搭建创新平台

基地建设主要是指环境条件、实验室仪器设备、文献资料、信息网络等方面建设。国外著名大学之所以能培养高质量的人才，出高水平的科研成果，很重要的一点就是因为他们拥有先进的实验室、先进的科研仪器设备。基地建设是提高研究生创新能力的物质基础。

1. 充分认识科研基地建设的重要性和必要性

高校科研基地是国家和企业科技自主创新的重要载体，是产出高水平、高质量科研成果的重要条件保障，也是研究生创新能力培养的平台。随着知识经济与全球化时代的到来，科技基础条件已日益成为国家参与国际科技创新竞争的重要战略资源。其在国际和区域竞争中显示出的战略地位，已经越来越受到国家各级主管部门的高度重视和大力支持，特别是进入新世纪以来，我国的科技基础设施建设取得了长足进展。据不完全统计，我国高校现拥有教育部重点

实验室 518 个、工程研究中心 278 个，以及一大批国家级和省市级科技基础设施平台。[①] 它们独有的多学科、多人才和多成果优势，在研究生创新能力的培养中扮演着不可替代的重要角色。

2. 创新高校科研基地的建设模式和运行机制

注重构建重点实验室、工程（技术）研究中心、企业等上中下游有机结合的技术创新链。高校要从鼓励学科交叉的角度，在组织管理体制上大胆创新，制定有利于基地人才流动承担大项目的考核、评价政策，引导学术带头人集成校内基地和人力资源，积极承担国家科技专项任务。主管部门要在科技管理体制和机制上激励高校相关科研基地强强联合，形成多基地、多学科交叉的杰出人才聚集高地。

第四节 产学研结合的培养模式与研究生创新能力的培养

产学研结合是产学研各方面按各自的需求和条件组合，在组合的过程中，以共同利益为原则，形成的共同利益联合体。产学研结合符合当前经济、科学技术和教育的发展规律。对于大学来说，产学研结合有利于大学管理体制、人才培养模式和教育教学改革；有利于大学学科专业、师资队伍和实践基地建设；有利于大学科技创新工作的可持续性发展，是大学适应社会经济发展需要，培养具有创新精神和实践能力的高素质人才的有效教育模式，也是大学面向社会、服务社会、推动社会经济发展的重要途径。

当前，特别是国家创新体系下，产学研结合正在成为高等教育改革发展的一种基本趋势。产学研结合培养研究生是产学研合作教育发展的必然结果和最高层次。产学研结合的研究生培养模式对应用性高层次研究生培养具有不可替代的作用。

一、产学研结合的研究生培养模式

所谓的产学研结合的研究生培养模式，主要是指大学与企业合作培养研究生，它能够集大学基础学科的教学、科研与企业的先进设备、明确的科研课题之长处，培养出企业生产所需的高层次应用型或开发型人才。因此产学研结合的研究生教育的特点，在于其应用性、结合性（即教学、科研、生产在培养

---

① 朱兆斌、李建清：《论高校科研基地在产学研合作中的地位与作用》，《中国高校科技与产业化》2009 年第 8 期。

研究生过程中的一体化）。产学研结合又称为"教学—科研—生产"模式，而专业式和学徒式则被称为"教学—科研"和"科研"模式。

（一）产学研结合的研究生培养模式的培养目标

产学研结合研究生教育的目标，是培养应用型或开发型的研究人才。这种人才既具有较广阔、深厚的基础科学理论知识，又有相当的科研能力，尤其是科技开发、科技改造和转化的能力。产学研结合的研究生教育所培养的应用型研究人才，不仅指应用理工科研究人才，而且也包括应用文科研究人才，如法律、财经、会计、管理等。应用文科研究人才的培养，是当代研究生教育发展的一大趋势。

（二）产学研结合的研究生教育的培养过程

产学研结合的研究生教育是一种大学与企业合作培养高层次人才的教育，其教育过程所涉及的因素较学徒式和专业式要多，因此也就较它们的培养过程要复杂。产学研结合的研究生培养过程的复杂性集中表现在培养计划、教学和科研以及教师和学生的不同成分等方面。

1. 研究生培养计划

一般而言，产学研结合的研究生培养计划，是由大学和企业双方共同制定的，它反映了大学关于研究生的学术水平和企业关于研究生的应用能力水准。这类培养计划，应包括专业的设置和课程的安排与教学、科研等方面。这类培养计划的特点，在于应用性和实践性。在培养计划的制定过程中，企业先提出培养人才的规格、要求，然后大学和企业指定的双方导师根据其规格、要求，共同商讨专业设置、课程安排、考试、科研等事宜。

与此同时，大学与企业协作的主体不同，也对培养计划的制定产生一定的影响。大体上，大学与企业之间协作分为以大学为主体和以企业为主体两种形式。在以大学为主体的产学研结合中，大学负责研究生培养计划的制定，企业协作、参与。这种计划较注重基础学科、基础应用学科的教学，强调学生的基础理论知识的习得与基本分析、科研能力的培养。在以企业为主体的产学研结合中，企业负责研究生培养计划的制定，大学辅助、参与。这种计划一般都注重应用学科的教学，强调学生应用研究能力和技术开发能力的培养。

2. 产学研结合的研究生教育中的生源与师资

在产学研结合研究生教育中，大学和企业各指派一名教师作为学生的指导教师。他们与研究生一道制定修业计划，帮助指导学生选课、确立科研课题，指导其完成科研及相应的论文等。在实施培养计划过程中，双方各派一定数量的教师讲授课程，与学生构成教授与被教授的关系。

产学研结合研究生教育中学生成分也不尽相同。在以大学为主体的产学研结合中，研究生基本分两类：一类是从本企业中推荐出来的，另一类是从其他企业和行业招来的。在以企业为主体的产学研结合中，研究生基本上是从该企业职工内招来的或推荐来的。这种研究生成分的不同也构成了师生关系的复杂性。

3. 教学、科研与生产的统一

产学研结合研究生培养过程最本质的特点是教学、科研与生产的结合。它有别于学徒式中的科研型，专业式中的教学与科研的统一，它是研究生教育发展的一个新的阶段。它建立在专业式教学与科研之基础上，实现了教学、科研、生产的统一，实现了大学研究生教育与企业同步、协调发展，促进了高等教育在更高层次上为企业、经济发展服务。教学、科研、生产的统一，本质上体现了研究生教育与企业、经济发展的密切关系，是实现产学研结合研究生教育目标的主要途径。科研与生产的结合是培养应用型研究人才的关键环节，它与教学同生产的结合一道共同体现了产学研结合研究生培养模式的本质特征。

（三）产学研结合研究生教育的管理体制

产学研结合研究生培养模式实现了教学、科研与生产的一体化，反映在组织管理上就必然要求大学与企业间的合作管理，共同负责研究生的招生、培养、学位授予等事宜。常见的做法是，大学研究生院或系与企业的管理部门或研究所签定一个合作培养协议书。确定联合培养研究生的关系，规定大学与企业双方在研究生培养过程中的责任、权利和义务，以及经费的负担等方面。大学与企业双方除签定此类协议书外，还各自任命教师专门负责研究生的教学、科研、论文写作、论文答辩等事宜。双方导师共同协作，成为大学与企业双方的代言人，直接参与、负责研究生教育管理工作。他们是连接大学、企业、学生之间的桥梁，在研究生培养的过程中，对保证质量与提高水平起着关键性的作用。

大学与企业对研究生教育的合作管理，在以大学为主体和企业为主体的形式中也表现出不同的特点。在以大学为主体的形式中，招生、教学、科研等具体事宜一般都由大学内的研究生院或其他主管研究生教育的部门负责。企业中的有关部门或人员协助，并提供一定的资助与实验、研究设施等便利条件。而在企业为主体的形式中，上述诸般事宜则由企业有关部门负责，大学研究生院和教师协助，主要在研究生教育的学术质量方面给予一定的指导。

产学研结合不仅强调专业式教学中教学和科研的统一，而且培养方式向前更进了一步，重视教学、科研、生产的一体化，从而形成了产学研结合研究生教育的应用型研究人才的培养价值目标取向。产学研结合这种价值目标取向是现代应用科学发展的结果，体现了现代大生产科学化、智能化的要求，以及科学技术转化为现实生产力周期缩短的客观规律。

产学研结合主要是指大学与企业联合培养研究生。而这种研究生恰恰是企业所需要的能对企业技术改造、开发与应用的高层次人才。这种培养方式构成了大学与企业在更高层次上的互动关系，实现了大学为企业和生产力发展服务，企业为大学提供资助与课题的良性循环，促进了二者的共同发展、进步。总之，产学研结合解决了学徒式、专业式与社会生产实践相脱离的矛盾，实现了教学、科研、生产一体化。

二、我国产学研结合的研究生培养模式存在的问题

产学研结合培养研究生源于产学研合作的发展，是产学研结合发展的必然产物，是产学研合作教育的高级阶段。目前，我国在产学研结合培养应用型研究人才方面存在一些问题，不尽完善，主要表现在以下几个方面。

（一）产学研合作的深度与广度制约产学研结合培养研究生

目前我国产学研结合模式，主要具体体现为技术转让、合作开发、共建实体等。

技术转让模式是高校、科研机构将科技成果通过技术交易的形式卖给企业，企业根据自己的实际情况选择合适的成果，实现其转化。技术转让模式的特点是教学、科研、企业按不同开发阶段依时间序列先后进入开发过程，一般是教学、科研做前期投入完成了技术原理的可靠性，企业接过来进行中试、工业化生产及市场开发。这种转让对于企业来说，需要做大量二次开发工作，投入大、难度大、风险大、成果转化率低，这种模式并不受企业的欢迎，也不适合培养研究生。

合作开发是一种半紧密型的产学研创新组织，它是比技术转让更有成效的一种产学研合作创新组织方式。合作开发模式是指技术提供方以技术作价出资形式把技术投入一个现成的企业进行生产，现成企业对进行生产的新技术产品进行核算，技术提供方按合同规定的比例取得相应的收入。合作开发模式的特点是：（1）合作开发的项目均是企业生产过程中面临的需要尽快解决的技术难题，对技术开发周期有明确要求，技术开发难度大；（2）双方共同进入整个或某一区段的开发过程，属并行式开发。技术驱动与市场驱动兼有，这种组

织形式较好地体现了优势互补效益，结合度较高，抗风险能力强。合作开发模式的表现形式：一是共同开发，企业投入人力、资金；二是委托开发（企业只投入资金），或由企业根据生产和市场需要提出合作需求，或由学研方根据所掌握的技术将其推向生产，合作双方共同参与。日本已将这种合作创新的组织方式制度化，形成了大学与民间企业的"共同研究制度"和"委托研究制度"。合作开发能给高校研究生培养提供较多的锻炼、实践机会，但是由于合作开发多为临时性的课题，开发完成，合作也告结束，使研究生的培养工作缺乏系统性、连续性。

共建实体模式是指企业、高校、科研机构围绕共同目标，将各自的部分人力、物力、财力集中起来统筹规划，统一管理，统一使用，创造的财富共同分享的基础上组建起来的实体性合作创新组织形式。共建实体是产学研合作最高级、最紧密的形式，也是最有成效、最为成熟的合作方式，是高校开展产学研合作的发展趋势。高校与企业共建实体主要包括联营企业（工厂、公司）和研究开发机构（研究开发中心、工程研究中心、中试基地和研究所）两大类型。虽然这种模式在目前产学研合作中比例不高，但却反映了产学研合作从松散型向紧密型发展的一些特点，以及在适应市场经济中产学研合作的主要趋势。共建实体模式的特点是：（1）多伴有教学或科研方面的长期合作关系；（2）共建实体各方有共同发展目标和利益趋向；（3）合作各方技术、条件上相互依赖与互补；（4）有比较合理的管理体制与运行模式；（5）合作各方责、权、利关系明确。其具体的表现形式有：建设大学（科研机构）与企业合作委员会、共建企业（工厂、公司）、共建研究开发机构（研究开发中心、中试基地、开放性实验室、研究所）、共建工程研究中心等。

由于我国企业目前处于改制的过渡阶段，财务分担、改制成本及技术能力的匮乏也使企业缺乏成为创新与合作主体的实力。此外由于产学研合作各方利益分配机制不完善，以及国家相关政策发展滞后等问题，使目前我国产学研发展仍处于以技术转让和合作开发为主的较低水平阶段，共建实体模式在产学研发展中属起步阶段，仍有诸多问题有待解决。从国外成功经验看，工程研究中心所从事的通常不是对具体产品的研究，而是对某一产业具有广泛应用价值的技术和工艺规章的研究。研究内容既有利于加强产业界的竞争力，具有综合性，同时把驾驭基础科学系统知识作为重点；而我国一些工程研究中心受经费以及短期利益驱动等原因却较多存在低水平应用研究开发，使研究生的培养质量受到影响。因此，产学研结合的深度直接制约着当前我国产学研结合应用型研究生的培养。

（二）产学研合作教育中存在合作范围和内容狭窄、合作层次低、合作形式单一的现象

根据产、学、研三者结合的主次关系，产学研合作教育可分为以下几种模式。

1. "三元"联动教育模式。这种模式是以企业的拳头产品作为产学研的结合点，知识创新、人才培养和技术创新都围绕这个结合点进行。科研立项、成果转化、中试开发、产业化、产品升级换代和相关专业的人才培养、实习实践、教育教学改革等，都贯穿于产学研结合的过程之中。这种由点及面的结合，构成产学研的各方谁也离不开谁的联动机制，结合力最强。

2. 以学为主教育模式。这种模式突出特点是扬弃了"以学府为中心"和"以传授知识为中心"的传统办学模式，通过产学双方密切合作，采取工学交叉的形式来达到共同育人的目的。但是，实行这种模式，如果高校不通过一定的途径和方式给企业的付出给予补偿，很难保持持久的结合力。

3. 以研为主教育模式。分两种情况：一是以项目为依托，高校与企业共同组建研究或开发课题小组，企业出资和出研究开发课题，双方出人，但以智力资源、信息资源占优势的高校为主（也不排除以企业为主），共同完成研究与开发任务，在完成研究与开发任务的过程中，高校也培养一定数量的研究生；二是双方出资出人，以高校学科和智力资源为依托，以企业为中心实验基地，建立工程研究与开发中心，高校依托工程研究中心进行研究生的培养。

"三元"联动教育模式适合本科和研究生层次人才的培养，以学为主的教育模式适合高等职业和普通本科教育层次的人才培养。以研为主的教育模式则主要适应于研究生层次人才的培养。根据调查表明：一些高等学校在产学研合作教育内容上还停留在只为企业做些培训工作、简单的技术服务等方面，而企业仅为高校提供实习场所。在合作层次上由于综合实力、地理位置、信息等因素所限，与国外高校相比，尚有一定差距。因此，产学研合作教育需要在合作形式上拓宽渠道，加强实质性合作，多方位、深层次合作，应避免形式化、表面化。

（三）产学研合作教育在体制方面存在不融合性

以前出于受计划经济的影响，高校、科研单位与企业之间的连接渠道还不很畅通，在一定程度上影响了合作教育机制的形成。产学研三方缺乏有力的联系纽带，合作方之间出于信息不畅等原因对对方的需求不甚了解，在一定程度

上影响合作的成效。鉴于此，我们国家应建立和健全促进产学研结合的各项政策法规，形成一个鼓励各方联合，规范各方行为的政策体系，并建立和完善合作教育的保障机制，避免出现产学研合作中"一头热"现象。

（四）国家的导向与控制功能缺失严重

政府在产学研合作教育中起着非常重要的桥梁、纽带和导向作用。政府的介入，可以使产学研合作教育的内容更加丰富、内涵更加深刻、效果更加明显。政府应该成立相应的产学研机构，以行政手段与之建立配套的导向机制、约束机制，对学校、企业、科研单位实施宏观指导和调控，保证产学研合作教育能在良好的外部环境中运行。

三、走实体化研究生培养模式，努力推进研究生培养模式与机制创新

当前在国家创新体系建设、创建研究型大学的推动下，产学研联合培养研究生获得蓬勃发展。走建立产学研实体（联合体、基地）的实体化研究生培养模式，是今后产学研联合培养研究生的趋势。目前实体化产学研结合的研究生培养模式主要有以下几种。

（一）共建工程研究中心模式

工程研究中心（ERC）是目前推广较快的产学研紧密结合的一种组织形式。它是以大学为依托单位，在高校科研成果的基础上，发挥多学科优势，联合相当数量的企业，集工程研究、开发、中试、推广、教育于一体的新型组织。

依托高校建立工程研究中心，可以集工程研究、开发创新、小试中试、转移推广及教育培训于一体，其任务是实现国家相关行业生产技术的重大突破、对相关产业的共性技术和关键技术工程化研究，对人才进行工程化教育和培训。它在基础研究、应用研究和开发研究的上、中、下游三个层次上处于中游的位置，是国家科技创新系统中至关重要的一环，是产学科技合作的一种有效组织载体。①

工程研究中心的特点：一是强调多学科交叉，多门类人才的组合，有利于发挥高校学科齐全的综合优势；二能加速科技成果向现实生产力转化；三是培养应用型、复合型人才的基地，经济效益与社会效益并重是它最突出的特征。高校与企业共建研发实体作为产学研结合的高级形式，是培养应用型研究生的

---

① 赵爱军、褚超平：《论产学科技合作的组织模式》，《中国高教研究》2001 年第 4 期。

一种较理想的产学研合作模式。工程研究中心作为联系高校和企业的纽带，研发以高校现有的人才和技术为依托，加工则以企业为基地，也可拓展其他的校企合作途径。工程研究中心为产学研结合开拓了有利的体制环境。

（二）成立大学研究院模式

大学专业研究院一般是在校长的领导下，具有相对独立职能的，以基础研究为主，兼有应用研究的科学研究实体和科研管理部门，在校内有独立的人员编制和经费预算的校属二级科研实体，对外不具备独立法人资格。它是以知识创新为特色、以解决特定问题为目标的创业型学术机构。①

大学研究院具有完成重大研究任务和研究生培养任务的双重职能，同时能够对大学的改革创新、跨越发展起到积极的示范作用。大学研究院的功能特征表现为一系列的"集合"：（1）集大学多学科优势于一体；（2）集各个学科组织科研经验于一体；（3）集研究活动与研究生培养于一体；（4）集产学研合作于一体；（5）集技术创新、组织和制度创新于一体。② 大学研究院一般采用矩阵结构，纵向为学科导向，由学科领导实施管理，符合学科发展规律；横向为问题导向，按项目实行管理，由项目领导实施管理，以解决实际问题（经济、社会科技、教育问题）为目的；是按照服务对象、项目等横向联合的适合跨学科生长的组织结构和形式。

（三）建立科学园区模式（"斯坦福—硅谷"模式）

这种以大学为中心而建立的科学园区，是实现产学研相结合的重要途径。高等学校通过科学园区可以将最新的科研成果转让到企业中去，及时更新企业的科研技术，促进企业和地方经济发展；高校还可以通过输送高新技术人才，与企业共同"孵化"出高新技术产业，实现高新技术产业化。同时，通过科学园区的建设和发展，也可以为高等学校扩展经济来源，从而增强高校的自我发展能力。

这一模式的特点是以著名的研究性大学为依托，利用大学的科研与人才优势创建高科技园区，发挥高新技术的辐射作用。科技园的重要功能在于作为大学高新技术成果的"孵化"基地，积极扶持大学创办各种高技术开发公司，加快大学高技术成果向产品转化过程，对那些有应用前景并能在较短时间内开发出高技术产品的科研项目进行研究。由于这类项目大多数有大学的技术人员

---

① 邹晓东：《研究型大学学科组织创新研究》，浙江大学博士论文，2003 年，第 69 页。

② 邹晓东、段丹：《现代大学学科组织结构创新》，《教育发展研究》2004 年第 5 期。

参加，且部分高科技公司直接由大学创办，直接参与生产实践，主动地生产、传播、应用知识并研究、运用成果，使理论与实践结合周期大大缩短；大学的教学质量通过企业迅速得到反馈，得以不断修正教育目标，培养出更加适应企业需要的合格人才。

（四）建设产学研联合研究生培养基地模式

产学研联合研究生培养基地的建立，对加速高层次应用型人才培养，不断满足国家经济建设和区域创新体系的需要具有十分重要的意义。建设产学研联合研究生培养基地已经被列入教育部"研究生教育创新计划"，上海和北京已经开始试行。如，上海市为贯彻科教兴市、人才强市战略，举全市之力推进科技、教育与经济互动，上海市教委率先提出建立"上海市研究生联合培养基地"，在市级层面搭建产学研联合培养研究生平台的设想，得到了国务院学位委员会办公室领导的充分肯定和大力支持。2003 年 12 月，上海市教委对高校、研究所、企业协同式联合培养研究生进行可行性研究，2005 年 12 月 27 日举行"上海研究生联合培养基地"授牌仪式，宣告正式成立。上海首创的产学研联合培养研究生的新模式，政府、高校、企业、科研院所各部门达成共识，形成良好的协作机制，由政府搭建舞台，让研究生从高校的"象牙塔"走向了科技、经济建设"主战场"。①

---

① 肖国芳等：《产学研结合研究生培养模式——"交大—宝钢"研究生培养模式的特征与思考》，《中国高教研究》2006 年第 10 期。

下 篇

第五章

美国研究生教育与国家创新体系

第一节　美国研究生教育

美国的研究生教育萌芽于19世纪初期，经历了近200年的发展，形成了培养创新型高级人才的特色，为国家的经济发展和综合实力的增长做出了巨大贡献，也成为世界研究生教育的典范。

一、美国研究生教育的发展历程

美国研究生教育的发展按其历史进程可以分为萌芽与确立、规范与发展、调整与改革三个阶段。

（一）研究生教育的萌芽与确立（19世纪）

1. 美国研究生教育的萌芽

美国的研究生教育萌芽于德国洪堡现代大学思想①。1825年，从德国留学

---

① 即传授知识与创造知识相统一的现代大学理念，提倡"教学自由、学术独立、教学和科研相结合"的办学思想，使科学研究成为大学的重要职能之一，在国际上"开创研究生教育的先河"。

归来的乔治·提克诺（George Ticknor 1791~1871）在哈佛学院发出进行研究生教育的倡导。1826年，哈佛学院开始为已取得学士学位并愿意继续学习的毕业生开设一些较高层次的课程，即研究生课程，这是美国研究生教育的开端。仿照德国模式，研究生在导师的指导下进行科学研究，导师以"一带一"或者"一带多"的方式培养一批从事教学与科研的工作者。1847年，耶鲁学院开设博士研究生课程。之后，密执根大学等一些院校也相继开设研究生课程。但这一时期，尤其是美国内战结束前，由于经济状况的制约，研究生的规模较小，美国研究生教育还处于萌芽阶段。

2. 美国研究生教育的确立：研究型大学的建设

19世纪60年代中期，美国国家经济的空前发展，在很大程度上促进了研究生教育的发展。这其中最突出的是，1876年被誉为美国"柏林大学"的约翰·霍普金斯大学的成立。该大学把学术研究作为研究生培养的重要目标，明确指出加强科学研究和培养研究生是学校的两项重要任务，并将博士教育体制化。也正是这所大学创立了一种新型的研究生教育形式——研究生院，这标志着美国研究生教育制度的确立。到1901年，约翰·霍普金斯大学已经拥有一个由13个系组成的从事高深知识研究的哲学院和一所具有国内一流水平的医学院，建有自己的图书馆、出版社、实验室，把研究生教育确定为大学最核心的任务，并开始享有世界声誉和影响。①

（二）研究生教育的规范与发展（20世纪）

1. 美国研究生教育的规范化和专业化

19世纪末，美国已经有20所左右的研究型大学，除约翰·霍普金斯大学外，还有哈佛大学、耶鲁大学、普林斯顿大学、斯坦福大学、芝加哥大学、宾夕法尼亚大学、加州大学伯克利分校等。1900年，由哈佛大学等14所主要培养博士生的著名大学组成的美国大学协会（Association of American Universities，简称"AAU"）应运而生。该组织的主要任务就是努力提升研究生教育的综合质量，提出真正的大学必须"致力于引导学生从事高水平的学习，开展研究生教育以及通过科学研究促进知识的增长"②。AAU的成立标志着美国已经形成了一个关注研究生教育的研究型大学群体。该组织对大学的入会资格提出了高水准的要求，对美国研究生学位制度的标准化、正规化起了关键作用。

---

① 贺国庆、王保星：《外国高等教育史》（第二版），人民教育出版社2006年版，第243页。
② 美国大学协会：http://www.aau.edu/，2009年11月28日。

研究生教育本身也逐步走向专业化。美国把早期的学院制与引进的德国大学研究所制相结合，形成了建立在自己的研究生院制基础上的美国式研究生教育模式。到 20 世纪 20 年代，研究生教育中除原有的硕士学位和哲学博士学位外，一些新的专业型学位开始出现，如 1920 年哈佛大学设立了教育博士学位。随着，研究生院的组织结构逐步完善，教学和学位授予更加规范，使美国研究生教育模式走向了正规化、专业化。

2. 美国研究生教育的蓬勃发展

二战期间美国积累了雄厚的经济基础，使美国研究生教育也得到了迅猛的发展。同时，由于美国本土无战事，和平宽松的社会环境与平等激励的科研政策又吸引欧洲以及全世界许多国家的优秀科技人才、专家学者和研究生蜂拥而至，这大大加强了美国研究生教育的实力。表现在：政府成为大学尤其是研究型大学的主要资助者；国防部门将许多研究任务交给大学，研究型大学获得了大量的经费，基础理论与科研实际需求相结合逐渐成为研究的主题；研究型大学成为美国科学技术体系的中心，50% 以上基础研究是在研究型大学中进行的。

二战后，研究型大学受到了前所未有的重视，获得了来自联邦政府的持续支持和不断改革的社会动力。[1] 1940 年至 1958 年，硕士学位和博士学位人数分别增长了 1.6 倍和 2.8 倍；可授予博士学位的学校由 100 所增加到 175 所，可授予硕士学位的学校由 300 所增加到 559 所。从中可以看到美国研究生教育的发展速度之快。

1958 年《国防教育法》的颁布，使研究生获得了各项资助。至 1965 年，43% 的研究生都获得一定数量的奖助学金。同时，该法案还规定为建立和扩大研究生院拨款，到 50 年代末期，一批以从事科学研究和博士生教育为重点的研究型大学迅速发展，这一时期，在主要的研究型大学，研究生规模占全校学生的 30% ~50%。同时，也吸引了世界各地具有聪明才智的学生和学者。这极大丰富了美国的智力资源，扩大了美国教师和学生的视野，使这些大学成为世界一流的知识创造与传播中心[2]。

1961 年，美国成立了研究院委员会，研究生教育日益成为大学教育的重

---

① Ann Leigh Speicher："The Association of American Universities: A Century of Service to Higher Education, 1900 ~2000", http://www.aau.edu/about/default.aspx? id =1296, 2009 年 11 月 28 日

② 郑宏：《〈国防教育法〉在美国高等教育强国进程中的作用分析》, http://www.tsc.edu.cn/extra/col19/1257129099.doc, 2009 年 12 月 23 日。

点，研究生教育质量也大幅提高，为美国的科技发展输送了大量高级人才。

前哈佛大学校长卜西对此曾这样评价："美国研究生院的伟大时代终于到来了，美国在 20 世纪 60 年代培养出的受过高等训练的学者多于这个世纪前 60 年培养的总和。研究生院终于超过了本科学院成为美国高等教育的主要机构。"

20 世纪 70 年代以来，美国的研究生教育发展更加迅速，研究生的增长速度大大高于本科生的增长速度。1950～1976 年高等学校本科生从 242 万人增加到 845 万人，增长了约 2.5 倍；研究生从 23.7 万人增加到 126 万人，增长了 4.3 倍，几乎是本科生增长速度的 2 倍。到 1980 年研究生人数超过 160 万人。1985 年，美国培养硕士研究生的大学有 1000 多所，能够培养博士研究生的大学有 360 多所。①

20 世纪 90 年代，知识经济时代到来，国际上对人才的竞争更加凸显，美国的研究生教育迅猛发展。据美国研究生教育研究中心统计，1995 年秋季研究生注册总人数为 1,221,930 人，与 1994 年相比上升了 1%，从 1986 到 1995 年间，平均每年上升 2 个百分点。其中全日制研究生数量平均每年上升 3 个百分点。在此期间美国获得硕士学位和获得博士学位的人数都是平均每年上升 3 个百分点。

（三）研究生教育的改革及其发展趋势（21 世纪）

进入 21 世纪以来，美国的研究生教育继续保持世界首位。根据美国教育部网上公布信息，2007～2008 学年，美国共有大学 4352 所，可授予研究生学位的高校有 878 所大学，可授予博士学位的研究型大学总计 270 所，包括公立研究型大学 165 所，私立研究型大学 105 所。而在可授予博士学位的研究型大学中，处于非常优秀级别的有 96 所，优秀级别的有 102 所，一般级别的有 72 所（见表 5.1）。近 5 年来，美国常年在读研究生平均 260 万人（见表 5.2），其中在读博士生约 30 万人，平均每年培养博士约 5 万人。②

---

① 此部分数据来源：美国教育部网站（http：//nces. ed. gov/programs/digest/d08/tables/dt08_266. asp），2009 年 12 月 22 日。

② 本段落的数据根据美国教育部网站信息整理：http：//nces. ed. gov/programs/digest/d08/tables/

表 5.1　美国可授予研究生学位的大学类型统计（2007～2008 学年）

学校性质	授予博士学位的研究型大学（所）				可授予硕士学位的大学数（所）	总计
	非常优秀级别	优秀级别	一般级别	小计	每年授予不少于 50 名毕业生硕士学位	
	科研处于非常高的水平	科研处于较高水平	科研水平一般，每年授予 20 名以上毕业生博士学位			
公立	63	75	27	165	264	429
私立	33	27	45	105	344	449
小计	96	102	72	270	608	878

数据来源：根据美国教育部网站数据整理（http：//nces. ed. gov/programs/digest/d08/ tables/dt08_ 266. asp）

这一阶段研究生教育的特点是调整与改革，即：（1）规模继续稳步增大，注册人数从 2001～2002 学年度的 221.2 万人，发展到 2007～2008 学年度的 264.4 万人（见表 5.2）；（2）女生和少数族裔研究生数量不仅逐年增加，并且增长的速度超过研究生总数增加的速度；（3）信息技术革命对研究生教育的影响越来越明显；（4）政府支持性干预进一步强化，自然科学和工程技术类学科等继续成为发展重点；（5）研究生创新能力培养更加受到重视，而且凸显多元化和区域化；（6）学位论文研究方法与分析工具更加先进；（7）跨学科的综合研究与多学科的合作研究所占比例越来越大；（8）研究生教育的国际化进程越来越快；等等。①

毋庸置疑，在未来的发展中，美国研究生教育还将不断探索改革，谋求继续成为引领世界高层次人才培养的重要力量。

表 5.2　1976～2018 年美国注册研究生人数统计表

年份	注册研究生数（单位:千人）	年份	注册研究生数（单位:千人）
1976	1,578	1998	2,070
1977	1,569	1999	2,110
1978	1,576	2000	2,157
1979	1,572	2001	2,212
1980	1,622	2002	2,355

① 本段落的数据根据美国教育部网站信息整理：http：//nces. ed. gov/programs/digest/d08/tables/

续表

年份	注册研究生数 （单位：千人）	年份	注册研究生数 （单位：千人）
1981	1,617	2003	2,431
1982	1,601	2004	2,491
1983	1,619	2005	2,524
1984	1,624	2006	2,575
1985	1,650	2007	2,644
1986	1,706	（Projected）	（规划注册人数）
1987	1,720	2008	2,694
1988	1,739	2009	2,733
1989	1,796	2010	2,741
1990	1,860	2011	2,776
1991	1,920	2012	2,830
1992	1,950	2013	2,899
1993	1,981	2014	2,953
1994	2,016	2015	3,001
1995	2,030	2016	3,044
1996	2,041	2017	3,091
1997	2,052	2018	3,125

注：2008～2018 年的研究生人数为规划注册人数。

数据来源：根据美国教育部网上信息整理，（http：//nces. ed. gov/programs/digest/d08/tables/）

二、美国研究生教育的主要特点：培养创新型人才

美国国力强盛，经济地位按 GDP 排名位列世界第一，研究生教育也处于国际最高水平，并被称为成功的"美国模式"。这种模式最重要的特点，就是结合国家经济发展，注重对研究生创新能力的培养。这主要表现在其以创新为核心的培养理念和培养机制等方面。

（一）创新的人才培养理念

1. 宏观层面：提倡创新的国家特色与社会氛围

美国研究生教育的发达与其强大的国力和整个社会长期以来形成的鼓励创

新的氛围密切相关。美国一向推崇开拓创新，从基础教育到高等教育，乃至全社会的经济发展，无时无处不提倡创新，从而营造了一种鼓励探索、鼓励创新的氛围。而作为培养高级人才的研究生教育，更是恪守要造就富于"敢闯敢干"（aggressive）精神的优秀人才的理念。这样的人才有开拓进取的价值取向、有科学理念和科学精神，还有强烈的创新激情。此外，美国社会还有相应的创新激励机制、评价机制（也包括淘汰机制）与分配制度。

"允许失败，不允许不创新，不创新就等于灭亡"，这已成为美国社会的共识。这种大的文化背景和社会氛围形成极强的内生发展动力，使创新逐步转化为美国研究生教育的人才培养目标和行为自觉。

2. 中观层面：创新是研究生教育的目标

美国从 20 世纪迅速崛起的历程中和知识经济时代的国际竞争中，充分认识到现代科学技术在提高国家综合实力的重要作用。这一认识反映到研究生教育领域就是十分注重研究生创新能力和开拓精神的培养，并把它作为美国继续保持世界超级大国地位的主要途径。例如，美国博士生教育就明确提出博士研究要做到所研究领域的"世界第一人"，每个博士生都要"有这样的抱负，否则就不应该来读博士"①。创新的重要前提是科学的探究精神。美国的研究生教育重在开发研究生的智力，为其提供探索研究的途径，所以始终把专业培养和探究精神培养贯穿并行。在研究生的一切学习计划中都要求应考虑到其"智力和所学知识的紧密结合，同时还应使研究生能接触到必须回答的科学、文化、艺术等问题"，并对这些问题进行探索②。此外研究生院在其外部和内部安排的各种活动也都有利于研究生探究和创新精神的形成和发扬。

3. 微观层面：创新是研究生培养方案的核心

美国各大学研究生培养方案的核心是培养研究生的"创新"能力。其学位论文的重要评价标准就是"原创性"（Originality）。硕士要获得"从事学术研究和职业工作的能力，可以在这一领域从事创造性的专业工作"；博士则要求具有"从事创造性学术活动和科学研究的能力"，并且能够"终身探求知识"③。这些要求以及其他培养环节的规定，体现了美国研究生教育始终贯穿创新型人才的培养理念。

---

① 李开复：《留学带给我的十件礼物》，北京：首届新东方留学高峰论坛，2009 年 6 月 21 日。http://edu.sina.com.cn/l/2009~06~21/2337173292.shtml

② 王超明：《美国研究生教育述论》，《河南大学学报（社会科学版）》1999 年第 3 期。

③ 根据美国前 10 所名牌大学的研究生项目培养方案整理。

研究生教学方法和教学过程也同样体现注重培养研究生的创新思维及能力。美国研究生教育以开发智力、培养能力为主要目标，注重学生潜质的挖掘和激发，因此在其整个教学过程中，十分注重激发学生的创新潜能，培养学生的创新能力。学生们逐渐养成质疑、论辩的学习习惯。在课堂上，教师把创新教育融入教学过程中，注重调动学生参与的积极性，学生在上课中可随时提问。教学形式上多采用问题或案例的讨论法和启发诱导的方式，针对学生学习中碰到的各种实际问题，组织学生在大量阅读的基础上进行专题讨论，鼓励他们敢想敢问、敢于质疑，让学生成为主动学习者，教师在其中起指导作用。如哈佛大学在教学过程中，绝不设立唯一正确的答案，而重视学生得出结论的思考过程，以此来培养学生独立思考问题、解决问题和决策的能力，真正实现其办学宗旨，"让所有金子在这里都发光"①。

（二）创新的人才培养机制

1. 注重基础理论训练和跨学科研究能力的培养

基础理论知识的学习是研究生从事创新研究的重要前提。美国研究生教育的一个重要特点是注重基础理论的学习与运用。自 20 世纪 60 年代以来，美国大学研究生院要求所有硕士和博士研究生在完成论文之前，都要完成规定学分的 10～20 门课程学习，使其在尖端科学、自然科学、社会科学、人文科学等领域都要获得基础理论知识。在做论文时，有些人还要继续旁听相关课程，以不断更新自己的知识体系。具有较宽广和扎实的基础理论知识对高级科学技术人员是极为重要的，为他们进一步成长打下了重要基础。

美国的研究生教育越来越重视对学生跨学科研究能力的培养。从 20 世纪中叶起，美国不少院校纷纷设立跨学科奖学金。许多院校对传统的课程内容、学科结构进行改革，组成了新的跨学科研究组织。例如，麻省理工学院设立了 34 个跨学科科研机构，为研究生从事跨学科研究提供了重要的基地和体制保障。这种多维度跨学科的知识积累和研究训练，扩展了研究生的创新视野和创新领域，也提高了研究生的创造力。

2. 重视研究生直接参与科研课题

研究生是完成科研课题的主要力量，科研工作的开展取决于研究生教育的优劣。美国研究生的经济资助主要也来自大量的科研经费，所以美国研究生大

---

① 赵捷：《美国教育理念的考察与启示》，《福建农林大学学报（哲学社会科学版）》2009 年第 5 期。

都参与导师的科研工作，有些科研还是国家重大项目。比如"阿波罗"导航和控制系统的尖端研究，就凝聚着麻省理工学院德雷帕实验室多年来近千名研究生的智慧和汗水。还有，很多博士生研究项目本身就是导师的科研课题或子课题。科研实践中，研究生获得直接的研究训练，其探索能力和创新能力得到不断加强。

3. 特别注重对博士生的培养

美国研究生教育特别注重对高端人才的培养，尤其是对博士生的培养。美国整个博士生教育系统十分强调博士的研究性，要求所有博士研究生必须做论文，而论文的核心是其研究的原创性。

博士生培养不是单向选择过程，而是双向多方互动的过程；导师人数也不只是 1 名，而是由 3 ~ 5 位相关学科专家组成的导师指导委员会，以确保博士生的培养质量。在此基础上，美国还有各种各样的中介组织监控博士生课程与研究的质量，确保博士的创新能力得到充分的训练与发挥。大多数博士研究课题和国家最前沿的研究紧密联系在一起，所以博士教育质量往往意味着一个国家的科学研究质量，甚至可以预言这个国家的发展。1966 至 2000 年间，美国共培养了 1,172,556 名博士，其中自然科学和工程类共 717,283 人，约占总数的 61%，非自然科学和工程类共 455,273 人，约占总数的 39%。21 世纪以来，美国每年培养的博士人数在 5 万人左右，是世界上培养博士最多的国家之一。当然，美国博士教育也时刻面临挑战，为加强博士生培养质量，针对 21 世纪人才需求进行了多项改革（见表 5.3）。

表 5.3　针对 21 世纪人才需求的美国部分博士教育改革项目[1]

项目/课题/报告的名称	年份	发起或资助方（含参与状况）	目的与策略
"改革科学家与工程师的研究生教育"的研究报告	1995 年	美国科学、工程和公共政策研究会（COSEPUP）	在保持以研究为基础的培养模式的同时，研究生培养还应增开一些旨在加强其从事非研究工作的就业潜力的课程；应缩短博士生的培养时间，应改进有关搜集就业市场信息以及应更重视听取学生关于学位计划和就业前景方面的意见；扭转博士生从科学界流失的局面并吸引更多的美国学生来攻读博士生计划。

---

[1]　金海燕、王沛民：《美国"重新规划 PhD"述略》，《高等工程教育研究》2004 年第 1 期；张济洲：《近年来美国博士教育面临的挑战及其改革措施》，《比较教育研究》2008 年第 11 期；张会议：《"象牙塔顶端的曙光"——美国博士生教育改革的借鉴》，《教育与职业》2009 年第 10 期。

续表

项目/课题/报告的名称	年份	发起或资助方（含参与状况）	目的与策略
"研究生教育与科研训练整合计划"（IGERT 计划）	1997 年启动	美国国家科学基金会（NSF）资助，2000～2009 年期间，70 多所大学所申请的近 150 个博士生教育项目先后得到资助，每个项目最多可获得 300 万以上的资助用于课程开发、学生生活费和学费。	适应跨学科的科学研究模式，迎接美国科学与工程领域博士生教育所面临的挑战，以期望博士生具备跨学科知识结构，掌握若干学科领域的精深知识，并具有技术、专业和人际交流技能，能在学术界和教育界中找到合适的职业，成为改革和创造的领导者。
"重新规划博士教育，以满足 21 世纪社会需要" 研究课题	1999～2003 年	美国慈善信托基金（Pew Charitable Trusts）资助，美国华盛顿大学教学与发展研究中心主持	与博士教育相关的各领域必须在内部或相互之间形成有效的变革机制，分散改革实验风险，提高学术界内外的责任感；要采取更为系统和长远的措施提高知识分子的多元性；组织各种力量和手段来影响变革，包括课程评议、政府资助政策、基金会资助政策、博士生的发言权、全国咨询中心的评级标准、对机构的认证以及高等教育界内外博士聘用者的期望；对博士生加强教学方面的培训，进行教学示范和评估；增加更加实在、更加完整的专业成长的体验；使全体教师发自内心地支持和促进博士生的成长，特别是在研究型机构的文化氛围中，保证长久持续的变革。
"未来师资培训计划"（PFE）	2000 年启动	美国学院与大学联合会和研究生院委员共同发起和推行 44 所研究型大学、399 所合作学校、11 个学科协会、4000 多名博士生参与该项目	将博士生培养成为胜任的新教师，使他们具有教学研究和专业服务的能力；了解不同大学的教师生活和职责，为他们成为新教师创造良好的开端。
卡内基博士学位创新计划	2002 年启动	卡内基教学促进基金会	针对博士学位课程结构的改革，支持系科更加有目的地设置博士学位课程结构，提高博士教育质量。

注：此表根据金海燕、王沛民、张济州、张会议的相关论文整理

4. 建立校企协作以及国际化的创新平台

美国联邦政府十分重视培养具有协作精神和能够参与国际合作和竞争的国际型人才和领导者，协作理念逐渐成为研究生培养的主旋律。从 20 世纪 70 年代至今，作为美国研究生培养模式特征之一的协作模式开始蓬勃发展。现代大型企业与高校之间或高校与高校之间通过整合教育资源，越来越紧密地结合起来，以培养应用型、复合型和开发型人才。同时，美国研究生教育的质量观也不断得到强化，使美国研究生教育始终保持较高的整体质量、宏观质量、体系质量。这种模式既是对传统质量观的捍卫，又具有超强的适应性。美国的研究生教育"形成了一种相当独特的结合，一方面是学校机构具有相当的稳定性，甚至保守性，另一方面是具有适应新的需求和方向的调节能力"。

进入 21 世纪后，全球化发展趋势又令美国的研究生教育向国际性合作方面不断拓宽自己的领域，"建立一个全球对话的平台成为美国研究生培养的实践原则"①。美国高水平的研究生教育吸引了大批国外高级人才。20 世纪中叶以来，美国一直是最重要的国际研究生教育中心。国际研究生为美国的科技进步做出了重要贡献，也为美国社会创造了大量财富。在美国的科学、技术、工程和数学（STEM）领域，有四分之一的劳动力来自国外。乔治亚州立大学的研究发现，国外出生的科学家能力突出，在美国国家科学院院士的选举、作者引用率和著作引用率、畅销书籍等方面都占有一席之地。来自杜克大学工程管理硕士项目和加州大学伯克利分校信息学院的报告指出，作为发明者或合作发明者，居住在美国的国外公民占到美国国际专利申请的 24.2%②。

从 20 世纪 70 年代开始，美国研究生层次中的国际生比例一直呈现上升趋势（见表 5.4）。

表 5.4   1969～2008 美国大学研究生中的国际生数及所占比例

学年	研究生中的国际生人数	国际生占研究生总数百分比
1969～1970	59,112	5.28
1970～1971	65,859	5.43
1971～1972	59,333	4.93
1972～1973	62,624	4.92

---

① 引自张继平、于丹丹：《美国研究生教育的发展及特色探析》，《大学·研究与评价》2009 年第 4 期。

② 孔令帅、陈文亮：《"911"后美国国际研究生教育：挑战、对策与现状》，《现代教育管理》2009 年第 5 期。

学年	研究生中的国际生人数	国际生占研究生总数百分比
1973～1974	61,893	4.61
1974～1975	—	—
1975～1976	83,395	5.54
1976～1977	95,350	6.04
1977～1978	102,750	6.55
1978～1979	114,910	7.29
1979～1980	94,207	5.99
1980～1981	99,110	6.11
1981～1982	106,290	6.57
1982～1983	110,270	6.89
1983～1984	118,820	7.34
1984～1985	122,476	7.54
1985～1986	132,430	8.02
1986～1987	146,100	8.57
1987～1988	156,190	9.08
1988～1989	165,380	9.51
1989～1990	169,820	9.46
1990～1991	182,130	9.79
1991～1992	191,330	9.97
1992～1993	193,330	9.92
1993～1994	201,030	10.15
1994～1995	191,738	9.51
1995～1996	190,092	9.36
1996～1997	190,244	9.32
1997～1998	207,510	10.11
1998～1999	211,426	10.21
1999～2000	218,219	10.34
2000～2001	238,497	11.06
2001～2002	264,749	11.97
2002～2003	267,876	11.38
2003～2004	274,310	11.28
2004～2005	264,410	10.61
2005～2006	259,717	10.29
2006～2007	264,288	10.27
2007～2008	276,842	10.47

注：1975～1991数据含注册研究生的难民人数，其他年份的统计不含。

数据来源：根据美国教育部网站数据整理，（http：//nces.ed.gov/programs/coe/2009/section5/table-ins-1.asp）

1969～2008 年期间，美国在读研究生人数从 157 万人上升到 269 万人，增加了 70%。而国际生的数量则从 5.9 万人，上涨到 27.6 万人，增加了 3.5 倍。可见，美国研究生中的国际生数量上涨的速度之快。在 1969～1970 学年，国际生占美国研究生总数的比例为 5.28%；到 2007～2008 学年，此比例为 10.47%。也就是说，今天每 10 个美国的研究生中，就有 1 名来自其他国家。而在哈佛、斯坦福、哥伦比亚、南加州等知名大学，国际研究生的比例已超过 20%。① 近几年来，美国每年对外国留学生的投资多达 25 亿美元②。这些来自世界各地的优秀学子，在美国研究生教育的沃土上从事学习、研究和创造，成为美国国际化创新平台的重要力量。

2007 年"美国研究生院理事会"下属的"研究生教育和美国竞争力咨询委员会"发布了报告《研究生教育：美国竞争力和革新力的支柱》（Graduate Education: The Backbone of America Competitiveness and Innovation），进一步明确得了创新型研究生教育的国家战略意义③。总之，美国的研究生教育始终以培养高质量的创新型高级人才为目标，把科学研究放在首位，既重视基础研究，又积极引领应用研究，同时促进科研成果的转化，为国家发展作出了巨大贡献。

第二节　美国国家创新体系

美国是世界上较早建立国家创新体系的国家，其创新体系的发展进程和特色与美国历史、政治、经济、国防、教育（尤其是研究生教育）等各领域的发展紧密相关。

一、美国国家创新体系的发展进程

美国国家创新体系的发展进程可以分为三个阶段：二战前后国家创新体系的孕育、冷战期间国家创新体系的建立、冷战后国家创新体系的发展与完善。

（一）二战前后国家创新体系的孕育

---

① 美国亚洲文化学院（US Asian Cultural Academy）国际教育研究中心，http://www.douban.com/group/topic/6748132/

② 成遥：《美国——科技实力源于人才基础》，《中国科技奖励》2006 年第 12 期，第 73 页。

③ Graduate Education: The Backbone of America Competitiveness and Innovation [R]. Advisory Committee on Graduate Education and American Competitiveness; Council of Graduate Schools, Washington DC, 2007. http://www.cgsnet.org/portals/0/pdf/GR_ GradEdAmComp_ 0407. pdf

第二次世界大战期间，美国军事工程领域的研发呈现出蒸蒸日上的局面。当时创新活动主要由公司控制，越来越多的重要发明是由企业研发机构来完成，而且这些发明产业化的速度较过去更快，获利巨大，使美国在经济上成为高度发展的世界强国。

美国政府通过创建军事技术衍生公司的方式间接支持技术创新。研究型大学在直接服务于战争需要的战时科学研究领域中作出了重大贡献。由此，美国举国上下充分意识到科技创新的重要性，意识到以科学研究和培养科研创新人才为目标的研究生教育的重要性。

二战后，美国政府为高等学校投入大量资金，加强和充实研究生教育中的科研力量。这样，以研究型大学的创新型研究生教育为基础、以政府支持和政策倾斜为导向的国家创新体系开始初露端倪。

（二）冷战期间国家创新体系的建立

20 世纪 40 年代后期至 90 年代初期，美国国家创新体系开始逐步建立起来。

第一，20 世纪 40 年代后期至 60 年代中期，确立了大学，尤其是研究型大学在基础研究中的地位。政府加大拨款资助科研，并把大量的科研任务交给大学，为其提供巨额科研经费。1957 年，大学从联邦政府获得的科研经费 2.17 亿美元；到 1968 年，这个数字猛增至 15.09 亿美元。在 20 世纪 60 年代中期，美国高校从事科研开发的科学家和工程师总计约 18 万人。美国的大学以及相关的研发中心承担了全国约 60% 的基础研究和 10%～15% 的应用研究任务，并且这些研究已经领先于世界其他国家。①

第二，20 世纪 70 年代，联邦政府和各州政府成立了有关科学技术机构。政府支持学术研究，改善各种产业和研究条件，鼓励国家实验室与公司企业合作开展研究开发活动等。比如，鼓励大学研究中心开发具有地方特色的技术专长，为老企业提供技术推广服务，向新企业提供风险投资基金等。

第三，大学投入到技术转移工作。进入 20 世纪 80 年代，美国政府继续出台了多项政策法案，推动国家科技创新。如 1980 年，美国颁布了三个重要法律：专利修正法案《拜—杜法案》、《技术创新法》②（又称《史蒂文森—威德勒技术创新法》）、《贝赫—多尔法案》。自此，美国的大学，尤其是研究型大

---

① 李东：《美国的国家创新体系》，《全球科技经济瞭望》2006 第 3 期。

② 美国法典：http://uscode. house. gov/download/pls/15C63. txt

学，以前所未有的热情投入了技术转移工作，建立技术转移办公室。大学不仅向企业转移技术，而且为自己的教研人员和学生创建新企业提供了有利的条件。另外，有些大学还建立了孵化器和研究园，更多地参与地区经济的活动。

第四，兴办科技园区，促进知识密集型工业发展壮大。科技园区指一个国家或地区划出一块区域，在此区域内提供多方面的优惠待遇，集中一批高级科学研究与技术开发人员，实行科研、开发、生产三位一体，开拓高技术产品市场。作为知识经济新细胞的科技园区，最初诞生在美国硅谷，从 40 年代初创建到现在，硅谷已拥有大小企业 8000 多家。

第五，企业积极进行技术创新。为扶持和培植高新技术企业尽快成长，美国采取了一系列措施。一是给予税收优惠，鼓励企业创新。美国企业开发研究投资税从 1980 年的 49% 减至 1995 年的 18%，以鼓励企业的技术开发工作。二是加强知识产权的严格保护。美国为保护知识产权并维持其技术垄断地位，先后出台了《技术转移法》、《专利法》、《知识产权法》等多部法律法规。在对外经贸科技交流中，美国也积极运用"特别 301 条款"保护知识产权。

第六，大学和企业积极开展合作。美国各州政府采取了各种支持大学和企业的措施。如在宾州，本·富兰克林研究计划提出向新企业提供种子风险基金，鼓励支持大学和企业通过合作研究加强联系。[①]

总之，这一时期，在各级政府的鼓励和政策推动下，大学在创新体系中的作用日渐突出，大学与产业界的关系更加紧密，创新技术的转移与应用得到空前的发展。以政府、企业、大学、中介机构为主体的相互协调、相互合作的国家创新体系逐步建立起来。

（三）冷战后国家创新体系的发展与完善

冷战以后，美国抓住机遇，加快建立国家创新体系的步伐，不光注重创新行为主体的参与，更强调其相互作用和知识的流动，使创新的体系化更加完善，维持了其经济大国地位。

第一，设立国家级科技管理机构，协调科研创新。1993 年，白宫发表的《技术促进经济增长》的国家科学技术政策的报告，对科技创新和创新体系建设进行行政指导。紧接着，美国于 1993 年 11 月设立"国家科技委员会"（The National Science and Technology Council，NSTC）。这个内阁级别的委员会是总统协调联邦政府各部门科技政策的主要手段，为联邦政府在信息技术、健

---

① 张声海：《国家创新体系与美国霸权》，《当代亚太》2000 年第 10 期。

康研究、交通系统以及基础研究等方面的投入设定明确的国家目标，并制定研发战略，从而扭转了原来联邦政府的科研活动由其下属的 22 个机构各自进行的分散局面，加强了对高科技发展的宏观管理与协调，对实现国家科研整体目标起着至关重要的作用①。

第二，加大科技投入。政府及时调整了科技政策，明确提出政府将奉行旨在加强美国工业竞争力，创造长期的高工资就业机会的新科技政策，改变了以前注重军事技术创新的冷战色彩。1994 年 8 月，克林顿总统发表了自 70 年代以来美国政府的第一项科研改革声明，表示要使政府和工业界非军事科学研究和开发经费达到 1690 亿美元，这个数字超过了日本、德国、法国和英国的总和（1560 亿美元）。1999 年，美国的研究开发经费达到 2360 亿美元。强有力的科技投入为美国增强科技实力和实现产业化创造了更为有利的条件。据美国竞争力委员会调查的结果表明，在当今 27 项世界关键技术中，美国居领先地位的就占 24 项。

第三，重视科技人才，强化人才培养与引进，以满足知识转化的要求。知识经济时代，人才是关键，知识的主体是人。美国政府通过发展各种类型的教育，为发展知识经济准备了大量的人才。美国除了加强培养人才外，还不断大量地吸引国外人才，国会曾多次修改《移民法》，大力吸引来自亚洲、欧洲等地的优秀科技人才到美国从事研究与开发。

第四，强调各创新主体间的合作。1996 年美国政府修订《技术创新法》，即《1996 年美国联邦技术转让法》。旨在促进美国的技术创新，支持国内技术转移，加强和扩大各科研机构与产业界之间在技术转让、人员交流等方面的合作。在美国，政府、企业、大学之间双边的合作项目丰富；而且近年来，政府、企业、大学、军方等多角色的全方位的多边合作也越来越多，形成了良性互动的创新机制。比如，美国国防先期计划局（ARPA）2003 年与 Gray、IBM 及 Sun 微系统 3 家公司签订合同，研究开发新型计算机技术项目——高性能计算机系统（HPCS）。政府还为官—产—学—研合作提供了相关法规安排和制度创新，1980～1992 年间一共公布了 8 个有关促进军民、联邦与州政府、国内和国外的科研资源相互交流的法案。这些密切有效的联系与合作使得创新资源在主体间得以高效流动，各主体间能优势互补，加快创新速度，提高创新效率。大学、研究机构和企业的创新人才生产的产品就是他们的科技创新成果。

---

① 美国国家科技委员会网站：http：//www.ostp.gov/cs/nstc/about，2009 年 12 月 6 日。

这些成果通过中介服务、政策保障、企业实施得以转移，成为企业创新基础，从而使国家的技术、人力、资金、创新成果等要素形成良性互动。这样，创新就有效地转化为生产力、企业利益、乃至国家利益。

第五，进入21世纪，美国的国家创新体系得到进一步完善。2001年1月，美国著名智囊机构兰德公司（Rand）发表了长达97页的报告《增长的新基础：美国创新体系的今天和明天》，分析了美国国家创新体系的发展现状并提出了一系列的建议，对于美国国家创新体系的进一步完善和发展起了举足轻重的作用。政府、大学、企业、中介机构也纷纷响应，采取措施，推动国家创新体系的良性发展。近10年来，美国国家创新体系得到不断发展与完善。据统计，美国高新技术产业产值占国内生产总值的比例超过55%，科技进步对经济增长的贡献率也已达到80%以上。美国国家创新体系在国民经济的发展中起到了巨大的推动作用。

最近几年来，面对全球竞争格局的变化、特别是中国和印度在经济领域所表现出的活力以及技术进步的速度，美国政府部门、国会、产业界、研究机构感到必须加强美国的创新能力才能应对全球竞争的挑战，并对如何加强美国创新能力提出了许多政策建议，这些建议正在影响美国的创新战略和创新政策。美国创新战略的总方向是，加强人才培养，提高学生的数学和科学知识；改善科技研究的基础设施；立足于保持美国在知识创新领域的优势，在科学方面继续支持基础研究，保证美国在主要的科学领域居于领先地位，并在部分领域保持明显的领导地位。在技术领域，联邦政府同私营部门共同合作以建立强有力的国防、医疗卫生和环境保护的产业，并致力于创造一个支持产业发展的环境。

二、美国国家创新体系的主体及其作用

美国国家创新体系主要是政府、企业、大学和科研机构、科技中介服务机构等组成，各组成主体拥有自身灵活高效、竞争力强的内部运行机制，各自发挥着作用；同时，官、产、学、研和中介机构之间也加强合作、互为补充，密切互动，形成了一个公私互补、协调发展的良性有机整体。

（一）政府的作用

在美国国家创新体系中，联邦政府的作用主要是为创新系统构筑良好的政策法律环境、基础设施等支持和引导体系。概括地说，其行动主要表现在以下几个方面。

1. 积极建立沟通渠道

美国政府广泛开展公有与私有部门和联邦研发机构之间的对话，建立沟通渠道，以使联邦政府所支持的科学项目能够尽可能地得到多方关注、并照顾到多方利益。①

2. 财政支持

美国政府保证对科研事业进行有力的财政支持，这是有目共睹的。美国科研经费在国内生产总值的比重在3%以上，并逐步加大了对基础研究的支持力度。

3. 重视科技人才的培养与引进

美国教育经费占国内生产总值比重的6%～8%，政府通过发展各种类型的教育，为经济进步储备人才。同时，高层次人才培养的渠道主要是研究生教育，所以美国大力发展研究生教育。此外，美国还不断大量吸引国外人才，国会曾多次修改《移民法》，吸引来自亚洲、欧洲等地的优秀科技人才到美国从事研究与开发。

4. 提供法律保障和政策支持

美国政府为保障高新技术企业的成长，减免企业开发研究投资税，加强对知识产权的严格保护。美国为保护知识产权并维持其技术前沿地位，先后出台了《技术转移法》、《专利法》、《知识产权法》、《商标法》、《联邦技术转让条例》等，并严格执行。尤其是在促进大学知识产业化发展方面，美国于1976～2004年多次立法提供法制保障和支持。

在退税政策方面，2000年2月，美国国会通过《网络及信息技术研究法案》，将退税政策永久化。该法案第170款还规定，无论企业、非营利机构或个人，如果捐款给政府下属的基础性研究机构、教育机构和独立的"公益性研究机构"，都属"公益性慈善捐款"，可获相应的减税待遇，从而激励了其他几个主体对基础研究的支持。

5. 鼓励科技园区建设和发展

科技园区是知识密集型产业的先锋，它集中了一批高级科学研究与技术开发人员，实行科研、开发、生产三位一体，开拓高技术产品市场，并享受政府提供的多方面的优惠待遇。除硅谷外，目前美国已有39个州依硅谷模式建立了200多个高新技术园区，其中著名的奥斯丁和波士顿第128号高速公路带已

---

① 美国国家科技委员会：《为了21世纪的科学》，孙孟新：《21世纪美国科学政策》，《科学学研究》2004年第6期。

成为世界第二大微电子中心。

6. 制定重大科技战略规划

美国政府是具有战略意义而又难以在短期内赢利的基础研究的主要投入者，从宏观层面引领国家科技创新。内容涉及能源、运输、国家安全、航空航天、环境保护、基因工程、材料工程、人工智能、数字化信息与互联网等诸多关键领域。进入 21 世纪，这些战略规划得到实施、调整和补充，在资金投入上予以保证，引领了美国国家科技创新的方向。

（二）大学的作用

在美国，研究型大学是全美高层次人才培养与研究开发体系结构的集结点。美国的高质量的研究生教育主要是在研究型大学中进行的。国家创新体系中的创新主要包含知识创新与传播、技术创新与应用、制度创新与实施等，其中知识创新是最基本的，起引领作用。而知识创新与传播的执行主体是高水平的研究型大学。所以研究型大学的科学研究和人才培养就成为国家创新体系中最核心的组成部分。

1. 大学是知识创新主体

美国拥有世界一流的高等教育体系和科研机构，大学不仅是知识传播的主要承担者，也是知识创新的主体，更是新思想诞生的摇篮。美国高校承担了60% 左右的基础研究工作，保证美国具有源源不断的原始创新能力。

2. 大学是最大的创新人才培养基地

大学不仅是技术人才的培养基地，而且是高层次创新型人才培养的基地。每年美国数百万的高校毕业生中，1/4 以上是自然科学与工程技术领域的高级人才。研究型大学最显著的特点在于培养出优秀的人才，包括政治领袖、经济巨子、科技精英、学术大师和企业卓越领导者。美国的研究型大学在这一点上做得比较突出。比如哈佛大学曾培养出美国历史上 6 位总统和 36 位诺贝尔奖得主，以及一大批著名的文学家、哲学家和科学家；麻省理工学院培养了 20多位诺贝尔奖得主，还有人工智能的先驱诺尔伯特·维纳，磁存储器的发明者扎伊·W. 福莱斯特，道格拉斯飞机制造公司的创办人道格拉斯，通用汽车公司的创办人斯隆，通用电子公司总裁斯沃普，数字设备公司的创办人欧尔森，花旗银行总裁里德，等等。

3. 美国的大学在重大项目中发挥着重要作用

20 世纪以来，美国为了国家安全和占领国际领先地位，实施了一些重大项目计划。美国研究型大学在重大科研项目中起重要作用。如二战期间，研究型大学及其研究生参与的相关国防研究项目，极大地凸显了研究型大学的科研潜力和研究生教育在重大项目的地位和作用。

4. 大学与其他创新主体的交流与合作带动高技术产业发展

随着国家创新体系的发展和完善，各创新主体都更加重视相互的交流与合作，大学科研机构与企业的联合研究与开发，使理论与实践相互结合，研究与生产相互促进，加速了科研成果的产业化。

（三）企业的作用

1. 企业是美国技术创新的主要执行者

美国的企业，尤其是大型企业，都设有自己的研究机构，拥有雄厚的研究资金、完善的研究设备和众多的科技人员。20世纪90年代，美国企业雇佣300多万的科技人员，占全国就业科技人员总数的60%～70%；每年投入的研发经费超过1000亿美元，约占美国研发总支出的70%。① 进入21世纪以来，这个比例并未降低，而且投入经费大幅增加，2003～2008年，美国企业研发经费投入年均超过2400亿美元。②

2. 在科技成果转化方面，企业联盟也发挥了巨大作用

冷战后，国际间科技竞争更加激烈，美国的大公司也改变了过去各自为政的做法，与其他企业和国家实验室、研究型大学等科研机构组成联合体来开发和促销技术。大公司实验室过去只为本公司服务，现在也建立了技术转移办公室，跟踪大学和国家实验室的研究情况，并向其他公司出售技术。企业之间通过战略联盟或伙伴关系建立了密切的联系。它们结合各自的优势去共同研究一些靠他们自己的力量无法有效、低成本、迅速解决的问题。这种战略联盟由完成一些单项任务，如开发一种新产品，逐步演变成开发一系列的相关产品，并扩展到公司的其他领域如营销、财务、采购等。企业联盟各机构之间也强化了联系，有效推动创新工作的开展和新产品上市。这种新的创新模式打破了部门内营销、开发、研究之间的界限，也打破了部门、机构、行业之间的界限。

（四）研究机构的作用

美国的研究机构包括联邦科研机构、私立科研机构等。

联邦科研机构则主要承担与国家使命相关的基础研究和关键技术的开发，在美国国家创新体系中具有不可替代的作用。联邦政府国立科研机构拥有国家

---

① 曹学军：《健全国家创新体系　增强国际竞争力》，《科学新闻·周刊》2002年第4期。

② 根据美国国家基金2010年1月统计数据（http://www.nsf.gov/statistics/infbrief/nsf10312/）。

实验室850多个，共包括1500多处研究开发设施，20多万雇员，每年的研究开发经费总额超过1000亿美元，居全球之首。① 这些实验室集中归属于政府部门，从事全方位、多领域的科学和工程研究，成为美国在世界上保持科技、经济领先地位的强大支撑，成为政府履行国家职责和使命的重要基础。

私立的科研机构更是为数众多。其中，非营利研究机构不隶属于任何政府部门，又不设在大学或由大学管辖，也不像工业企业那样以赢利为目标，主要包括各种私人非营利研究所或公司，比较著名的有：国际斯坦福研究所、德拉皮尔实验室、巴特尔研究所、兰德公司、米特公司等。此类研究机构对美国科学技术的发展很有影响，是其他研究机构的有益补充。

（五）科技中介服务机构的作用

中介机构是国家创新体系中各行为体之间相互作用和相互协调的"桥梁"，不仅能起联络沟通的作用，还对科技成果进行深层的评估和咨询，促进科技成果转化的效率及服务效益的提高。科技中介服务机构主要包括技术转让机构、咨询和评估机构、政策研究机构、风险投资公司等，它们对美国国家创新体系架构的桥梁作用不容忽视。

美国的官方中介机构有国家技术转让中心（NTTC）、联邦实验室技术转让联合体（FLC）、国家技术信息服务中心（NTIS）、国家技术标准研究院（NIST）等。官方组织美国小企业管理局（SBA）在实施各种担保和贷款计划，提供信息咨询和技术服务，帮助企业获得资金和政府采购合同方面发挥了巨大作用。官方科技中介服务组织最突出的是小企业发展中心。该中心为非盈利组织，运行经费来自联邦政府、州政府和其他收入。目前全国已有57个州中心和950个分中心，形成了庞大的全国性网络，成为促进美国科技成果产业化和经济持续增长的重要社会力量。②

还有半官方及私立性质的联盟和协会组织、高科技企业孵化器（如全企网络公司，TEN）、特定领域的专业服务机构（如圣荷西市软件发展中心，SCD）、大学里的技术转移办公室等各种类型的管理咨询公司、信息服务中心、技术服务中心、网络服务中介、律师事务所、会计事务所等。这些中介服务机构越来越多地融入到国家创新体系中，成为加强各创新主体间联系及推动国家

① 林耕、傅正华：《美国国家实验室技术转移管理及启示》，《科学管理研究》2009年第6期。

② 张国安、吴开松、刘国旗：《西方发达国家科技中介服务模式对我国的启示》，《科技进步与对策》2006年第12期。

创新体系不断完善的一个重要因素。

（六）美国的军工产业在其创新体系中的独特地位

国防和军工产业在美国创新体系中的重要作用同样可以追溯到美国立国之初。1794年华盛顿总统提出并得到国会批准而由政府开办的4家兵工厂为部队提供武器，其中 Harpers Ferry 军工厂发明的零部件可互换的方法，成为后来美国制造方式的基础。在第二次世界大战中，包括原子弹在内的新技术为美国赢得战争的胜利作出了巨大贡献，也使全社会充分认识到科学技术的巨大威力。美国在二战以后建立了一种任务导向的军事和国防技术研究开发体系，同时通过大量的政府采购，从供给和需求两个环节支持了一批重大技术的开发，带动了产业发展。最为典型的是政府在飞机制造、核能、因特网、计算机、半导体、航天技术这六种通用技术领域的持续投资，满足了国防采购的需要，并催生了新的产业，美国企业能够在这些新产业中具有较强的竞争力，美国也因此成为全球领先国家。在过去半个多世纪中，联邦 R&D 支出中与国防相关的研发支出所占比例一直很高，在上世纪60年代冷战高峰期曾达到80%，而90年代冷战结束后也占50%左右。国防军工的研究持续为美国产业提供了全新知识和原创性技术。

综上，政府、企业、大学、研究机构、中介机构等各个类型的创新主体发挥着不同的作用，但它们在执行各自的任务过程中并不是完全割裂的。事实上，在企业和大学之间、企业与政府研究机构之间的合作伙伴关系有日益加强的趋势。①

三、美国创新战略的近期变化

新世纪、特别是"911"事件后，美国联邦政府不但增加了国防投入，而且增加了国防研究开发的投入。政府、企业界和大学对新时期美国如何通过促进科技发展保持国际竞争力和保障国家安全进行了深入的讨论和对话，并逐渐形成了一些共识。反映这种共识的一个有代表意义的事件，就是美国总统布什在2006年提出的国家竞争力行动计划。

"美国竞争力计划"提出了两大目标：在基础研究方面领先世界、在人才和创造力方面领先世界。为了达到这两大目标，该计划提出了四条主要措施：对基础研究的投资加倍；使税收减免永久化；加强学校的数学与科学等基础教

---

① 李朝阳：《美国政府推进产学研合作创新的政策考察及启示》，《中国科技信息》2009年第12期。

育；加强对工人的培训。

1. 在基础研究方面领先世界

（1）对基础研究的投资加倍

由于基础研究对创新至关重要，所以，美国竞争力计划提出，未来 10 年间，对于国家科学基金会、能源部科学办公室、商务部国家标准与技术研究院这些资助基础研究计划的机构的研究资助要增加 1 倍。为了达到此目标，对这些研究机构的资助需要以年均 7% 左右的速度增加。这相当于每年在高影响力、推动创新的基础研究方面新增投资 500 亿美元，这些基础研究将支撑并补充私营部门进行的短期研究。

（2）使研究和试验税收减免永久化

当前，美国私营企业的研发投入总额在 2000 亿美元以上，大约占全国研发总投入的 2/3。税收政策可用来激励私营企业的研究，有助于把基础和应用研究产生的知识和创意转变成企业和消费者需要的产品和工艺。尽管近年来税收减免时间暂时得到延长，但永久性的研究与实验税收减免可以激励企业更加大胆地实施其研发投资战略。总统还承诺要与国会一道简化和改进税收减免措施，使其能够更有效地激励私营企业创新。

2. 在人才和创造力方面领先世界

（1）把《不让一个孩子落后法》的一些关键条款扩展到高中

2002 年 1 月通过的《不让一个孩子落后法》对于改进孩子们的教学质量发挥了重要的作用。在"美国竞争力计划"中，布什总统提出，把《不让一个孩子落后法》中一些关键的条款扩大到高中，使所有的学生都能在毕业时掌握他们进入大学或参加工作所需的知识和技能等。

（2）培养和招聘高素质的教师

为培养和招聘高素质的教师，"美国竞争力计划"提出两项措施："大学先修激励计划"和"支教联合会计划"。

"大学先修激励计划"加大了政府目前对"大学先修国际学士学位计划"的资助，联邦政府对这项计划的投资目标是，5 年内培养 7 万名新教师，并且使 70 万名学生通过该计划的学分测验。此外，"美国竞争力计划"还提供资金，用于支持"支教联合会计划"，教育部通过该计划支持学校与公共或私营机构形成伙伴关系，借此鼓励科学、数学和工程专业人士作为教师去讲授特定高中的数学、科学和技术课程。该计划可以发挥公共教育体系之外的高素质人士的能力，利用他们来满足中学的特定需要。此计划的目标是到 2015 年之前拥有 3 万名辅助教师。

（3）基于研究的教材和教学方法

《不让一个孩子落后法》的一个基本点是，它要求各学校运用基于研究的课程和经过验证的教学方法来提高学生的成绩。为此，"美国竞争力计划"提出将为几项重要的计划提供资助，以便搞清楚学生是怎样学习数学的，这些学科的教师培养得怎么样，哪些教材的效果最好。

（4）数学计划

"美国竞争力计划"提出，数学教学是美国的弱项，美国目前的数学课程几乎没有以研究为基础的，或者经过严格的独立评估证明是有效的。为此，要成立"国家数学专家小组"，以便对现行的数学计划进行全面的评估，以便得出有效的数学教学原则。"美国竞争力计划"提出了两个数学计划——"小学生数学计划"和"初中生数学计划"。"小学生数学计划"将为以后的数学学习打下基础。该计划将激励教师们利用有效的教学方法、教学材料和做法，从而为学生初高中阶段学习更高难度的数学课程打下坚实的基础。"初中生数学计划"将建立在小学数学计划成功的基础上，对数学很差的学生提供更高级的差距诊断手段和补救措施。该计划将促进以研究为基础的教学干预手段的运用，包括强化系统的教学方法，其目标是提高初中生的代数水平。

（5）鼓励学生主修科学、技术、工程和数学（STEM）领域

在过去的 20 年中，在美国高等教育机构注册的人数从 1983 年的 1260 万增加到 2001 年的 1570 万。然而，在工程和物质科学领域，注册人数和完成学位人数稍有下降，而攻读科学和工程的研究生或从事科学和工程职业的人员的保持率已经下降到 28%。为此，布什总统支持一些跨联邦政府机构的计划，目的是让更多的人进入大学学习，招收并保持 STEM 专业的本科生和研究生人数。

（6）加大对劳动力的培训力度

"美国竞争力计划"指出，当前，美国在教育和技能培训上的投入不足。为此，总统 2007 财年预算案提出了一个重要的计划，即建立职业进步账户（CAA）。职业进步账户是自管理账户，刚加入劳动队伍或在两种工作间转换的工人，或者需要新技能来保持就业或晋升职位的在职工人，均可以获得多达 3000 美元的培训费。通过职业进步账户计划，每年约 80 万人将得到培训机会，此数量是目前系统下培训人数的 3 倍。

美国创新战略反映了美国朝野对当前和未来国际竞争格局的判断，他们都

明确提出中国和印度经济持续快速增长、技术水平的迅速提高对美国长期竞争优势提出了严重挑战。美国社会对此问题的共识和采取的一些政策措施，同1958 年美国为应对苏联在航天技术上的调整而通过的《国防教育法》有许多相似之处，那个法案加大了联邦对科学技术人才培养的投资，为其后美国科学技术的全面领先奠定了人才基础。因此，美国的这些创新战略动向值得我们认真研究和密切关注。

第三节　美国研究生教育与国家创新体系的关系

一、美国研究生教育对国家创新体系的贡献

美国国家科学、工程与公共政策委员会《重塑科学家与工程师的研究生教育》的研究报告认为："研究生教育是国家强盛和繁荣的必不可少的基石，是不断增加的社会和经济课题所需的创造力和智能活力的不竭源泉。"① 这一论断充分显示出美国研究生教育在国家创新体系中的重要作用，说明研究生教育是国家创新体系建设和发展的基石。

（一）研究生教育为国家创新系统源源不断地提供创新人才

美国对研究生教育的定位——"重塑科学家与工程师"，就可发现美国的这种定位蕴涵着对研究生教育在国家创新体系中作用的深刻认识。结合国际形势和美国国情，我们不难看出，美国研究生教育之所以能推动国家经济迅速增长，并使自身结构日益合理，很重要的一点是研究生教育及其专业设置，包括所授予的学位，能够紧密地结合政治、经济和科技发展的迫切需要，培养适应社会需要的高级人才。

首先，美国研究生教育的发展为高等院校输送了大量的高级人才。在美国大学的科学和工程领域中，博士级的科学家和工程师人数呈逐年上升趋势。在一些名牌院校，所有教员几乎清一色拥有博士学位头衔。同时，优秀人才队伍在大学从事教学和科研，又继续培养高质量的研究生，形成一个良性循环。1946 年至 1981 年期间，美国获得诺贝尔奖金的 109 名科学家获奖的研究工作几乎都是在高等院校进行的，而且都是在研究型大学进行的。在 1995 年至1996 年 16 名美国国家科学奖获得者中，14 名来自研究型大学，约占全国获奖

---

① 美国科学、工程与公共政策委员会：《重塑科学家与工程师的研究生教育》，徐远超译，科学技术文献出版社 1999 年版，第 8 页。

者总数的 88%。

其次，研究生教育所提供的人才基础是企业、政府部门国家实验室以及私人研究机构的依托。从享有盛名的硅谷和贝尔实验室获得的成功经验，可以看出美国研究生教育为企业科研机构提供知识储备、人才基础和持续的创新能力。

1. 科学园区——硅谷①

硅谷是知识密集型和技术密集型的典型地区。坐落于硅谷的大学有斯坦福大学（Stanford University）、圣塔克拉拉大学（Santa Clara University）、圣何塞州立大学（San Jose State University）、卡内基梅隆大学西海岸校区（Carnegie Mellon University，West Coast Campus），充分发挥了大学的科研与人才优势。在美国，加利福尼亚州是拥有博士最多的一个州，而"硅谷"拥有博士学位的人数占加州的 1/6。斯坦福大学是硅谷诞生的摇篮。在硅谷的早期发展过程中，许多公司的创办人就是斯坦福大学的教授和研究生。斯坦福大学和工业界签订了长期的"学位合作计划"和"工业联盟计划"。前者主要是让斯坦福大学为公司合格的雇员提供研究生课程学习和攻读高一级学位的机会。公司则通过"工业联盟计划"引进斯坦福大学基础研究和应用研究的尖端技术及人才。斯坦福作为一所研究型大学，每年为硅谷提供高素质的硕士、博士研究生以及提供再教育。硅谷的成功是很多因素促成的，但是如果没有美国一流的研究生教育为其提供一流的人才和知识贮备，硅谷也不可能有今天的发展和成就。

2. 工业界研究机构——贝尔实验室②

贝尔实验室是全球拥有最多诺贝尔奖的机构。目前已有 11 位获得诺贝尔奖的科学家，如著名华裔科学家朱棣文博士和崔琦博士。贝尔实验室的发展离不开创新型研究生教育的贡献。美国研究生教育向贝尔实验室输送了大量杰出的研究开发人才。

总之，优质的研究生教育优化了美国国家创新体系各组成部分的人才队伍，为美国建设高效的、富有活力的国家创新体系作出了突出贡献。

---

① 本段内容根据硅谷网站（http：//www. siliconvalley. com/）和互动百科（http：//www. hud-ong. com/wiki/% E7% A1% 85% E8% B0% B7）有关材料整理。

② 本段落内容根据贝尔实验室网站（http：//www. belllabs. com/）、维基百科（http：MB://wiki. mbalib. com/wik。//wiki. mbalib. com/wiki/% E8% B4% 9D% E5% B0% 94% E5% AE% 9E% E9% AA% 8C% E5% AE% A4）和 MBA 智库百科（MB：//wiki. mbalib. com/wiki/% E8% B4% 9D% E5% B0% 94% E5% AE% 9E% E9% AA% 8C% E5% AE% A4）有关资料整理。

（二）研究型大学及研究生承担着大量的基础科研工作，是知识创新主体

美国的大部分基础研究项目都放在以研究生教育为主的研究型大学。这里是知识创新的重要基地。2000 年以来，美国研究型大学一直承担了全国近60% 的基础研究。比如，2003 年，联邦政府国家实验室专项经费的 66.3% 投到设在研究型大学内的联邦国家实验室；联邦国家实验室基础研究专款则100% 全部投入到大学之中；美国国家科学基金会总会费的 82% 、国立卫生研究院总经费的 62% 投入到大学；美国 3665 所大学研究与开发经费的 76% 集中在120 余所研究型大学，经费的 30.1% 则高度集中在 20 余所高水平研究型大学。[1]

根据美国国家基金会的最新统计[2]（见表 5.5），2003 ~ 2008 年期间，美国大学科学与工程研发经费共计 2783.71 亿美元，其中 62.31% 是来自联邦政府的支持。这笔经费主要用于基础研究，占到 3/4；应用研究所占的比例约为1/4。并且，这项研发经费的数额在以 5% 左右的比例逐年增加，由 2003 年的401 亿美元增长到 2008 年的 519.09 亿美元。2008 年，美国共有 4352 所高等院校[3]，其中的研究型大学承担着国家 60% 以上的基础科研工作。

表 5.5　2003 ~ 2008 年美国大学科学与工程研发经费来源与分配统计　（单位：亿美元）

	年份	2003	2004	2005	2006	2007	2008	总计	比例
	总计	401	432.58	457.99	477.51	495.54	519.09	2783.71	100%
经费来源	联邦政府	247.71	276.44	292.09	301.29	304.58	312.31	1734.42	62.31%
	州、地区政府	26.47	28.79	29.40	29.62	31.43	34.18	179.89	6.46%
	企业	21.62	21.29	22.91	24.02	26.80	28.70	145.34	5.22%
	机构基金	76.64	77.53	82.66	90.62	97.48	104.35	529.28	19.01%
	其他	28.57	28.52	30.93	31.96	35.25	39.54	194.77	7%
经费分配	基础研究	301.21	319.68	343.68	360.96	378.42	394.08	209,803	75.37%
	应用研究	99.79	112.90	114.32	116.56	117.12	125.01	68,570	24.63%

资料来源：根据美国国家科学基金会网上数据整理（http://www.nsf.gov/statistics/infbrief/nsf10312/）。

在美国大学的科学研究中，在读研究生是不可忽视的科研力量。美国大学

---

①　龚维玲：《加强大学科技管理工作的研究》，《科技进步与对策》2004 年第 3 期。

②　美国国家科学基金会网：http://www.nsf.gov/statistics/infbrief/nsf10312/

③　http://nces.ed.gov/programs/digest/d08/tables/dt08_265.asp

的研究机构大体由4类组成：（1）各院系的研究实验室；（2）独立的研究机构；（3）联邦政府设立在大学的研究中心；（4）工业界和大学合作的研究中心。硕士和博士研究生在各类研究机构中以科研助理或课题参与者的身份从事大部分基础的科学研究工作。而他们的学位论文课题也大多就是其所参与的科研项目或科研项目的一部分。这样，每年注册的200多万研究生们在"做中学"，"学中做"，这既是美国研究生教育的一个典型特色，也是美国大学科学研究与科技创新得以持续发展的源源不断的动力。所以说，美国数以百万计的研究生已经发展成为大学科学研究的生力军，美国高等学校科学研究之所以能取得巨大成就，就是因为它拥有世界一流的研究生教育。

研究型大学的一个重要指标是其高质量的原创性科研成果的数量。根据1998～2008年部分美国一流大学在国际学术期刊《科学》（Science）和《自然》（Nature）上发表的论文数量统计（见表5.6），可以看出美国名牌大学在创新性科研成果上的实力。

表5.6　1998～2008年部分美国一流大学在《科学》和《自然》
上发表的论文数量统计表

学校名称	Science 论文数	Nature 论文数	年均论文数
哈佛大学	997	1049	204.6
斯坦福大学	627	487	111.4
加州大学伯克利分校	591	547	113.8
加州大学圣地亚哥分校	416	333	74.9
耶鲁大学	380	289	66.9
华盛顿大学	361	311	67.2

数据来源：摘自范柏乃、褚立波：《创建世界一流大学的制度支撑体系》，《高等教育研究》2009年第7期。

《科学》和《自然》是国际学术界公认的具有重大影响力的期刊，其论文水平代表了国际一流科研创新的水平。此表中，1998～2008年10年间，哈佛大学在这两个刊物共上发表了2046篇论文，年均200余篇；华盛顿大学的年均论文数为67.2篇。美国6所一流研究型大学的年均论文数为106.5篇。

（三）研究型大学及其研究生在重大项目中起重要作用

20世纪以来，美国为了国家安全和占领国际领先地位，实施了一些重大项目计划。美国研究生教育在重大科研项目中起重要作用。

如二战期间，研究型大学及其研究生参与四大国防研究项目极大地凸显了研究型大学的科研潜力和研究生教育在重大项目的地位和作用。这一过程中，尤其是雷达、原子弹、固体燃料火箭等的研制，融汇了麻省理工学院、哈佛大学、加州大学伯克利分校、加州理工学院、哥伦比亚大学、约翰·霍普金斯大学等一批著名研究型大学师生的智慧和努力。研究型大学在直接服务于战争需要的战时科学研究领域中做出了重大贡献（见表5.7）。

表5.7　美国研究型大学在战时科研中的贡献

国防研究委员会的主要成员构成	麻省理工学院：卡尔·康布顿（院长） 哈佛大学：詹姆斯·科南特（校长） 加州理工学院：理查德·托尔玛（院长）
雷达研制	实验室地址：麻省理工学院辐射实验室 实验室主任：罗切斯特大学李·杜布瑞基教授 项目总经费：15亿美元
原子弹研制的核心研究	哥伦比亚大学：气体发散研究 加州大学伯克利分校：武器理论和链式反映研究 提供辅助数据的大学：明尼苏达大学、威斯康星大学、哈佛大学、康奈尔大学等 项目总经费：20亿美元
固体燃料火箭研制	加州理工学院
无线电引信雷达研制	约翰·霍普金斯大学

资料来源：沈红：《美国研究型大学的形成与发展》，武汉：华中理工大学出版社，1999年，第60页。

在之后的美国国防教育、互联网、高科技等领域的发展进程中，美国联邦政府又以研究型大学的基础科学研究为依托，实施重要领域的重大科研发展战略研究，这其中各大学的研究生院既是国家高级科研人才培养基地，同时又是高级科研人才荟萃的地方，在网络信息、生物工程、新材料、国家安全等各个领域都起到关键作用。

（四）研究生教育与各创新主体的合作促进了高技术产业的发展

随着国家创新体系的发展和完善，各创新主体都更加重视相互的交流与合作，大学及一些科研机构也纷纷开始与企业界密切合作，如硅谷的崛起就与斯坦福大学的作用密不可分①。早在1951年，斯坦福大学划出大片校园建立

①　http://blogs.siliconvalley.com/

"斯坦福工业区"，将地产以租让形式供新企业建厂。1981 年，硅谷 18 家企业集资在斯坦福大学建立了"集成电路系统中心"，培养高级科技人才，形成了"教学—科研—生产"一体化的高技术产业区。现在，硅谷有几千家高科技企业，其中电子工业制造厂商就有 1/3。

20 世纪 80 年代以来，美国政府通过国家科学基金会采取了一系列措施来加强联邦实验室和大学与产业界之间的合作，在大学设立"工业—大学合作研究中心计划"；国家科学基金会在大学兴建了 25 个工程研究中心；国防部、国家航空航天局、能源部、农业部和国立卫生研究院在大学兴建与本身任务相适应的跨学科的科学技术中心。20 世纪末，2500 多家大学为私营企业建立了 350 多个科技中心。① 这些中心现在已逐渐成为美国高技术的密集地和具有强大竞争力的产业集群。大学科研机构与企业的联合研究与开发，使理论与实践相互结合，研究与生产相互促进，加速了科研成果的产业化。

战后美国的经济增长，50% 以上归于科技创新以及由此而出现的高新技术产业，而美国科技创新的最主要力量就是研究型大学。美国的占有优势地位的高技术领域如生物技术、计算机和人工智能、材料工程等领域，都是以研究型大学的高技术研究力量作为支撑基础的。可以说，研究型大学是美国成为世界科技中心的重要原因之一。

二、美国国家创新体系建设对研究生教育的影响

国家创新体系是一个系统工程，是随着不断变化的经济形势和国际环境不断调试和发展的。国家创新体系的变化发展直接影响到研究生教育，同时，美国的研究生教育的调整与改革也是在适应美国国家创新体系的建设需要。

（一）国家创新体系的不断完善促进研究生教育规模不断扩大

随着美国国家创新体系的不断完善，研究生教育越来越受到重视，科技文化的发展对研究生层次人才的需求也越来越大。政府、企业、大学作为国家创新系统的三大主体，通过资金投入、项目合作等方式，积极促进研究生教育的发展，使得研究生教育的规模不断扩大。美国国家创新体系对研究生教育规模的影响主要体现在如下两个方面：一是招收研究生的高校数量的增加；二是研究生数量的增加。

据统计，目前美国培养研究生的高校已超过 2000 所。2000 年到 2008 年，

---

① 　张成岗：《美日国家创新体系的比较研究》，《湖北社会科学》2000 年第 7 期。

美国高校授予的研究生学位数量由 58.2 万上升到 75.5 万，合计培养毕业研究生层次人才 532 万；授予硕士学位、第一职业学位和博士学位的人数连年增长。

表5.8　1999～2000 学年至 2006～2007 学年美国高校授予研究生层次学位人数统计

学年	硕士学位	第一职业学位	博士学位	小计
1999～2000	457,056	80,057	44,808	581,921
2000～2001	468,476	79,707	44,904	593,087
2001～2002	482,118	80,698	44,160	606,976
2002～2003	513,339	80,897	46,042	640,278
2003～2004	558,940	83,041	48,378	690,359
2004～2005	574,618	87,289	52,631	714,538
2005～2006	594,065	87,655	56,067	737,787
2006～2007	604,607	90.064	60,616	755,287
合计	4,253,219	669,408	397,606	5,320,233

注："第一职业学位" 指 first professional degree，学生需完成 6 年大学教育并且包含至少 2 年的职业训练。

数据来源：美国教育部国家教育统计中心（http：//nces. ed. gov/programs/digest/d08/tables/dt08_ 276. asp）。

（二）对研究生学科门类、专业方向及其规模的影响

美国联邦政府通过科研资助调节和控制研究生教育的学科门类、专业方向及其规模。政府科研资助和直接资助博士生教育，使得美国研究生教育的学科门类增多、获得科研资助经费多的学科授予的学位数增多、博士生教育迅速发展。

二战后，国家战略性政策与资助倾斜，使生命科学、自然科学和工程学的科学研究获得大量资助，而社会科学，特别是人文学科被忽视。这样的学科倾向无疑反映到了研究生教育上。到 1965 年，三个重点资助领域授予的博士学位占整个美国授予博士学位数的一半；同样，国防科学和空间技术的学习和研究也成了研究生攻读的主要内容。但是，20 世纪 80 年代以来，生命科学、环境科学、人工智能、新能源等领域的发展对理工学科研究生需求增大。20 世纪 90 年代以来，美国专业硕士学位获得者的比例已占全部硕士学位获得者总

数的半数以上。在博士研究生层次中的专业学位也日渐增加。在学科结构上，硕士学位的授予主要集中在教育学和商学，比如 2007 年 60.5 万硕士毕业生中，这两个学科的比例分别为 29% 和 25%，接下来是健康科学和临床医学（9%）。与 10 年前相比，授予硕士学位总数增长了 44%，其中安全与防卫服务领域增幅最大，10 年增长了 166%，接下来是教育，增幅为 62%。在博士学位方面，2007 年共有 6.06 万博士毕业生，其中 50% 以上集中在 4 个主要学科：健康与临床医学（14%），教育学（14%），工程学与工程技术（13%），生物学与生物医学（10%）。与 10 年前相比，授予博士学位总数增长了 32%，其中，健康科学与临床医学领域的增幅最大，10 年增长了 283%。在培养方式上，非全日制研究生比例一直很高，占研究生注册总数的 50% 以上[①]，而且在全日制研究生的毕业期限也比较灵活。2000 年的"911"事件和 2008 年金融危机再次给美国敲响警钟，影响到国家发展战略和创新体系的各个主体。就大学而言，研究生教育中对生命科学、教育学、心理学、国土安全防卫等领域的需求增加，交叉学科和跨学科领域也越来越受到重视，各学科领域研究生注册和毕业的比例正在发生不断变化。

（三）对研究生培养目标的影响

二战后，联邦政府对研究开发经费的增长改变了大学在国家创新体系中的地位。大学数量的增加、研究生教育规模的迅速扩大，都需要更多的优秀教师。而且在美国大学教师一般必须拥有博士学位，这就更进一步促进了研究生教育质量的提高。直到今天，培养优秀的大学教师依然是美国研究生教育的重要目标。

美国科技人才在二战中的贡献及战后联邦政府奉行"科学至上"的政策，使科学研究尤其是基础研究获得高度重视。联邦政府确立了科研在国家发展中的中心地位，发展科学、培养科学研究人才就成为了国家的重要任务。在研究生教育中不仅重视各学科领域的研究人员的培养，也从长远的观点自主培养跨学科的研究人员，为今后的科技发展奠定了良好的基础。直到今天，由于美国国家创新政策的不断强化和国家创新体系建设的不断加强，在研究生教育中培养高素质创新型科研人员一直是一个重要目标。

20 世纪 70 年代以来，国家科学基金会在大学执行"企业界和大学合作研究中心计划"，建立了企业界和大学合作研究中心，加强科研成果转化和应

---

① http：//nces. ed. gov/programs/coe/2009/section1/table-gre-1. asp

用。同时，社会的进步还需要具有人文精神的大批高素质的社会科学人才。美国综合国力发展的目的就是全面提高人民的生活质量。所以，研究生教育加强了对高技术、高素质专业人才的培养。发展到 21 世纪，为了保持美国在国际上的领先地位和国际竞争力，美国国家创新体系对各个学科领域的高级专业人才的需求更加明显和迫切。

随着社会的发展，国际经济全球化的趋势增强，世界各国都需要大量能够参加国际合作和竞争的跨学科人才，美国也不例外。所以，美国的研究生教育并不拘泥于本土生源和专业对口的申请者，而是更强调培养国际化复合型高级人才。

综上所述，美国研究生教育多样化的培养目标主要为：大学教师、科研人员、跨学科应用型高级专业人才、国际化复合型高级人才。这个多样化培养目标与国家创新体系的建设需求是分不开的。

（四）对研究生教育的国际化的影响

20 世纪 90 年代以来，面对越来越激烈的国际竞争，美国联邦政府更加重视其在科技领域的国际前沿地位，重视利用国际化资源进行高新技术的研究和开发。为此，美国政府制定了一系列的计划来支持企业和大学跨出国门，加强国际间的交流与合作。国家创新体系复杂网络中的各执行主体之间的联系越来越国际化，使美国国家创新体系正在进入一个新的创新环境。大学和其他知识生产机构发挥更大的作用，国际机构和多国机构也参与进来，机构和国家的界限被逐渐打破，美国国家创新体系向国际化发展。在这种国际化趋势的大环境下，研究生教育国际化趋势进一步加强。

美国为促进高等教育尤其是研究生教育的国际化进程采取了一系列措施。比如，美国国会通过一系列支持研究生教育国际化法案，包括《富布赖特法》，《美国新闻与教育交流法》、《国防教育法》、《国际教育法》，还有高等教育法案中的相关规定，以及在签证与移民法案中对国际留学生的政策倾斜等。使海外学生、学者以及 STEM 领域的工作者进入美国的途径变得更加方便。同时，美国还改革了移民政策，为海外顶尖学生和学者获得永久性居住权提供方便的途径，鼓励其成为美国公民。同时，美国政府还放宽了海外学生和学者进行研究的类别限制，使他们有机会进行高层次的科学研究。比如，美国政府研究生教育的奖学金也吸引了大批优秀的国际生源到美国攻读研究生学位。当他们毕业后，一部分就留在美国工作，成为美国科技创新领域的部分强大力量。大学创设各种有利条件以吸引海外优秀学生和顶尖学者到研究生教育机构从事研究和学习交流。此外，大学还有校友计划，与回到各自国家的毕业生保持联系，由政府向大学研究机构提供专项经费，鼓励大学与各国这些校友身份的学者和科学家开展跨国合作研究。

在引进和留住人才方面，美国主要通过三种方法，将全世界几百万的优秀人才吸引到美国来：一是长期执行有效的移民政策，每年至少为吸收国外各类人才保留 14 万名入籍名额；二是灵活的 H－1B 签证计划；三是尽量创造出较之其他国家更加自由宽松的学术环境，提供丰富的信息资源，加上各种学术大师云集，营造出吸引人的大环境。

大力支持研究生教育国际化，借此增强美国国家创新体系的活力和国际竞争力，已成为美国政府的一项重要政策，也是美国大学的一个发展趋势。

第四节　美国研究生教育与国家创新体系建设对我们的启示

美国是世界上公认的创新大国，也是创新强国。据统计，世界上 70% 的专利出自美国，无论是诺贝尔奖得主人数，还是世界一流大学的数目，美国都遥遥领先。更值得注意的是，世界上很多重大的、具有突破性意义的科研成果都来自美国。据统计，美国科研投入是世界上最多的，其投资回报率也是最高的，达到 200%，这是世界上其他任何国家望尘莫及的。所以，中国在科教兴国、创新强国事业上，要有清醒的认识，充分借鉴美国等世界先进国家的经验，探索中国特色的民族复兴之路。从研究生教育和国家创新体系的角度，美国的经验给了我们很多有益的启示。

一、重视基础研究，提升原始创新能力

（一）对基础研究的重视

基础研究带有源头创新的特点，只有重视基础科学研究，才能永远保持自主创新的能力。"现代科学技术的成果有 90% 是来自于基础研究的，基础研究虽然在短期内不能转化为生产力，可它始终是科学—技术—生产力这一链条中的首要因素。"① 谁重视了基础科学研究，谁就掌握主动权，就能自主创新。就美国的经验来看，原始创新与基础研究存在密切关系，基础研究是其他应用研究的源头与动力所在，对基础研究的重视与投入是重大原始创新的保障。美

---

① 曾华锋、杨爱华：《美国研究型大学中基础研究的作用及启示》，《中国高校科技与产业化》2007 年第 11 期。

国政府一直将基础研究作为美国国家创新体系中科技投入的重点。

从 R&D 经费投入额来看，1953 至 2003 年间全国的基础研究投入额从 4.60 亿美元上升到了 541.03 亿美元，增长了 117 倍，相对增幅在三大类研发活动中为最高。进入 21 世纪后，虽然技术开发投入出现下降，应用研究投入增长速度也明显减缓，但 2000 至 2003 年间，基础研究投入仍然从 423.67 亿美元快速增长到了 541.03 亿美元，年均增长率达 6.9%。从基础研究投入在研发投入总额中所占的比例来看，1953 年仅为 8.9%，之后逐年扩大，到 2003 年已经达到了 19.1%。2008 年，全美大学数量达到 4352 所，共获得 519.09 亿美元的科学与工程研发经费，其中的 30% 还是集中于 20 所高水平研究型大学；从经费来源上看，312.31 亿美元来自联邦政府，34.18 亿美元来自州政府和地方政府，这样，来自政府部门的经费支持总额为 346.49 亿美元，占到全部科研经费投入的 66.5%；而大学把这笔经费中的 394.08 亿美元投入到基础研究，125.01 亿美元投入到应用研究，前者是后者的 3.15 倍，可以看到美国政府和大学对基础研究的重视。①

从基础研究体系构成主体看，美国基础研究机构由大学、联邦实验室、产业及非营利性机构组成。其中，大学和联邦实验室是美国基础研究最重要的组成部分，也是获得联邦政府资助最多的机构。美国的重大基础性科研项目基本上都是在研究型大学完成。虽然美国大学和联邦实验室在基础研究中扮演着非常重要的角色，但是美国产业界从事基础研究的力量仍然不可忽视，大约有 4% 左右的产业 R&D 经费用于基础研究。产业界从事基础研究对于产业共性技术发展和某些领域的原始创新起着非常大的影响。

美国政府认为，基础研究是对未来的投资，是美国技术创新成果的源泉，是美国科技领先地位的基础。虽然美国基础研究资助多元化，但联邦政府始终是支持基础研究的主体，为基础研究提供长期稳定的支持。同时还通过税收等政策调节，带动社会对基础研究的投入。长期以来，美国产业界是 R&D 经费的主要支出者，这与美国企业是创新主体密切相关。但是就基础研究开发经费支出而言，联邦政府是最主要的支持者，占据总经费的一半以上。

形成良好的遴选基础研究计划和项目的机制。基础研究的资金分配坚持由同行"优绩评议"，并通过有效组织和管理实现人才、思想和工具（设施、仪

---

① 数据来源：根据美国教育部国家教育统计中心（（http://nces.ed.gov/programs/digest/d08/）和美国科学基金会（http://www.nsf.gov/statistics/infbrief/）公布的数据整理。

器设备等）的有机结合；把是否有利于智力资本的积累和是否有利于建立各种各样的伙伴关系作为遴选基础研究项目的主要标准。

（二）基础研究与原始创新为美国的发展提供不竭动力

原始创新的根源在于基础研究，而基础研究最突出的表现在于论文产出。美国是基础研究投入最大的国家，也是论文产出最多的国家，同时美国论文的影响力也高居榜首。一个国家诺贝尔奖获得者人数多少可以从某方面反映一国的原始创新能力。根据历年来诺贝尔奖的获奖名单统计，从 1985 到 2005 年的 20 年间，共 52 位诺贝尔物理学奖得主中，有 34 位为美国人或在美国居住，占 64%；47 位化学奖得主中有 28 位为美国人或在美国从事研究工作，占 59.6%；生理学或医学奖的 46 位获奖者中，有 28 位美国人，占 46%；33 位经济学奖得主中，有 23.5 位美国人（其中一人为以色列和美国双重国籍），占 71.2%。从以上数据分析可以看出，美国的原始创新能力无疑高居全球榜首。

美国基础研究的成就，不仅使美国科学活动中心的地位更加巩固，而且也为美国的技术进步提供了不竭的动力。据美国有关资料统计，20 世纪初，科技进步对经济增长的贡献率为 5%～20%，20 世纪中叶上升到 50% 左右，20 世纪 80 年代则上升到 60%～80%，大大超过资本和劳动力的贡献①。美国经济社会发展得益于科学技术的突飞猛进，但基础研究的作用不容忽视，从美国基础研究对美国的作用看，基础研究的投资具有倍数增大效应；从经济角度来看，美国近 30 年来经济上的成就依赖于基础研究所培育的智力资本和知识增长，美国企业专利所引的参考文献 70% 来源于由公共资金资助的基础研究。美国政府对基础研究进行长期、稳定的支持是维持美国科技经济竞争力的根本。

二、各创新主体对研究生教育发展的大力支持

进入 21 世纪，知识经济和国际化市场竞争使美国更加认识到研究生教育的重要性。美国国家创新体系各个创新主体对研究生教育的支持力度更见显著。

（一）美国政府和行业组织对研究生教育的支持

作为国家创新体系的主体，政府的主要作用就是通过制定政策，提供资金和信息方面的支持。而政府政策的制定，在某种意义上是基于民间组织的调研和政策咨询报告。美国研究生教育的民间组织包括研究生院理事会、大学协会

---

① 赵敏、藏莉娟：《美国大学在国家创新体系中的作用及其启示》，《江苏高教》2006 年第 6 期。

和研究生院协会等。它们通过对全国研究生教育的调研，分析现状、总结问题、拟定对策并给予充分论证；最后，以报告形式公开呼吁政府和社会加大对研究生教育的支持力度，创造有利于创新型人才培养的环境。这些报告同时也是研究生教育改革和发展的指导性文件。比如，2005～2007 年的 3 份报告（见表 5.9），主题就是结合国家经济和社会的需求，加强研究生创新能力的培养，推动研究生教育的发展。同一时间，美国政府发布了一系列有关创新力和竞争力的法案和报告（见表 5.9）。这些法案和政策文件的主旨是"通过多方面的发展来促进国家创新力和竞争力的提升，在教育领域中强调研究生教育的发展，为研究生教育发展提供一系列政策性的支持，将其作为培养高素质、高水平研究型人才以及从事基础科学研究的载体，从而提升国家的整体实力。"①

表 5.9　2005～2007 年美国政府和行业协会发布的关于创新与研究生教育的法案和报告

时间	机构/官员	文件类别	题目
2005 年 10 月	国家科学院	报告	《站在正在聚集的风暴之上》
2005 年 12 月	参议员：约翰·恩赛和约瑟夫·李伯曼	法案	《2005 国家创新法案》
2005 年 12 月	商务部：国家竞争力最高级会议	报告	《对美国创新的投资》
2006 年 1 月	布什总统	《国情咨文》	《美国竞争力计划》
2007 年 8 月	国会两院	法案	《美国竞争法》（全称：《为有意义地促进杰出技术、教育与科学创造机会》）
2005 年 11 月	研究生院理事会	报告	《重建美国研究生教育的承诺》；
2006 年 1 月	大学联合会	报告	《国防教育法和创新力计划》
2007 年 4 月	研究生院理事会	报告	《研究生教育：美国竞争力和创新力的支柱》

　　资料来源：根据白华《新世纪美国研究生教育面临的挑战及其对策》中的材料整理，《比较教育研究》2008 年第 11 期。

　　在财政支持方面，联邦政府和州政府逐渐加大对研究生教育的经费投入。比如，2005 年财政年度，联邦政府将 458 亿美元研发预算的 64% 用于大学和学院的科学研究及发展活动。在 2007 年的总统财政预算中，要求联邦政府投

---

　　①　白华：《新世纪美国研究生教育面临的挑战及其对策》，《比较教育研究》2008 年第 11 期。

入 1,370 亿美元作为科学研究和发展经费，比 2001 年度的经费预算增加了近 50%。从州政府来看，在 2007～2008 年度对高等教育的税收补助经费额度增加了 7.5%，达到 775 亿美元，这是近 10 年来州政府税收补助增长幅度最高的。加利福尼亚州对高等教育的税收补助达到 110 多亿美元，居全国之首，增长幅度达到 5.7%；紧随其后的是得克萨斯州，税收补助总额达到 60 多亿美元，增长幅度达到 11.2%。① 同时，政府还大力支持企业和大学在高科技领域的合作研究。

（二）美国企业加强对研究生教育的支持

企业，既是国家创新体系中最重要的主体，又是研究生教育的直接受益者。近年来，在国家政策的支持下，企业积极与大学合作。比如，企业为大学的专业硕士学位计划提供充足的经费，开展各种培训，为在读以及毕业的研究生提供实习和雇佣机会，还加强和大学的合作研究和新产品孵化，涉及纳米技术、基因技术、信息技术等尖端科学领域，共同培养国家紧缺的各类高水平、高素质的技术型人才。企业与大学形成利益共同体，这大大促进研究生教育的发展。

（三）美国大学加强对研究生教育的支持

大学，既是国家创新体系的主体，又是研究生教育的主体。大学积极贯彻政府的政策和研究生行业协会的呼吁，又积极联合政府，促使它为研究生教育提供服务。大学还积极与企业合作，共同培养高素质劳动力。此外，大学还利用自身优势，积极从基金会、校友会等其他各种途径为研究生教育筹集经费。

当然，最重要的是，大学根据政府政策和行业组织的发展规划，不断更新研究生教育培养计划，以吸引更多的学生进入研究生教育，鼓励研究生进入到国家创新体系中的重点学科领域，比如 STEM（科学、技术、工程、数学）领域，攻读学位。同时，大学还制定制度，实施科学管理，有效利用各种经费，提高研究生培养质量和投资回报率。此外，针对弱势族裔在美国社会中所占的比例越来越高，将其纳入到研究生教育，也成为美国研究生教育的发展战略和趋势。

美国将研究生教育视为国家竞争力和创新力的基础。在新的世纪，国家面临新的危险和挑战时，美国又一次将研究生教育推到了前台，发动各级政府、

---

① 根据美国教育部网站和美国研究生理事会网站有关数据整理：http：//www2. ed. gov/about/o-verview/budget/tables. html，http：//www. cgsnet. org/Default. aspx? tabid = 276

民间组织、大学以及企业界等各个层面的创新主体，共同推动研究生教育的发展。值得一提的是，《美国竞争法》颁布实施，以立法的形式促进了教育革新，加强研究生教育，这无疑将持续提升美国在国际社会上的竞争力，推动其国家创新体系建设与发展。

三、高度重视大学科技园建设

大学科技园是社会经济和高等教育发展进步的产物。大学科技园的诞生，不仅使高等学校的人才培养、科学研究和社会服务功能得到有机融合和进一步拓展，而且从根本上变革了大学科技创新活动的管理体制、运作机制和模式，能够有效促进国家创新体系的建设。从美国的经验来看，作为企业孵化器之一的大学科技园在培育新型产业过程中发挥了重要作用。

美国第一个大学科技园是 1951 年诞生于美国斯坦福大学附近的硅谷，是微软、雅虎、谷歌等著名企业所在地，现已发展成为美国电子工业最大的研究、制造中心和高科技的摇篮。根据 2008 年统计，硅谷的人口不到全国的1%，但 GDP 占美国总 GDP 的 5%。① 20 世纪 50 年代，美国还依托麻省理工学院、哈佛大学在波士顿 128 公路地区建立了高技术区，到 20 世纪 90 年代，那里一直是美国军工和高科技产业的重要基地，128 公路被称为"美国的科技高速公路"。② 1959 年，依托杜克大学等 3 所著名大学而建立的北卡罗来纳州三角研究园（Research Triangle Park），现为美国最大的大学科技园，170 多家高科技企业诞生或落户于此，雇佣着 40,000 多名员工，著名的 IBM 公司总部就设在这里。③ 1962 年，阿拉巴马州亨茨维尔大学建立卡明斯研究园（Cummings Research Park），以航空和空间技术为核心，现发展为美国第二大科技园，公司 280 多个，雇佣员工 25000 人，其中财富 500 强企业有 20 家④。

1986 年，美国成立"研究型大学科技园协会"，2001 年改名为"大学科技园协会"。⑤ 发展到今天，美国已经有众多大学科技园（或称"研究园"）。2004 年 6 月，美国发布《科学园管理法案》⑥，从法律上规范科学园的建设并

---

① http：//www. siliconvalley. com/
② http：//en. wikipedia. org/wiki/Massachusetts_ Route_ 128
③ http：//www. rtp. org/main/index. php？pid = 178&sec = 1
④ 根据 http：//www. huntsvillealabamausa. com/new_ exp/ed_ assistance/ind_ parks/crp. html；http：//www. encyclopediaofalabama. org/face/Article. jsp？id = h - 2070 资料整理。
⑤ 美国大学科技园协会网：http：//www. aurp. net/more/history. cfm
⑥ 美国政府国会网：http：//www. govtrack. us/congress/bill. xpd？bill = s108 - 2737

保障科学园的健康发展。

美国大学科技园是美国研究型大学向创业型大学发展的必然结果。在美国大学科技园区密集的地区，大学衍生出来的高科技企业要比从外地吸引落户的企业多得多；并且，这些科技园正在逐步成为美国科学研究与成果转化的重要的新兴力量。

四、提供有效的创新机制

美国国家创新体系建立和发展的历史表明，美国国家创新体系的主要特点就是围绕创新人才培养和创新成果转化在各创新主体之间形成相互协调与相互促进的有效机制。其具体表现为提供良好的创新环境，投入雄厚的资金支持，重视人才培养和研究生教育，强调基础研究与应用研究及技术转化相结合，建立科学的评价体系，从而形成官、产、学、研密切合作的创新机制。

（一）良好的创新环境

国家创新体系的建立和完善，离不开鲜明的创新文化和适宜的创新环境。美国的国家传统就是鼓励创新，不断进取；其创新环境包括教育环境、政策环境，金融环境、基础设施、国际化环境等几个方面。

1. 优质的创新型高等教育环境

美国国家创新体系的创新环境首先是优质的高等教育，尤其是研究生教育环境。美国拥有世界上最发达的高等教育，在世界大学排名中，前100强大学名单上，美国大学要占据一半以上，并且主要以培养创新型高层次研究人才的研究型大学为主，这被认为是"美国科技领先于世界的重要原因"[1]。美国的研究生教育水平居世界首位，最主要的原因就是其人才的创新力和竞争力优势。

2. 适宜的创新政策环境

适宜的创新政策环境也是美国国家创新体系的重要支撑。概括地说，美国科技政策具有两个重要特征：一是在科技发展战略上强化基础性科学技术的研究；二是在科研发展方式上着重强化以科研联合体的研究开发模式。这种政策导向基于"开拓原创性技术范式以获取技术竞争的制高点"[2]。

众所周知，美国是一个法治国家，而健全的法制环境是科技政策实施的重要保障。在科技创新领域，美国也逐步建立健全了其科技立法体系。20世纪

---

① 谭贤楚：《对美国国家创新系统的分析与思考》，《科技与创新管理》2005年第2期。

② 郑雨：《战后美国科技政策评析》，《世界经济与政治论坛》2006年第5期。

80 年代以来，美国制订的有关促进技术创新的法规就多达 20 多个①，对政府和国家科研机构的职能以及它们与大学、企业的合作关系，专利和知识产权保护，财政和税收政策，劳动力的教育与培训，政府采购制度等方面都做出了明确的规定，尽可能地为高校、企业、科研机构和个人营造创新的政策环境。这大力推动了产业技术创新和科研成果的产业化，形成了比较有效的技术创新运行机制。

3. 健全的创新金融环境和基础设施

美国拥有发达和完善的资本市场体系，这为创新企业提供了直接融资场所，促进了社会化的科技创新体系的形成和完善，并且有力地弥补了金融系统间接融资与科技创新不能有效结合的制度缺陷。

创新基础设施主要包括信息网络基础设施、大型科研设施、数据库、图书馆、实验室等。美国在创新基础设施方面凭借其巨大的投入和不断的积累，形成了世界领先的优势，为其创新型国家的建设奠定了重要基础。

4. 多元的国际化创新环境

美国是一个移民国家，国家的发展进程也呈现多元化特色，这为科技创新提供了宽松的国际化环境。重视和大力引进外国科技专业人员、网罗全世界最优秀的科学技术人才，也始终是美国的基本国策之一。据 2003 年 11 月美国国家科学委员会的报告统计，在美国取得科技成就的科学家和工程师中，38% 不是来自本土。美国鼓励竞争，形成了不同文化、不同思维模式进行不断交融、不断创新的国际化创新文化氛围。为了提高其科技创新成果的国际竞争力，美国政府、企业、大学和科研机构一直非常注重国际交流与合作。政府鼓励同外国进行联合科技研究与开发，如微软公司已经在英国剑桥和中国建立了基础研究机构。美国政府还广泛利用科技计划、外交、对外投资、经济援助、市场开发等手段促进美国与他国的科技研究合作，如有关智能制造系统（IMS）、光电子、民用产业技术、生物医学技术方面等领域都签订了一系列国际协议。政府还通过留学政策和移民政策吸引全球的高科技人员，如研究生教育中的奖学金政策，移民政策中对高科技人才的倾斜等。外籍人士在美国获得的专利数多来年直线上升。硅谷聚集着全世界各地的高科技精英，如微软公司的 2 万名员工中印度籍员工就有 2000 多人。美国 59% 的高科技公司中，非本土科学家和

---

① 孙孟新：《美国科技领域法律政策框架概览》，《科技与法制》2004 年第 4 期。

工程师占到科技人员总数的 90%。①

（二）雄厚的创新经费投入

美国雄厚的国力为国家创新体系中的研究开发提供了足够的资金保障。在美国国家创新体系形成过程中，每年研究开发投入总值一直居世界首位。进入 21 世纪，尽管美国的经济不像以往那样发展迅速，但其研发投入依然高居世界榜首。根据 2010 年 1 月美国国家科学基金公布的最新数据计算，2003 年至 2008 年 6 年中，美国研发经费总额超过 2 万亿美元，年均 3378 亿美元，而且每年企业、联邦政府、大学、其他非营利机构的研发经费支出都呈上升趋势（见表 5.10）。

表 5.10　美国国家基金 2003～2008 研究开发经费统计　（单位：亿美元）

实施主体	2003	2004	2005	2006	2007	2008	小计
企业	2007.24	2083.01	2261.59	2476.69	2692.67	2891.05	14412.25
联邦政府	350.05	356.32	377.16	389.27	399.05	417.54	2289.39
大学	404.84	431.28	451.97	469.83	490.21	511.63	2759.76
其他非营利机构	121.11	121.4	130.32	134.69	143.41	156.06	806.99
合计	2883.24	2992.01	3221.04	3470.48	3725.34	3976.28	20268.39

资料来源：根据美国国家基金 2010 年 1 月统计数据整理（http：//www.nsf.gov/statistics/infbrief/nsf10312/）。

（三）协调的创新机制

美国国家创新体系不仅具有完备有效、充满活力而又相互补充的创新主体，而且美国的国家制度和科技制度能够确保各行为主体之间进行广泛和建设性的交流与合作②，保持着动态的密切联系，这成为美国"新经济"的发动机和保持国际竞争优势的关键因素。美国已形成了比较完善的创新体系机制，主要体现在以下几方面。

首先是人才、技术及产业化之间的良性运行机制。美国政府及企业都非常重视教育与科研开发，每年投入大量经费给予高校及科研机构。高校及科研机构则向企业源源不断地提供大量的人才、技术甚至企业家，形成了双方良性互

---

① 周琪、徐修德：《试析美国国家创新体系的现状及特点》，《山东教育学院学报》2005 年第 3 期。

② 朱仁显：《美国科技领先的制度供给》，《自然辩证法研究》2003 年第 9 期。

动机制。为促使技术产业化，美国制定了较完整的风险投资机制、技术孵化器制及技术买卖制。风险投资指将资金投向蕴藏着失败风险的高新技术及其产品的研究开发领域，旨在促进技术成果尽快商品化，以取得高资本收益的一种投资行为。正是源源不断的风险资本投资使硅谷实现了可持续的创新活动，也正是分布在美国的众多科学园区的一轮又一轮的创新活动使美国成为世界科技创新中心，推动美国经济的持续繁荣。技术孵化器制是指通过创办高新技术企业服务中心，为创业者提供良好环境条件和综合服务，帮助创业者的发明尽快形成商品进入市场。这种直接转化的优点是让知识创新主体直接参与产业化活动，以免两者脱节而造成障碍，因为技术创新本身是一个持续不断的过程，产业化也需要创新主体参与。这种技术直接转化为商品的转化机制，成功率更高。到 1997 年，美国已有 600 多家"技术孵化器"。技术买卖制则是建立和培育技术买卖市场，让技术的卖主和买主直接见面，竞争交易，是技术创新的间接转移方式。

其次是利益分配机制。技术创新的主体是创新者和创新企业的企业家，风险投资商是创业资本的提供者，他们既是创新活动的主要社会支持力量，又是以最大赢利为目的的投资者，因此，建立有效的利益分配机制是创新活动成功的关键。股份期权制作为一种利益分配机制，在美国已相当成熟。风险企业一般需经三个阶段：一是创业者凑少量资本创建公司开发产品；二是创业者与风险投资商接洽，开始市场化操作，以完善产品和开拓市场；三是扩大生产和经营规模，此时创新企业或被其他公司收购，或使股票直接在资本市场上市。股份期权制指风险资本介入后，创业者将开发的有形产品或无形技术作价，并与注入资本确定一个股份比例，但双方持有股份的形式是期权，即在一定期限内以某种价格购买公司股份的权利。这种股份期权制把个人创造力与公司前景紧紧联系在一起，有助于激励创业者的敬业精神，也能较好地保证风险投资商的利益。风险投资成为美国最赚钱的投资方式，投资收益率往往高达 30%。

再次是社会竞争机制。已成为美国社会运转推动力的竞争原则和竞争机制，在技术创新领域亦发挥重要作用。创业者以其有竞争力的创意或新技术吸引风险资本，风险投资商则以其雄厚的资本实力和对新技术前景的独到判断力选择创业者。这有利于资金和技术在市场中发挥其最大的价值。[1] 只有将技术创新的竞争完全融入到社会竞争机制之中，技术创新才具有真正的竞争力，这

---

① 张声海：《国家创新体系与美国霸权》，《当代亚太》2000 年第 10 期。

就是美国的现实及对我们的启示。

（四）科学的创新评估体系

一般说来，对创新成果的评估比较困难，因为有的创新成果很难在短期内实现其经济利益，有些领域的创新还具有较强的"溅出"效应，难以全面评估其成果。美国通过对科研项目的综合评估手段，对创新体系的完善起到了积极的作用。这种综合评估手段结合了多种评估方法和评估指标，比如，数次衡量分析法利用出版次数、引用次数、专利次数等；再如经济回报率，同行评议，个案研究，回归分析等方法，这样使评估工作更加科学化和民主化，能更好地激励创新。在一些关键技术的评估中积极吸引产业界的直接参与，从而更好地引导企业界的创新。科学而健全的评估工作有利于"加强政府、大学、科研机构和产业界多向的、连续性的沟通与交流，促进了持续的创新"①。

总之，美国的国家创新体系是一个比较成功且具有强大实力的系统，对推动美国经济的持续发展发挥了巨大作用。和其他国家一样，美国国家创新体系也具有国家创新体系的一般的特点，比如系统性、经济性和创新性，同时，该体系以研究生教育为创新型人才培养的重点，多元化发展，体现了强大的生命力和可持续发展的特质，成为世界各国国家创新体系建设和发展的成功典范。

---

　① 周琪、徐修德：《试析美国国家创新体系的现状及特点》，《山东教育学院学报》2005 年第 3 期。

第六章

法国研究生教育与国家创新体系

第一节　法国研究生教育

法国的高等教育结构受到它所置身的政治和行政体制的深刻影响，呈现既集权又多样化的结构，自 1968 年以来，法国的高等教育系统进行了广泛的改革，高等教育正在慢慢地增加对外部社会和经济需要的适应性。长期以来，法国的高等教育中并没有"研究生教育"一说，相对应的是大学后教育，即从大学第三阶段开始便统称为博士生教育。这是一种"研究培养和通过研究进行的培养，包括实施个人或集体具有创造性的科学工作，也包括不断进行科技革新的高水平的专业培养"①。

一、法国研究生教育的发展历程

1896 年法国颁布《高等教育法》，要求大学开展科学研究，改变以往仅在大学以外的机构开展科学研究的传统，并在医学、理学、法学和文学领域增加了科研的内容和学位论文的规定，有效促进了法国研究生由传统向现代的转变。因此，在 19 世纪晚期法国研究生培养转型为"研究型"的培养模式。

20 世纪初，法国大学对教师人才的需求、国家对基础研究高级人才的需求以及社会其他领域对高级专门人才的广泛需求使研究生教育得到了蓬勃的发展。法国的研究生培养转型为"研究型、专家型"的培养模式。

1973 年法国设置了博士工程师文凭和国家博士文凭。博士工程师文凭授予在自然和科学工程领域既具有宽厚的理论基础又具有科学研究和解决实际问题的学者型专家人才。国家博士文凭要求取得第三阶段博士学位者继续从事研

---

① 《法国大学第三阶段教育（博士生教育）法令》，第三章第 13 条，1992 年 3 月 30 日。转引自邢克超：《战后法国教育研究》，江西教育出版社 1993 年版，第 202 页。

究，具有较高造诣、较高科学文化素养和研究能力。

1984 年法国通过新的《高等教育法》规定，发展与国立大型研究机构多种形式的协作，实施与工业研究及所有生产部门合作并共同发展的政策，以改善国家的科学技术力量。同时对大学的研究生培养制度进行改革，取消原有几种博士学位，统一为一种博士学位。新博士学位的培养目标由过去培养单一的研究型博士转变为培养研究型、复合型和从事应用研究型的博士，由以往通过撰写论文进行具有独创性的个人的科学研究，转变为具有获得知识、技能和在实验室或研究中心集体工作的能力。因此 20 世纪 80 年代至今，法国研究生培养进入"多样性、综合化"的培养模式。

二、法国研究生教育的学制与学位

法国高等教育在长期发展过程中形成了有自身特点的高等教育的二元性①：一种是大学体系，一种是"大学校"体系。法国的高等教育分为综合性大学、"大学校"（包括工程师学校、工商管理学校和高级行政管理学校）及短期高等教育三大类。研究生的教育与培养主要在综合大学里进行（见图6.1）。

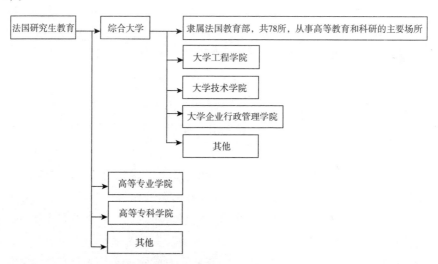

图 6.1　法国高等教育结构图

20 世纪 60 年代，法国政府对综合大学学制结构进行了重要改革，把大学教育分成以下三个阶段。第一阶段为大学第一、二学年，第二阶段为大学第

---

①　法国高等教育的二元性是指法国大学与大学校并存的局面。

三、四学年，获得大学基础学习文凭的学生可以继续大学第二阶段的学习，第三年毕业成绩合格可以取得学士（Licence）文凭。取得学士学位的学生可以继续大学第四年的专业教育，成绩合格可取得硕士（Maitrise）文凭。在法国工程师学校获得大学基础学习文凭的学生，进入大学第二阶段学习，之后再修课三年，可取得法国工程师（Ingenieur）文凭（相当于硕士文凭）。法国大学第一阶段和第二阶段的教育相当于中国的本科生阶段教育。由于教育制度的不同，法国的学士、硕士与我们通常所说的学士、硕士有本质区别。

第三阶段，也就是研究生教育阶段，分为深入学习阶段（DEA）和博士论文阶段。深入学习阶段一般为一年（有些专业为二年，主要是文科），期间必须修完规定的课程，参加研讨班，同时完成一篇论文。课程与论文的安排因学校和专业而异，有的是修课和做论文同时进行，有的是前半年修课，后半年做论文。论文答辩合格后，取得"深入学习文凭（DEA）"。获该文凭者可申请注册攻读博士学位，时间为 2～4 年，论文完成并通过答辩后，获得博士学位。法国第三阶段的教育是培养未来教学和研究人员最关键的阶段，又是直接参与科学研究的"支柱力量"。

法国的研究生教育学位有硕士、专业硕士和博士学位。硕士学位是在综合大学本科四年毕业、成绩合格而授予的学位，而大学本科三年学习结束、成绩合格授予的是学士学位。专业硕士学位包括经济与社会、应用外语、科技、管理科学、信息管理、教育等学科，学习年限与一般硕士一样。1984 年以前法国的博士学位曾设有 4 种系列，分别是：国家博士、大学博士、工程师博士和第三阶段博士。国家博士于 1820 年设置，地位最高，代表对学术和科研作出创造性贡献；大学博士不是国家文凭，修业时间不超过 2 年，没有学术吸引力；工程师博士在上述两种博士之间，是为工程学校毕业的学生专门保留的；第三阶段博士作为攻读国家博士的起步阶段，是体现国家博士的最高造诣的过滤器。1984 年法国《高等教育法》以法律形式规定了统一的博士学位，获得硕士学位的人经过 1～2 年的学习，获得"深入学习文凭"后方可注册攻读博士学位。法国研究生教育学制和文凭类型如表 6.1① 所示。

---

① 参见洪冠新：《法国大学的研究生教育模式》，《北京航空航天大学学报（社会科学版）》2007 年第 3 期。

表 6.1　法国研究生教育的学制与文凭一览表

	大学教育	工程师教育	文凭类型
第八年 Bac + 8	Doctorat 博士		博士（Doctorat）文凭
第七年 Bac + 7	Doctorat 博士		
第六年 Bac + 6	Doctorat 博士		
第五年 Bac + 5	Master 硕士	工程师 Ingénieures	工程师（Ingenieur）文凭 深入学习文凭（DEA） 高等专业学习文凭（DESS）
第四年 Bac + 4	Master 硕士	工程师 Ingénieures	硕士（Maitrise）文凭

　　为了不断提高教学水平和研究生的就业率，法国对研究生教育进行了多次改革，越来越朝着职业化方向发展。除了在第一、第二阶段的课程内加强职业教育的内容以外，还在第三阶段的教育设立了专业化文凭。与深入学习文凭（DEA）并行的有一种以就业为目的的文凭，即"高等专业学习文凭（DESS）"。完成第二阶段学习的学生，如果想继续攻读博士学位，可申请注册 DEA，对于那些想尽快进入就业市场的学生，则可选择注册 DESS。该文凭学习年限一般为一年，在这一年中，学生进行专业化的培训，注重应用与实践，到企业实习，撰写实习报告，通常获得 DESS 文凭的学生很快能找到合适的工作。近几年来，法国又进行了改革，获得 DESS 的学生也可以继续申请注册攻读博士学位。

　　为满足社会对研究生教育的需求，还设立了一些更加职业化的文凭，如社会经济管理硕士文凭（MAES）、理科和管理硕士文凭（MSG）、计算机管理方法硕士文凭（MIAGE）等，这些学位文凭要求非常严格，不仅课时多，而且要求学生必须去企业参加实习。另外还有英美学制式硕士。总之，研究生教育与企业联系密切，研究生毕业后能更好地适应工作。

三、法国研究生教育的管理

（一）研究生的招生

　　在法国，研究生的教学工作名义上一般由大学的第三阶段（是专业研究阶段，期限 2～3 年）学生管理处管理。实际上，该处只负责行政事务，教学工作由博士生培养小组负责。各学科有一位教授任本系研究生工作的负责人，具体负责本系研究生的学习、实习的组织安排等工作。研究生的招生工作不像我国有统一的考试。其方法是，研究生候选人首先向相关学科主管研究生工作的负责人提出书面申请，系方作出取舍决定，被录取者报校方审批备案。

虽然没有入学考试，但在研究生录取时有其一定的标准。DEA 生的录取主要根据候选人在第二阶段的总成绩，一般成绩在良好以上者才有资格申请。DEA 生的录取主要由两方面决定：（1）在本专业中，必须有一具备招生资格的指导导师同意；（2）一定要在总名额所限之中。如第一条件不具备，毫无资格注册，如第二条件有限制，则往往择优录取。此外，还要看能否获得奖学金资助。一般由政府提供的奖学金数额很少，而希望进一步深造的人相对较多，这样竞争性极强，只有在竞争中获胜者，才能取得博士生资格。当然，候选人若是能通过个人的关系找到资助就好多了。关于专业的招生工作，则由博士生培养小组成员全面负责，招生形式可以是档案（一般是档案材料，如成绩单、学习评语、已有文凭等）、口试（往往是教授与学生进行交谈，主要从考察研究能力、研究方向着眼）和笔试选拔。

（二）研究生的培养

法国研究生在 DEA 学习期间，必须完成规定课程的学习和一篇论文。课程与论文的安排因学校和专业而异，有的是修课与做论文同时进行，有的是前半年修课，后半年做论文。做论文期间的研究工作称为实习，一般由系研究生负责人帮助安排。在实习期间，实习生的工作由其指导导师全面负责，最后 DEA 是否能够通过，取决于修课与实习的总成绩。在博士论文准备阶段，由于没有必修课，因此，除了一年一度的注册与答辩前的准备外，与学校没有多少联系。

值得一提的是，在法国，研究生特别是博士生的培养采用两种途径：一是综合大学和大学校培养；二是依靠研究机构，因为那里有较充分的实验条件和经费，但研究机构没有学位授予权。因此，形成了教学单位与研究机构联合培养的体制，这种体制对于加强大学与研究机构的联系极为有利。

（三）研究生的论文答辩

在论文答辩前，指导教授聘请两名资格审查人报请论文评审委员会批准，其中至少有一名是校外的教授级学者。这两位资格审查人根据博士生的论文初稿，向答辩委员会建议是否允许答辩。答辩委员会组成的一般规定是：DEA 生论文答辩委员会由三人以上组成，博士生论文答辩委员会一般由五至六人组成。其成员分别是：主席（注册学校本学科专业的教授，或请国际上在本学科中的知名学者担任）、报告人（博士生的导师）和四名其他成员（一般委员会成员应是教授、国家科研中心的主任、知名学者），也可请讲师或工程师，但必须具有国家博士文凭和博士指导老师文凭。

（四）研究生的学位授予

大学第三阶段因所学方向不同，分为职业导向型和研究导向型文凭。职业导向文凭可分三类：

（1）应用类职业导向文凭

（2）高度专业职业导向文凭

（3）双技能职业导向文凭，例如：共修管理与资讯的文凭和企业行政能力证书。

第三阶段研究导向文凭分为：

（1）深入研究文凭（Le DEA）

学生若想从事博士论文研究，必须先经过深入研究文凭（DEA）的阶段，此为进入博士班研究的必经阶段。学生可以选择各种不同的研究题目。通过考试并发表一篇小论文后，即可获得大学颁发之深入研究文凭。

（2）博士文凭（Le DOCTORAT）

学生获得深入研究文凭之后，随即迈入博士班的撰写论文阶段。凡具有相关深入研究文凭的学生皆可申请入学。经与指导教授探讨论文主题，获其同意，即可开始撰写论文，所需时间约二至四年。学生通过论文答辩后，即可获颁博士文凭。

四、法国研究生教育改革

法国博士研究生教育改革的主要目标是提高能够生产创新产品和取得市场成功的发明与创新的研究能力，阻止"人才外流"并吸引一流的科学家来到法国。[①] 法国在博士生教育改革方面正在开展的试验不仅要提高学生在基础科学方面的储备，而且要让学生做好准备将知识应用到创新技术方面，并能够解决社会所面临的实际问题。高等教育委员会指出，重设高等教育的使命迫在眉睫，研究生教育应通过加强不同学科之间联系，使研究生能够持续地学习多种学科，以提高自己的创新能力；法国的高等教育体系应该为学术型和技术应用型两类不同轨道的学生架起一座相互转换的桥梁，以利于两种不同类型学生的交流与沟通；研究生教育应强调全球视野，鼓励同欧共体的教育体系努力保持一致，并向所有研究生教育阶段的学生提供在国外学习一段时间的机会，将国

---

① 陈学飞等：《西方怎样培养博士—法、英、德、美的模式与经验》，教育科学出版社 2002 年版，第 26 页。

外优秀的学生和导师吸收到法国的研究生教育体系中来。

法国研究生教育改革的主要途径是：在让大学和大学校发挥各自优势的前提下，使二者互相靠近，充分利用彼此优势，进行并轨改革；加强与企业之间的结合，共同培养研究生，如与企业签署合作协议，让博士生到企业开展博士论文研究；加强研究生教育同国家科研机构的联系，将大学科研项目同国家实验室，尤其是CNRS的实验室更好地结合起来，如CNRS的材料物理实验室和两所大学实验室正在组建形成一个材料中心，以便能够成为在鲁昂地区以外的大型科研联结体的一部分；加大对博士生的资助力度，提高博士生的科研津贴，吸引更多的青年人投入到科研世界中来；进行国际合作来创建优秀中心，以提高科研质量并阻止人才外流等。法国研究生教育改革的主要内容体现在以下几个方面：

（一）加强科学研究，培养富有创新精神的人才

法国在国家创新体系的建设过程中，重视加强高校的科研活动，尤其强调研究生教育参与科学研究的重要性，从而促使了法国真正意义上的研究生教育的形成，即"通过研究进行培养"的教育。而这种通过科学研究进行培养的途径会有助于打开创新的大门，培养人的创造性思想和个性特征，发展个人的创造力。科学研究不仅是实现创新的根本途径，而且也是培养创新人才的根本途径。通过科学研究培养出来的人才富有高度的创新精神，是提高国家创新能力的根本。近年来，法国更是注重对研究生教育的科研投入，推动研究生教育参与科学研究活动。

（二）培养目标多样化

为了适应国家创新体系建设的需要，尤其为提高企业的创新能力，培养企业所需要的创新型应用人才，为国家创新体系提供强大的人力支持，法国研究生教育对培养目标进行改革，更加注重人才培养目标的多样化。法国政府提出研究生教育应该参与社会经济文化建设，实行研究生教育与工业研究及整个生产部门开展合作的方针，从而使得研究生教育职业化。在此背景下，法国研究生传统的培养目标发生了改变，即由过去单一的研究型人才转变为既培养学术研究型人才，又培养复合性应用研究型人才，以便更好地适应国家创新体系建设对创新型人才的需求。研究型博士生的培养目标是为大学和科研机构培养高水平的教师和科研人员；复合性应用研究型博士生的培养，是为加强国家科技进步的创新力量，为企业的革新和创造发明培养高级专门队伍。这一类博士生培养的显著特点是理论研究与企业生产和技术方面的重要问题紧密结合，要求

研究生更加了解企业，并具有对于重要事物的判断、综合、解决能力等。加强培养这类复合型高级专业人才，改变过去许多关系国计民生的企业只由大学校培养的工程师"垄断"而不再适应当今激烈竞争的局面，从而提高企业的创新能力。研究生培养类型的多样化更好地适应了社会经济各领域对高素质创新人才的需求，从而使其更好地在国家创新体系中发挥主体作用。

（三）更新学生就业观念，引导博士生在创新领域就业

长期以来，法国的研究生教育主要是为科研机构培养科研人员，为高等学校培养教师，研究生在完成论文以后也都倾向于在这些领域谋求职位，而很少到其他领域，尤其是企业部门就业。研究发现①，75%的博士生在开始博士学习时想在学术领域就业（50%想做一名教师—研究人员，25%的想做专职的科研人员）。在20世纪80年代以前，这种情况还算适应社会发展的需要，大部分博士毕业生都能谋取一份相应的职位，但近年来情况发生了变化。由于传统领域的职位有限，在每年取得博士学位的1万多人中，能够到科研机构和高等学校就职的不过2000人至2500人，其他大部分人需要进入第二、三产业部门工作。由于传统的就业观念，相当一部分博士毕业生不愿意到企业就业，这样一方面造成博士生失业率比较高，同时，大量的博士生纷纷出国到其他国家寻求职位，导致人才外流现象严重。为了改变这种状况，法国政府一方面努力采取各种创新政策促进博士生向企业，尤其是中小企业流动，以促进企业的创新和技术转让；对流向企业的博士生给予优惠，提高他们的待遇，并向所有愿意为企业服务但希望保留科研人员身份的研究人员提供帮助。同时，在博士生教育中，加强对博士生的就业指导，让博士生积极转变就业观念，到创新领域，主要是一些中小企业中谋取适合自己的职位，或者鼓励他们直接创建创新型企业。

五、法国研究生教育的主要特色

法国研究生教育的基本特点是寓"研"于教，通过"研究"来培养人才，把科学研究作为研究生教育的核心内容，强调在科研中培养人才，通过科研既出成果又出人才。这种培养方式一方面保证了法国研究生的教育质量，另一方面将科研与人才紧密结合，能够实现科研资源和人力资源开发的最优组合；研究生既是培养对象，又是科研骨干，是基础性、应用性研究必不可少的生力

---

① Eurodoc 2003, Report for France. 9（CEC）

军。法国研究生教育的基本目标就是为研究生开展科研工作提供最好的条件，同时采取各种优化措施使其获得科技资源，从而形成独创性的科研成果。经过多年的改革与发展，法国的研究生教育在人才培养和科学研究方面有了很大的进展，主要体现在以下几个方面。

（一）培养模式多样化

从研究生的培养类型看，逐渐形成了科研型博士和复合应用型博士两种类型，从而通过人才的提供，不仅保持了传统的在科研机构和高校中的地位，也逐渐在企业发展中发挥了原本主要由大学校毕业生发挥的作用，从而使得法国的研究生教育在国家创新体系中的地位和作用得以扩展。从研究生的培养模式看，由主要通过大学来培养的单一的培养模式逐渐发展为产学研结合的协作式培养模式。近几十年来，随着国际上高新技术的迅速发展和商业竞争的加剧，对高级专业技术人才提出了新的更高要求。企业与大学合作（包括提供培养经费和场所），开展博士联合培养工作，产生了很好的效果，也使得更多的博士候选人愿意到企业从事研究和撰写论文，有效地改变了过去单一的博士生培养模式。[1]

产学研结合的协作式培养模式也是近年来法国博士生培养模式的一种重要形式。这个模式的出现与发展，是国家创新体系各行为主体，主要是国家科研机构、企业同大学三者之间紧密结合与相互作用的结果。三者结合，充分利用各自优势，发挥各自掌握的丰富资源，共同参与研究生的培养。产学研结合的协作式培养模式，让研究生能够在未来社会实践与科技竞争中不断地调整和充实自己，有利于提高人才培养的素质和社会适应性，使培养出来的研究生能够更好地参与到社会经济的发展之中。

（二）跨学科专业、交叉学科不断发展

法国的研究生教育在发展过程中，根据社会经济发展的需要，适应国家创新政策提出的有关学科重点发展的策略，对学科不断进行相应的调整。萨瓦里教育法确定了高等教育机构执行国家优先发展科学技术的政策，增设新型的跨学科专业，鼓励高等学校加强对应用学科的研究，从而使得高等教育尤其是研究生教育在学科发展方面紧跟法国国家发展的优先领域和重点学科。法国博士生教育十分重视交叉学科、边缘学科、新兴学科的建设以及高层次人才的培

---

① 伯顿·克拉克：《研究生教育的科学研究基础》，王承绪译，浙江教育出版社2001年版，第192页。

养。这一方面满足了社会经济的发展对现代科学技术的需要，另一方面使得各高等院校处于学科发展的前沿地带，以保持竞争的优势。随着国家优先领域的设定和重点学科建设的要求，研究生教育也随之进行了相应的学科调整。对博士生课程不断根据国家创新要求进行相应调整，是为了提高研究生的科学潜力，向他们提供多学科的科学教育和能够扩展到其他科学领域的途径；提供专业知识同职业教育相融合的教育，允许学生提高自身面向市场的就业能力。

（三）研究生教育的国际化、欧盟化

随着欧洲统一大市场的建立和欧洲联盟的成立，包括法国在内的欧洲国家的学者们在国家创新体系领域逐渐向欧洲创新体系迈进。作为法国国家创新体系的重要创新主体，法国的研究生教育也随之加速了国际化、欧盟化的发展，以便有利于法国国家创新体系能够向欧洲创新体系靠拢，提高法国的创新能力，使法国更好地融入到欧盟体系中。当今时代的竞争归根到底是智力和人才的竞争，要位居世界领先水平，综合体现欧洲竞争实力，就必须建造一个博采众长的欧洲的大学交流网络。在欧洲这一新的自然境域内，统一规范教学内容、课程设置、文凭对等和相互承认等系列准则，鼓励师生和科研人员的流动，重视科研与创新，促使大学教学、科研、企业和就业市场相互协调，形成合理机制，逐步实现欧洲高等教育一体化。法国的研究生教育强调一种全球性视野，鼓励同欧共体的教育体系相融合，保持一致。给所有学生提供机会，到国外学习一段时间，并接受优秀的国外留学生以及教师，以便充实本国的研究生教育实力，实现研究生教育的欧洲化和国际化。

第二节　法国国家创新体系

二战后，法国政府为了赶超其他西欧国家，大力倡导科技创新，加快建立和完善国家创新体系，力图通过增强创新能力，缩小同美、日等国的差距，进而促进国民经济的稳定持续增长。法国国家创新体系的一个重要特点，是被广泛称为考伯特主义式①的公共干预模式，即由中央集权化的政权体制对国家创新体系和科技政策进行控制。总体来说，法国国家创新体系是适应战后国民经

---

① 考伯特主义式（Colbertism）的公共干预模式：一种干预模式，强调大型民用和国防计划的重要性，强调大学和 CNRS 分离，强调企业和科研先天的背离，强调由某些大型的工业集团提供垄断的公共支持。

济发展的需要而逐步形成和发展起来的。

一、法国国家创新体系的演变与发展

法国的国家创新体系主要由政府研究机构、高等院校、企业和非营利机构组成。在发达国家中法国政府的作用最为突出，政府研究机构基本囊括了法国全部研究开发活动，对法国科技创新、社会经济生活产生巨大影响。二战后，法国政府意识到同其他发达国家的差距，大力倡导国家创新体制的建立和发展，大体来说，法国国家创新体系的建设经历了三个阶段。

（一）法国国家创新体系创建时期

第二次世界大战至 20 世纪 50 年代末。这个时期是法国战后经济恢复与工业现代化初建时期，为了适应新的科技革命浪潮，迅速改变高科技尤其在电子、信息等关键领域相对落后的状况，法国政府开始大力组建各种类型的科研机构。在这个时期内，针对国家创新体系建设的重要举措有：（1）1939 年，法国政府将国家科学局与国家应用科学研究中心这两大研究机构合二为一，组建成国家科研中心（CNRS），集中了法国自然科学和社会科学研究的主要力量，推动法国科学技术创新，成为最重要的国家创新机构；（2）1954 年，法国政府成立了科学研究与技术进步高级委员会，负责制定科技发展政策并对科研机构工作进行协调和指导；（3）1958 年，政府决定建立科学与技术研究总代表团，取代科学研究与技术进步高级委员会。

（二）法国国家创新体系发展时期

20 世纪 50 年代末至 70 年代初，伴随着法国经济的繁荣和工业现代化建设的不断深化，法国政府的科研投入也出现了大幅度的增长。60 年代末至 70 年代初的研究开发支出占法国 GDP 的比重上升到 2% 左右，科研机构得到发展，加快了科技创新步伐。[①] 在促进国家创新体系建设方面采取的措施为：（1）1959 年，组建了全国科技委员会，并拨专款设立了科技发展基金；（2）法国政府对 CNRS 内部结构进行了优化整合，即按照科学分工设立了 7 个科学研究部，在各个研究部下建立了相应的研究所和研究中心，使 CNRS 的运行更加符合科技发展新形势的需要。正是由于法国政府采取了上述积极而有效的措施，全国科研机构得到进一步完善，科研和科技创新成果累累，使创新能力成为国民经济持续稳定、高速发展的主要推动力。同时，大大促进了国家创新体

---

① 社会科学院研究生院：《知识经济与国家创新体系》，经济管理出版社 2000 年版，第 20 页。

系的发展，使法国跻身于世界科技大国的行列。但与此同时，法国政府的干预不但对社会经济发挥着重要的作用，还对科技发展政策的制定和实施、科研管理以及研究开发活动发挥着巨大的影响，由此逐渐形成的国家创新体系的"封闭性"也日益突显出来。1993 年，在纳尔逊主编的《国家创新系统：比较分析》一书中，弗兰克斯·柴斯纳艾斯（Francois Chesnais）描述了法国国家创新体系封闭性的四个主要特征。

第一，公共干预模式（考伯特主义）的目标是推动向技术前沿的进展，以便实现国家在核能、民用、空间、航空、通讯、国防等领域的独立。大型军用和军用技术研究计划开支占法国公共研究财政预算的绝大部分，这些大型计划不仅涉及军用部门，也包括大部门。

第二，基础性研究组织由两种特点鲜明的组织组成：一边是 CNRS，另一边是大学。大学完全投入在对学生的训练方面，是一个训练营（training camp），而很少涉及科研活动。这种科研和教学的分离状况，在"大学校"里更是得到了强化，它们主要培养精英，很少为科研活动提供场所。

第三，法国拥有大量的目的性公共科研机构（"政府实验室"），这些公共科研机构主要满足不同政府部门以及更广阔范围的公共部门的科研需要。因此，法国的科研系统可以划分为两类，一类是由大学和 CNRS 开展的"基础性"研究，另一类是由其他一些公共科研机构开展的"应用性"研究。与 CNRS 和大学相比，公共科研机构与其研究相关的专业领域有着密切联系，并在那些专业领域里发挥技术中心作用。

第四，高新技术部门的大型公司垄断着对工业研究的公共支持，政府在帮助法国迎头赶上科研和创新领域时，在大型公司工业开发能力方面起到了积极作用。但需要强调的是，这种支持忽略了与科研活动很少联系的网络。

总之，这个时期的国家创新体系得到发展，但其各创新主体之间的联系和相互作用显然不够，尤其是公共科研机构和大学之间、大学与企业之间。同时，法国大学在国家创新体系中的作用也不够明显，尤其是大学没有发挥应有的科研作用，其科研基础比较薄弱，这也必然造成法国研究生教育的科研基础薄弱，从而影响到研究生教育的发展。

（三）法国国家创新体系改革时期

20 世纪 70 年代初至 80 年代末，法国经济开始从高速增长的繁荣期转入低速增长期，并步入经济结构的调整期。与此同时，政府也开始对国家创系体系进行改革和结构性调整，以重新焕发科技创新活力。1981 年法国政府设立了研究部，其主要职责是：直接管理全国科研经费的分配，管理科技发展基金，制定全国科研合作规划，协调 CNRS 研究课题以及实施各种科研合同管理制度等。1982 年 7 月法国国民议会制定和颁布了"法国科研与技术发展导向和规划法"（简称"科技导向和规划法"）。这是法国有史以来的第一部科技法律，它以立法形式明确：科学技术在国民经济和社会发展中的优先地位；国家科研经费在国内生产总值中所占比例和增长目标；科技人员的增长速度；基础、应用和发展研究间的平衡和协调关系；优先领域和重大科技计划；科研人员的法律地位等。1984 年 1 月开始实施《萨瓦里法》，从而使法国的创新体制改革不断发展变化。1989 年，法国还颁布了《教育指导法》。

进入 90 年代，面对世界新一轮的新技术革命高潮，法国政府又进一步把加快和完善国家创新体系、促进高新技术发展作为战略任务提上了议事日程。1999 年 7 月法国颁布实施了《创新与科研法》，旨在促进公共研究面向经济和创新企业创业的技术转移。在《创新与科研法》指导下，1999 年底法国建立起覆盖全国的研究与技术创新网络。该网络围绕政府确定的科技优先发展领域，支持和建立科研机构、高等院校与企业的联合创新机制，包含食品及其安全、多媒体信息、水与环境科技、生物技术、民用基因工程、新材料、微纳米技术与系统、氢燃料电池等许多子系统。

2000 年初，法国在全面评估经济科技能力与实力的基础上再次确立了有限发展的战略思想，规划出包括生命科学、航空航天与空间科学、环境与可持续发展、基础科学（数学、物理与化学）、能源信息与通信技术、微纳米技术以及人文与社会科学等在内的优先发展领域。

为支持企业创新，法国经济部 2002 年 12 月宣布了法国"企业科技创新计划"，提出对创办不到 8 年的"新兴科技企业"给予政策倾斜，由此使法国科技研发资金投入由当时占国内生产总值 2.2% 逐步增加到 2010 年的 3%。

尽管推出了以上促进创新措施，但在 2004 年初，法国还是在全国范围内爆发了科技人员抗议浪潮。这次抗议浪潮一个方面说明进入 21 世纪后法国的科技发展与创新确实陷入了困境，另一方面表明法国科研体制对科技发展的束缚到了非大改不可的时候。自 2004 年开始，法国政府在科技发展与创新等方面采取了一系列重大措施，应对严峻形势。

在国家科研改革总体框架下，法国 2005 年成立了以资助大型科研项目为导向的"国家科研署"。最初国家科研署是作为以目标完成时间作为其存在期限的"公共利益集团"而成立的，但法国 2007 年 1 月 1 日起将其性质改变为

"政府公共行政管理机构",反映出政府完全确立了将国家科研署作为国家科研资助部门的政策。

2005 年 8 月,经过一年多时间酝酿的国家"工业创新署"成立,并由总理直接负责,标志着法国开始实施新一轮集中的工业创新政策。通过国家工业创新署,2005 年法国实施了"工业创新激励计划"。计划选择了十多个大型工业研发项目(包括清洁汽车燃料电池、太阳能利用、无污染工厂等),利用未来 5 至 15 年时间,予以重点支持,冀望取得突破性创新,以获得所处领域的技术与市场双重优势。新工业与投资政策被认为是法国未来一段时期的"国家首要任务"。

为配合新工业创新政策的实施,政府还制定了一项"1 + 2 + 3"的增加公共科研投入计划。2005 至 2007 年,国家对公共科研投入在例行投入的基础上,每年增加值递增 10 亿欧元,三年内共增加 60 亿欧元,公共科研年增长率为 10%。

2005 年 7 月法国总理德维尔潘推出了在全国建立专业化"竞争点"措施,称之为"全新产业战略"。"竞争点"实际是根据各区域发展积累的优势与资源特征,加强创新资源的积聚和集中,把研究机构、大学、企业连成有效的创新网络,同时激活地方创新潜力。法国根据世界科技创新发展的现状及趋势,并结合其创新发展基础,在全国范围确定了 67 个竞争点,既包括了微电子与通讯、生物技术、纳米科技等新兴领域,也涵盖了汽车、航空航天、核能等传统优势领域,分为两个层级:15 个面向国际科技前沿;另外 52 个主要着眼于国内发展的需求。法国未来能否在国际竞争中保持其现有地位将在很大程度上取决于这些"竞争点"的生命力,它们被普遍认为是法国跃上工业发展历史新阶段的标志。

政府 2005 年初整合现有资源,将独立的股份制公司国家中小企业发展银行与国家全资工商机构法国科技成果推广署进行合并,成立了旨在强化对中小企业创立与创新的支持的 OSEO 创新集团,任务是培植中小企业,促进企业创新。

2007 年 5 月萨科奇政府上台后,推出了一些加强法国企业竞争力、重新推动法国经济增长的新措施,其中之一就是:于 2008 年合并两大创新支持机构——OSEO 创新集团和国家工业创新署,成立新的 OSEO 创新集团。新OSEO 创新集团主要增加了一些新的资金,重点加强支持中等规模企业或极有发展潜力的企业和有重大技术进步潜力的项目。

法国在 2006 年通过的《科研规划法》中，首次提出了建立战略思路清晰、机能运转高效的"国家创新系统"，其核心是通过提高原始创新能力来提高法国的国际竞争力，并在法国掀起一场"科研复兴运动"，促使社会为推动科研付出史无前例的努力，在科学研究与民族未来之间建立"契约"关系。另外还提出了一些重要措施：成立总统主持的"国家科研与技术高级理事会"；成立科研评估署；建立机制运转高效的"国家创新系统"，通过增强科技创新能力来提高法国国际竞争力与吸引力；大幅度增加科研与创新投入。

二、法国国家创新体系的现状与特征

法国国家创新体系是由一组相对独立又功能相关的机构、组织和有关人员构成的开放的系统，和大多数国家一样，法国国家创新体系主要包括：国家科研机构、高等院校（大学和大学校）、企业、政府部门、非营利研究组织和中介机构等。充分发挥体系中各个要素的作用是保证体系高效运行、提高整体效率的关键，因此，国家创新体系首先要提高主体的效率，再促进各创新主体之间的合作，形成一个开放的、充满活力的、高效的系统。

（一）科研机构成为国家创新体系的主要支柱

法国是世界上最早建立国家科研机构的国家之一，早在 1666 年就成立了独立的科研机构，即法国巴黎科学院，有组织、制度化地从事科研活动。20世纪以来，法国通过陆续创建一些大型公共科研机构，有力地推动了科研活动的开展。今天，国家科研机构在法国的国家创新体系中起着举足轻重的作用。特别是一些直接隶属于政府的大型国家科研机构，不仅是法国科学研究和技术创新的重要基地，而且在国家科技政策、科技规划的制定、实施和协调方面也起着非常重要的作用，拥有一定的政府职能。重要的国家科研机构有：国家科研中心（CNRS）、国家卫生和医学研究院（INSERM）、海外领地科学研究组织（ORSTOM）、原子能委员会（CEA）、国家航空和宇宙航行空间局（ONERA）、国家农学研究院、国家太空研究中心、国家海洋开发中心、国家信息和自动化研究中心等。国立研究机构是高度独立、高度组织和专业性极强的研究机构，是国家创新体系最主要的创新主体，但它们与高校之间存在着密切的合作关系，在国家创新体系建设过程中，通过其雄厚的科研力量和科研基础在科学研究活动方面发挥着重要作用，是国家创新体系的主要支柱。

1. 法国科研系统的心脏——国家科研中心（CNRS）

1939 年，法国政府将原来的国家科学基金、国家科学研究基金会和国家应用科学研究中心合并成为国家科研中心，科研中心的研究几乎覆盖了所有学科领域，设立自然科学和社会科学 7 个学部（1979 年开始设立），并由这 7 各学部承担相关学科的研究课题。科研中心之下设有四种不同的研究机构：中心直属的研究所和实验室；CNRS 和其他单位合办的混合型研究机构；CNRS 联合一个或多个科研机构形成的协作型科研机构；主要从事跨学科尖端课题研究的课题协作组。国家科学研究中心在组织上与教育部和大学分开，它既是科研资助的来源，又是进行科研的场所，是一个既从事科学技术研究又从事研究生教育的综合性国家科研机构。该中心共有 1330 个直属研究机构，工作人员 26900 多人，其中 14400 多人是研究人员和工程师。法国国家科研中心的科研经费绝大多数来自政府的预算拨款，国家民用研究经费的 1/4 都在 CNRS[①]，是法国科研系统的心脏。"和国家科研中心在一起，意味着你是家庭的一个成员。"[②] 国家科研中心的研究范围很宽，几乎涉及自然科学、工程技术科学和人文社会科学的所有领域，是一个综合性的国家科研机构。

另外，国家科研中心还具有一定的政府管理职能，特别是参与国家科技政策的制定和组织实施，是法国国家科技体制的重要组成部分。通过科学技术研究来培养高层次科技人才是该中心的又一主要职能。国家科研中心设在大学中的实验室和其他政府机构所属的一些重要国家实验室，是大学研究人员和博士生共同参加课题研究的主要途径。

2. 其他国家科研机构——国家卫生与医学研究院和国家农学研究院

法国国家卫生与医学研究院成立于 1954 年，目前有 275 个研究所或研究实验室，拥有 1 万多名工作人员，其中科学家和工程师约 5000 名。研究院的科研经费主要来自于政府的财政预算拨款，研究领域基本上包括了医学与卫生领域所有的基础研究和应用研究。法国国家农学研究院成立于 1946 年，目前有 22 个直属研究机构，8000 多名科学技术人员。研究院的科研经费主要来自于政府的财政预算拨款。除了上述隶属于中央政府和有关部门的国家科研机构外，还有一些科研机构是在政府的积极倡导和组织协调下由大学和国家科研机构共同组建的合作科研机构。法国的这些国家科研机构不仅是发展科学研究、推动国家科技进步的重要力量，而且在研究生教育中也逐渐扮演着重要的角色。

---

① Philippe Mustar, Philippe Laredo. Innovation and research policy in France（1980~2000）or the disappearance of Colbertist state, Research Policy, 2001, 1.

② 伯顿·克拉克：《研究生教育的科学研究基础》，王承绪译，浙江教育出版社 2001 年版，第184 页。

除了加强对科研机构的管理及改革以外，法国政府自 80 年代以来还以多种形式促进建立科研机构—高等院校—企业相结合的科技开发体系，其中包括：建立各种形式的科技合作研究开发机构；实行参与制以及建立分支机构；与企业建立契约关系，签订科技合作开发合同；签署公共研究开发合同等。

（二）高等学校在国家创新体系中的推动作用

随着法国国家创新体系的建设与演变，法国高等教育在国家创新体系中的作用也发生了变化，地位得到了提高。[①] 随着法国国家科研机构与大学的紧密交叉结合以及企业与大学结合、产学研结合的力度加大，法国研究生教育与科研活动联系的加强，研究生教育在国家创新体系中的作用由开始的主要输入人才到成长为知识创新、甚至技术创新的直接执行主体，成为国家创新体系的重要组成部分，并日益发展成为一个独特的创新体系。为了加速科研人员的流动，发挥科研人员在各个领域中的作用，法国政府采取各种措施鼓励博士研究人员创建企业，进行科研成果的转化，直接为企业在国家创新体系中主体地位的确立发挥作用。法国高等教育，尤其是研究生教育为提高国家的创新能力发挥了重要作用，不仅在知识传播、知识创新、技术创新方面起到越来越重要的作用，而且对于科研成果的转化也日益显出其独特的优势。（研究生教育在国家创新体系中的推动作用将在第三节详述）

（三）企业逐渐成为国家创新体系的重要力量

企业是国家创新体系的主体，企业的研究开发支出是国家研究开发支出的重要组成部分。在法国，企业的开发支出占全国总支出的比重不断上升，其创新力量不断增强。它既是知识和技术的生产者，也是知识和技术的应用者；只有通过企业的创新活动，才能最终达到国家创新体系促进经济发展的目的。法国企业界越来越重视参与知识创新，特别是技术知识创新，以抢占市场的制高点。20 世纪 80 年代以来，法国认识到，企业的创新能力关系到国家的创新能力，关系到国家的国际竞争能力，但同时创新的风险和成本也在不断增加，企业越来越难以承受风险。在这种情况下，法国政府开始介入企业的创新活动。然而，这种介入更多是政府扶持，而不是直接干预。例如通过实施人力资源政策，为企业招聘经过科研训练的高级人才（博士毕业生）提供政策方面的支持；颁布企业技术创新法，促进产学研的结合，以加强企业的研发能力等。

---

① 伯顿·克拉克：《研究生教育的科学研究基础》，王承绪译，浙江教育出版社 2001 年版，第 184 页。

企业，特别是中小企业，在国家创新体系中发挥着重要作用。值得注意的是，尽管中小企业在法国 R&D 支出总额中所占比重并不很高，但它们聚集的 R&D 人员却占企业 R&D 人员总数的 50% 左右。为此，政府采取了减免税、提供风险投资等优惠政策措施来支持中小企业开展 R&D 活动。法国尤其重视中小型创新企业在法国国家创新体系中的重要性，采取种种政策促进中小型创新企业的创建与发展。二十多年前，法国企业主们本能地过度谨慎、担心风险，对如何利用大学科研成果一无所知，总体来说处于对创新的好处和过程基本无知的情况，现在这种情况已经得到很大改变。通过加强与大学、科研机构的合作以及对科研人员的重视和吸收，1997 年有一定 R&D 实力的企业有 5600 家；到 2007 年已有近几万家，这表明中小企业在国家科研中的作用不断增强。1996 年，中小企业雇佣的科研人员占企业全部研究人员（主要是博士研究员）的 28%；到 2007 年，这一比例提高近一倍，约占 53%。①

（四）法国政府在国家创新体系中发挥关键作用

法国是一个中央集权国家，政府对社会经济生活、科技创新活动有着巨大的影响，在国家创新体系中发挥了关键性的作用。事实上，在 1993 年以前（注：从 1993 年开始，法国不再制定和实施国民经济中期发展计划），法国政府一直是全国 R&D 经费的最大资助者，即便是今天，法国政府 R&D 经费支出总额仍占全国 R&D 经费支出总额的 45% 以上，这在世界发达国家中也是十分罕见的②。为了促进国家创新体系的建设，法国政府采取了一系列措施：（1）加强产业政策引导，实施高科技产业发展规划，促进经济发展中心向电子信息技术转移，同时还积极推动和参与欧盟范围内高科技领域的合作。法国国家创新体系是在欧洲一体化环境之下运行的，一体化对国家创新体系的正常运行产生了很大的影响，因此法国政府也非常重视利用欧盟的力量来推动研发成果的转化和扩散。（2）政府强化对企业创新的激励机制，实施科研税收信贷、新技术企业税收优惠等措施，来实现从政策上促进企业研发，鼓励企业创新。（3）积极引导建立风险投资机制，高科技的发展尤其是技术创新投入大、风险高，仅靠政府的科研经费投入是远远不够的，还要借助于民间风险投资这一特殊融资方式。为了解决创新型企业对资金的需求，法国政府建立了公共风险

---

① http：//www. enseignementsup-recherche. gouv. fr/pid20727/notes-d-information. html

② Pierre BEEET；BERET；Changes to the research and development activities and skills of company-based researchers.

资金并扩大风险资本的民间资金来源，使投向技术创新部门的风险资本公司投资额保持稳定。

（五）中介机构在国家创新体系中的重要性不断提高

科学技术成果的价值实现离不开中介组织的传播和扩散，法国在这一方面有很成功的经验。在国家创新体系的建设过程中，政府为了加快新科技的应用及推广，促进科技成果商业化，大力扶持建立了一个覆盖全国的新技术传播、推广网络。该中介网络体系对科技成果由研究机构向企业，特别是向中小企业转移和扩散起到了举足轻重的作用。（1）国家科研推广署（ANVAR），主要任务是支持中小型企业签订的合同以及由 ANVAR 同意的研究社团合同，负责中小型企业的哲学博士以及合格的研究工程师的招聘。它在支持各类创新型企业的创建和发展、企业或实验室研究成果产业化、资助企业为创新招聘技术人员、支持博士研究人员进行创新项目等方面发挥着越来越重要的作用。随着中介机构在国家创新体系中重要性的提高，中小型企业将活动更多地集中在中介组织的协调层面上来。（2）工业技术中心（les centres techniques industriels）是一家隶属于法国工业部领导的公共机构，主要任务是促进技术进步，参与改善企业效益，提高工业素质。工业技术中心管理委员会由代表用户的企业主代表及相关权威人士组成，共有 18 个工业技术中心分布在全国各地，下辖 11.5 万家企业，运用一整套适应中小型企业需要的运行机制。（3）地区技术创新与转让中心（les cantres regionaux d'inovation et de transfert de technologies）是 1982 年在国民教育与科技部倡导下成立的，主要使命是对相关人员的新技术培训、公共实验室研究成果的推广和应用、中小型企业的技术咨询以及提供技术创新补贴等。总体来说，中介机构的资金来源有三个渠道：集体资金，主要来自资源的附加税；自筹资金，主要来自企业或企业集团的捐助；法国和欧盟的公共资金，占 10% 左右。

第三节　法国研究生教育与国家创新体系的关系

近几年来，法国政府已把教育和人力资源开发置于政府战略的"核心位置"，并采取了一系列的具体行动。20 世纪末，法国政府推出题为"使法国准备进入信息社会"的政府行动计划，并指出 21 世纪的国际竞争就是创新力的竞争，而创新力的竞争始于学校教育。随着国家创新体系的建设与发展，其行为主体之间相互作用的程度变化，及各行为主体在体系中的作用不同，法国研究生教育在国家创新体系中的地位和作用也在不断变化。

一、法国研究生教育在国家创新体系中的地位与作用

大学在国家创新系统中扮演着两个重要的作用。第一，它们培养工程师和科研工作者，企业和科研机构都期望从大学获得受过良好教育的、有创造力的人力资源。第二，大学有责任生产所谓的创新种子，企业可以利用大学的基础研究成果。从工业发展的逻辑可知，创新有三个阶段：基础研究、应用研究和开发。但是创新过程并不总是如此直接，大学研究成果也不可能直接到达企业进而转化为创新动力。知识在大学和企业之间的转移是个复杂的过程。

（一）研究生教育为国家创新体系建设提供人才支撑

在法国国家创新体系形成初期，由于法国的基础研究主要集中在国家科研机构，高校的科研实力比较薄弱，研究生教育的科研基础不够深厚，这时的法国研究生教育并不是一种真正的"研究性培养和通过研究进行培养"的教育，其主要作用集中在人才培养方面而不是科学研究。同时，法国的研究生教育同国家科研机构以及企业的联系不够紧密，企业很少对博士生进行资助。因而，这时的法国研究生教育主要通过为国家提供科技人才而在国家创新体系中发挥人才基础的作用。

由于所培养的博士生大部分都进入学术领域，即科研机构和高校。因此，此时研究生教育最终在国家创新体系中发挥的作用主要是进行知识创新与知识传播，而对企业技术创新的作用并不突出。从法国博士生毕业后的主要就业领域来看，法国博士生毕业后主要在科研机构、高校中就业，随着博士生就业领域的分化与扩展，法国研究生教育培养的高层次专门人才逐渐深入到国家创新体系各行为主体中，从而在国家创新体系中发挥人才库作用。

为了加速科研人员的流动和科技成果的转化，充分发挥科研人员在国家创新体系中的作用，法国政府还采取各种措施鼓励博士研究人员自主创建企业，直接进行科研成果的转化。到2005年，由科研人员创建的企业每年多达几千家，其中大部分是由博士研究人员创建的。这些企业的创建不仅极大地促进了研究生教育与企业的有效结合，而且为确立企业在国家创新体系中的主体地位发挥了积极作用。

（二）研究生教育成为知识创新的摇篮

随着法国国家创新体系的建设与演变，法国研究生教育在国家创新体系中的作用也发生了变化，地位得到了扩展。随着法国国家科研机构与大学的紧密交叉结合以及企业与大学结合，产学研结合的力度加大，法国研究生教育与科研活动联系的加强，研究生教育在国家创新体系中的作用由开始的主要输入人才到成长为知识创新甚至技术创新的直接执行主体，成为国家创新体系的重要组成部分。法国大学的科研成果占全国的1/10，承担的项目占全国的1/4，拥有各类科研机构150多个。其经费来源的90%为国家预算，10%是公共科研和管理机构及与企业签订的合同收入。大学研究机构主要从事基础研究，它们与国家公共科研机构的合作十分密切。国家研究中心60%的研究人员与大学合作，并在大学设立自己的分支机构。例如国家农科院下属280多个研究单位，近11万人，其中160多个机构与各类大学进行合作。法国南部蒙彼利埃市拥有7所大学和高等院校，在城市的20万人口中，大学人口占一半，在这个大学城里，法国外交部、科教部、农业部等为发展农业科技设立了"法国农业科技园"。该科技园的研究方向是生物多样性资源、环境可持续发展、农业食品与营养、农业生态、食品检测等，是一个多功能、在世界上很有影响的农业研究中心和科技机构。大约2000多名大学教师从事农业科技园的兼职研究。

法国研究生教育在国家创新体系中的作用更加多元化。法国研究生教育真正将人才培养和进行科学研究活动结合起来，通过这两种功能的发挥参与国家创新体系，从而在国家创新中发挥了更为重要的作用。随着研究生教育与企业之间关系的紧密，企业越来越重视博士生在企业创新中的作用，一方面加大对博士生的吸收，另一方面，通过各种方式为博士生提供资助，并直接参与到博士生培养的过程中。由于扩大了博士生参与企业发展的力度，博士生在企业中的作用逐渐增强，在企业的技术创新中也发挥越来越大的作用。法国研究生教育主要是"通过科学研究进行培养"，高校的科研基地是知识创新的试验室，研究生在试验室中从事科学研究，创新知识，从而成为国家创新体系中的重要的知识创新主体之一。

总之，法国研究生教育为了提高国家的创新能力而发挥了重要作用，不仅在知识传播、知识创新、技术创新方面起到越来越重要的作用，而且对于科研成果的转化也日益显出其独特的优势。

二、法国国家创新体系的演变与发展对研究生教育的主要影响

（一）对研究生科研基础的影响

随着法国国家创新体系的建设与发展，法国的国家创新能力不断提高，国家科研机构，尤其高校科学研究实力大大增强，从而加深了研究生教育的科研基础，促进了研究生教育的发展。

在法国，"科学研究是在大学以外所设置的专门机构的基础上成立的，从更早的本国组织模式发展起来的，这种在大学以外建立机构的政策是由法国中央在最高层次采取的主动，同时这种政策导致了研究生教育（科研训练）和学术研究的双轨制。大学在科研领域主要行使次要的角色，没有脱离科研的责任，但也没有站在制高点上。大学的任务是为科研进行训练和做准备，科研机构是在大学科研系统之上发展科研系统"。① 此时，法国高等教育在国家科学研究中心的作用并不明显。

随着法国政府对高等学校科学教育和科学研究的加强，大学和大型科学教育机构步入"法国科学发现的殿堂"，科学研究成为高等学校的基本任务之一，高等学校成为执行国家科技政策和从事科学研究的一支生力军②，高等教育在公共科研系统中越来越发挥着中心作用了。目前，通过一些科研混合单位，国家科学研究中心（CNRS）80%的科研任务是在大学领域完成的③。同时，大学与其他科研机构的联系发展也很快，如与国家卫生和医学研究院（INSERM）、国家农学研究院（INRA）、全国信息与自动化研究所（INRIA）的联系也日益紧密。这样一来，法国高等教育的科学研究实力大大增强，而法国的研究生教育是通过科学研究来进行培养的，研究生教育的科研基础随之加深，这有利于研究生教育的发展，使得研究生的培养获得更为丰富的科技资源。

近两年法国进一步加大了对大学研究的投入力度。2006年比2004年增加近20%，2007年大学科研的财力也明显增加，比2006年增加近4%。④ 研究生教育与其他层次教育的主要区别之一是直接需要国家科技发展的拉动，国家科技经费投入量是确定研究生培养规模的重要参数之一。国家对大学科研投入的力度加大，会直接影响到研究生教育科研基础和科研实力的提升。

首先，为了帮助重组高校的科研，加强研究生教育的科研基础，CNRS在其委员会进行一定时期评估的基础上，在CNRS人员与高校人员中建立了一种合作伙伴的体系。这种机制后来得到迅速扩展，在高校进行科研的CNRS人员所占比例不断上升。大约4/5的CNRS机构是CNRS和高校之间的合作机构。高校和CNRS之间的相互交叉现象相当普遍。随着高校科研潜力的增长，这种

---

① 霍立浦、邱举良：《法国科技概况背景》，科学出版社2002年版，第70页。
② 霍立浦、邱举良：《法国科技概况背景》，科学出版社2002年版，第69页。
③ Higher Education in france and the International Migration of Scientist，p8.
④ http：//puck. sourceoecd. org/

情况不断得到了加强。在 20 世纪 70 年代，CNRS 研究人员的数量与法国高校科研人员的数量大体持平。目前，高校的科研潜力已是 CNRS 的两倍多，人员比例为 14000 名研究人员和研究工程师对 45000 名高校的教学—研究人员。

其次，另外一个显著的现象是，在大学校里大部分工程学院都开始参与科研，几乎横跨所有学科，法国每五个新理论中就有一个是在这些学院的研究中心诞生的，尽管这些学院仅占所有教学研究人员的 6%。① 由于这些转变，考伯特模式的两个特征已经消失了：CNRS 和高校的分离；不进行科研活动的"大学校"的存在。高校、CNRS 和大学校之间彼此重叠，高等教育在公共科研系统中越来越发挥着中心作用了。在这种形势下，教育和科研两者相互作用，为国家创新体系建设培养和输送人才，进一步促进其发展完善。

（二）对研究生培养规模的影响

法国从 1976 年至 1982 年，深入学习文凭（DEA）及其职业性配对文凭（DESS）的增长率每年约 8%。在管理和经济学领域，单是持专业深造文凭的学生人数，1978 年起每年增长约 12%。取得第三阶段博士学位和国家博士学位的总人数从 1975 年的 5875 人增加到 1984 年的 8204 人，增长 41%。到 1991 年，全国注册大学第三阶段的大学生有 50000 人，其中注册深入学习文凭的为 30000 人，当年完成博士论文取得博士文凭增加到 10963 人，与 80 年代以前相比，取得博士文凭的人数有较大幅度的增加。

表 6.2　2007~2008 年度法国硕博阶段各专业总入学人数表②

专业	硕士阶段（总人数）	博士阶段（总人数）
法律政治学	64064	8371
经济管理学	56395	4535
基础科学和应用	65371	15898
自然和生命科学	19547	10873
医学、牙科学	102508	1028
药剂学	19560	559
多元科学	1387	145
合计	226324	41409

---

① Pierré Beret：Changes to the research and development activities and skills of company-based researchers.

② Ministere de l'enseignement superieur et de la recherche. http：//www. enseignementsup-recherche. gouv. fr/

21世纪以来，法国研究生培养规模有了大幅度的扩大，例如从2007～2008年硕博阶段总入学人数即可看出（见表6.2）。造成研究生教育规模发展主要有以下两个因素：

1. 国家对科研人才的需求。法国政府认为，科研能力是国家创新能力增强的根本动力，科研质量的高低决定着科研能力的强弱，而科研人员的能力和能动性对科研的质量则具有决定意义。政府确认科研人才在国家科学技术发展中的重要地位，强调科研职业的特殊性。例如，"1986～1988三年科技发展计划"指出，科研发展的决定性条件，在很大程度上是科研人才政策。制定一项长期的科研人才政策，要考虑科研人才数量与质量的要求（科学家们认为，最佳创造年龄为30～40岁）、科研主攻方向及各学科之间的配合与平衡，以便对科研人才进行合理管理。人才问题跟教育分不开，为此，法国政府要求各高校密切与企业的关系，采取措施，培养出数量足够的合格科研人才。在高等学校的各级学位论文尤其是博士学位论文中，要增加技术开发课题的论文；增加博士学位公费生的名额，以扩大科研人才的来源等。80年代早期，科学政策关切的是要增加走向科研的学生人数，即开展博士学习的学生人数，设置可以培养"志在高飞者"的快车道，走向科研的快车道（fast tracks）。[1] 90年代至21世纪以来，随着知识经济的发展，知识创新在国家创新中的重要性更加突出，法国对科研人员的数量和质量要求进一步提高，从而促使了研究生教育规模的迅猛发展。

2. 企业就业资格的提高。随着基础科研在法国企业创新中重要性的提升、大学毕业生数量的急剧增长和新型公司模式的出现，近年来法国劳动力市场以公司为基础的研究人员数量不断增长，企业的就业资格不断提高，企业人员拥有博士文凭的人数不断增多。在90年代，研究人员的资格逐渐朝着那些拥有博士学位或者在获得学士学位后再进行3年（即深入学习文凭）或者5年（第三阶段博士学位）学习的人发展，数量上有了相对的增长。另外，随着新型公司模式的出现，以及企业对研究和发展及其他生产活动的大力参与，致使企业科研人员迅速增长，企业进入到研究领域的科研人员从1997年的26%，发展到2005年增长到48%；从2000年到2005年间，法国企业的科研人员数

① 伯顿·克拉克：《研究生教育的科学研究基础》，王承绪译，浙江教育出版社2001年版，第213页。

量增长了 3.2 倍。① 研究人员主要由研究生教育培养，由于企业研究人员资格的要求不断加高，对高级专业人员的需求不断加大，无疑极大地促进了博士生教育的发展。

（三）对研究生教育的培养类型、培养模式的影响

1. 大学科学研究方式改变有利于研究生教育培养类型的社会适应性

法国高等学校，特别是大学科学研究的传统方式，是由几个人在实验室里单独进行。这些研究基本上属纯理论性质，很少考虑它的实际应用目的。近半个世纪以来，随着科学和生产的迅速发展及国家创新能力提高的需要，学科间的相互渗透和综合发展显得越来越重要，越来越广泛。这一变化大大促进了高等学校研究方式的改变，即从个体研究扩展到集体攻关，从校内跨系跨专业的合作发展到校际合作，从同科研机构的合作到同企业的合作，从国内合作到国际合作。总之，各种形式的合作研究已成为今天法国高等学校的主要研究方式和发展趋势。合作研究的方式不仅适应科研部门、高校的需要，同时也更好地适应企业发展的需要。法国研究生的培养类型已经从单一的科研型发展到复合型，并越来越适应社会发展的需要。

2. 国家创新体系各行为主体之间的结合与相互作用对研究生培养模式的影响

法国在国家创新体系的建设与发展过程中，一方面注重各行为主体自身效率的提高与发挥，另一方面制定各项政策与法律保证各行为主体之间的结合与相互作用。各行为主体，尤其是国家科研机构、企业与高校之间的结合，使研究生教育的培养模式多元化，出现了协作式培养模式。在法国，产学研结合的协作式培养模式主要指大学与国家科研机构合作培养研究生以及与企业合作培养研究生两种模式。

（四）扩展了研究生培养机构

法国在进行国家创新体系的建设过程中，首要的是对国家的科研体制进行改革。通过逐渐改变由国家大型科研机构来承担主要基础性研究任务的状况，将科研基地扩展到了高校和企业中。同时，国家创新体系中的各行为主体也都纷纷参与研究生，特别是博士生的培养，充分拓展了研究生的培养机构。

传统上，法国的博士培养工作一直是由大学"独家经营"。战后，特别是70 年代以后，大学校特别是名牌大学校适应国家创新体系的要求大力开展科

---

① 法国驻中国大使馆网站 http：//www. ambafrancecn. org/cn/

学研究，也开始积极从事培养博士生工作。1981 年社会党政府的科研政策规定要加强科研训练基地（即加强研究生培养基地），特别在工程学方面：重新界定科研、工业和大学之间界面的性质，以寻求在研究生教育和科研之间，以及在大学和企业之间锻造更加密切的联系，并寻求给工程学的大学校一个科研基地，即让大学校也加强科研工作，从而把法国精英高等教育的核心法国大学校和科研训练联系起来。从而，大学和大学校竞争同国家科研中心的关系，现在已有 27 所大学校可以颁发博士文凭。①

为了充分利用各自拥有的丰富的科技资源，同时也为了提高自身的创新能力，国家科学研究中心等一批著名国家科研机构和大型企业也参与博士生的培养。另外，1994 年 1 月，法国高等教育和科研部决定授权给高等教育机构，允许其同国外合作机构一起授予博士学位，博士毕业论文的写作可以在双方导师的指导下，在任意一方机构中开展。这样做的目的是通过博士生流动的便畅以在法国和国外科研小组之间开展科学合作，促进法国科研的发展。

这样，就改变了大学对博士生培养的"专一权"，形成了以大学、大学校和科研机构为主体，兼有大型企业参加并将国外机构包含在内的相互协作的博士生培养网络，开展联合培养。

实践证明，由多种机构共同承担博士生教育，能够充分利用和发展各方面的优势和积极性，有利于教育资源和科技资源合理配置和有效整合，有利于高质量创新人才的培养。现在，不少博士研究生选择到科研机构和企业进行科研和撰写博士论文，也为他们今后的就业打下一个良好的基础，从而更有利于参与到国家的经济建设中。

（五）对研究生资助方面的影响

法国的研究生教育阶段没有统一的资助制度。传统上，由国民教育研技部为法国的研究生提供三年的奖学金，允许学生为完成毕业论文而开展研究。自 2000 年以来，获得奖学金的博士生不超过全部学生的 28%，基金会和公司资助的博士生超过总数的 1/3。大概每 10 名博士生中就有一名需要自己通过工作来支撑自己完成博士论文研究工作。有 28% 的研究生根本没有任何奖学金。然而法国政府近几年来加大教育投入，增加了对研究生的投入。

1. 法国政府为了吸引青年人投身科研，加大对博士生的科研津贴

---

① 伯顿·克拉克：《研究生教育的科学研究基础》，王承绪译，浙江教育出版社 2001 年版，第 212～213 页。

科研人员老化与活力不足，是阻碍法国创新能力提高的重要因素。法国政府为了解决科研人员老化问题，决定提高博士生的科研津贴，吸引青年人接受高等专业教育，投身科研。2003 年，研技部将三年期的博士生科研津贴保持在 4000 个名额，并将津贴金额提高 5.5%，达到 1260 欧元／月，总投入为2.322 亿欧元；增加企业科研培训奖学金名额，企业科研培训奖学金名额从2002 年的 800 个增至 2003 年的 860 个，投入资金同比增长 8.3%，达 3480 万欧元。① 全国各级研究机构都在预算中有一笔博士或博士后研究培训经费，用于资助有关学科研究生进行课题研究。

2. 企业在政府的支持下对研究生的资助措施

企业为了加强自身的科研能力，开始在政府的支持下为博士生提供资助。1987 年，企业同政府签定"通过研究进行企业培训协议"（CIFRE），在公司和研究实验室之间建立了合作伙伴关系，允许青年博士研究人员将其时间在合作双方分配，准备博士论文。这些年轻的研究人员也是公司为了回报政府的固定财政支持（财政支持估计为年轻研究人员工资成本的三分之一）而招纳的。

3. 国家优先发展的学科对学生资助的影响

学生财政状况在各学科之间差别很大，在社会科学和人文科学领域，超过1/2 的学生没有任何资助或者获得的资助不足。相比之下，物理和化学、计算机科学、生命科学和工程学领域中，大约有 90% 的博士生能够获得充分的科研资助，这充分反映了法国在国家创新体系建设中对学科发展优先考虑的不同。

（六）对研究生就业的影响

在一项调查中发现，在 90 年代，有 34% 的哲学博士学位获得者找到永久性的职位，29% 的找到了临时职位，12% 的仍然失业，而其他 24% 的博士生没有对调查信息做出反馈。在获得永久职位的 3559 名哲学博士中，有 65% 是在法国政府中就业，而其中又有 22% 是作为助理教授（职位在讲师之下的学院或大学老师），14% 在公共科研机构中作为科研人员，15% 在高中任教，14% 在行政管理部门工作。只有 1246 名哲学博士在企业部门任职。这说明每年每 1 万名哲学博士中，只有 12% 的人员在企业中任职，而将近 25% 的博士毕业生寻求传统的政府职位，企业招收的博士比例并不大。博士论文答辩后一

---

① Livre blanc "les femmes dans la recherche francaise", 2002. http：//www. recherche. gouv . fr/parite/rapports/frf. html.

年，有30%的人在学术界拥有一个比较稳定的职位，20%进行博士后学习或者在学术领域有一个不稳定的工作。博士论文答辩后3年，39.7%的博士在学术领域有着稳定的职位，30%在私营部门，17.5%仍然进行博士后学习。① 法国的小型公司是最大的就业部门，但小型的高技术企业比较少。而大型工业公司主要还是招收大学校中的毕业生，从而导致了大量年轻的科学家去往美国等国家。为了改变这种状况，将更多的高素质创新人才留在法国国内，使法国的创新具有原动力，法国政府采取各种政策促进法国博士生的就业，尤其在法国工业部门的就业。下表为2006年法国各专业就业情况。

表6.3　2006年法国各专业就业情况表②

专业类别	就业率（%）	失业率（%）	继续深造率（%）
土木工程	52.60%	1.40	43.7
质量检测计量学	57.1	21.4	21.4
社会事业	57.7	9.30	25.70
保健、安全与环境学	51.80	8.40	35.30
信息通信学	51.10	8.40	37.60
化学	46.40	5.30	45.90
热能工程学	46.0	1.40	49.80
行政与工商管理专业	51.30	8.40	37.60
商品技术学	43.0	7.20	45.50

1. 针对科研人员老化状况，政府实施博士生政策

科研人员是法国开展创新活动的智力源泉。法国科研队伍的老化和研究人员与生产实践的脱节已经成为两大难题，是造成研究机构缺乏活力的主要障碍。年轻博士得不到相应水平的职位，老年科研人员倾力于保持其管理地位而很少主动创新。为此，制定一项科研机构职位录用、公共部门职位录用、工业部门职位录用和博士论文指导计划是非常重要的。政府采取的措施如下。

继续执行科研人员招聘制，保证每年的招聘率达到2.5%，其中招聘的绝

---

① Livre blanc "les femmes dans la recherche francaise", 2002. http：//www.recherche.gouv.fr/parite/rapports/frf.html.

② www.studyfr.com 转自 Ministere de l'enseignement superieur et de la recherche

大部分是年轻的科研人员（博士研究人员）。同时要严格执行退休制度，对原先的制度作适当调整，妥善安置退休科研人员。这对于防止科研队伍的老化，活跃研究思想，保持研究活力，提高科研水平大有裨益。

法国政府制定了一项为期 10 年（2001 至 2010 年）的科研人员职位录用预见性多年期管理计划，并分期在科研机构和大学为年轻的理学博士提供 6500 个职位，并将开辟更多的博士后职位，以利于青年学者在经济和工业部门任职。如 2001 年和 2002 年预算法案共增加 805 个科研岗位，其中 265 个设在公共科研机构。另外，公共科研机构接受博士 2353 人。① 仿效其他科研大国，法国的科技型和工商型公共科研机构首先能在所有学科、一年中任何时间灵活招聘 400 名法国或国外的博士后年轻科研人员，聘用期为 12 至 18 个月，月津贴 2050 欧元，该项措施总耗资 1000 万欧元，旨在吸引优秀的研究生，减缓人才流失。2010 年前，科技型公共科研机构和大学将招聘 6.5 万名研究人员和教学——研究人员。

2. 企业加强对博士生的资助和吸收，有利于博士生就业

长期以来，法国企业在国际上缺乏很强的竞争力，一个重要原因是企业的领导岗位大多由大学校毕业生担任。而大学校缺乏"研究性培养"，因而培养的学生"实干有余，创新不足"。企业领导人缺乏创造精神，在国际竞争日益激烈特别是高新技术不断创新的今天，必然难以适应企业发展的需要。

为了加强科研能力，企业实施"把研究和开发放在首位"的战略。企业越来越看中人力资本，将其能动性、质量和生产力视为企业成败的决定因素，希望以此来努力提高法国工业的竞争力，加强法国工业的技术创新能力，使法国始终处于国际发展的主流当中。1987 年，法国政府与企业签署了"工业研究培训协议"（CIFRE），由国家研究技术协会负责，每年对 13000 名工程师进行研究培训，其中 10% 的工程师将攻读博士学位；政府每年资助中小企业招聘 600 名年轻大学生结合企业本身提出的课题开展博士论文研究工作。享受"工业研究培训协议"合同的博士容易找到工作，因为他们的毕业论文通常被看作职业经历，毕业工作 3 年后的失业率不足 4%，而且岗位比较稳定。

1997 年，理学博士（不包括"工业研究培训协议"）在公共部门任职的占 62%，在商业部门占 23%，在工业部门占 15%。"工业研究培训协议"博士主要到私营部门（工业部门占 47%；第三产业占 20%）。非"工业研究培

① 史飞：《2001 年法国科技发展综述》，《全球科技经济瞭望》2002 年第 4 期，第 41 页。

训协议"的博士有 1/3 读博士后，但从短期内来看，博士后学习并不能改善寻职条件。通过以上几组数字说明，接受政府和企业的资助能够很好地改善博士毕业生的就业状况。

2003 年 4 月 9 日法国宣布了"国家创新计划"，要进一步采取切实措施使企业和实验室的研究升值，包括继续让博士生到企业实习；增加企业资助研究生的奖学金数额。到 2010 年，公司所招收的博士毕业生将会比 2002 年翻一番。这些措施的开展，必将大大改善博士生的就业状况。

3. 政府支持博士生创建中小型创新企业，促进了博士生的就业

把科研成果转化为物质财富，是法国所面临的挑战。为了迎接这一挑战，要克服文化和体制两方面的障碍。从文化方面看，科研意识还未进入企业经理们头脑，许多企业不进行科学研究，不愿冒科技更新的风险，因此需要在今后的经营培训中鼓励创新精神，使未来的经理们认识到科研的意义。从体制方面看，过去对大型企业的支持较大，对中小型企业的支持则很不够，而大量的中小型创新企业是国家创新体系的重要行为主体。博士生具有很强的技术创新能力，因此，政府应当鼓励青年博士研究员积极创建中小型创新企业。

法国颁布《创新与研究法》。该法在科研人员流动、科研机构与企业合作、创新型企业的投资环境和创新型企业的法律保障等四个方面做出明确规定。大学和科研机构的科研人员，包括教授、研究员、工程师、年轻博士、技术人员或管理人员可以创建企业，以此实现其科研工作的价值。[①] 为支持博士或博士后青年科研人员或管理人员创建企业，还将制定青年科研人员风险基金项目。

法国政府为了鼓励中小企业进行技术创新和发明，规定财政部地区工作及中小企业司和科研成果价值化中心对中小企业投资新技术项目提供 50% 的贷款。如果项目失败，贷款由价值化中心承担。同时设立了一个 28 亿法郎的基金，鼓励中小企业在高新技术方面的风险投资。法国财政部确定人寿保险金的 5% 用于投资风险基金，所有的收益免税。法国政府还设立了新技术促进总署，代表国家负责向高新技术中小企业提供无息资金。同时法国工业部和各大区也要向高技术企业提供投资额 10% ~ 20% 的无偿资金补贴。为了鼓励小企业发展高新技术，政府专门设立了技术信息传播网络，组织研究机构，为中小企业提供新思路，介绍新技术。帮助中小企业进行技术评估和鉴定，开发新产品和

---

① 王晓辉：《20 世纪法国高等教育发展回眸》，《高等教育研究》2000 年第 2 期，第 95 页。

新工艺，介绍技术员，进行技术和管理人员的更新，使科研机构与中小企业结合起来。

总之，法国的国家创新体系在建设与发展过程中，通过制定各种创新政策和措施，促进体系各行为主体的发展和相互作用，从而也对研究生教育产生了方方面面的影响，包括研究生教育的整个科研基础、研究生教育的具体培养类型、培养模式、培养机构等。同时，法国政府为了加强科研实力，积极发挥青年博士的科研力量，采取各种措施来促进和保障博士生的就业，从而在一定程度上为博士生解除了后顾之忧，使之能够在国家创新体系中发挥应有的重要作用。

第四节　法国研究生教育与国家创新体系建设对我们的启示

法国国家创新体系的建设与发展本身包含着研究生教育的改革与发展。法国国家创新体系在建设与发展过程中，不断对研究生教育产生种种影响并提出各种要求；法国研究生教育的改革与发展是为了适应国家创新的要求，提高国家创新能力而进行的。充分认识到研究生教育在国家创新体系中的重要作用，以及国家创新体系建设与发展对研究生教育所产生的影响，可以使我国在建设国家创新体系的过程中，始终注意发挥研究生教育的作用，以保证国家创新体系建设的成功，同时也有利于我国研究生教育的发展。

一、进一步发挥科研机构在研究生教育和国家创新体系建设中的作用

法国国家创新体系的主体是政府研究机构和企业研究机构，相对而言政府研究机构的作用更大一些，法国的全部研究开发活动实际上基本集中在法国国家科研中心等几个大型相对独立的政府研究机构之中。法国最大的政府科研机构是法国国家科研中心，作为法国教育部及科技与研究部领导下的政府科研机构，它集中了全国自然科学和社会科学研究的主要力量，是国家最高的知识创新机构。随着法国政府进行的一系列重大调整和改革，开放型的科学研究不断增加，科研和生产结合日益紧密，具体地说，法国国家科研机构在以下几个方面的经验都值得我国借鉴。

（一）鼓励跨机构、多学科研究，为企业创新服务

法国政府高度重视科研中心与工业企业部门的合作，加快科研成果的推广和应用；积极组织和引导不同学科领域的转接合作，开展跨学科研究；大力倡导和积极参与国际范围内的合作研究，包括参与国际学术交流活动、承担国际

性研究课题、与外国签署双边学术交流协议、大批聘请外籍研究员和招收外国博士。最近几年在政府的支持下，法国还出现了由多家大型科研机构联合成立的企业研究与创新团体，力图开展跨机构的多学科研究，为企业创新服务。签署公共研究—开发合同，是国家支持企业创新而采用的重要扶持手段，合同的宗旨是资助大型高新技术项目计划。与国家签署这类合同的包括国防工业企业以及民用工业企业。其中公共军用研究的开发比重最大。

（二）加速科研人员流动，提高科研机构创新力

法国政府为了进一步提高国家科研机构在国家创新体系中的地位，一方面制定法律，采取各种措施，加速科研人员的流动，以解决科研机构中人员老化和人员不足的问题，如通过与研究生教育的结合，大量吸收年轻博士研究人员，从而保持机构的科研活力与动力。我国的国家科研机构同样面临着科研人员不足与科研人员老化的问题。为此，可以借鉴法国的做法，制定一项"科研人才规划方案"和"科研人员职位录用方案"。这样，既可以提高科研机构的创新能力，同时也促进研究生教育的发展。

（三）参与研究生教育过程，培养高素质创新人才

法国对相关的科技政策和教育政策进行必要的调整，在继续发挥大学的研究生教育主渠道作用的同时，充分挖掘了国家科研机构的资源潜力，积极支持国家科研机构发展研究生教育事业，并将其真正纳入到国民教育体系中来。这对于尽快提高我国的科技人力资本存量，培养高素质的创新人才，迎接知识经济的严峻挑战具有重要意义。

为适应知识经济时代的要求，我国也要对国家科研机构在国家创新体系中的功能、地位与作用进行重新定位。知识经济条件下的国家科研机构，既要搞科研，继续发挥作为国家科学创新和技术创新基地的作用，同时，由于掌握了丰富的科技资源，应该在教育方面，尤其是研究生教育方面中发挥积极作用。在参与研究生教育过程中，可以充分利用青年人员的科研潜力，发挥研究生在科研中的生力军作用，这样既充实了科研力量，同时又促进了研究生教育的发展。

总之，法国政府成立了由国家最高领导挂帅的科技领导机构，还针对新世纪的世界形势调整科技发展战略。我国应借鉴法国经验，选择关键性的高科技项目作为主攻目标，调整投资结构，促进学科交叉，加强对优秀科技人才的支持、培养与引进。我国政府还应积极发挥科研机构和产业部门、国内科技界与国外科技界之间的桥梁作用，以推动科技事业发展。

二、大力提高企业在研究生教育和国家创新体系建设中的重要作用

企业是国家创新的主体，企业的研究开发支出是国家研究开发支出的主要组成部分。从法国的情况来看，近年来企业的研究开发支出占总支出的比重不断上升。其中，中小企业在法国国家创新体系中发挥着非常重要的作用，虽然中小企业在法国研究开发支出中所占比例并不很高，但是，它们却拥有法国50%左右的企业科研人员。为了鼓励中小企业的创新活动，为它们创造必要的环境和条件，法国政府着重采取两方面行动：一是立法保护和政策支持，二是资金扶持。2000年5月法国政府又宣布了一系列旨在鼓励创办创新型中小企业的措施。首先，简约企业创建的申办手续，免除申办手续费，为新建企业减轻社会保障分摊，第一年减30%，第二年减15%。其次，法国政府颁布的《技术创新与科研法》明确规定，经济、财政、工业部每年为科技创新提供的资助中，有25%必须用于支持中小企业的科技创新活动。再次，对企业的自主研发给予资金和税收等优惠，以鼓励企业提高创新能力。随着企业逐步成为技术创新与技术应用的主体和核心，企业对高层次创新人才的需求将是巨大的。因此，国家一方面要出台政策，帮助企业对研究生尤其是博士研究人员加大吸收的力度，同时，企业也要加大与研究生教育的合作关系，参与研究生教育的培养，为研究生尤其是博士生开展论文提供科研资助，设立各种奖学金。目前，我国只有少数几个大型企业为部分高校提供了有限的奖学金，还需要继续加大力度，大力提高企业在研究生教育中的作用。这样做，不仅可以加强与研究生教育的联系，也可补充研究生教育资源的不足，促进研究生教育的发展，同时对企业自身的发展也有很大好处。

法国是一个非常注重技术成果转化和科技创新的国家，十分注意国家整体技术水平的提高，整个法国的工业水平在世界上处于领先地位。法国非常鼓励工程技术人员带着成果创建企业，将实验室的技术成果尽快市场化、产业化。为此，法国成立了技术成果推广署，采取孵化器的办法，对有市场、技术含量高的项目进行重点扶持，通过孵化器使科研人员与企业挂钩，加快科技成果转化，提高企业的成功率。为发展公共研究与企业之间的合作关系，许多高校和科研机构以子公司和内部服务处的形式建立了孵化器的机制，这是一种为企业创新提供场地、物质手段和技术人员，实行有偿服务的机制。这项措施十分有助于高技术企业的创建，有助于科研人员和高校创办高技术企业，同时也有助于增加就业机会。孵化器的机制就是将技术设想变为技术现实。通俗地说，进孵化器前是技术设想，出孵化器后就是高技术企业。

孵化器分为四类，一类是政府建立的；二类是大学、研究机构建立的；三类是企业建立的；四类是私人建立的。孵化器的职能是：（1）科研成果转化；（2）为大的集体公司进行工业实验。其具体做法是，在确定孵化新的企业项目时，规定其项目一定是专利技术或技术秘密的项目，必须是专利技术的产品，以此来保证该项目的技术先进性和成功性。另外，还须对其项目的市场情况、技术状态、法律状态等进行全面分析。在项目的启动阶段，可以得到国家50%投资额的无息贷款的资金支持。由于这一系列的措施，使法国企业在技术创新方面有了一个较好的局面。目前法国有30个孵化器，巴黎有5个。法国国家科研中心（CNRS）孵化器从1999年成立三年来，目标年达10个新技术企业，到2002年已收到建议项目130多个，经评估选定了29项，其中有25个项目进行了孵化，现已建成了10个企业，走出了孵化器。孵化器的主要工作内容是三部分，即技术辅导、市场辅导、人力辅导。技术辅导在于是否有自己的专利，成果可否转化为商品，而不是产品的可行性。市场辅导在于市场的开发培育。人力辅导在于为企业寻找合格的人才，其中一项内容是说服不适合管理工作的技术人员走出对企业的直接管理。法国的技术成果推广署也是专门为中小企业（2000人以下的企业）服务的机构，为扶持中小企业科技创新，负责提供技术项目的管理，以及资金支持，对于专利项目提供从代理费到申请费的资助，形成了一条龙式的服务，很值得我国学习与借鉴，以促进专利科技成果的转化。法国扶持企业进行科技创新，是法国经济发展的战略之一，在法国的经济发展中占有突出和重要的位置。相比之下，我国距发达国家还有较大差距。当今世界的经济竞争、综合国力竞争，越来越表现为高科技水平和知识总量的激烈较量。知识产权则是直接体现科技水平和知识总量的重要内容，也是人们参与竞争，并在竞争中赢得优势、保持优势、发展优势的至关重要的条件。因此，加快扶持我国企业进行科技创新，大力提高企业在国家创新体系建设中的作用，迫在眉睫。

三、加快研究生教育改革以适应国家创新体系建设的需求

研究生教育是国家创新体系中的创新主体，尤其是在科技创新中发挥的作用越来越大。近几年来，法国政府已把研究生教育和人力资源开发置于政府行动的核心位置，20世纪90年代以来，为加强国际竞争能力，法国政府鼓励企业吸收研究生，并参与研究生的培养工作。法国工业企业也希望通过研究生教育来培养它们未来的领导人，以更好地提升企业的创新能力。法国的研究生教育充分考虑到与企业合作的重要性，主要采用以大学为主体的培养模式，即企

业委托大学培养研究生，并派企业的高级科技人员到大学讲授有关课程，同时还为大学和研究生提供经费和科研设备。随着我国经济增长、科技进步和社会发展对人才的创新意识、创新精神和创新能力提出更高要求，我国研究生教育的改革与发展应借鉴法国的成功经验，相应地做出调整。

（一）加强创新教育，培养研究生的创新精神和创业精神

创新教育应该成为研究生教育的内涵和本质所在，要加大力度，培养研究生的创新精神。同时，要加强对研究生的创业思想教育，借鉴法国的有关做法，制定有关创新政策与法律，鼓励并支持研究生创建中小型创新企业，直接将科研成果转化为生产力。法国在国家创新体系的建设过程中，非常重视研究生教育与科研活动的结合，有利于培养研究生的创造性思维和个性特征，发掘个人创造力。科学研究不仅是实现创新的根本途径，也是培养人才的最佳选择。通过科学研究培养出来的人才，富有高度的创新精神，是提高国家创新能力的根本。近年来，法国更加重视对研究生教育的科研投入，推动研究生参与科研活动。

长期以来，法国的研究生教育主要是为科研机构培养研究人员，为高等学校培养老师，而很少为企业部门培养人才。但是，90年代以来由于传统领域职位的有限及就业传统观念的影响，研究生失业率升高。为了改变这种状况，法国政府采取各种措施促进研究生向企业，尤其是中小企业流动，以提高企业的创新和技术转移能力；对流向企业的研究生给予优惠政策，提高他们的待遇，并向所有愿意为企业服务、但希望保留科研人员身份的研究人员提供帮助。同时，在研究生教育中，加强对研究生的就业指导，使他们积极转变就业观念，到创新领域，主要是一些中小型企业中谋取适合自己的职位或者鼓励他们直接创建创新型企业。在鼓励自主创建创新型企业方面。法国政府采取了一系列影响颇大的政策措施：实施科研税收信贷，企业第一年用于研究开发的经费支出中50%可以免税，新技术企业税收优惠，向参与企业科技开发的高科技人员出售"企业创办者认证股"。从而在一定程度上为研究生提供了政策保障，使他们能够在国家创新体系中发挥更大的作用。

（二）改革研究生培养目标，以社会为导向实现目标多元化

法国研究生教育经过不断地改革与发展，从培养单一的学术研究型人才的传统目标，转变为既培养学术研究型人才，又培养复合型应用型人才，以更好地适应国家创新体系建设对人才的需求。研究型人才的培养目标是为大学和科研机构培养高水平的教师及科研人员；复合型人才的培养目标是为加强国家科

技进步的创新力量，为企业的革新和创造发明培养专门队伍。这一类研究生的显著特点是理论研究与企业生产和技术方面的重要问题紧密结合，要求研究生更了解企业，具有对重要事务的判断、综合、解决能力等。加强培养复合型应用型人才，提高了企业的创新能力，为国家创新体系的建设做出贡献。研究生培养目标的多样化更好地适应了社会经济各领域对高素质创新人才的需求，从而也促进研究生教育在国家创新体系建设中发挥更大的作用。我国应更好地借鉴法国研究生教育的有关经验，要培养科研型与应用型两种不同类型的研究生，加强研究生教育中的职业化内容。

四、加强各行为主体的结合，努力推进产学研合作

加强大学与国家科研机构之间的合作，是研究生教育发展的重要内容，也是培养创新人才的重要途径。加强产学研之间的合作对于培养高层次应用型人才具有重要意义，应该成为当前和今后研究生教育的发展趋势。产学研结合的协作式培养模式也是法国研究生培养模式的重要形式之一。该模式的出现是国家创新体系各行为主体，主要是国家科研机构、企业同大学三者之间紧密结合并相互作用的结果。三者相结合，充分利用各自优势，发挥各自掌握的资源，共同参与研究生的陪养，使研究生能够在未来社会实践与科技竞争中不断调整和充实自己，有利于提高人才培养的素质和社会适应性。

通过制定各种创新政策与创新法律，为国家创新体系各行为主体之间的结合提供保证。国家创新体系各行为主体的结合与相互作用，对于培养高层次人才具有重要作用，可以充分利用各方资源，发挥各自优势，培养出符合各方需求的复合型应用人才。

知识经济条件下，企业的发展呈现出两个新的趋势：一是在科技革命的推动下，科学技术的发展速度越来越快；二是在科技革命的推动下，随着企业生产由劳动密集型向技术密集型的转变，企业掌握的科技资源越来越多。企业的竞争与发展在客观上提出了对高层次的科技应用型人才的迫切需求，同时也为与大学合作培养研究生创造了条件。在合作培养研究生的问题上，大学的优势在于基础学科建设强、科学研究能力强，企业的优势在于课题明确、设备先进。加强大学与企业的合作，可以培养出既有宽厚的基础科学理论知识，又有较高的科学技术研究能力，同时还具备一定的科技开发能力和科技成果转化能力的高层次应用型人才，这对于企业的发展是非常重要的。这种办学模式对研究生提高解决实际问题的能力具有积极的促进作用。

掌握坚实的理论基础，具备独立的科研能力和解决实际问题的能力，这是

创新人才必须具备的基本素质。但从研究生教育的规律看，这些基本素质的培养不可能仅仅依靠大学或科研机构或企业独立完成，需要大学、科研机构和企业这三个方面的共同努力。加强产学研的结合，为培养创新人才提供了新的经验。通过国家强有力的行政手段和必要的经济政策，建立大学、科研机构和高新技术企业三位一体的高科技园区，是实施产学研合作的重要形式。

借鉴法国的经验，积极推进高校与科研机构在科研和教育方面的结合。通过政策引导，鼓励部分科研机构进入高校，与高校现有的系/所结合、重组，以增强高校的科研力量。加强高校和科研机构在培养研究生方面的联合与协作，扩大高校与科研机构联合培养研究生的数量。同时，要推动高校与企业在科技创新和人才培养方面的合作。对企业、科研机构与高校联合提出申请的国家科技计划项目，在同等条件下优先支持。鼓励高校与国内外企业共建实验室、研究开发中心等研究机构，以便同时能够为研究生教育提供更好的条件。

五、充分发挥中介机构在国家创新体系建设中的协调作用

法国国家创新体系的建设离不开中介机构的协调和传播，法国的中介机构有两大特点。其一，法国科技中介机构的建设以在政府支持下大力发展的技术推广网最为显著。在法国研技部和工业部以及地方政府的支持下，建立了大区技术推广网（RDT），旨在向中小企业推广技术。经过十多年的发展，法国在全国范围内所有22个大区都建立了技术推广网。2000年，该网络对企业的访问调查总数达到18000次。调查工作的目的是了解企业的技术需求，以便联系合适的技术方案。此外，该网络的技术服务基金对多个行业的中小型企业的1534个项目进行了支持，合计金额为4500万法郎。法国的技术推广网在推动中小企业技术转让、激发企业活力上发挥了重要作用。其二，法国对科技中介人员有严格的评审要求和处罚制度。如法国评估师资格的申请要求是：博士毕业、在相关行业工作两年、当过两年以上的企业老总、通过国家工商总局的资格认证。如果评估师被发现有作假行为，就会被永远吊销执照，并负刑事责任。在这种严格的法制下，法国至今只有一个评估师被发现作假，并最后在牢中自杀。由于法国的研究机构主要集中在政府科研机构之中，企业的研究开发活动又很大程度上集中在少数大企业，大学的科研成果转化又有待加强，因此，法国非常重视技术创新推广网络的作用。一个覆盖面广、机制灵活的技术创新推广网络对于科技成果由研究机构向企业、特别是向中小型企业的转移和扩散有着举足轻重的意义。法国在这方面的成功经验，值得我们学习和借鉴。

（一）建设多层次的科技中介服务体系

科技创新与成果的转化需要多方面和多层次的中介服务，这些服务的功能和性质不同，提供中介服务的经营主体和运营模式也就不同。发达国家的科技中介机构在整体结构上都有政府、公共和私人三个层面。它们的性质和功能不同，分别面向不同的领域和服务对象，有的面向私人公司式的商业化运作，有的面向政府、大学和研究机构，以非营利机构的形式经营，还有的属混合型，它们共同构成了一个科技中介网络服务体系。因此，要发挥科技中介的桥梁和纽带作用，促进科技创新的成果转化，就必须建立多操作主体和多服务层次的科技中介服务体系，既要有官方机构为中小企业的科技创新、技术引进吸收、产业结构调整提供支持和服务，促进中小企业的发展；又要有分工合理、多层次的、产权清晰、按市场经济规律运作的非营利的和民营的科技中介服务机构，为不同的对象提供各种科技中介服务。

同时，要注意科技中介行业的网络化协作，建立行业性的网络平台，为科技创新全过程提供综合配套服务。加强网络化协作有利于提高科技中介机构的整体经营效率和市场竞争力，全面提升机构形象和影响力，使科技中介机构的品牌、服务、管理等多方面的标准化得到加强。我国在网络化方面要加强公共信息平台、数据库的建设。政府首先要打破政策部门对公共信息资源的垄断，其次要发动企业和社会力量共同投资建设，尽快形成一个功能强大的网络平台和一个共享的开放型数据库，尤其要加快中小企业信息服务网建设。

（二）重视科技中介人才的培养和使用

首先，科技中介服务工作是一项开拓创新性和专业性很强的工作，对从业人员的要求较高。世界科技中介机构对人员的要求是贵在专精，而不在多。这些机构虽然人员不多，但专业人员的素质很高，他们大多有理、工、商、法律两种或两种以上的专长，有博士学位者相当多，而且大都曾有在企业工作的经历。每一个专业人员都能独自负责某一技术转让项目的全程服务，包括发明评估、市场及技术评估、与外聘律师联系进行专利申请、许可协议谈判、被许可方运作绩效的监督工作等。而我国现有的科技中介从业人员中具有高学历的科技型人才偏少，而复合型人才尤其缺乏，这成为制约我国科技中介机构服务质量和水平提高的一个关键因素。因此，要大力加强对科技中介人才的培养。在培养的同时还要注意开发、吸引并充分利用高等学校、科研院所、留学回国创业人员等群体，建立起科技中介服务业的人才库和智慧库。

其次，为了使科技中介机构获得工业界、政府的信任以及良好的社会声誉，法国对科技中介从业人员有非常严格的资格认定。法国的咨询业协会对申请入会的咨询公司有相当严格的要求，咨询公司的法人代表要在 30 岁以上，具备 5 年以上工作经验并具有 3 年以上的独立咨询工作经历；具备 3 个客户的推荐信和 2 个会员推荐信；年营业额要在一定数额以上；申请人除符合这些标准外，还要进行面试以及关于职业道德的检查。另外，法国技术推广网工作人员必须以个人名义签署工作人员行为规范，保持客观中立，保证优质服务，不向问访企业或技术、服务提供单位索取报酬等。然而我国科技中介的从业人员不仅在从业资格认证的评审上不够严格，而且对违法的科技中介机构及人员的处罚也不到位，这导致我国科技中介的社会信用较低，这极大地影响了我国科技中介的发展。

（三）为中介机构的发展建立完善的政策和法律体系

在法国，政府在宏观管理、政策法律体系建设、市场规范运行方面对科技中介机构的发展发挥了重要的引导和推动作用。法国政府长期以来制定了一系列包括知识产权的法案、反垄断法、资本市场规范以及研究开发的技术转让政策等。完善的法律和法规体系，尤其是对科技中介机构营利和非营利的严格界定，是科技中介机构发展的基础，促进了中介机构健康发展。我国发展科技中介机构，应首先从完善法律与政策环境入手，区分营利和非营利机构，给予不同的政策支持，使各类科技中介机构都有明确的职责和定位。另外，在培育科技中介市场方面，可以参照法国政府的做法，把原先由政府操作的各种评估、鉴定等业务通过公开招标的方式交由独立的科技中介机构来完成。政府成为科技咨询市场的一大买方，做大科技中介市场，刺激科技中介机构的发展。

第七章

日本研究生教育与国家创新体系

第一节　日本研究生教育

一、日本研究生教育的发展与现状

和欧美一些国家相比，日本的研究生教育发展较迟，起步于明治维新时期。日本经过明治维新后，先于其他亚洲国家而成为独立发展的资本主义国家，这为日本教育的发展奠定了基础。明治以后，日本政府就提出"文明开化"、"殖产兴业"、"富国强兵"三大政策，并把教育视为"立国之本"，提出"求知识于世界"，这使日本教育进入了一个初步繁荣发展的时期。

（一）日本研究生教育的发展历程

日本自明治初期创建研究生院至今已有 100 多年历史。日本研究生教育的发展历程是以三次教育改革为标志的，三次教育改革大力推动了日本研究生教育的发展。

第一次教育改革是以 1872 年政府颁布《学制》为标志的。1877 年，东京大学正式创立，1880 年东京大学在文、法、理和医四个学部下设研究科，成为日本研究生教育的起点。森有礼（1847～1889）就任文部大臣后，于 1886 年颁布《帝国大学令》，明确规定"帝国大学由大学院（研究生院）及分科大学组成"，研究生院是分科大学研究科的综合体，"专门研究学术技术理论及应用知识"。① 《帝国大学令》的颁布和实行，标志着日本研究生教育的正式法令化。同年，又颁布了第一个《学位令》，将博士学位分为法学、医学、文化、理学及工学 5 科，由文部大臣亲自授予。1917 年，东京、京都、东北、

---

① ［日］铃木博雄：《原典·解说日本教育史》，日本图书文化协会 1985 年版，第 179 页、第 165 页。

九州等帝国大学设立了研究生院。1918 年又对《帝国大学令》进行修改和补充，颁布《大学令》，其中规定：大学由各种学部构成，研究生科设在学部，研究生院是研究科和学部的综合体。研究生分为公费和自费两种，导师对研究生不系统上课，而是研究生在导师指导下自选课题，从事研究工作。① 这一时期，由于各种法令的颁布和实施，日本的研究生教育有了初步的发展。据统计，1910 年，日本仅有两所大学招收研究生；到 1940 年，则有 35 所大学开设研究生课程，在校研究生人数也由 1910 年的 486 人发展到 1940 年的 1978 人。

二战后，日本进行了第二次教育改革。政府颁布了《教育基本法》和《学校教育法》，其中明确规定："大学可以设置研究生院。"① 不久政府组建了大学基准协议会，该会于 1949 年制定了《研究生院标准》，1952 年又对这一标准进行修改、完善，颁布了《研究生院设置审查准则要点》，对研究生教育进行了系统的规划，确立了新式研究生院制度，规定研究生院分为授予硕士学位课程和授予博士学位课程两类。70 年代中期，日本研究生制度最后确立下来，一般将其称为"新制研究生教育制度"。和战前旧制研究生制度相比，它有两点不同之处：首先，新制的研究生教育制度有自己独立的设备和科研体系，而战前的研究生教育是在学部和研究科之间进行的；其次，研究生教育的层次结构发生了变化，战前研究生院只设博士课程，战后又增加了硕士课程。日本大学设置审议会于 1974 年公布《关于改革研究生院及学位制度的报告》，文部省 1976 年公布《研究生院设置标准》，这标志着当代日本新研究生教育制度的正式形成。以后各大学的研究生院即根据《学校教育法》、《研究生院设置标准》等其他有关规定设置。1976 年，日本修改了《学校教育法》，规定大学根据需要，可以不设学部只设研究生院，产生了独立研究生院制度②，随后又产生了联合研究生院制度③。

---

① ［日］堀松武一：《日本教育史》，国土社 1985 年版，第 129 页。

② 独立研究生院从大学的学部独立出来，形成一个有目的的教育研究组织。努力做到研究生院配置专任教员，充实教员组织及研究设施，并灵活利用现有的大学内外的人才及设备，与其他大学、研究机构及教育研究机关形成横向联系网。

③ 联合研究生院是由相同学科领域两个以上大学的院（系）组成的授予博士学位课程的研究生院，打破了独立研究生院的闭锁性，促进了大学间的科研合作及人员交流，改进了学位论文审查办法，保证了学位论文的审查质量。联合研究生院主要有讲座联合（工学系统）和教师联合（农学系统）两类，使只靠一所大学办不到而在几所大学的合作下才能筹建起来的充实的研究生院有了可能，也可保证多数学生有升入研究生院学习的机会，并为以前不设有研究生院的大学的教员参加研究生院的教育及研究指导敞开了门户。

经过战前和战后的大力发展，日本研究生教育已形成了较为完善的体系，规模也有所扩大。值得一提的是，日本注重法律的颁布和实施，并以此引导研究生教育的发展，这种"先立制"的做法值得深入研究和借鉴。"先立制"有利于规范实施者的行为，也有利于计划和措施实施的长期性，使行为有法可依，有标准可达。

20世纪90年代，日本启动了第三次教育改革，并且以研究生教育为突破口。这场正在进行中的研究生教育改革，在改革理念上定位为"科学技术创造立国"，在改革路径上致力于从"模仿"到"创造"，在改革目标上努力造就"闪烁个性光辉的大学"——实现富有活力的教育研究，落实在具体改革政策和措施上主要表现为"三化"：研究生教育制度"弹性化"、研究生院设置类型"多样化"和研究生院"重点化"。

所谓研究生教育制度"弹性化"改革，是指研究生院为打破传统的大学招生和培养制度的框框，在研究生入学条件、修业年限、培养方式和课程设置类型上所采取的灵活化政策。1992年7月，设在文部省的终生学习审议会提出《关于适应今后的社会动向振兴终生学习政策》的咨询报告，其中一个重要课题就是推进以"成人"为对象的循环教育或"回归教育"。该政策实施后，夜校制研究生院、函授制研究生院、专门职业研究生院、研究生院硕士一年制课程和长期在学课程等灵活多样的研究生院类型不断涌现。所谓"研究生院重点化"有三层含义：一是指日本政府通过改革研究生教育的组织机制，以期改变以往研究生院是学部附庸的地位而成为大学建设的核心；二是重点投资建设一批高水平的研究生院，并有计划地在教师编制和物资设备以及资金上给以倾斜；三是增加研究生的录取名额，放宽研究生的入学资格，并加大对研究生的资助。通过研究生院重点化改革，改变了教师隶属于学部的教师编制原理，重新建立起以研究科为大学基本的组织运行机制，即由原来学部组织的"小讲座：教授、副教授和助手1∶1∶2的比例"，变成"大讲座：复数教授和副教授的组合方式来配置"，以充实导师数量，增强大学教师的流动性；扩充研究生教育的规模，使实行研究生院重点化政策的大学把本科生和研究生的比例提高到1∶1。

进入新世纪以来，日本将文部省和科学技术厅合并，成立文部科学省，并将研究生教育改革纳入国家创新体系，从而增添了研究生院重点化的实质性内容。所谓"TOP 30方案"是日本要在新世纪建设30所世界一流大学，使其研究成果和人材培养质量达到世界一流水平。"TOP 30方案"推出后，引起了大学界的广泛关注，也遭到了一些人的质疑。后来，日本政府改称"21 世纪 COE 计划"（COE 是 Center of Excellence 的缩写，意为"卓越基地"），即重点支持具有博士点的大学开展原创性研究。"21 世纪 COE 计划"的实施，引发了各大学在基础研究和跨学科交叉领域研究的兴趣，推动了日本建设世界一流大学的步伐。

（二）当前日本研究生教育的制度与规模

1. 日本研究生教育学制

日本的研究生教育包含三种课程，即硕士课程，博士课程，专业学位课程。

硕士课程包括两种，即一贯制博士（相当于我国的直博）前期课程及一般的硕士课程，学制一般都是 2 年。博士课程也有两种，即一贯制博士后期课程及一般博士课程，虽然博士的学制一般为 3 年，但是实际完成博士研究生任务获得博士学位的时间，不同的学校差异很大，普通学生很难在 3 年内获得博士学位，最长的甚至要 7~8 年。日本的博士学位分为课程博士和论文博士两种。课程博士，也就是脱产学习的博士研究生，一般是在获得硕士学位后，再学习三年，主要是做研究工作，写出课题论文，也可以根据本人需要选读一些课程。论文博士，是在职人员在工作岗位上经过一定时期的努力，完成论文，提出申请学位，经接受学校组织有关讲座进行考试和论文答辩，通过后授予学位。专业学位课程相当于我国的专业硕士及专业博士学位研究生。

日本的大学还设有一种独特的"研究生"教育制度，期限一般是一学期或一年左右，参与此种学习的学生不以获得学位为目的，实际上类似于我国大学中的"旁听生"或"预科生"，也可理解为是为升入大学院做准备的阶段。这种形式的学习中国尚未有之，此种形式的优势在于扩大了人才培养范围，使更多的人能够参与进来，将教育看成公益事业，而不仅仅是获取学位的门槛。有容乃大，在吸引人才和积极的学习过程中，定会涌出大量人才。

日本培养研究生实行讲座制度。讲座由 1 名教授主持，1 名助理教授和 2 名助教组成。讲座的主要任务是在教授的指导下进行科学研究工作，同时博士生还要协助硕士生的论文指导工作，而对课程学习没有很高的要求。

2. 当前日本研究生教育的规模

战后，日本研究生教育经历了两次比较大的发展。第一次是 1963 年前后，以确保大学师资为目的，以理工科"大学院"为主的扩招，这次发展奠定了今天以理工科院系为主体的日本研究生教育结构；第二次是 80 年代末以后直至现在，其背景是知识化、国际化、全球化等世界社会经济的发展变化。

1991 年和 1998 年，日本的大学审议会先后发布了《关于大学院量的调整》和《关于 21 世纪大学及今后改革策略——竞争环境中闪耀个性光芒的大学》。《关于大学院量的调整》提出了到 2000 年为止研究生人数增加到当时 2 倍，即达到 20 万人的目标。《关于 21 世纪大学及今后改革策略——竞争环境中闪耀个性光芒的大学》进一步提出了到 2010 年时研究生人数增加到 30 万人的目标。在这些政策的鼓励下，日本研究生教育事业在最近十多年里得到了迅速发展。1994 年全日本 552 所大学中有 371 所设有"大学院"，其比例为 67%；到 2002 年时，全部 669 所大学已经有 494 所设有"大学院"，所占比例达到 74%，比例提高了 7 个百分点。每年的招生人数也有了较大幅度的增加，1980 年在籍博士、硕士研究生 53992 人，1990 年为 90238 人，90 年代中期招生人数增加幅度更大，2000 年时，日本在校研究生实际人数增加到 20.6 万多人，完成了 1991 年制定的《关于大学院量的调整》中提出的目标。2005 年，日本在校研究生总数达到 254480 人，其中硕士研究生 164550 人，博士研究生 74907 人，专业学位研究生 15023 人。到了 2007 年，在学硕士生达到 165219 人，在学博士生达到 74811 人，专门职业学位课程在学者数为 22083 人，合计起来已超过 26 万人。

表 7.1　日本研究生人数变化表

年份	1980 年	1990 年	2000 年	2005 年	2007 年
研究生总人数（人）	53992	90238	206000（约）	254480	262113

日本研究生教育规模之所以得到如此快速的发展离不开政府的大力推动和大学的积极响应。其中最重要的原因在于：政府对于学术研究高端化趋势的要求。随着知识经济的发展和经济全球化趋势，各国间的竞争日趋激烈，科学技术创新和知识创新在一国经济发展中的作用越来越大。国家注重对各类高素质人才的培养，对于创造性人才的需求也日益增加。"大学院"（即研究生院）首当其冲被视作培养此类人才的重要基地。

（三）日本研究生教育机构及其特点

日本设研究生院的目的是"传授与研究学术上的理论和应用，并且进一步探讨其奥秘，为促进学术文化的进展做出贡献"[①]。其主要任务是培养科技

---

① 高淑贤：《20 世纪 90 年代日本研究生教育改革及启示》，《煤炭高等教育》2000 年第四期。

人才、高级技术专家和大学教师。日本的研究生教育机构和中国的研究生教育机构相比是较为丰富的，且各司其职，各尽其能，既满足了社会对于人才的需要，也满足了人才对于继续深造的需要。研究生教育机构包括以下四种类型。

1. 研究生院大学及独立研究科

研究生院大学及独立研究科是日本 20 世纪 90 年代通过调整学校布局而产生的新型研究生教育机构。这也是日本文部省进行研究生教育改革的一项重要举措。新调整为研究生院的大学以硕士、博士课程为主，以学部课程为辅。以东京大学为例，90 年代首先在该大学的法学部、理学部及工学部进行了试点，调整办法是把以学部为基础的研究生院从学部中独立出来，成立研究生院或独立研究科，教师编制从原属于学部的教师划入研究生院的教师编制，这些教师在承担研究生院教育科研任务的同时，兼任学部的教学任务；研究生院及独立研究科均有自己独立的教学科研经费，而且其经费和教师待遇远远高于学部。这种研究生院大学今后发展的方向是缩小本科教育规模，扩大研究生规模，目的是使其成为培养高级人才以及进行尖端科学技术研究的基地。

日本研究生院大学具有以下优势：拥有大学难以比拟的大型研究设施、高水平实验设备及种类齐全的专业研究资料，可为研究生培养提供一流的科技创新平台；由于各研究机构有大量国际合作项目和国内重大课题，因此经费充足，研究生有足够的机会参与前沿课题的研究；多学科交叉融合的学术环境，有利于提高研究生运用多种知识、理论和方法解决问题的能力；频繁的国际、国内学术交流有利于研究生开拓学术视野，激发创新思维；学生培养实行指导小组制，一名学生一般由一名主导师和 2 至 3 名研究人员负责指导。由于研究生指导教师就是研究所的研究人员，因此能将最先进的科研成果充实到教学和研究指导中去，有利于研究生尽快进入学科前沿研究领域，取得最新的科研成果。

研究生院根据教育和研究指导的目的、内容，按适当的领域开设研究科。研究科通常开设几个专攻领域和配置一定数量的教师。在设置研究科时，必须考虑其与大学本科、大学附属研究所的配合与联系，使研究科的目的很好地贯彻实施。研究生院的组织（研究科和专攻）不一定需要与大学的学院的组织（学院、系科）相互对应，可以按教育和研究指导的目的内容，决定应开设哪些研究科和专攻。大学的附属研究所等机构，可按不同的方式参加研究生院工作。研究生院应配备必要的教员、课堂、研究室、实验与实习室、演习室、教学仪器及标本、图书与学术杂志。研究生院在不影响教学研究的情况下，可共同使用大学本科、大学附属研究所的设备与设施。研究生院的大学应设立事务机构处理有关研究生院的事务，研究科应设立教授会或委员会审议研究科的重要事项。

2. 联合型及协作型研究生院

联合型研究生院是指"多所大学联合设置的独立型博士课程"的形式。这种研究生院为数不多，是一种新兴研究生院类型，主要集中在农业等领域。如东京农工大学农学部等6所大学联合设置了联合农学研究科；岐阜大学、山口大学等设置了联合兽医学研究科，目的是培养高层次专业人才。联合型研究生院打破了独立研究生院的闭锁性，促进了大学间的科研合作及人员交流，改进了学位论文审查办法，保证了学位论文的审查质量。联合研究生院主要有讲座联合（工学系统）和教师联合（农学系统）两类，使只靠一所大学办不到而在几所大学的合作下才能筹建起充实的研究生院成为可能，也可保证多数学生有升入研究生院学习的机会，并为以前不设研究生院的大学教员参加研究生院的教育及研究指导敞开了门户。

协作型研究生院是指国家或企业设置的研究所与大学合作进行教育研究活动的研究生院。具体地说，就是大学与研究所签订协议，每年由研究所派出几名研究人员，以客座教授或副教授的身份到签约大学指导博士生毕业论文，以利于加强产、官、学之间的合作以及应用性研究。如埼玉大学与理化学研究所、电器通信大学与电话通信公司合作设立的此类研究生院。

3. 业余研究生院及函授研究生院

为适应社会成人及在职人员继续接受再教育的需要，1993年日本业余研究生院正式制度化。2000年已有20所业余研究生院，在学人数两千多人。2000年函授研究生院也正式成立，6所大学设置了函授研究生院，在学人数747人。这两类研究生院现在只开设了硕士课程。

4. 职业型研究生院

职业型研究生院是随着研究生教育职能多样化而产生的一种新型高层次应用型职业学校。科学技术日新月异的迅速发展带动了经济社会的快速发展，这就要求加强研究生院的"教育"功能，以最新的科学技术成果武装研究生的头脑，重视培养精通高级职业技术的优秀专家和管理者。为此，必须大力发展新兴的职业型研究生院。1974年研究生院设置基准制定时，研究生院就已经明确硕士课程的目的之一是培养高级专门职业人才。1989年修正研究生院设置基准时，进一步重申了这一目的，但直到1999年开始制度化，2000年正式实施，2002年8月，日本中央教育审议会提出《培养具有高级专门职业能力的人员》议案。为适应各种职业类别对于高级专门人才需求的日益增强，开始在大学研究生院培养高级专门职业人员，并进而设立新型研究生院。2003年设立的专门职业研究生院与以往的研究生院不同，其目的是在质和量两方面充实对国际、社会通用的高级专门职业人员培养，对高级专门职业人员实行特殊的实践教育。《职业型研究生院设置基准》从2004年4月1日起实行。日本《职业型研究生院设置基准》的正式颁布及实行，在日本高等教育发展史上是一项重大的改革，它是21世纪日本高等教育发展的一项新的战略选择。

日本职业型研究生院与传统的学术型研究生院相比有下列不同点。（1）职业型研究生院的学制具有灵活性。由于各种不同的职业技术能力的培养所需要的时间不同，教育内容也不同，所以，学制也可以不同。例如，法科研究生院的学制就定为三年制。（2）职业型研究生院不是以培养研究人员为目的的，所以，"研究指导"不列入必修课。其必修课的教学，提倡运用事例研究、课堂讨论、校外实习等实践教学方法来进行。（3）为了加强实践教学，学校聘请相当数量的、有实践经验的职业技术专家和管理专家来担任专职教师。（4）职业型研究生院应当给学生授予新的、适当的专业学位，如"经营管理硕士"、"实务博士"等。（5）在专业设置方面，专门职业研究生院设置专业的特点是重视实践性、前瞻性及交叉性学科教育，例如经营金融、社会健康医学、现代经营学、医疗经营管理学、产业经营管理、国际经营管理、工学经营管理、国际会计、公共经营学等学科，注重培养技能型人才，且培养出来的人才也得到了高度评价。例如，目前已设立了一些有特点的高级职业专业学科的学校有：京都大学医学研究科设置了社会健康医学专业；一桥大学国际企业战略研究科设置了经营、金融专业；九州大学医学教育学部设置了医疗、管理学专业；青山学院大学国际经营研究科设置了国际经营专业等。这些专业的设置与日本产业结构的调整密切相关。

5. 放送大学大学院

作为通讯制大学独特存在的放送大学，从2002年4月开始招收研究生，主要通过广播电视授课、印刷教材、函授指导、研究指导等形式来完成教学。这所大学院广泛地向社会开放，作为终身教育机关，使学习者不用离开工作或生活的场所，就能够接受研究生教育。

二、日本研究生教育模式的特征

（一）教学和科研以学生为中心

日本研究生教育的最大特点在于贯穿学习及研究整个过程是以学生为中心

的。对拟考入的研究生院、专业直至导师的选择，学生具有绝对的选择权利。由于日本研究生入学考试时间不是全国统一的，不同的研究生院都有自己的入学考试时间，学生有机会同时参加几个研究生院的入学考试，考取以后选择更适于自己的研究生院、专业和指导教师。研究生院开设比规定学分多一倍以上的课程，硕士研究生的必修课仅占全部课程大约1/5，而博士研究生的课程基本没有必修课，选课的主动权在学生，指导教师只是提供参考性建议。在学位论文研究的开题之前，指导教师会向学生介绍本专业学术发展情况以及研究的前沿问题，给学生提供一个比较自由的选题空间，学生根据自己的学习情况、兴趣和特长，选择研究课题。在研究过程中，从资料的查找，实验的设计，研究具体步骤的开展，实验结果的提取、分析直到论文的撰写、答辩、修改，都是学生自己先做方案，然后请教指导教师，通过修改付诸实施，遇到问题，再请教教师，解决问题。日本学生经常会问教师"您看我这样做怎么样"，而不是问教师他该做什么，怎么做。这种提问方式是日本研究生教学以学生为主的形象体现。

"以学生为中心"的特点使得学生在研究生学习期间具有更多的自主权，可以根据自己的兴趣和特长选择课题，从而使研究更有针对性，更容易在自己感兴趣和关注的领域有所建树。

（二）教学与科研关系中以"科研"为主

日常教学与研究工作中，日本更重视课题研究，这是它的第二个特点。研究生一入学，指导教师就要求他们注意了解和掌握本专业学术发展动态，并且规定他们必须参加每年一次的学术年会，选取自己感兴趣的课题，准备论文开题报告，一般在硕士研究生入学后半年左右，论文的题目就已确定，同时完成硕士论文开题报告。硕士研究生一进入二年级，就要做硕士论文研究的中期报告，汇报自己研究的进展和初步研究成果。中期报告获得通过以后，才能继续研究。通常在中期报告时，本专业所有教师和学生都参加，对报告人的研究情况、初步研究成果的论文发表意见和看法，无论是思路、框架还是方法往往都需要修改、完善。中期研究报告通不过的情况时有发生，这种情况下研究生对研究框架、研究方法以及实验设计等需要重新构建。随着研究的不断深入，指导教师要求学生把阶段性研究成果或者硕士论文中的创新内容总结出来，撰写论文，参加本专业的学术年会并在年会的小组分会中做中心发言。二年级的后半年，硕士研究生们在忙于课题研究和学位论文撰写的同时，把论文重点内容提炼出来，在研究室例行研究讨论会上做中心发言，听取教授以及同学的意见及建议。最后，对研究工作做最终总结，撰写并修改论文，进行学位论文答辩。博士研究生对课题的研究工作要求更高，一入学就要确定学位论文的方向，而且每一年都要参加本专业的学术年会，发表论文。许多博士研究生，由于在本专业学术期刊上发表论文数量和质量不够，不能按时获得博士学位。纵观研究生学习的整个过程，课题研究占工作总量的75%以上，可见，日本研究生教学是以课题研究为主进行的。对科研工作的重视就是对创新工作的支持，创新的过程多是蕴含在科研之中的。

（三）教学以"学"为主

在研究生的教学过程中，日本更重视学生的主动学习。日本研究生院的课程几乎没有完全讲授式的课程，基本上是讨论课。讨论课组织形式很简单，只需研究生所在学科的所有导师、全体同科研究生按时参加。一般的习惯是每门课每周上一次，一次二三小时不等，由1名或2名研究生主讲，研究生宣讲报告占用2/3时间，其余1/3时间为提问和解答。学习方法是在每门课开始的第一堂课，主讲导师给全体学生提供本门课相关的教学参考书，让他们浏览一遍，根据大部分学生的意见确定本门课使用的课本，同时按照高年级到低年级的顺序，确定以后每一堂课进行讨论的主讲研究生人选，然后形成一个书面文件，在本学科公告栏里公布。接下来，学生首先自学课本全部内容，同时准备自己需要主讲章节的报告大纲以及问题，以备讨论课上与教师和同学共同研究。在这种讨论课进行过程中，教师仅是问题的解决者，学习基本上是学生的主动行为。日本博士研究生几乎没有必修课，课程设置非常灵活，要求学满30学分，开设的课程却是30学分的几倍，上哪一门课，基本上是根据学生学位论文研究课题自己选择，指导教师和学校不会明确规定必须上哪几门课。所开课程几乎涵盖整个学科的全部专业及专业基础课，是真正的宽口径。上课方式基本上是讨论课和本学科前沿或热点问题的报告会。日本研究生教学的以"学"为主还表现在外语教学上。研究生课程教学中没有外语课，但是，外语教学却贯穿于研究生教学的整个过程。理工科研究生，特别是博士课程，基本上都有一门全部英文教学的本专业核心课程讨论课，将英美本专业学术期刊近期发表的文章作为教材，每个学生都需要做中心发言，翻译这些学术文章。学校不定期举办国际学术报告会，一般一年中总会有2~3次，全国性国立大学的报告会次数就更多，这些报告会要求本专业学生参加听讲、讨论甚至进行会议服务，这对学生专业外语实践能力的提高有很大帮助。另外，由于日本外国留学生比较多，特别是理工科，研究室内的工作语言往往是英语与日语并用，虽然日本人的英语考试成绩不好，可能低于中国学生的考试成绩，但研究生的英语实践能力很强，非常实用，他们可以在学术年会上用英文作报告，在学术刊物上用英文发表文章，甚至用英文写博士论文获得博士学位，也不罕见。

（四）课题研究以"实践"为主

日本研究生的课题研究非常重视实践环节，这也是日本研究生教育的特点。美国著名比较高等教育专家伯顿·克拉克（Burton R. Clark）分析了德、英、法、美、日五国大学后，提出了五种类型大学的构想。① 他把日本的大学称为"应用型大学"（Applied University），认为工业发展驱动了应用研究与科研训练。课题研究选题、研究方法、实验设计与实施，都需紧密联系实际。研究课题的选择，往往都是工作中遇到的当前学术界关注的实际问题，也有一部分是研究生导师主持的文部科学省、农林水产省等部委资助的研究课题的组成部分。研究方法一般有两种：一是将公开发表的数据以及经过调查得到的数据作为基础资料，建立系统模型，利用模型化方法进行研究；二是经过实地调查、问卷调查获得第一手资料，利用原理与案例分析相结合的方法进行研究。无论哪一种方法，都必须到实践中获取基础资料，而且大部分研究的实用性都比较强。日本研究生课题纯理论分析方面的比较少，往往是实际工作中遇到的研究问题，而且研究范围并不大，但是研究得比较深入和透彻，操作性比较强。

（五）注重开放的创新人才培养模式

日本创新人才的培养是多元化的，并将创新人才的培养放在开放宽松的环境中，不拘泥于校园中，而是鼓励学生走出去，到企业中，到别的高校去，日本的这种注重开放的创新人才培养模式不是倡议，而是从规定和政策落实的角度给予了许多实质支持。

首先，20世纪30年代日本就开始注意研究生教育与企业的科技合作。经过几十年的发展，逐步建立如联合研究制度、合作研究制度、合同制度等多种形式的横向联合。日本高校引入市场机制，努力建立教学、科研、开发利用与生产实践一元化体系；引入竞争机制，让高校与企业的生产科研直接建立联系，如高校通过与企业签订人才培养合同等。其次，为促进大学间的交流、协作、谋求教育教学内容的充实及多样化而实行"学分互换制"，学分互换制有

---

① ［美］伯顿·克拉克：《探究的场所—现代大学的科研和研究生教育》，浙江教育出版社2001年版，第103页。

效地加强了大学间的交流。

这种注重与企业的结合和大学间交流的研究生培养模式，有助于创新人才的培养，给创新人才提供了更多的创新环境，实际上把创新人才放在全社会的角度去考察和培养。

第二节　日本国家创新体系

一、日本国家创新体系的建设与发展

日本是后发国家赶超先进国家，实现"跨越式"发展的典范。这在很大程度上归功于战后日本"技术引进、学习、改良基础上创新"的国家创新体系的创建，战后日本国家创新体系的创建是一个不断演进的过程，尽管在不同时期所强调的重点有所不同，但"技术立国"的主题贯穿于整个过程。纵观战后日本发展的历史，其国家创新体系的演变大致经历了三个阶段：战后到六十年代的创建期、七八十年代的改进期、九十年代的重建期。

（一）1950～1960年代的技术引进

1950～1960年代是日本科学技术发展的创建时期，这一时期日本采取的战略是技术引进，大量学习欧美的先进技术，最可取的是日本的技术引进不是完全的模仿，而是把大量的精力放在对引进技术的改进上，这为日本赶超欧美提供了思想和战略上的源泉，同时也缩短了引进期的时间段。

战前，由于日本走上了军国主义和侵略战争的道路，与欧美先进科技日益隔绝，加之战争破坏，使战后初期日本在科技方面扩大了与欧美之间的差距。在这种不利条件下，日本实行了吸收模仿创新为特定的"吸收型"技术发展战略，大力引进欧美先进技术，饱享了所谓"后进国利益"。在50年代的发展过程中，技术引进起到了特别重要的作用。这期间，日本共引进了技术1029项，包括机械技术、电力技术、化工技术、钢铁与有色金属技术，其他还有纺织、煤炭和石油产品、金属产品等生产技术。从引进技术的内容来看，显示了经济起飞时期技术引进的明确方向，这就是要尽快地通过引进电力、机械、化工、钢铁等基础工业技术，奠定整个经济发展的基础，增强民族自立的能力，这也体现了日本在经济起飞时期搞的技术引进是"勤俭持家型"的引进，根据需要注重基础建设，而不是"花花公子式"的引进。

日本引进欧美技术，不是停留在把引进技术单纯地作为生产手段，而是把技术作为创造更高水平"国产技术"的"毛坯"，对引进技术不断加以改进、

提高，并以此为轴心在企业之间展开激烈的技术开发竞争。这样，日本既吸收利用了外国的先进技术，大大节约了技术开发的时间和费用，又锻炼、发展了本国独立自主的技术力量，创造了"一号机引进，二号机国产，三号机出口"的技术引进与发展的"奋斗模式"，避免了那种在技术引进上完全照搬照抄的"一号机引进，二号机引进，三号机仍然引进"的"懒汉模式"。积极的技术引进使日本迅速缩短了与美欧国家的技术差距，实现了经济的快速发展。

1960 年，日本政府制定的《国民收入倍增计划》中强调："智力开发和振兴科技是摆在日本面前的两项重要任务，而落脚点都是教育问题。"从此逐步形成了"以教育为基础，企业为主体，科技、产业、政府相联合"的国家创新体系，有效地推动了日本经济的高速增长。

（二）1970～1980 年代从技术引进到技术创新

20 世纪 70 年代以来，随着日本科技水平的提高，技术引进在日本科技发展中的相对重要性有所下降，但这决不意味着日本技术引进的减少，恰恰相反，科技越发展，技术引进越增加，根据日本银行统计，1975 年日本技术引进额不到 10 亿美元，1993 年技术引进额却超过了 70 亿美元。由此表明，技术引进不是技术落后时期采取的权宜之计，而是任何时候都要重视的发展技术的基本策略，因为任何一个国家创造的技术总少于除本国之外的世界各国创造的技术之和。因此，哪个国家热心并善于吸收国外先进技术，哪个国家的科技就能得到更快的发展。

从国家创新体系的建设来看，这一时期，伴随着经济高速增长而出现的环境污染和公害问题日益尖锐，再加上 1973 年、1979 年的石油危机，能源、资源、环境、公害等一系列重大问题引起了日本对公共性强的大型技术开发的强烈要求。政府在开发中发挥了主导作用，制定了"阳光计划"、"月光计划"等长期研发计划。随着这些计划的实施，日本国家创新体系也作出了相应的调整变革。日本的产业结构开始由资本密集型向技术密集型转型，技术密集型产业的主要特征是技术更新快、发展周期短、所需科研投入大、产品附加值高等等，可见，只有具备了自主开发核心技术的能力，才能在竞争中掌握主动权。

1980 年，日本通产省发表了题为《80 年代通商产业政策设想》的报告，提出了"技术立国"的战略思想，随后，日本科学技术厅在《科学技术白皮书》中对"技术立国"战略进行了补充、修改，并正式提出了"科学技术立国"的发展战略。提出这一战略的本国历史背景是，日本 1970 年代科技、经济已经取得很大成绩，GDP 已位居工业国第二位，成为经济大国。但它依靠的技术不是自主技术，在许多方面仍需要依靠引进技术后再加以革新来发展经济。技术贸易输出输入比是一个国家自主技术开发水平的主要标志之一。日本1980年度的技术贸易输出输入比为0.26：1，远低于欧美主要国家，这表明战后日本的贸易输出量不足输入量的1/3，虽然在许多产业领域赶上甚至超过欧美水平，但还没能建立自主技术体系，自主技术开发能力方面仍然不足。此外，提出这一战略的国际历史背景是，1978年，日本GDP已占世界的10%，许多产业技术水平已达到或超过欧美先进国家。随着经济实力的增强，在世界经济中的地位大大提高，海外贸易顺差大幅度增长，与世界主要工业国间的经济、贸易摩擦进一步加剧，欧美一些主要国家已对日本"主要依靠引进技术发展经济，再反输出产品的'白搭车'做法"提出异议，要求日本承担国际义务的呼声日益增长。日本依靠引进技术而后再创新的做法，想要维持经济和技术的领先地位已变得越来越难，在这种国际、国内形势下，创造性技术立国的科技发展战略被提了出来。

"技术立国"方针的提出，实现从"科技模仿"向"科技创造"的转移，标志着日本决心实现科技发展战略的转折：技术发展路线方针，从主要依靠引进技术转向强调自主开发具有独创性的技术；科技研究的内部比例，从开发与应用研究占绝大比重转向注意提高基础研究的比重；科技人才的培养，从强调大量培养平均水准较高、从事应用与开发研究的人才转向注意培养富于创造、开拓精神的以及从事基础研究的尖子人才。由此，日本开始更加注重基础性研究，不过，它与欧美国家自然科学领域的基础研究不同，其重点始终是新技术方面的基础性研究。

（三）1990年代的科技创新立国

20世纪90年代，随着冷战的结束，工业社会的信息化、知识化、世界经济全球化的发展，日本原有的国家创新体系表现出了极大的不适应性，随着泡沫经济的破裂，日本经济陷入了长达十几年的停滞期，向来以学习、借鉴国外经验见长的日本，通过与美国的比较，发现了自己的致命弱点就是基础创新能力薄弱。重建21世纪国家创新体系，成为日本政府和社会面临的重大问题。为此，1994年，日本政府针对性地及时地提出了"科学技术创造立国"的发展战略，在"科学技术立国"中加上了"创造"二字，突出了创造的重要性，实现了发展战略的彻底转型，即由一个技术追赶型国家转变为科技领先型国家。

日本把"科学技术创造立国"作为基本国策，对科研体制进行了根本性的改造，在科技政策、科技管理和科研机构等方面实施了一系列重大改革。在此基础上日本政府制定和实施了三期科学技术基本计划，将科学事业置于公共政策的突出位置，并制订了一系列的立国战略，加强制度导向，有重点有层次地推进了科学技术创造立国战略的实施。实现了创新模式由市场驱动向新知识发现驱动的转变，形成了创新要素协调有致的国家创新体系。

1. 日本政府在科技管理和科研机构等方面实施了一系列重大改革

首先是改革科技决策与管理机构，强化了中央和政府对科技工作的管理。1995 年废止原科学技术会议，成立综合科学技术会议。2001 年，根据内阁府设置法，综合科学技术会议作为内阁府的四大"重要政策会议"之一，设置于内阁府将原负责科技行政的科技厅与管理学术行政的文部省合并，成立文部科学省。在文部科学省设置 2 名文部科学审议官，设立科学技术·学术政策局、研究振兴局、研究开发局等三个科技管理部局。文部科学省根据综合科技会议制定的战略，提出具体的实施计划，协调和有关省厅之间的关系。

其次，进行了科研机构和大学的改革。2001 年 4 月起对 56 个国立科研机构逐步实行了独立行政法人制度。主要是将原来协助政府部门行使部分行政职能的"特殊法人"改革为"独立行政法人"。截至 2003 年底，国立科研机构已全部转为独立行政法人。成为独立行政法人后，其职工将不再是国家公务员身份，从而促使灵活的人事与工资制度改革得以实施。2002 年起，以建立综合性大学为目标，日本进行了国立大学的合并与重组。2004 年 4 月起，日本 87 所国立大学开始全面实行独立法人制度。国立大学法人化被称为"明治维新以来最具化时代意义的政府科技系统改革"。为了推进富有创造性的世界尖端水平的学术研究，在高水平的研究环境中汇集处于研究前沿的研究者与青年研究人员、交流科学最前沿的研究信息、触发具有独创性的思想，日本政府推行了建立高水平研究中心的计划。2001 年文部科学省为推进大学改革提出了"远山计划"，后来该计划具体化为"21 世纪 COE 计划"，2002 年开始启动。

再次，改革了科技评价体制。1996 年推出第一期科技基本计划将建立研究开发评价制度作为制度改革的重要内容。1997 年 8 月推出《国家研究开发评估实施办法大纲指南》，把研究开发课题及机构评价纳入了评价的对象。为推动创造性的研究开发活动，扩大竞争性的资金规模，日本政府继续完善评估体系，把其作为改革科技体制、创造和使用优秀成果的措施之一。2001 年修订了《评价指南》，提高评估的公正性和透明度，将评估结果反映到资源配置上。对研究课题的评价根据不同性质和类型采用不同的标准，聘请外部专家对课题进行评价，确保评价的必要资源（经费、部门设置、人才等），建立评价数据库平台，设法引进电子评估系统，使评估工作更具效率，公布评价结果，根据评价结果决定研究经费的重点资助对象。2005 年 9 月日本文部科学省在听取了科技会议学术审议会的建议后颁布了《文部科学省研究开发的评价指南》，强调学术评价本身不是目的，研究开发项目的确立、实施和评价是一个完整的过程，评价结果要反映在下一个科研项目的确立上，形成一个循环，建立评价者、被评价者和实施主体之间的信息沟通机制。现在日本最高的评价机构是综合科学技术会议中的评价调查委员会，其职责是对日本政府的 R&D 资源实行有效配置，制定科技评议准则，对重要的 R&D 活动开展评价等。

2. 制定独立的科学技术政策，从国家战略高度规划科学技术发展

从"科学技术创造立国"战略开始，日本提出了独立的科学技术政策。1995 年《科学技术基本法》提出了振兴科学技术的五个基本方针，强调政府应为民间知识创新创造条件，注重自然科学与人文科学的渗透，通过科学技术实现人与社会、自然的和谐相处，在科学发展过程中注意基础研究、应用研究和开发研究三者的有机结合，加强国家试验研究机构、大学和民间企业研究机构之间的协作。根据《科学技术基本法》，日本先后制订了三期科学技术发展规划。

在三期科学技术发展规划中，日本始终把加强基础研究和产学官合作放在重要位置。第一期科学技术基本计划实施中，日本围绕产学研结合，修改了高校有关规程以及充分利用长期休假制度，改善兼职批准手续，促进国家机构的研究成果用于民间机构。1998 年 5 月日本国会制定《大学等机构的技术转移促进法》，与之相应的，日本许多大学都设置了促进大学技术成果向企业转移的机构。第二期计划实施过程中日本提出了"知识产权立国"的概念，在支持传统基础研究的基础上将研究资金优先分配到生命科学、信息通信技术、环境技术和纳米技术与材料四个重点领域。这四个领域的研究经费占总支出的45%。第三期科学技术基本计划制定的基本理念是"不断致力于提升科学水平，创造知识与文化价值：通过创新，将研发成果回报给社会和国民，创造社会性与经济性价值"和"重视人材的培育和竞争性环境"，重点推进领域继续延续了第二期基本计划，强调了加强基础研究，开发研究要向融合创新领域的研发倾斜，重点明确了在研发不同阶段研究机制的确立及产学官合作问题。

3. 构建科学技术创造立国的战略体系

"科学技术创造立国战略的根本目的，是以技术创新和发明创造为中心来

推动科技革命和科技进步，确保日本在科技领域达到世界一流的水平，以加强产业和企业的国际竞争力，进而搞活日本经济，提高国民生活水平。"为有重点、有步骤地推进科学技术创造立国，加强制度导向，日本政府先后提出了IT立国、知识产权立国、生物立国、创新立国等战略。

四大立国战略都高度重视新技术的研究与开发，以推动科技革命、科技进步和人才培养为根本宗旨和主要目标，从不同层面和角度丰富了科学技术创造立国的内涵。IT立国和生物技术立国是科学技术创造立国的战略重点领域，知识立国是科学技术创造立国战略的核心，创新立国是科学技术创造立国战略的本质。四大战略构建了日本科学技术创造立国的战略体系，指明了新时期日本科技发展的战略重点和战略方向。

概括起来说，日本有关科技方面的改革目标主要是：加大政府对科技的投入，加强基础性研究，加快技术创新及成果转化，提高国家创新能力。把研究的着力点放在高科技与大科学上，特别是对未来发展有重大影响的"基础性、先导性科学技术"。具体包括生命科学、生物技术、材料科学技术、环境保护科学技术、信息通信、海洋开发、航空航天、新制造技术等。由此看出，与以前相比，日本不再将研究与开发项目集中于在个别领域，而是根据未来科技与经济发展的趋势，实行基础与应用、开发兼顾，显示出了日本要在当今及未来在科技与经济上占据世界领先地位的雄心。可以说，至此，日本较为完善的国家创新体系已基本确立。

二、日本国家创新体系的构成及其特征

（一）日本国家创新体系的构成

日本国家创新体系是以企业为主体，"产、学、官"联合的国家创新体系。所谓产，指的是生产企业；学，指的是大学和科研机构；官，指的是政府。

1. 企业

日本企业是国家创新体系中的一个主要角色和技术创新的主要承担者。二战后，在日本长期的赶超过程中，企业一直是技术引进和技术创新的主体，是研究开发经费投入的主体，市场机制是配置创新资源的主要方式。日本企业在创新体系中的主体地位主要表现在两个方面。

第一，企业研究开发经费的增长。从1995年起，民间企业科研投入连续9年增长。据日本文部科学省统计，近几年日本每年研究经费的总投入超过国民生产总值的3%，在全球保持着最高水平，其中绝大多数来自企业，这其中

政府的投入不超过 20%。在资金投入上，政府通过一系列的融资贷款制度刺激企业进行科技创新投入融资，产生以处在市场第一线的企业作为创新主体的科研体制偏向，避免了政府机构臃肿反应滞后造成的资金使用混乱和利用率低下的问题。

第二，企业的技术创新动向。日本的研究开发体制与欧美相比一直属于民间主导型，因此，日本企业的研究开发活动对于日本的技术创新能力乃至国家创新体系的效率都有着举足轻重的影响。在经济全球化的进程中，伴随国际竞争的激化以及技术集约型产业的成长和产业结构所发生的变化，要想在竞争中获得优势，技术越来越成为重要的参数。日本科学技术政策的核心是充分开发和利用能够尽快使经济得到增长的科学技术，同时民间主导型的技术创新体制决定了日本的研究开发对市场信号非常敏感，研究开发的重点是应用研究和技术开发。企业在技术创新动向的选择中发挥了至关重要的作用。正是这种特点，使得日本的科学技术在日本战后所创造的经济奇迹中起到了非常大的作用。同时它还表明，后进国家在赶超过程中没必要急于在世界基础科学研究领域领先。

2. 政府

日本政府推行对国内创新活动积极引导和重点扶持的强干预政策，主要通过制定政策引导国家创新体系的建设。

日本政府通过各种措施，鼓励大力引进世界上最先进的技术，并加以改造，而且更偏向于过程创新、渐进创新，着眼于降低工业成本。如在 20 世纪 50 年代材料和外汇短缺的情况下，政府就已通过直接的物质分配和控制开始支持能源、钢铁、化工等重点行业的大规模流水线生产技术的引进和改造。经过这样的努力，日本同欧美发达国家在生产技术上的差距迅速缩小，至 80 年代赶超基本完成。在技术引进的基础上进行创新可以说是日本成功的关键因素之一，日本政府对于技术引进采取的方式，进行了积极有效的干预。例如，选择特定的企业批准其使用宝贵的外汇用于引进技术，为使本国企业在技术引进中获取更多的有利条件，有时候甚至直接介入本国企业与外国企业的谈判等。日本政府有关技术引进的政策选择也随经济环境的变化而及时进行了调整。50 年代，其重点是创汇型产业、关系国计民生的重要产业、生活必需品产业、公用事业等。进入 60 年代的经济高速成长期，其政策选择则侧重于以下几个方面：第一，有利于本国技术的发展；第二，有利于维持现有的产业秩序；第三，有利于中小企业的发展；第四，有利于引进技术的企业。此外其他一些经济政策也间接地对技术引进产生了重大影响，比如，以促进设备投资为目的的各种税收优惠政策，以及政府金融机构的低息贷款，在促进设备投资的同时也促进了技术引进。

总之，日本政府所倡导的技术引进基础上进行创新的发展战略，在特定的历史条件下取得了巨大的成功，政府所推行的对国内技术创新活动的积极引导和重点扶持的强干预政策也被证明是日本经济腾飞的关键。无疑，日本的这些成功经验，对那些正处于发展中的国家的技术创新政策制定有着巨大的启发作用。

3. 大学和科研机构

大学和科研机构是日本教育的表现形式，也是提供人才资源的基地。自明治维新以来，日本一直非常重视教育，劳动力技术水平较高，众多的经理、工程师是日本成功赶超的基础和前提条件。日本的大学最重视工程技术人员培养，这与其国家创新目标相一致。正如弗里曼通过对日本的国家创新体系进行研究后认为，日本年轻人取得第二教育或更高教育的绝对数量和高水平的普通教育，使日本不仅在研究与开发机构中，而且也在生产过程与管理中具有大量优秀的专业工程师，使日本在技术引进、工艺与产品更新及目前不断增加的自主创新方面取得了巨大成功。因此，日本政府对教育领域的投入，对促进技术创新活动的开展起到了不可替代的作用。日本的国立科研机构并不直接招收研究生，但目前已开始尝试与大学（如筑波大学）联合培养研究生；与此同时，日本的国立研究机构，一直在接受国内外的博士研究生到研究所进行短期的访问和研究，如理化所每年都接受北京大学的几名学生。

日本的大学和科研机构除为社会培养人才、生产和传播知识外，也是一支重要的科研力量。它们主要承担基础科学的研究，同时也以联合形式参与应用发展方面的研究。例如，理化学研究所作为日本综合性的自然科学研究机构，不仅有物理及化学、还包括生物学、工学、医学、生命科学、材料科学、纳米科学、情报科学等研究领域，从事着从基础研究到应用开发等广泛领域的研究活动。在理化学研究所 90 年的历史中，有 7 位日本诺贝尔奖获得者与其有关，每年发表论文 2300 篇左右，创造了辉煌的业绩。

更为重要的是，无论是日本的大学还是科研机构都将"把技术回报给社会"当作自己的使命。在大学，这被称为除人才培养和科学研究之外的"第三使命"。日本通过颁布和实施《大学技术转让促进法》，促进了科技成果的转让，推进了新兴企业的建立和发展，提高了企业的技术水平；同时，大学也取得了适当的经济回报，充实了科研经费。

（二）日本国家创新体系的特征

日本的国家创新体系是一个比较成功且具有强大实力的系统，对推动日本经济的持续发展发挥了巨大作用，它除了具有一般国家创新体系所具有的系统性、经济性和创新性外，还具有自身的一些独特的特点，这也正是日本国家创新体系得以成功的原因。日本国家创新体系的特征主要包括三个创新单位和四项制度，三个创新单位分别是政府、企业和公共研究部门，这三者承担着创新体系中的创造职能；制度方面的特征包括四点，分别是：产、学、官相结合，知识产权制度，风险投资机制，区域集群规划。这四点承担着创新体系中的保障职能，为创新能力的培养提供了广阔的平台和坚实的土壤。

1. 政府是国家创新体系的构筑者

纵观战后日本国家创新体系的演进过程，从技术引进立国到科技立国，从工业技术的发展到电子技术的革新，从应用性研究为主向基础性研究转变，从大型企业的科技研发到中小企业创新制度的确立，无不在政府的规划和指导下进行，是政府一手构筑了日本国家创新体系的框架。首先，政府为引进技术开绿灯。从政府到民间企业都认准了迅速缩小与欧美差距的捷径就是把先进的技术引进来。其次，抓紧宏观控制。政府透过技术评价，根据各时期国家发展重点，制定了严格的审批制度，强调引进项目的经济指标、产品出口比例和企业对引进技术的消化吸收能力等条件。所以，几十年来日本引进技术的内容一直控制在效益好的专利技术、运转操作工艺、设计图纸及重要机械设备等方面，而绝不轻易购买产品。

2. 企业是国家创新体系的主体

企业作为市场经济中的行为主体，以及技术创新的主体，是促进战后日本产业技术革新并带来经济高速增长的原因之一。在日本的研究开发费中，政府负担的比重较小，民间企业不仅是大部分研究经费的使用者，而且也是大部分研究经费的提供者。

3. 公共研究部门是国家创新体系的知识库

公共研究部门包括政府设立的国立大学和研究机构，主要目标是开发新的具有较强公有性质的技术资源。大学和研究机构是科技成果的创造者，也是知识和人才的提供者，在为实现国家战略目标的研究项目中起骨干作用，是国家创新体系的知识库与创新源。在日本的国家研究机构中，最有代表性的当属工业技术院。

4. 产、学、官相结合是国家创新体系的基石

国家创新体系的研究方法认为，技术和信息在人、企业、各机构间的流动是创新过程的关键所在，创新和技术的发展由该系统中各行为者之间错综复杂的关系所决定，这些行为包括企业、高等院校和政府机构，即通常所说的产、学、官。1981 年，日本科技厅和通产省正式确定了产、学、官三位一体的以人才流动为中心的科研体制。同时，政府出台了一系列相关的制度，如"产学教育制度"、"新产业基础技术研究开发制度"、"官民特定共同研究制度"、"新技术委托开发制度"以及《研究交流促进法》等相关法律，用于指导和推进协作研究活动的顺利开展。日本政府还设立了大量的信息机构，从中央到地方，从国外到国内，广泛地进行信息的收集、加工，形成了一套完整而系统的科技信息网络，为产、学、官协作提供了信息和便利。

5. 知识产权制度是国家创新体系的保障

21 世纪以来，日本每年新增专利近 20 万件，新增专利数连续十多年高居全球三甲。知识产权的持续创新成为日本创新的源泉。2002 年，日本建立了知识产权战略委员会，从《知识产权战略大纲》的确立、《知识产权基本法》的发布、知识产权战略本部的成立，到具体而切实的《知识产权创造、保护、应用的推进计划》的出台，日本在短短 1 年间完成了其知识产权战略的全局性布置。这一战略的重点在于促进大学及研究机构的知识产权创新。[①]

根据日本对知识产权的重视程度、国内的经济变化和不同的国家战略，我们可以了解到，日本的知识产权发展大概可以分为以下三个阶段（见表 7.2）。第一阶段采取技术引进战略。日本主要是通过吸收采纳来获得经济的发展动力。当时的科技发展战略分为两部分：第一，采取了放弃基础科学研究，集中研究应用技术策略；第二，采取引进、消化、吸收和提高技术的发展策略，强调外国先进技术的引进吸收。第二阶段采取技术立国战略。在 20 世纪 80 年代积累了一定技术基础之后，日本开始由简单的模仿转向基础技术的创新，在继续引进技术的基础上进一步加强自主研发。第三阶段采取知识产权战略。进入 21 世纪以后，日本转向"知识产权立国"，这和 20 世纪 90 年代日本企业竞争力衰退，且与美国的差距越来越大不无关系。"知识产权立国"战略通过大学、公共研究机构以及企业的研究开发部门推动知识产权创造，加强对知识产权的保护与激励，注重知识产权人才的培养和国民意识的提高，并明确了人才

---

① 李东华、包海波：《日本知识产权战略及其启示》，《中国软件学》2003 年第 12 期。

是制度的保证。

表7.2 日本知识产权的发展阶段和主要特征表①

阶段	时间	战略	具体特点内容
第一阶段	20世纪50年代起	技术引进战略	改进型创新：在消化吸收引进技术的基础上进行自主技术创新
第二阶段	20世纪80年代起	技术立国战略	基础技术创新：以开发基础技术为主振兴国家
第三阶段	1992年起	知识产权战略	技术创新、知识产权保护和利用：知识创造和知识产权保护及利用

6. 风险投资机制是国家创新体系的助推器

日本的风险投资是模仿美国的模式发展起来的，1963年开始出现了以改善资产负债率较高的中小企业的财务状况、提高企业对不景气的抵抗力为目的中小企业投资育成公司（Small Business Investment Companies，SBIC），后来又以京都经济同友会等为中心设立了KED（Kyoto Enterprise Development）。日本风险投资业最大的特点就是风险投资公司是完全独立的，金融机构附属风险投资公司是日本风险投资业的主要形式，日本风险资金的来源也十分广泛（见表7.5）。

表7.3 2006年日本风险资金来源（单位:%）②

政府	企业	银行、信金	个人	保险公司	证券公司	其他
22	19	17	16	8	3	15

日本的风险投资公司早期主要偏重一些风险较低、收益较稳的传统行业，很少投向高风险的高技术产业。随着日本经济的复苏和风险投资业的新发展，2006年日本的风险投资领域发生了变化。投资在IT、生物工程和医疗保健相关的产业比例超过了50%，投资领域的变动也成为了推动日本经济复苏的一个重要原因。

7. 区域集群规划是国家创新体系的支撑

区域创新系统的作用常常要优于国家创新体系。创新的模型是高度乡土化的，其具有广度及集群的特征，优良的社会资本和地域相临是推动创新最有利

---

① 黄海敏：《日本知识产权保护演进历程对我国的启示》，《企业家天地》2008年第6期。

② Organization for Small & Medium Enterprise and Regional Innovation, Japan（SMRJ）2007。

的条件，依赖于国家经济的专业化和体制设置，区域创新集群是把强大的以市场为基础的资本同技术流结合起来的强有力的系统。

2001 年出台的《振兴区域经济的产业集群规划》和 2002 年出台的《知识集群创新事业》中提到的产业集群和知识集群在日本被合称为"区域集群"。这一称谓体现了日本政府以区域为载体发展产业集群，进行知识技能创新，进而提高日本竞争力的政策取向。在区域集群规划中特别注重催生新业务和新技术，集群内所形成的关系，不是简单的企业数量的增加，而是通过合作创新，产生新业务、孵化新技术，这是一个中长期产业集群形成过程，它包含了防止产业"空洞化"这一目的。

日本在促进新业务产生中采取了以下几种主要形式。一是提高现有业务的创新速度。主要通过网络支持扩大现有业务的人脉、建立平台增加与金融机构和贸易商社的交流、鼓励增加新的业务合作伙伴等。二是鼓励衰退企业进行二次创业进入全新的业务领域。企业通过集群项目可以更好地了解业界动态，与不同行业人员进行交流，提高企业家能力。三是强化孵化和衍生新企业的能力。建立孵化平台为小企业发展创造条件，鼓励大学教师兼职和创业，为创业提供良好的资金、技术和人才支持等。其中值得一提的是，鼓励大学教师兼职和创业也是推动研究生进入创新领域的重要举措，大学教师可以更多地参与创新：一方面可以使自身的眼界更加开阔；另一方面可以带研究生参与其中，激发研究生的创造力。

日本在培育新技术方面经历了几个过程：20 世纪 80 年代开始鼓励自主创新，并且逐渐开始推动高新技术产业的集中；90 年代中期开始注重基础研究，强化官产学联系，促进高新技术集中和孵化；2001 年以来，则将重点放在了科学技术体制的转变上，其突出特点是将国家创新体系落实在区域层面，在全国遴选了 18 个知识集群进行重点培育，并制定知识资产和技术转移管理制度，以大学为核心进行创新。

第三节　日本研究生教育与国家创新体系的关系

日本研究生教育与国家创新体系的关系是密不可分的，这在前文已有论述，这里进一步论证的是研究生教育与国家创新体系的内在规律性联系。同样也是从企业、政府以及研究性机构三个主体之间的关系中明晰其规律。

一、日本国家创新体系的演变对研究生教育的影响

20 世纪 80 年代以来，日本科技发展战略的转型及"科学技术创造立国"政策的确立对研究生教育产生了深刻的影响。扩充和加强研究生教育也就成为日本面向 21 世纪高等教育改革与发展的最重要课题之一。日本科技发展战略的转型，不仅推动了日本研究生教育改革的全面展开，同时也带动了日本研究生教育的快速发展。

（一）科技发展战略的转变促进研究生教育理念不断发展变化

二战后，日本科技发展战略演变经历了由"技术引进立国"，到"科学技术立国"再到"科学技术创造立国"这样一个路径，相应地，在每一个阶段，日本研究生教育的发展理念和价值取向也呈现出不同的特征。

受国家科技发展战略转型的影响，日本研究生教育理念从为当前经济发展服务转向着眼未来，培养能够应对未来社会变化挑战的、具有高度创新精神的人才。面向 21 世纪的研究生教育改革带有鲜明的根本性特征，具有转型性质，即由适应经济发展需要转向注重 21 世纪社会整体转型的需要，由培养模式的单一性、封闭性转向多元化、开放性，由重知转向重智、重创新能力的培养。

（二）国家创新体系建设促进研究生教育规模不断扩大

二战后至 20 世纪 70 年代，由于日本采取了"吸收型"的科技发展战略，使得日本高等教育发展的重心在工程技术教育上，研究生教育不仅规模小，而且其培养目标具有浓厚的技术性特点，培养了一批"模仿型"的科技人才和管理人才。这对处于"赶超型"现代化进程中的日本来说，基本适应了经济、产业结构和科技发展的需要。

日本科技发展战略的转型，不仅推动了日本研究生教育改革的全面展开，同时也带动了日本研究生教育的快速发展。日本文部科学省历年《教育白皮书》公布的数字显示，1980 年在籍博士、硕士研究生为 53992 人（其中博士生 18211 人，硕士生 35781 人），1990 年在籍博士、硕士研究生为 90238 人（其中博士生 28354 人，硕士生 61884 人），2000 年，在籍博士、硕士研究生为 205318 人（其中博士生 62488 人，硕士生 142830 人）。我们可以看到，日本研究生教育的规模几乎每十年翻一番。另据日本文部科学省《学校基本调查速报》公布的最新数字，2007 年日本在籍博士、硕士研究生达到 240041 人（其中博士生 74810 人，硕士生 165231 人）。

（三）国家创新体系的不断完善引发研究生招生专业不断调整

随着日本国家创新体系的进一步完善，日本从 1980～1990 年代发生了从

技术立国到科技创新立国的战略转变，随之也必然对国家创新体系的一个组成部分——大学作相应的改革。如前所述，研究生，特别是自然科学专业的研究生是国家创新体系必不可少的人才支持，同时也是高校科研人员队伍的一个重要组成部分。科学发展、技术革新的迅猛前进，对研究生院的要求也越来越高，特别是在招生专业上，为应对国家的要求，日本文部科学省对研究生招生专业作了很大的调整。

1. 增设两所技术科学大学

劳动者是生产力三要素的核心，从事物质资料生产的人的科学文化水平决定着一个国家生产力发展水平。在研究生课程中，日本在 1976 年正式成立国立长冈、丰桥两所技术科学大学，这两所大学只设研究生院工学研究科及工学部的单一学科，以接受高专毕业生和民间骨干技术员的再教育为目的，培养善于适应技术革新发展，对现实的课题具有实践和创造能力的技术指导人员。以长冈技术科学大学为例，这个大学的主要特点是：一是基于当前科学与技术高度结合的规律的新作用，强调并实行产学结合协作研究，直至产学一体，大学内设有技术开发中心；二是强调实践能力，对学员有计划地实行业务训练；三是实行大学本科与研究生院的连续一贯制，学生可直接升入研究生院；四是以培养高级技术人员和技术领导层人员为目标，重视培养学员实际动手能力。

2. 工科研究生在研究生整体中具有重要地位

众所周知，研究生特别是自然科学专业的研究生应该比社会科学专业的研究生与国家创新体系的关系更为紧密一些，日本从 1950 年代以来，自然科学专业的研究生一直占据着研究生整体的主导地位。自然科学专业的硕士生中，又以工科硕士占据主要成分。

（四）国家创新体系建设推进研究生培养机制发生变化

1. 成立新的研究生教育机构

1988 年，日本大学审议会提出了《关于研究生教育制度的弹性化》等有关研究生教育改革的咨询报告，建议在当时大学研究生院的基本组织体制之外，成立一种新的研究生教育机构——研究生院大学。新成立的综合研究生院大学整合了 18 个国立学术研究机构，拥有 6 个学科、22 个研究方向，涵盖了从人文学科到自然学科的不同领域。

研究生院大学的成立，特别是综合研究生院大学的成立，以及多种研究生培养模式的融合，使得更多的研究生可以根据需要选择自己适合的培养模式，广泛涉猎，精于研究领域，这种体制对于培养创新人才有着巨大的支持作用。

2. 改革课程设置，优化培养方式，强化创新能力的培养

掌握扎实的学科基础理论，是知识创新的前提。因此，日本研究生教育特别强调基础理论学习，在课程设置中，基础学科课时占到 60% 以上。为了突出个性化教育的原则，日本在研究生教育课程中增设了富有弹性的"选择必修课"，根据不同学生的知识背景、经历、兴趣以及课题研究的需要，开设多门选择必修课，扩大学生的自主选择权。

在课程设置中，几乎每个学科都开设了前沿进展和研究讨论课，使学生有充分的机会接触最前沿的科研动态。同时，为了适应现代科学技术日益综合化的趋势，日本研究生课程设置重视学科交叉和渗透，允许学生跨学科、跨专业、跨学院学习课程。

3. 以科学研究为牵引，注重课题探索能力的培养

科学研究是培养研究生创新意识、创新思维和创新能力的重要途径。日本研究生院作为高级专业人才的培养基地，都很重视"课题探索能力"的培养。研究生课题研究大多是在教师指导下进行的特定选题的研究，研究生进入课题较早，在选课、修课之前，科研题目、研究计划已经拟定。选题之后的文献查阅、课程学习、导师指导等阶段，将为研究生课题研究提供基本的研究方法和思路。

科学研究的过程驱使研究生的课程学习向着更加宽广、更加纵深的方向发展。研究生在课题研究中，需要对获取的信息进行分析、处理、定论，在这个过程中需应用本学科和相关学科的基础知识，同时课题研究的难点、疑点问题还迫使研究生去查阅大量的相关文献或请教教师。这种知识的积累转而又可成为科学研究的支撑和动力。在课题研究牵引下的"学习—科研—学习—科研"发展链中，实现了二者相互渗透、相辅相成的良性循环。

4. "研究生院重点化"

1998 年日本大学审议会在《关于 21 世纪的大学院与今后的改革方针政策》的咨询报告中谈到研究生教育的改革与发展时，有这样的一段论述："从积极开展具有世界前沿水平的教育与研究，培养能够适应我国社会与国际社会发展的活跃于诸多领域的优秀人才这一观点出发，有必要支持、形成一批作为高水平教育与研究基地的研究生院。为此，应该采取这样的措施，即根据对专攻领域（或研究科）的客观、公正的评价，在一定时间内，集中、和重点分配研究费、设备费等资源。"① 重点投资建设一批高水平的研究生院，这是 90

① 转引自胡建华：《战后日本大学史》，南京大学出版社 2001 年版，第 273 页。

年代日本政府在大力发展研究生教育方面所采取的一项重要措施。

日本在人才培养方面施行了研究生教育机构的多样化和研究生院重点化。出现了独立的不含本科教育的研究生教育机构，支持形成一批作为高水平教育与研究基地的研究生院，根据对专攻领域（或研究科）的客观、公正的评价，在一定时间内，集中、重点分配研究费、设备费等资源。

综上所述，日本国家创新体系的模式是政府强干预式的模式，纵观战后日本国家创新体系的演进过程，从技术引进立国到科技创造立国，从工业技术的发展到电子技术的革新，从以应用性研究为主向基础性研究转变，无不在政府的规划和指导下进行，是政府一手构筑了日本国家创新体系的框架，所以，日本研究生教育在国家创新体系下的各种改革无不是以政府的需要，以国家的需要为目的进行的。不管是研究生院重点化，还是独立研究科的建立，又或是技术科学大学的新建，都是在政府的操作下进行的。七八十年代技术立国思想盛行，对技术人才的强烈需求，使日本政府感到日本的研究生院管理制度不利于研究人员的培养，于是成立独立研究科和独立专攻，同时修改《教育基本法》明确宣布研究生教育不单是培养高层次研究人员，也培养高层次技术人员，并且在 70 年代成立了两所技术科学大学。到 90 年代的科学技术创造立国阶段，政府加大了对基础创新能力的重视，并在这个时期实行了研究生院重点化的措施，加大对研究大学中最为重点的 12 所大学研究生院的资助力度。如果从研究生院的专业上来讲，这个关系就更为明显，只要国家要发展哪些领域，那么研究生院就重点建设哪些专业，所以无论是从研究生教育管理体制的改革，还是从研究生招生专业的侧重和工科研究生占研究生总数的绝对优势来看，我们都可以发现国家创新体系建设对日本研究生教育影响的痕迹。

二、日本研究生教育对国家创新体系的影响

研究生教育作为高等教育的最高形态，承担着高层次人才培养和科学研究等职能，在建设创新型国家过程中，发挥着极其重要的作用，承担着重要的历史使命。

（一）研究生教育推动科学研究，是知识创新主体

日本大学有科研的传统，主要任务是从事基础理论研究，重视科研尽可能与教学结合，注重协作和开展共同研究，特别强调为产业服务。基础研究成果评价的主要依据是"论文数量和质量；发表论文（被引用）数，强调数据的

可靠性；在本领域的主导作用"①。日本大学进行科研活动主要集中于研究大学，而研究生又是研究大学科研活动的重要参与者。从日本研究大学和非研究大学的本科生和研究生数量的差异来看，研究大学研究生与本科生的比重远高于非研究大学，SI 收录论文最多的日本大学，排在前八位的全部是研究大学。

（二）研究生教育参与企业科研

日本自 70 年代确立科技兴国的政策之后，就把科技产业振兴的期望寄托在大学及研究生教育上，推行产学研合作，日本研究生参与企业科研主要有以下几种途径。

1. 研究生直接参与企业科研

现代科学技术的进步，对劳动力数量的要求逐渐降低，而对劳动力质量的要求则越来越高。激烈的国内外竞争驱动着企业不得不进行各种科研活动，如前所述，企业科研同样离不开科研人员的参与。企业科研人员的质量决定着企业科研水平的高低，从企业录用人才的情况来看，50% 以上的大型企业要求研究人员具有硕士课程毕业以上的高学历。在日本大企业约 50% 员工是硕士毕业生，在他们之中，特别是工程硕士的作用不可小看，这些研究生是企业科研的主要力量。1985 年，世界上获得专利最多的国家就是日本，达 42 万件，将居于第二位的美国远远抛在后面。日本企业的成功离不开企业科研人员的作用，而这些人很多都接受过研究生教育。

2. 企业委托研究生院研究新课题

大学研究人员接受企业的委托进行研究工作，研究课题由委托人提出，研究经费由委托人全额负担。企业委托大学研究新课题，一般情况下会选择一些科研能力雄厚的国立大学，这些国立大学就组织教师和研究生研究企业提出的与本校开设课程有关的课题。这种委托研究因为对于双方都有利，所以在新时期有很大的发展。

3. 企业与大学研究生院成立共同研究机构

日本从 80 年代初期开始成立产学共同研究组织，这种组织形式要求产学双方共同出钱，共同派出技术人员和研究人员。其任务是利用大学设施和企业经验，在双方研究人员的协同努力下，攻克企业生产中遇到的技术难题。大学的研究人员主要是一些教师和在读研究生，所以与企业成立共同研究组织的一

---

① 教育部国际合作与交流司：《国外高等教育调研报告》，首都师范大学出版社 2001 年版，第177 页。

般是一些研究生数目比较多的研究大学。以 1986 年为例，已有近 300 个这种组织，领先的大学是大阪大学，它与照相机、煤气、电气和制药等企业组成了 23 处"共同研究组织"；此外，东京大学有 24 处；名古屋大学有 23 处；东北大学、京都大学各有 14 处。共同研究组织的发明专利由双方共同申报，共同分享。可见，企业与大学合作共同研究的趋势在上涨。

第四节　日本研究生教育与国家创新体系建设对我们的启示

综观日本研究生教育与国家创新体系的关系，我们可以清晰地看到，研究生教育与国家创新体系是互为依存，彼此促进的。一方面国家创新体系需要通过研究生教育所提供的人才作为支撑，需要借助于研究生参与其中的研究成果做基础；另一方面，国家创新体系的发展又有助于研究生教育适时地在专业设置、培养方式等方面进行变革。二者之间存在着互动效应。所以日本研究生教育的改革始终与国家创新体系的发展同步进行。

一、日本国家创新体系的演变过程对我国的启示

我国经济发展的轨迹和日本类似，都是从技术的引进吸收开始的，当前，我国正开始迈入第二阶段，即技术创新阶段。如何缩短这一阶段的时间，使我国尽快进入"科学技术立国"的阶段，对于促进我国国家创新体系的建设意义重大。

我们已经意识到仅仅依靠技术引进是难以实现创新理想的，产业结构也不会有大的改善和进步，并且，伴随着经济高速增长而出现的环境公害问题同样也会出现。我国的产业结构已经开始由资本密集型向技术密集型转换，只有注重创新，使研发机构和企业具备了自主创新能力，我们才能在国际化竞争中取胜。

从日本的经验中可以看出，1970～1980 年代的日本将研究开发的重点逐步从应用技术向基础科学方面转移，更加注重基础性研究，这是我们应当重视和学习的。我国强调技术创新，但往往忽略了基础性研究的重要性，而只有坚实的基础性研究，才能使创新有基础，创新的平台更宽广。在研究生教育的过程中应当注重基础性研究，将基础性研究提升到战略高度，大学和科研机构应该在专业设置方面对基础性研究专业进行细化和增加数量，并使其和应用性专业形成有机的联系，逐渐为应用性专业提供基础智力支持。企业也应将眼光放得更加长远，产品的创新过程是可以增加利润额的，所以研究重点在于产品的

研发上。应当从国有大型企业、知名大型企业以及高校附属企业开始，推进基础性研究，可以针对其产品的特性进行研究，这样能够真正提高产品的应用性，使得利润额更能大幅度提高。当然，这其中不能缺少政府的政策支持和鼓励，鼓励基础性研究和对企业的基础性研究给予税收上的减免，这都将有利于基础研究水平的提高。

二、对于创新人才培养模式的借鉴

通过借鉴日本的人才培养模式，我们看到我国现行的创新人才培养模式还需要进行改革。

（一）建立注重开放的研究生培养模式

不同于日本的开放型模式，中国大学多采取封闭型办学模式。近年来，我们已经意识到这种封闭型的办学模式不利于形成交流的平台，应当形成大学与企业、大学与社会的多角度结合，并采用社会办学、国际联合办学等多种方式，注重教学与科研、产业、应用开发相结合，并注重国内、国际间大学的交流，这对创新人才的培养大有裨益。

采用学分制、"学分互换制"，在国内或世界范围内某些校际间相互认可学生学习证书和课程学分；共同享用电子图书馆及其国内、国际的检索服务等方式来不断提高培养质量。

（二）研究生教育专业设置改革必须与当前科技发展密切联系

近年来，我国研究生教育虽然在规模上有很大的发展，在改革上也取得了很大的成绩，但不可否认，研究生教育仍然存在与社会科技发展、与国家创新体系建设不相适应的一面，这些都是我们在探讨日本国家创新体系与研究生教育中应该注意的地方。研究生教育要想很好地为国家创新体系提供人才支持，就必须在专业设置上与国家科技发展同步，与国家创新体系下的科技发展重点一致。科技发展日新月异，高等教育特别是研究生教育专业调整也应该与之保持高度一致。但是我国的研究生教育却过分注重专业的稳定性，导致培养出来的人才不完全符合科技发展的需求，一方面是专业科技人才的极度缺乏，一方面是大量的硕士毕业生相对过剩，职业市场饱和。为解决这种专业设置与科技发展的矛盾，需要适时地对研究生招生专业进行合理的调整。在这方面应从以下几点入手。1. 专业必须要有明确且相对稳定并具有特色的研究方向，其科研方向应处于学科发展的前沿。2. 专业应与国家科技建设重点相结合，与科技发展的国际环境相适应。需要根据新的科技环境，确定哪些专业应该增设，哪些专业应当加强，哪些专业应该保护，哪些专业应该暂时停办，哪些专业应当合并，这些都要看各个专业对目前科技发展的作用如何。凡是科技发展需要（或几年后需要）而现在又没有的专业就应该增设（当然要考虑社会需要量，即专业的规模）；暂时还不具备开办条件的应积极创造条件尽早开办；虽然目前科技需求量不大，但将来科技发展需要的专业则应保护；对科技发展起促进作用且社会需求量又大的专业则应该加强；对科技发展作用不大或人才过剩的专业则应该停办。总之，就是应该依据科技发展方向调整专业，而不是依据导师确定招生专业。3. 研究生教育要把科研工作和专业建设当成其发展的生命线。对于重点学科，不但要注意抓基础研究，而且还要开拓应用研究，打通在不同创新主体间的知识流通渠道，为国家经济科技发展作出贡献。

（三）采取多种方式广纳创新人才

从日本的研究生招生选拔制度可以看出，既有考试制度，也有推荐考核制度，但目的均是要选拔基础好、有适宜继续培养潜力的学生来进行研究生学习。我国的招生制度注重了基础知识和专业知识并重的原则，但形式过于呆板，片面注重考生的卷面成绩，不考察其他情况，如硕士考生的大学阶段和博士考生硕士阶段就读的成绩等，尤其忽视对考生的科学研究能力考核，对有特殊才能的学生考虑不足。应采取推荐等多种形式进行考核，不以一次考试或几门课程成绩决定研究生的录取，给各个学校和院系更多的自主权，全面考察学生的能力，广招英才。在严进宽出的政策指导下，各个高校只规定了毕业标准，但无任何内部竞争机制，难以培养研究生的创新能力和竞争能力，难以提高研究生教育质量。

（四）提高研究生教育的的灵活性与多样性

采用弹性学制。全国400多所培养研究生的高校中，大多数采取学年制，仅有三分之一的高校实行学分制，学制一般为三年，即使实行学分制的高校，授课时间，授课内容，毕业论文答辩时间等也缺少灵活性。学制的规定较死板，一般情况不能保留入学资格或提前毕业等。我们可以适当缩短学制或采用多种形式并存的方式，给学生更多自由选择空间。例如学制可以压缩到两年或两年半，修满学分的优秀学生可提前毕业，对有创业要求和需要延期者，可以延期一年。增加论文硕士或论文博士以及课题训练，弱化课程教育，鼓励研究生注重科学研究。丰富知识结构，实行多学科综合培养制度。教学计划专业面要拓宽，课程设置要重视跨学科课程的学习，加强应用学科及技能培养，适应社会需求。我国的研究生教育可适当打破系、学院之间的壁垒，实行多学科综合培养。可以尝试以下改革。第一，适当提高基础课授课时数的比重。我国研究生基础课授课时数仅为总时数的 25%，而日本等研究生教育发达国家在 50% 以上，比重明显偏小。第二，研究生课程是研究生教育的主要载体，研究生教学方法是充分实现课程目标的基本途径，对其要倍加重视。要不断调整研究生课程体系，完善研究生知识结构。作为 21 世纪的研究生，不仅要掌握专门、精深的专业知识，还要具备宽广、雄厚的其他相关知识。因此，研究生课程既要有一定的基础性和专业性，又要一定的前沿性、综合性和交叉性。课程设置可以文理渗透和跨学科。一要允许跨学科选修，既可以是校内范围的跨学科选修，又可以是学校之间的交叉选修，二要实行多学科老师指导。第三，开展国际合作课题，鼓励研究生参加学术年会。开阔眼界，学习和吸收国外的经验，并扩大学术界的交流和国际性合作。国际合作研究课题一方面可以拓展研究生的国际化思维，另一方面可以提高研究生以"世界眼光"处理实际问题的能力。与此同时，国际研究的工作环境可以培养研究生严谨的治学态度和科学的探索精神，并通过这种国际研究强化研究生的团队意识，以助于研究生创造能力的培养。

由于不同的专业、学校和学生具有自身的特点和不同，而且现实社会对不同的人才亦具有不同的要求，因此，从整个研究生教育的发展而言，我们应该将不同类型的人才区别对待，分层培养。有学者认为可以分为两个维度加以阐述。其一，按需定量、分类录取。即根据社会对各类高层人才的需求、动态确定各类学位的比例和培养目标。同时将硕士生分别按学术型和专业应用型学位的不同进行考试、录取和培养。其二，个性培养、过程分流。即根据不同学位类型及专业培养的目标，制定符合学生实际的个性化的方案，有侧重地对其进行学术能力和应用实践能力培养，即对于学术型研究生"则必择其以终身研究学问者为之师，而希望学生于研究学问之外，别无何等之目的"。而对于一些操作性、实用性较强的应用学科的学生则"为归集资料，实地练习起见，方且于学校中设法庭、商场等雏形，则大延现任之法吏、技师以教之，亦无不可"。同时为保障学术型研究生的培养质量，对在读学术型研究生，经过一年学习后再进行考核和分流，令不适合学术型研究的学生转入应用型学位或改为攻读课程型学位，从而适应社会的需求和学生个性发展的需要。

三、日本"产、学、官"合作的创新模式对我们的启发

日本"产、学、官"合作的创新模式，究其根本，是在政府引导和支持下的企业、大学和研究机构构成的国家创新体系。这三者结合起来对于国家创新体系的建设起了较大的作用，真正的结合是整合三者的优势资源，使三者各

尽其职、各尽其能。我国提出的发展战略是"产、学、研"相结合,我国与日本战略上的差异主要在于政府的作用方面,日本更强调政府的强干预措施,而我国虽然政府实际上起到了很大作用,但是并没有对此特别强调。

随着全球性的技术革命浪潮的冲击,政府、企业、大学、科研院所各自分工式独立进行的科研活动已经显现出了某些不适应性。首先,科技的飞速发展,加深了各研究领域的专业化程度,企业在高新技术的应用开发研究方面急需各类高、精、尖人才,需要有前期基础理论研究做铺垫,而这类人才多集中于大学和科研单位。其次,新技术革命浪潮的一个突出特点就是先进设备的大型化和多功能化。大型设备的研究开发,需要跨学科、多领域的合作研究,这是学界和产业界脱节的又一个不适应症。在日本无论是就科研经费还是科研力量的对比来讲,企业都占据绝对优势,但是企业所追求的是经济价值,其开发研究成果基本上是某种物化的技术性的东西,而大学科学研究机构的科研本质在于学术性,注重对基础科学理论的研究。从研究的深度和广度来看,它们远远大于企业。再次,企业和高校、研究机构的联系不是必然的,政府的纽带作用将三者融合起来,政府通过一系列的政策支持和鼓励促进企业为研究提供更高的平台,研究反过来积极为企业服务,虽然注重基础性研究,但不忘将基础性研究的成果落在实处。因此,为了充分发挥其各自的优势,提高科研水平和效率,日本政府加强产、学、官合作,以促进科技的全面发展。而且日本产、学、官合作制度已经取得了相当的成效。

由于历史和文化观念的原因,我国在很长一段时期内轻视高校的科研功能,认为高校的主要职责是培养人才和传播知识,而把科学研究、发展国家科技的重任交给科学院系统,中国科学院在相当长一段时间内不仅是国家的学术中心,而且是全国科学技术事业的最高管理机构。高校在科研活动中处于配角地位。近年来,高校在国家创新体系中的作用虽被列为三大支柱之一,但所强调的是它培养和输送高素质人才的知识传播的传统功能。这种科研活动与教学活动相分离的现象,使得许多学生远离研究所和实验室,使得我国研究生普遍科研能力不强,不能很好地在国家创新体系中起到智力支持的作用。反观日本,研究型大学始终处于国家创新体系的核心地位,研究生教育被纳入国家创新体系的核心位置,研究生教育的每一步改革都显示出国家创新体系政策的变动,特别是国家科技政策的变动。研究型大学实行科研与教学并举。另一方面,我国有限的科研力量又存在配置不合理的问题,研究生培养主要靠大学和科研机构,研究人员主要集中于这两个地方,企业科研力量薄弱,这与日本情况正好相反。加入 WTO 后，我国企业所面临的最大困境就是来自科技方面的压力，建立产学合作制度不仅可以缓解目前企业科研力量严重不足、企业与学界完全脱节、人才供需失衡的矛盾，而且对加强科技成果转化来说，也不失为一个很好的措施。另外企业参与研究生的培养过程至少可以对研究生教育产生以下影响：第一，在培养模式上，企业参与可以帮助我们探索和建立应用型研究生培养模式，实现由"教学型"向"应用型"模式转变，有效落实与企业联合培养工程型硕士研究生这一培养方案；第二，在培养过程中使研究生教育紧密结合生产实践。由于我国目前研究生大部分来自本科毕业生，缺乏实践技能，企业可以为研究生提供一个进行实践的场所，研究生在调研、选题过程中也可以深入到生产或科研部门以提高其实践能力。而且通过各种各样的实践操作，可以让研究生更加了解我国科技发展的实际情况，不至于纸上谈兵。另外，研究生参与企业科研，可以帮助解决企业科研困难，提高企业的技术研发能力。因此，在今后的研究生教育过程中，我们应该要更广泛、更深入地注重产学合作。

在研究生培养方面，应进一步推行"产、学、官"合作。我国近几年来研究生扩招，导致研究生与导师的比例严重失调。有些专业，如计算机类、管理类专业，研究生与导师比例达 5~6:1。这样，一位导师的在读硕士研究生人数可达到 15 名以上，相当于一个研究生班。很难想象一个导师的精力能够很好地指导 15 名研究生。研究硬件设备严重不足，研究生人数的增加给实验室仪器设备、计算机等硬件条件带来较大的压力。如果这些条件得不到明显改善，则将严重影响研究生的创造性思维的培养以及科研成果的产出。没有足够的研究课题为研究生提供施展本领的舞台，影响了学位论文的理论水平和实际价值。科研项目是高质量研究生学位论文的重要支柱，没有科研项目作为研究生论文的背景，就不可能产生具有较高理论水平和实际价值的学位论文。面临上述问题，除了从学校自身出发，增加硬件设备、争取更多的科研项目等以外，还应考虑通过聘请校外经验丰富的专家协作进行场外指导，进而提高研究生的素质和学术水平。同时，这种合作对双方来讲都是有利的，既有利于高质量研究生的培养，也有利于一些科研项目的完成。所以政府的调控可以起到一定的作用，政府应合理配置资源。

政府是研究生教育和国家创新体系的纽带，政府提供的政策导向有利于使研究生教育更加具有创新的针对性，作用不容忽视。政府不单单为研究机构和高校提供人才培养的政策支持，同时可以利用税收政策鼓励企业为教育投资，只有真正地以企业为主体，由企业来承担研发费用，才能真正做到平衡和统一。教育投资是提高教学质量的物质保证，也是发展教育事业的关键。它可以保证不断更新所需的教学科研设备，改善研究生的学习条件，这是保证研究生科研创新的重要方面。日本的一些做法，如成立基金会或者使大学与企业广泛联合等都是有益的办法。我们借鉴日本的方法不仅能促进我们的研究生教育向产、学、官合作发展，同时能够提高整个社会对高等教育投资的意识，为我国高等教育的健康发展打下良好的基础。

四、注重培养应用型研究生，大力发展职业型研究生院

目前我国正在经历一个社会转型过程，经济和社会的迅速发展，经济社会结构的急剧变动，要求研究生教育全面适应社会主义现代化建设对各级各类人才的需要。我国目前的财力和科技实力还不具备面向世界尖端科技冲刺的条件，以往中国研究生教育对基础学科、学术型人才比较重视，忽视了应用型研究生的培养。因此，须大力开发应用学科，培养应用型高级专门人才。日本在20世纪70～80年代的科技经济快速发展离不开应用型研究生的贡献，日本工科研究生在国家创新体系中的突出作用已经为世人所公认。我们应该把整个研究生教育纳入国家科技与经济建设的第一线，有效实现研究生教育为国家创新体系服务的作用。

未来学家预言，21世纪是一个物资跨越国境自由流通的时代，科学技术、知识产权和优秀人才也将跨越国境自由流动。可想而知，国际间的产业和技术的竞争将更加激化。正因如此，为了在21世纪的国际竞争中生存下去，我国也应加速培养能够适应新时代变化、掌握高新职业技术、具有创造力的高新职业技术人才。在理工科领域，如果不能定期地进行技术和知识更新，就跟不上科学技术高深化、多样化的发展，脱离不了在国际竞争中落伍的危险；在人文、社会科学领域，用过去的知识和经验已经解决不了世界经济一体化进程中频繁出现的国际间的经济纠纷及法律问题。从这个意义上来讲，今后的职业技术人员，还必须具备对现实问题的敏锐洞察力、解决问题的方法论及分析手段。要完成这些教育任务，只有新兴的职业型研究生院才能胜任。

日本的职业型研究生院是日本研究生教育的特色，我国若想在众多领域发挥创新能力，也要培养一批具有职业特色的高级专门人才，这样才能引领各个行业的飞速进步。制定类似于日本《大学设置基准》以及《职业型研究生院设置基准》的制度，对于职业型研究生院的教师队伍、职业型研究生院的教育方法、毕业的条件及职业型学位的颁发等进行严格的规定，可以解决研究生

教育如何培养高级职业技术人才的问题，为广大的职业人员、管理人员等的再教育开拓了一条广阔的道路。

比如要求教师除了在专业领域内具有教育业绩、研究业绩之外，还应在高级职业技术和技能方面具有特别优秀的知识和经验，此外在所担当的专业领域内也应具有很强的教育指导能力。教师与学生人数的比例，要相当于一般研究生院的 1.5 倍。教师队伍中有丰富实践经验、很强实践能力者，要占 30% 以上，而且能够胜任职业型学位课程的教学工作。另外，这部分教师的编制，不能计入大学本科、硕士、博士课程的专职教师之内，必须另外建立教师队伍。对于获得了职业型学位的人，如果被认定具有在大学里任教的能力，就可以与一般硕士学位、博士学位获得者同样地获得大学副教授、教授资格。在教育方法上要求增加案例研究、课堂讨论、现场调查、互动式教学等教学方法，还要求教师把年度的教学计划、教学内容、教学方法等事先向学生公布。关于毕业的条件，按照规定，一般要在校学习 2 年以上，获得 30 个学分以上，可是实际上却是掌握得很灵活的。关于学位的颁发，职业型研究生院颁发的是"某某学科硕士（职业型）学位"。新兴的职业型研究生院可以通过全日制、半日制、夜校制、一年制、二年制、三年制等多种方式培养这类人才，满足社会的需要。

综上所述，日本在发达国家中与我国的现实情况更加近似，我国也将走一条由"引进吸收"向"自主创新"的艰难转型之路，我们研究日本的经验，是希望能够缩短这条路的途径，尽早建立一套完备的国家创新体系。创新体系是一种理念，应贯彻到教育和生活的方方面面，或者说是形成一种观点，只有用这种观点引导行为，行为的价值才能得以更好地体现。研究生教育在国家创新体系建设中的作用可谓举足轻重，不仅是创新型人才培养的途径，更是形成国家创新体系的关键环节；不仅是培养人，也在培养人的过程中实现创新的方式。所以，找到研究生教育与国家创新体系的内在联系，借鉴日本的成功经验及规律，可以使我国的研究生教育发展少走弯路，并能形成一套较为全面的方案。

第八章

韩国研究生教育与国家创新体系

第一节　韩国研究生教育

一、韩国研究生教育的形成与发展

以 1953 年《研究生院规定》的颁布为标志，韩国研究生教育走上正轨。经过 50 多年的发展，韩国的研究生教育逐步形成了具有自身特色的模式。

（一）韩国研究生教育的起步阶段（1950～1960 年代）

1950～1960 年代，韩国尚未建立起能够基本立足国内的培养硕士和博士研究生的教育体制。表现在：第一，在校研究生的数量非常少，直到 1970 年，韩国在校研究生仅有 6640 人，占整个高等教育在学人数的 4%；[1] 第二，研究生教育的层次以培养硕士生为主，到 1970 年，博士生只有 518 人，还大部分是在国外学习、获得学位的学生，层次结构严重失衡;[2] 第三，学科结构单一，当时韩国国内研究生院主要集中在医学、保健等传统学科，其他学科的研究生培养严重依赖于西方发达国家；第四，地域分布不合理，当时的研究生培养机构完全集中在汉城；第五，留学是研究生教育的主要途径。从表 8.1 “1953～1973 年韩国留学生人数表”可以看出，从 60 年代以后，留学研究生的数量增长幅度较大，而前往美国和西德留学的人数比例最高。

从 1950 年代中期，韩国就已形成国立、公立、私立的多元化办学体系，为日后研究生教育的多元化发展奠定了基础。

---

　① 战红：《关于韩国研究生教育发展的探析》，《黑龙江教育（高教研究与评估）》2006 年第 1、2 期。

　② 黄福涛：《战后韩国研究生教育的发展改革与启示》，《黑龙江高教研究》1997 年第 3 期。

（二）韩国研究生教育的发展阶段（1970～1980 年代）

1970～1990 年代是韩国研究生教育扩大规模、调整专业方向的重要阶段，1970 年代初被看作韩国研究生教育的转折点。

1. 留学研究生的数量和专业选择发生巨大变化

1960 年代初期开始，海外留学生逐年增加，从 60 年代初到 70 年代初，留学生的数量增加近乎 1 倍。在留学研究生当中，1953～1960 年间，攻读人文和社会科学学位的学生占 44.7%，攻读理工科专业学位的学生占 33%，医学专业的学生为 13.3%。农、林、水产及其他专业的学生为 9%。而从 1961～1973 年间，上述各项比例发生了较大变化，其中比较明显的是越来越多的海外留学生趋于攻读理工科各专业的学位。据资料表明，到 1973 年，韩国留学海外的研究生当中，理工科各专业的学生占所有学生数的 42.9%。

表 8.1　1953～1973 年韩国留学生人数表

国名 ＼ 年	1953～1960（%）	1961～1973（%）
美国	4391（89.9）	6398（85.5）
西德	160（3.3）	246（3.3）
法国	157（3.2）	91（1.2）
加拿大	39（0.8）	153（2.0）
台湾	68（1.4）	104（1.4）
意大利	30（0.6）	41（0.5）
英国	26（0.6）	35（0.5）
日本	1（0.0）	64（0.8）
其他	12（0.2）	354（4.8）
总计	4884（100）	7486（100）

资料来源：韩国教育部《海外留学生实态调查》。

2. 国内研究生教育有了重大发展

第一，出现独立研究院。从 20 世纪 70 年代中期起，韩国开始了轰轰烈烈的大学教育改革运动，在研究生教育层次出现了类似研究生院的独立研究院。第二，专门研究生院蓬勃发展。专门研究生院主要培养职业型和应用型人才。这类研究生院的课程十分强调学术的实用价值。韩国专门研究生院发端于 1959 年汉城国立大学成立的行政研究生院和保健研究生院。20 世纪 80 年代中期，专门研究生院数占韩国研究生院总数的60%，在校研究生数占研究生总数的43.2%。第三，研究生院的培养目标和职能发生变化。从1980年起，韩国实现了高等教育大众化，接受高等教育人数的急剧膨胀使得韩国政府不得不大幅度提高大学的开放程度，从而使研究生院的培养目标由培养大学教授和专业研究人员向着更广泛的领域转化。研究生院在培养各行各业的高级专门人才、满足个人求学欲望、进行本科后继续教育以及在职培训方面的职能开始得到强化。第四，研究生教育的学科专业结构发生了较大的改变，即人文社会科学的主导地位被理工科所取代。第五，1990年代为配合"尖端科技立国"的国家发展战略，韩国制定了新的教育发展计划，强调重点资助一批以研究生院为中心的大学，大力发展各类研究院（包括独立研究院），确保科技投入在GDP中所占的比重。研究生院的数量和学生人数都有了非常快速的增长，见表8.2。

表8.2　研究生院与在籍学生数

	1970 年	2002 年	增加（%）
研究生院数	64	945	13.76
在籍学生数	6640	262867	38.58

资料来源：韩国教育开发院《教育统计系统2002》。

（三）韩国研究生教育逐步成熟阶段（1990年代至今）

为了适应瞬息万变的信息社会，1990年代结构改革的目的是既满足培养研究型人才的需要，又为社会提供研究生层次的终身教育机会。终身学习是研究生教育改革的重要方向。为在职人员提供广泛的继续教育机会，培养高层次、高素质的应用技术型人才成为20世纪90年代以来韩国研究生教育的新目标。为此，研究生教育结构出现了一些新的类型。例如：为了满足日益高涨的在职人员再提高的迫切需要，从1996年开始，韩国在医学、神学和法学等领域成立"特殊研究生院"（Special Graduate School）。另外，还增设了通过自学考试获得硕士学位的制度，并以立法形式予以制度化。

经过50多年的改革与发展，韩国研究生教育结构逐步从单一走向多样。目前，韩国已经形成了普通研究生院、专门研究生院与特殊研究生院并存，学术性、职业性、技术性兼备的"三元制"研究生教育结构，极大地满足了韩国产业结构变革和科技进步对多样化人才的需求。

（四）韩国研究生教育发展的趋势

1. 大力发展自然科学和工程技术类学科

2001年，在韩国研究生教育的学科分布中，前三名分别为社会科学（占

24.9%）、教育（占 21.6%）、工程学（占 20.3%）。其中，人文社会科学所占比重超过 1/3，自然科学不到 1/10。这种结构的不合理造成韩国人文系和社会系博士失业率奇高。据 2000 年统计，人文系博士失业率达 54.4%，社会系达 31.7%，医学系达 41.8%，工学系为 18%。有人预计，这种状况在今后的几年内还将继续恶化。到 2006 年，人文系失业率高达 62.29%，其后依次为医学系 56%、社会系 45.3% 和工学系 44.1%。

为了遏制这一倾向，近 5 年来，韩国着手进行以下专业结构调整。（1）限制人文社科类专业的招生。经过调整，人文社会科学的博士生人数呈现下降趋势。（2）加快自然科学和工程技术学科的发展。为了鼓励学生报考理工科，韩国政府还制订了《理工科专业大学生、研究生奖学金资助方案》，并于 2003 学年度开始对部分理科生发放奖学金。（3）由于医学类和师范类人才已接近饱和，政府控制这两类学科招生平缓发展。经过调整，各学科博士生招生数量发展见表 8.3①。

表 8.3　1996~2001 年韩国各学科博士生招生情况表　　　（单位：人）

学科分类＼年份	1996	1997	1998	1999	2000	2001
人文社科	1348	1382	1363	1445	1596	1505
自然科学	743	811	935	1002	1116	1178
工程技术	1259	1420	1500	1720	1803	1865
医药保健	1125	1187	1233	1429	1605	1622
教育	129	144	154	182	209	224

资料来源：MOE，KEDI. 2001 Brief Statistics on Korean Education. http：//www. moe. go. kr

据此我们可以预测，韩国的研究生教育将更加重视自然科学和工程技术方向，这不仅可以解决毕业生就业问题，同时，对于韩国经济的发展具有重要的作用。

2. 地区分布更趋于合理

韩国研究生院高度集中在几个大城市中，地区分布不尽合理。2001 年，

---

① 徐岚、吕朝晖：《韩国研究生教育结构改革的趋向—问题与对策》，《学位与研究生教育》2004 年第 5 期。

韩国有 327 所研究生院集中在汉城特别市，占总数的 37%；18 个独立研究院中也有 8 所集中于汉城。汉城在校研究生数几乎占全国在校研究生总数的一半。仅汉城、釜山、大邱、仁川、光州、大田这六大城市的研究生院数量就占了韩国研究生院总数的 56%，在校研究生人数占总数的 69%。

为了解决研究生院地区分布不合理问题，"面向 21 世纪的智力韩国"计划提出了发展地方优秀大学的对策。除选定重点发展的学科领域之外，该计划正在每个地区设置一至两所以研究生院为中心的大学，使地方优秀大学研究生院培养的人才适应地方产业发展以及与地方政府合作的需要。①

3. 国际化程度越来越高，尤其是与中国的交流更加频繁

2003 年 6 月韩国教育与人力资源部就已制订了系统地培育中国专家的计划。按照教育部的方案，至 2008 年，韩国将在理工及社会学科培养 22000 名学士、硕士、博士出身的中国专家，其中博士学位以上者 500 名、硕士级 1500 名、学士级 20000 名。韩国教育部称，考虑到韩国企业不断前往中国投资，而中国到 2020 年 GDP 将会位居世界前列，届时韩国的中国专家将会严重不足，因而制订了上述人才培育计划。根据此计划，从 2004 年起，每年从理工及社会学科获得博士学位以上者中挑选对中国感兴趣的 100 名，5 年内共 500 名，对他们的 2～3 年的博士后课程学习予以支援，两年内每人支援金额 10 万美元，必要时与企业合作共同支援。韩国政府希望，通过对博士后课程的学习，此类人才能够做到直接解读中文资料，掌握中国政治、经济变化情况，成为高水平的中国专家。按照此方案，未来的中国专家将分别派往中国的东北、华东、华南、华中、西北等各地，以各地为据点，分别在理工（环境、农业、建筑及土建、机械及汽车、IT 等）、商学（电子贸易、企业文化、保险金融等）、政法及社会（商法、民法及刑法、各种合同法、中国行政及官僚、社会主义文化、地区通商等）等学科进行学习。为此，中韩两国教育部于 2005 年正式签署了相互认证学历和学位的谅解备忘录。

韩国教育与人力资源部 2007 年 11 月 19 日宣布，来到韩国留学的海外留学生人数近年来逐年增加。2007 年的海外留学生人数达到 32000 人，占韩国全部大学生人数的 0.9%。中国留学生占留学生总数的 70%，留学生较多的其他亚洲国家依次为越南、日本和蒙古。教育人力资源部官员表示，需要制定更

---

① 徐岚、吕朝晖：《韩国研究生教育结构改革的趋向、问题与对策》，《学位与研究生教育》，2004 年第 5 期。

多措施从世界其他地区吸引更多留学生。①

二、韩国研究生教育模式的特征

（一）为经济和科技发展服务的办学定位

首先，为适应经济发展要求，研究生教育专业结构朝应用科学方向调整。20 世纪 60 年代末，韩国开始了工业化进程，产业结构的调整和劳动分工的进一步专门化需要大量高级专门人才。韩国政府为实现第一次经济开发五年计划，竭力将研究生教育纳入国家经济发展轨道，海外留学教育也较密切地结合本国经济发展的实际，逐步重视科技和实用人才的培养。70 年代伊始，为配合第三个经济社会发展五年计划（1972～1977 年），韩国长期综合教育计划审议会经过两年的调查研究制定了《长期综合教育计划方案（1972～1986）》，开始实施包括强化研究生教育在内的高等教育改革。随着第一、二、三个经济发展五年计划的推进，专门研究生院（Professional Graduate School）在 20 世纪七八十年代得到了快速发展。

其次，在培养人才的类型和研究方向上注重社会需求。随着社会分工专门化趋势的日益彰显，韩国研究生教育强调面向社会，特别是着眼于为产业、商业和行政管理部门服务。其结构特征是将职业教育的触角延伸至研究生教育，并将它与建立终身教育体系结合起来。

（二）多样化的人才培养模式

韩国研究生教育实行三元制的教育结构，即普通研究生院、专门研究生院和特殊研究生院。在韩国，最早实施研究生教育的大学是汉城国立大学，1947 年不仅率先在全国创办了研究生院，而且还借鉴国外特别是美国研究生院成功经验于 1959 年首创了韩国的专门研究生院——行政研究生院和保健研究生院，因此，到 50 年代末，韩国的大学出现了普通研究生院和专门研究生院并存的格局。到 90 年代，韩国研究生教育分工各异的"三院制"结构得以确立。普通研究生院主要培养学者和研究人员，课程注重适应受教育者的个性特点，并针对不同的学科或专业采取不同的培养方式；专门研究生院主要培养职业型和应用型人才，课程十分强调学术的实用价值；特殊研究生院的培养目标与专门研究生院相似，但学制更加灵活，主要为在职人员开设硕士学位课程，教育涉及的范围相当广泛。

---

① 《韩国在线》，http：//www. hanguo. net. cn，韩国将吸引更多海外留学生，2007－11－21。

韩国教育与人力资源开发部公布的 2001 年教育年鉴显示，全国共有 905 个研究生院，其中附设在大学内的研究生院 887 个，独立研究生院（Independent Graduate School）18 个。887 个大学附设研究生院又分为普通研究生院（Graduate School）135 个，专门研究生院（Graduate School Professional）61 个，特殊研究生院（Graduate School Special）691 个。普通研究生院属于综合性机构，专门和特殊研究生院为专业性机构（以下统称专门研究生院）。而近年来新建的成人研究生院，则为继续教育机构。研究生院的学习年限是：硕士学位课程为 2 年（至少学完 24 学分），博士学位课程为 3 年（至少学完 36 学分）。三种研究生院培养学生具有不同特点。

　　就韩国 14 所争创世界一流大学而言，在基本上开设 1 个普通研究生院的同时少则拥有 1~2 个，多则拥有 17~18 个专门研究生院。比如，韩国最早开展研究生教育的汉城国立大学、高丽大学（1949 年设立研究生院）、梨花女子大学（1950 年设立研究生院）、延世大学（1950 年设立研究生院）分别拥有 4 个、18 个、12 个和 17 个专门研究生院；韩国最年轻的综合性大学亚洲大学和浦项科技大学分别有 7 个和 3 个专门研究生院，而韩国历史最悠久的成均馆大学则有 12 个专门研究生院。

表 8.4　各类研究生院主要事项比较

区分	一般研究生院	专门研究生院	特殊研究生院
目的	学问的基础理论与高度的学术研究	专门职业范围人力的养成所必要的实践性理论的应用与开发研究	为职业人或一般成人的继续教育
学习形态	昼间	昼间	夜间、季节制
学位过程	硕、博士	硕士过程（原则）可能以学则设置博士过程	硕士过程
授予学位	学术学位	专门学位根据学则所定可能授予学术学位	专门学位
教育内容	学术理论与研究方法论	实践性理论与实物为主的教育	实践性理论与实物教育
学部的教员、教师	与学部（指本科教学）联系	与学部有联系，但大部分专门教育由研究生院自己招聘、培养	与学部联系
培养人才	养成研究与教授人力（R&D）	养成专职（医生、律师等）人力	职业人的继续教育

资料来源：《特殊研究生院运营问题与改善方案》。

为便于了解韩国大学研究生院的多样化，现将延世大学的 17 个研究生院名单罗列如下：神学研究生院、外国语研究生院、信息研究生院、通讯与技术研究生院、社会福利研究生院、商业管理研究生院、教育研究生院、行政管理研究生院、工程研究生院、卫生科学与管理研究生院、管理科学研究生院、新闻与大众传播研究生院、法学研究生院、人类环境科学研究生院、经济学研究生院、卫生与环境研究生院、护理研究生院。

　　（三）多样化的办学机构

　　韩国的研究生教育要求不仅要培养现代高科技人才，而且要培养大量的高级管理人才和各行业的高级专门人才。此外，还要满足社会在职人员接受继续教育的需要。

　　韩国办学机构的多元化体现在高等教育机构分为全日制和非全日制两大类，前者分为大学和学院（含大学、院的研究生院）、专门大学、教育大学和高等专门学校，后者包括产业大学、广播函授大学以及虚拟大学。大学或大学附属的研究所、教育大学、产业大学等机构可以设立"大学院"。

　　（四）多元化的办学体制

　　自 20 世纪 50 年代中期至今，韩国不仅一直努力保证国立、公立、私立高等教育同步发展，并且积极扶持私立高等教育，比如高丽大学、梨花女子大学等私立大学只比汉城国立大学晚 2～3 年设立研究生院，韩国作为私立高等教育主导型国家，其研究生院也明显呈私有化发展方向。

　　韩国研究生教育的办学性质以私立为主。2001 年，韩国共有研究生院 887 所，在校生 241207 人。其中，私立研究生院 736 所，占研究生院总数的 83.0%，在校生 166511 人，占全国在校研究生总数的 69.0%；国立研究生院 139 所，占研究生院总数的 15.7%，在校生 71680 人，占全国在校研究生总数的 29.7%；而公立研究生院只有 12 所，占研究生院总数的 1.3%，在校生 3016 人，占全国在校研究生总数的 1.3%。[①]（以上数据不包括 18 个全部属于私立性质的独立研究院）

　　私立研究生院的广泛设立极大地调动了社会力量办学的积极性，推动了研究生教育的发展。但是，它同时也存在着一些弊端。学费收入是私立研究生院的经费来源中最重要的部分，因此，一些层次较低的私立研究生院为了获取经

---

① Ministry of Education, Korean Education Development Institute. 2001 Brief Statistics on Korean Education. http：//www. moe. go. kr.

营收益，不顾办学条件的限制盲目扩大招生。超规模办学使得其研究生教育质量很难得到保证。例如：2003 年，当汉城国立大学和其他一些受"面向 21 世纪的智力韩国"计划重点资助的研究生院为确保质量而减少录取人数的时候，在那些招生最困难的地方，私立大学研究生院的招生名额却增加得最多。①

（五）国际化的办学思路

首先，韩国政府已与世界上约 80 个国家签署了关于代表团交流、学者交流、留学生交流、语言教学、合作研究等双边教育交流协议，并积极参与联合国教科文组织、世界经合组织和亚太经合组织的多边国际交流活动。

其次，与国外大学建立交流与合作关系。截至 2000 年，已有 35 个国家的 180 多所大学与韩国大学签订了交流与合作协议。韩国政府制定了引进世界一流大学的研究生教育计划，推进国际教育合作项目。该计划旨在促进与世界一流研究生院共同开设教育、研究课程，借此在教学内容和教学方法上与世界发达国家接轨。例如，汉城国立大学、延世大学等正在促进把哈佛、斯坦福的 MBA 课程和乔治·华盛顿大学国际研究生院课程引入国内，使人们不用出国就可以以比较低廉的费用进行学习。另外，放宽国外优秀研究生院在韩国设立分院的条件，允许其在韩国有条件地运营。为吸引外国大学在国内设立分校，韩国将实行按照相当于外国大学所在国相关法律的特别法设立分校的制度。例如，美国乔治·华盛顿大学计划在济州设立分校，按其设计的方案进行建设，目标是逐步发展成为包括研究生院在内的综合性大学。

再次，采取"引进来"和"走出去"的办法，与世界教育接轨。一方面，韩国政府每年选派一定数量的学生去国外留学或进行培训，并对学生给予资金上的资助。进入 90 年代，韩国已经向世界上 60 多个国家和地区派遣留学生，这些留学生学成回国，成为韩国经济社会发展的中坚力量。为了提高教师的自身素质，促进教育与研究的发展，政府还积极努力为教师提供出国学习和考察的机会。另一方面，韩国政府更加重视"请进来"。为了树立"韩国留学"的品牌效应，韩国政府通过参与多国招生事务，简化各种与留学有关的规章制度，加大经费资助力度等措施来吸引国外留学生来韩留学，并成立了专门的机构——国际教育发展国家委员会（National Institute for International Education Development），为想出国学习的人和在韩留学或从事教育研究的外国人提供必要的帮助。在《面向 21 世纪的智力韩国》计划中，韩国政府支持研究生进行

---

① http：//www. chosum. com，2002 - 10 - 16。

短期或长期的海外培训，同时邀请海外著名学者到韩国讲学。

第二节　韩国国家创新体系

韩国政府自 20 世纪 60 年代以来，一直重视依靠科技进步带动经济增长。国际上一些学者认为韩国已经步入创新型国家行列。因此，我们有必要对韩国国家创新体系进行比较深入的研究，以对我国国家创新体系建设有所借鉴。

韩国曾是典型的"拿来主义"者，20 世纪 60 年代，其企业的技术基础主要是通过集中引进外国技术并加以消化吸收形成的，即依靠引进国外技术开始了工业化进程；20 世纪 70~80 年代，在科技立国方针指导下，推行以引进为主、自主开发为辅的科技政策，完成了产业结构由轻纺工业向重工业、化学工业的过渡；到 20 世纪 90 年代，实施引进与自主开发并重的科技政策，试图用高新技术进一步优化产业结构。在此过程中，国家和民间 R&D 投入逐年大幅增加，进入 21 世纪，韩国 R&D 投资预算猛增，在政府总预算中从 1998 年占 3.6% 增长到 2002 年占 4.6%。经过多年的发展，韩国已初步形成了以企业为开发主体，国家承担基础、先导、公益研究和战略储备技术开发，产学研结合和有健全法律保障的国家创新体系。

一、韩国国家创新体系的建设与发展

（一）政府逐步由国家创新体系的主导者转变为推动者

1. 60 年代政府是国家创新体系的主要建设者

20 世纪 60 年代，韩国的企业、大学以及研究机构的基础都非常薄弱，政府自然成为国民经济的主导者。在技术创新体系形成的初期，韩国政府成为主要的建设者。政府的作用体现在制定整个国家产业发展的战略、技术创新战略以及教育发展战略。政府主要在鼓励技术引进、完善科技制度与管理体制以及强化科技教育等方面开展工作。确定目标、制定计划、完善相关的法规成为政府指引技术创新活动展开的主要手段。

（1）制定科技计划，完善科技管理制度。进入 60 年代后，韩国制订了系统的"科学技术振兴计划"，建立科学技术行政机构，制定制度及法令等，确立科学技术振兴的支撑条件。首先，在 1962 年开始实行的"第一次经济开发五年计划"的总括计划下，为了振兴科学建立了"第一次技术振兴五年计划案"。此计划的主要内容是人力开发、技术开发及技术协力等，政府制定了工业现代化的基本目标。1962 年最初设立了负责科学技术的行政机构——在经

济计划院属下的"技术管理局"。60 年代中期以后，提出了建立专门负责科学技术的政府机构的必要性，于 1967 年成立了"科学技术处"。科学技术处首先划定了韩国科学技术到 80 年代达到发展中国家中最高水平的目标，为了达到此目标，制订了"科学技术开发长期综合计划"。另外，为了科学技术政策系统的推进，开始制定了关于科学技术的法令。特别在 1960 年，为了弥补内部技术力量的不足，制定了"技术引进促进法"；1967 年，为了规范政府在科学技术开发上的作用，制定了科学技术政策基本法"科学技术振兴法"。

（2）强化科技教育。为了支持经济的高速增长，为技术追赶与学习提供必要的人才，韩国政府将培养人才作为政府教育发展的主要目标。韩国政府 1961～1962 年实施了"在职科学技术类人力资源调查"，在此基础上，第一次科学技术振兴五年计划（1962～1966）的重点放在确保扶植轻工业所需的技术工人，展开了实业高中数量的扩大和质量的提高。随着推进第二次经济开发五年计划，促进了科学技术教育振兴新五年计划，通过增加理工类大学和专业等措施进一步强调了实业教育。

1963 年，韩国政府开始为大学提供研究津贴。在大力发展正规高等教育的同时，韩国政府还十分注重在职人员的培训，这对创新人员知识和技能的更新十分重要。1966 年，韩国政府颁布《职业培训法》，设立了 20 所培训学校、38 个培训中心，由它们领导各行业和各社团的培训活动。

（3）诱致科技人才。60 年代科技人力政策中值得关注的焦点之一，是政府的海外人力诱致政策。1966 年政府设立了韩国科学技术研究所，但当时的韩国缺少合适的科学技术人力。为了确保具有研究开发能力的高级科学技术人力，推进了"旅居国外韩国人科学技术人员诱致事业"。1968～1969 年，仅两年间韩国政府共诱致了 29 名海外韩国科学技术人员，进入 70 年代后更加正式地推进了该事业。

（4）成立科学技术研究所。20 世纪 60 年代，在科学技术发展过程中具有重要意义的是设置了韩国第一综合产业研究所"韩国科学技术研究所（KIST）"（1966 年）。KIST 是韩国最初的现代化的产业技术综合研究所，被后来成立的研究所当作典范，对科学技术的运营方式和发展方向产生了重大影响。该研究所把科学技术能力很不足的产业当作技术应用开发的重点，这样，就确立了科学技术振兴的方向。

2. 70 年代政府对国家技术创新体系的"强干预作用"

进入 70 年代，韩国制定并开始执行"第三次经济开发五年计划"

（1972～1976），政府把重点放在发展重化工业。在整个 70 年代，韩国政府仍然保持着对企业与教育系统的"强干预作用"，政府是整个技术创新系统的建设者与规划者。

（1）加强宏观调控，提供法律和政策保障。政府除了继续通过"规划与计划"来引导科技发展方向外，相应的政府管理机构也获得了更高的地位。1972 年，韩国设置了由总理担任议长的"综合科学技术审议会"，担任国家科学技术最高调整机构的角色。

为了构筑产业技术开发的基础，1973 年制定了"特定研究机关育成法"，据此法律成立了很多政府资助的研究机关。此外，为了促进民间技术开发活动，制定了"技术开发促进法"，根据该法律对技术开发企业给予在税率、金融上的优惠。为了克服在重化学工业化过程中出现的技术界限问题，在 1978 年开始实行了技术引进自由化政策。另外，为了摆脱对引进技术和模仿技术的依赖，韩国政府 1977 年建立了"韩国科学财团"，国家开始了对基础科学研究活动的支持。这一时期的研究开发经费（R&D）大幅度增加，从 1965 年的 21 亿韩元（占 GNP 的 0.26%）增加到 1975 年的 427 亿韩元（占 GNP 的 0.42%）。

（2）组建国家研究中心。这一时期，简单依靠企业的 R&D 投资实际上远远不能满足消化引进技术的需求，韩国政府开始大力建立和资助国有研究机构，给予企业以积极的技术扶持，这一时期，共建立了机械、电子、化工、造船等 10 家研究机构。同时，政府在这段时间也逐渐放松了对国内企业引进技术过程的严格管制，为重化学工业等主要工业部门的成长提供有利的条件。

为促进科技的发展和产业结构向重化学工业的转变，1973 年 1 月韩国政府决定建立大德科学研究园（即大德研究中心）。这是韩国最大的科学技术研究中心，对集中发挥科学技术力量，提高技术创新效率起到了重要作用，并为满足日益增长的工业技术开发需要起到了积极作用。大德科学研究园等直接组织研究开发活动，从而使得政府在技术创新活动中不仅仅是一个规划与引导者的角色，而是更为积极的参与者。

（3）鼓励企业技术创新。为鼓励民间企业培养自身的 R&D 能力及技术创新能力，政府采取一些激励措施，诱导企业建立自己的技术开发部门，包括技术研究所。主要激励措施有：一是建立技术开发准备金制度，即企业可将不超越其收入的 20% 作为"技术开发准备金"，以用于技术引进、消化吸收及技术开发、技术培训等，并享有税收上的优惠；二是建立技术开发资金制度，即由产业银行提供资金给将技术率先运用到生产并取得效益的企业，应用到开发新产品、提高生产率和生产质量等方面，企业可享有利率优惠。

政府通过积极干预企业的并购重组，促进大企业集团的技术创新活动。在70年代中期之后，许多简单组装半导体产品的韩国生产厂家经过激烈的市场竞争，仅有少数公司幸存下来。政府在此基础上给予大型企业以种种支持。例如，三星与金星公司通过连续购并其他不景气的企业，以及一些合资企业，最终成为几个超大规模的企业集团，成为韩国半导体行业的龙头霸主。正是这些超大规模的企业集团，开始承担着韩国的主要技术创新活动。

（4）对高校进行干预。政府对高校人才培养的专业方向提出了明确要求。与经济建设同步，韩国政府也加快了通过重化工业教育培养技术人力的步伐。1973年9月，韩国制定了"加强重化学工业教育方案"。该方案规定，到1981年要培养出振兴重化学工业所需要的技术人力1015400名，改善工业教育的内容。为此，韩国制定了五年间所要培养的各专业领域的人数指标，扩建和新建有关职业高中、专科学校、大学等学校。为了达到以上目标，在学制上采取了多样化的措施，开设了夜间制、二部制，增设夜间工大和女子工大等。修改教学大纲，增加专门技术科目和比重，使工业高中占70%、工业专科学校占80%~88%、工业大学占67%~77%；大单位设置共同实习中心，加强实验实习设备和增加实验实习费；由"国库"负担国立工业高中和工业专科学校所需费用等。对重化学工业领域的职业技术教员、助教、大学附设研究机构的研究人员、理工科大学研究生等采取"兵役缓征或免征"的特惠待遇，成立了一批培养精密加工的专门学校。

3. 政府开始由国家创新体系的主导者转变为推动者

80年代以后，韩国政府开始逐步将技术发展方向的主导权交给企业，由企业来决定技术创新的方向，企业根据国际竞争决定其技术投入的方向。

（1）政府着力设立科技管理专门机构和研发组织。1982年韩国成立了由总统担任主席的"国家科学技术振兴扩大会议"，通过该会议审议、调整科技政策和法规，解决有关科技方面的问题。为了持续实施该会议决定的政策，在该会议下设置各领域的"技术振兴审议会"。

为了使"政府资助研究所"运行的高效化，1980年修正了"特征研究机关培养法"，把政府下属的16个研究机关进行合并，部分废除，变为8个大的研究所。

1981年设立了研究开发资金援助机构"韩国技术开发股份公司"。1986

年在"科学技术团体总联合会"下设立"产学合同委员会",开始支援产学研之间的人、物交流和辅助政策建立的活动。同年,制定"产业技术研究组合培养法"。1988年在大德研究开发区内设立"产学研研究交流中心"。

(2)政府对企业干预方式的改变。政府对企业的干预更多地采用税收、金融、政策、法律等间接手段,摒弃了前两个阶段采用的某些财政直接补贴手段。

韩国科技政策强化对民间企业技术开发支援。政府负责开发公共技术、核心战略技术、基础研究、培养人力等。对此以外的技术开发,主要用减免税、金融等间接方法支持民间企业。另外,还有"特征研究开发事业"、"工业发展基金"、"产业技术向上支援基金"、"韩国技术开发"与"韩国开发投资"等投资公司对企业研发的支持。

为了诱导民间企业的技术开发,韩国实行新技术产品政府采购制度;在"产业技术情报院"设置"产业技术情报综合中心",为企业提供技术指导、技术情报等。据此,20世纪80年代开始,民间的研究开发投入开始逐步超过政府的研究开发投入。

在这一阶段,韩国强调"关键性战略技术本地化",包括培养高质量的技术人才,促进民营企业R&D投资等。当时韩国政府要实现引进国外高新技术的想法有很多困难,微电子、远程通讯、生物工程、环境工程等领域都是发达国家控制相当严密的领域。韩国最终只能通过寻求发达国家企业的FDI来输入先进技术。故韩国在这一时期逐步开放外国投资领域,并配之以关税减免优惠、高新技术特别免税区、海外融资等措施来吸引外资。另外,1984年对外国投资以"承认制"转变为"登记制",实行了外国投资全面的自由化政策。

20世纪80年代以来,韩国出台了《支援中小企业创业法》等政策法规,在金融政策方面也采取了相应措施。根据《支援中小企业创业法》,1986年设立了中小企业创业基金,对具有新技术和出口潜力的产品生产企业给予特殊的支援和鼓励。政府还要求中小企业银行、国民银行、中小企业振兴公团等机构设立创业资金,支持中小企业创业。1989年《关于中小企业稳定经营和结构调整特别政策措施法》颁布后,政府还成立了中小企业机构调整基金,向那些进行生产结构调整,从事技术开发的中小企业提供贷款支持。

(3)政府明确承担部分基础研发功能,与企业逐步有了清晰的分工。在此阶段,政府各部门实施了形态多样的国家研究开发事业。其中具有代表性的是科学技术处实行的"特征研究开发事业"和商工部（现产业资源部）实行的"工业基础技术开发事业"。

"特征研究开发事业"是依据"技术开发促进法"，于1982年开始实行的中长期国家核心技术开发事业。该事业的研究费用支持主要针对风险较大和公共性的技术开发，对核心产业技术采取国家和企业共同负担的办法。"特征研究开发事业"持续实施，到20世纪80年代后已成为韩国科技发展的基础。可是该事业支出的研究费中，总研究费的2/3以上集中在核心产业技术研究，在未来新产业方面的支出约10%。这意味着韩国当时轻视基础科学技术研究，研究开发主要集中在当时使用的、在经济上重要的技术。

为了建立技术自立的基础和提高产业竞争力，商工部根据"工业发展法"，1986年开始实行"工业基础技术开发事业"。该事业通过调查发现企业共同的瓶颈技术、单独开发困难的技术以及迫切需要开发的技术，对于承担此类技术开发的企业支援部分开发费用。

（二）企业日益成为技术创新活动的主角

1. 企业从技术引进走向技术创新

韩国技术创新体系从建立之初就具有清晰的目标，为经济发展服务，因此，技术引进、技术学习就成为企业技术创新活动早期的主要任务。20世纪60年代，韩国企业主要的使命是通过引进国外的部件和原材料、利用国外的技术和资金，不断扩大出口，韩国企业对自己开发技术并没有很强的愿望。因此，在技术创新活动方面，企业主要的工作是学习与模仿。学习的手段主要是"反求工程"以及技术引进。

韩国企业60年代在引进技术时，采取的主要形式是技术设备的引进，或者通过"交钥匙工程"方式来进行较为先进的工程项目的引进。因此，出口导向战略从一开始就成为企业获取外国技术的出发点。当时韩国引进的技术大都是比较简单的成熟期技术，通过"反求工程"也很容易掌握引进技术设备的制造技术。韩国企业就是从比较简单的技术形式开始，逐渐在国际市场上站住脚的。在企业的生产技术能力达到一定程度之后，韩国企业则希望通过技术许可协议的形式获得更为先进与核心的技术。而通过与韩国企业 OEM 协议的合作，国外企业对韩国企业的生产技术能力有了比较深入的了解，这也使得进一步的技术许可变得比较容易。

从技术引进的对象来看，由于受到当时技术水平低、劳动力过剩和资金短缺的限制，技术引进首先针对一些劳动密集型的、技术要求相对简单的组装技术，并依靠进口原材料及中间产品来完成最终产品的批量生产，随着技术水平的初步积累，引进的技术项目逐渐扩展到中间产品技术和零部件制造技术，以提高产品的国产化率和生产制造水平，从而使整个制造业生产技术水平得到迅速提高。

在政府产业发展的指导下，进入1970年代的韩国企业开始将重化工、造船以及其他机械制造业作为发展的重要领域。这些领域的核心技术与主导技术与轻工业有着明显的不同，仅仅依赖"反求工程"或者简单的设备引进无法完成"技术学习"的任务。为了能够有效地开展"技术学习"，韩国企业开始逐步投入正规的研发活动来完成"技术学习"的过程。与前一阶段相比，在学习的对象以及方式上有所改变。

据韩国产业技术振兴协会的研究，韩国在1970年代引进的技术有63%属于技术生命周期中成熟期或衰败期的技术。虽然技术能力并没有很快提高，技术选择的能力以及与外商技术谈判的能力和条件仍然很低；然而，正是在这种情况下，孕育着韩国企业对自身技术创新能力的不满足，在创新的愿望、资金积累等方面为下一阶段企业兴建研究所做了必要的准备。

2. 企业成为技术创新活动的主角

进入20世纪80年代后，韩国企业开始在技术创新活动中成为主角。

（1）在研发经费投入方面，企业已超过政府，并在中后期成为研发经费的主要投入者，同时还体现在技术选择的方向上有了更多的自主权。

企业在这一阶段成为研究开发与技术创新的主体。首先是在全社会 R&D 投入比例上体现的。企业从1981年开始超过政府成为主要的研究开发经费投入者，到80年代末，企业的投入比例占到了绝对优势地位。

（2）在政府支持与帮助下，大企业开始建立自己的技术研究所。企业开始从单纯的技术引进转变为自主创新，开始在技术方面参与国际竞争。

韩国企业自进入20世纪80年代以来，纷纷建立技术研究所，加强对独创技术和产品核心技术的独立研究开发。1981年，韩国企业研究所仅有53个，到1991年4月突破1000个。如韩国大宇通讯公司，为了适应国际移动通讯市场的竞争，将研发重点从移动通讯硬件转向软件开发，先后独立开发了细分无线开接技术、广域移动信号处理技术等，使韩国移动通讯软件技术达到了世界先进水平。很多企业不顾连年巨额亏损，不断对技术设备及研发进行投资，实际上都是在政府支持下进行的。如半导体行业的龙头就是在巨额赤字的情况下依然对研发活动进行大量投资，最终达到可以生产高精密记忆芯片的水平。

表 8.5　20 世纪 80 年代韩国全社会 R&D 投入的政府与企业比例表

年份	政府投入比例（％）	企业投入比例（％）
1980	49.8	48.4
1981	41.5	56.4
1982	41.1	58.7
1983	27.3	72.5
1985	19.3	80.5
1986	19.0	80.9
1987	20.3	79.6
1988	17.7	81.9
1989	17.1	82.9

资料来源：陈闯：《韩国国家创新体系的历史演变》，《中国青年科技》第 157 期。

（三）高等学校不断加强在国家创新体系中的作用

1. 高等学校为产业界提供合适的人才

在国家创新体系建设之初，由于高等教育系统知识创造、知识积累的功能非常弱，因此在整个国家创新体系中培养合适的产业人才是韩国高校的主要任务。

韩国政府在人才培养方面的大力投入，使得韩国在人才数量上和结构上都得到了明显的改善。1963 ~ 1972 年这十年间，理工类学生的增加率较高。当时，师范大学增加率最高，其次就是水产海洋、工学、理学、农林。韩国的高等教育为经济建设输送了大量的产业人才。

同时，由于韩国政府的推动，韩国的高校在进行在职人员培训方面作出了自己的贡献。通过"实验实习基准令"和产学协同，高校为设施投资的效率化也做出了贡献。理工科人才是高校重点为企业输送的重要人力资源。高校与产业界的合作较也逐渐有了明显的增强，但这种合作仍然是强调产学之间的合作，即合作更多的是围绕教育与培训展开。

2. 培养高级科技人才，加强在国家创新体系中的作用

随着产业界需求的变化，政府科学技术人力政策的核心从培训技能工人逐渐转向大学毕业以上的高级科技人才。1978 年 3 月，韩国教育开发院制定的"1978 ~ 1991 年长期教育发展计划"指出，韩国到 1991 年将需要各类科技人才 500 万名，其中 55 万名为大学生，5 万名以上为硕士和博士。因此要大力

发展高等教育，扩大科技人才的规模，坚决走本国科技发展的道路。

在这一时期，韩国科技人力政策在培养可以承担研究开发的高级科技人力方面还是较为成功的。在这一阶段，韩国政府也开始关注大学研究开发功能的培养。1985 年起，相继在大学建立起一些优秀的研发中心，包括科学研究中心、工程研究中心和地区研究中心。其中，地区研究中心更强调地区性大学和产业界的合作研究。高等学校在国家创新体系中的作用不断加强。

二、韩国国家创新体系的现状与特征

20 世纪 90 年代，韩国在企业、公共研发机构、高等院校均投入了更多的资源从事技术创新活动，在效率与效果上也有了明显进步。

（一）企业成为创新的主体

企业进一步强化了自身在技术方面的主导地位。20 世纪 80 年代成立的一批企业研究所逐步成为技术创新的主力军。

进入 20 世纪 90 年代之后，韩国民间企业在总体上消化了 70 年代和 80 年代所引进的国外技术，处于积极促进改良、提高引进技术的小规模技术创新阶段。随着以技术创新为主的竞争战略的确立，韩国企业加强了技术研发的投入，并取得了显著效果。在技术研发活动中，企业占据主导地位。技术研发投资中政府和企业的比例，1981 年为 55：45，1993 年则变为 17：83。企业附属的研究机构由 1980 年的 54 个增加到 1995 年的 2000 多个。到 1999 年 5 月，已达 4121 个，企业研究人员由数千人增至 9 万人，千名职工中拥有研究人员 45.1 人，达到英、法等国水平。1997 年，企业研究开发投资达 93233.4 亿韩元（约 105 亿美元），占国家 R&D 经费总额的 78%，企业研究所成为国家创新体系中的骨干力量。韩国企业附属研究所的研究开发投资额占全国投资额的 80% 以上，研究人员占国家全部研究人员的 57.5%，成为韩国最重要的研究开发主体。

在 90 年代，全球企业面临的一个共同环境是高新技术的兴起。韩国顺应该潮流，成立了大量高新技术企业。1996 年韩国高新技术企业数至少达 1500 家，最多时达 2500 家。这些企业的平均销售额达 51.63 亿韩元，比中小企业的平均销售额 16.81 亿韩元高 2～3 倍。平均人员数为 49 名，比一般中小企业的 23 名高出 2 倍以上，具有很高的创造就业机会的效果。这些企业研究开发投资占销售额的 11%，高于大企业的 2.57% 和一般中小企业的 0.42% 的比重。销售额增长率为 40.4%，高于一般中小企业 15.9% 的增长率。韩国的高新技术企业具有以一个领域的技术资产为基础，并与其他领域的技术资产相统一的能力。政府的研究开发事业和政策资金起到了对创业初期高新技术企业的帮助作用。

取得一定经济与科技成就后的韩国企业，开始希望通过研发活动的全球化获得在技术创新方面的竞争优势。90 年代后，韩国已在美国建立了 32 家研发机构，其数量仅次于日本、德国、英国和瑞士；从 1993 年到 1996 年，韩国在美国的 R&D 支出由 5500 万美元猛增到 3.5 亿美元，增幅大于任何一个发达国家和地区，这反映出韩国对海外 R&D 投资的大力支持。

（二）通过建设研究型大学，强化大学在国家创新体系中的作用

经过 20 世纪 80 年代的过渡，大学在国家创新系统中的功能终于突破了传统的教育与培训，建设研究型的高等院校成为这一阶段高校系统的一个重要变化。

到 20 世纪 90 年代，韩国的高校发展到 580 所（其中私立大学 461 所）。在国家预算中，教育经费从 1951 年的 2.5% 上升到 1966 年的 17%，以后保持在 20% 左右水平。大学入学人数迅速增加，从 1953 年的 3.84 万增至 1994 年的 115 万，占适龄人口的比例也从 3.1% 增至 48.8%，使韩国成为世界上高等教育入学率最高的国家之一。在 80 年代取得相关成果的基础上，韩国又增加了一批以发展研究生院为中心的重点大学，力求使研究生与本科生的比例达到1∶1，以培养更多的具有真才实学的高级人才。随着研究生就读人数的不断增加，以培养应用理工科研究生为主的韩国高级科学院及韩国科学技术院、光州科学技术院等，成为韩国高级科技人才和创新人才的培养基地。为提高大学的教学水平和知识创新能力，1997 年，政府决定投巨资把韩国科学技术院建成世界前 10 位的研究型大学，把光州科学技术院发展成研究尖端高技术的国际化大学。为了提高大学的基础科学研究能力，指定"科学研究中心（Science Research Center）"和"工学优秀研究中心（Engineering Research Center）"集中到相应的研究领域。

韩国提出，要在 2012 年前建成 10 所处于世界前 100 位的研究型大学；引入"国家特别研究员"制度，培养 1 万名核心研究人员，着重研发韩国第十代"新增长动力技术"；实行优秀科学家国家管理制度，让有望问鼎诺贝尔奖的韩国科学家负责国家大型研究项目，提供所需要的研究经费，对这类科学家提供相当于部长级长官的"国家要员级"的人身保护。1999 年，韩国制定了"21 世纪脑力韩国计划"，拟花费 11.7 亿美元。从 1999 年到 2005 年，理科博士培养人数从 2500 人增加到 4500 人；走出去，每年派 2000 名博士后出国研

修；请进来，除吸引旅居海外的科学家回国服务外，还制定了"聘用海外科技人才制度"，大力引进外国科技人才。

（三）发挥政府在国家创新体系中的综合协调功能

政府在这一阶段将主要的着眼点放在了协调各创新主体之间的关系上，将产学研有效地连接起来，提升创新体系的整体效率。如果说以前政府的注意力在于培育国家创新体系各个组成单位的能力，那么现阶段，政府则集中解决不同创新主体之间的互动关系。同时，尽管在技术创新的方向、研发活动的投入等方面，企业在技术创新体系中获得了更为重要的地位，但政府在协调整个创新体系的内部关系上仍处于主导地位。

1. 强化国家对科技工作的宏观管理与协调

1999 年 1 月，韩国政府修改了《科学技术创新特别法》，并依据该法设立由总统亲自挂帅的"国家科学技术委员会"（类似于美国国家科技委员会），负责制定科技发展长远规划，综合协调各部门科技政策，决定科技预算分配原则等，使国家科技管理更具权威性；把科技处升格为科技部，并将其作为国家科委的职能机构，其地位和权限得到了加强；把原由各政府部门行使的科学技术管理、监督权移交国务总理室，由总理掌握国家科研经费和研究计划。

国家还制定了"科学技术基本法"，并按照此法律制定了"21 世纪国家科学技术基本计划"。该计划旨在将韩国从 2001 年的科技水平居世界第 21 位，提高到 2006 年的世界第 10 位；创造 21 世纪的新产业，提高科学技术竞争力和科技投资效率，普及科技知识等。

2. 促进"产学研"互助

1992 年"大德研究开发区"完工后，政府制定了"光州尖端科学研究开发区"和"大丘、大田、釜山等尖端科学研究开发区计划"。1993 年，在大德研究开发区内设立"研究开发情报中心"。1994 年，为促进产学研的技术互助，制定了《合作研究开发促进法》。90 年代中后期，政府开始了旨在加强技术供应者和需求者之间联系的政策努力，1994 年在韩国科学技术院内设立了"技术商业化孵化器"和"技术创新中心"，后来，这两个机构合并为"新技术创业支援中心"。1996 年，为了加强大学研发活动与中小企的联系，在全国各地设立了"科技园区（Techno park）"。为了建好科技园区，三星、大宇、金星等企业集团提供了巨额资助，并请科研机构就企业的技术难题专门立项攻关。这种"企业出资、联合研究"的方式解决了科研机构的资金问题，减轻了政府的财政负担，同时又极大地促进了企业科研水平的提高与社会的科技进步。

1994 年起，韩国科学财团每年为产学研合作研究提供 15 亿韩元（约 175 万美元）的研究经费及特定研究开发事业费；对产学研合作研究提供优惠政策和扶持措施，如在科技园区设立产业技术开发中心，提供计算机信息网络服务，对进入园区的企业研究所实行合作研究税收减免等。企业通过联合组成的研究基金会，向研究机构提供 R&D 资金。

3. 加强知识产权保护

1999 年，韩国实施了知识产权行政处理全面创新计划，确定了行政管理改革的 12 项措施、66 个重点课题，460 个具体实施课题。经过几年努力，韩国知识产权局已具备世界一流的信息技术系统和审查工作效率。2001 年，韩国在知识产权法修改中加强了知识产权保护：一是修改后的法律将罚款最高额从 5 千万韩元增加到 1 亿韩元，最长刑期从 5 年增加到 7 年；二是修改后的法律规定，在侵权赔偿的损失额计算中，权利人的损失额为侵权人的销售额乘以权利人的原价所得的应得利益总额，这样就使计算损失额时可以比较容易掌握证据。2002 年，韩国知识产权局已完成知识产权服务网络的全面改进，拥有世界最先进的自动化管理系统。申请人可以通过互联网填写申请，全部审查程序在线进行；知识产权公告内容可以通过互联网进行免费查询和检索。

4. 积极促进专利商业化

2001 年，韩国制定了《促进技术转让法》，以法律的形式保障了技术交易所的设立与运营，为鼓励和实施技术转让提供了法律保障。2002 年，韩国知识产权局为专利技术商业化实施了 100 亿韩元的投资和 10 亿韩元的财政资助。与此同时，韩国产业资源部在 2003 年投入 1471 亿韩元，加强专利技术的开发、转让、产业化扶持，促进专利新技术的产业化。

5. 调整原有的产业结构，重点发展高新技术产业。

20 世纪 80 年代末，国际贸易环境日趋严峻，发达国家的技术保护主义越来越严重，韩国劳动密集型产业已在国际上失去了竞争力。因此到 90 年代，韩国政府为继续发展出口贸易，积极推动产业结构从劳动密集型向技术及知识密集型转变，实施了各种新的科技计划与政策。

政府从 1998 年开始加速进行产业结构调整，制定了《面向 21 世纪的产业政策方向及知识创新产业发展方案》。明确提出 1998 年到 2003 年 5 年间投资 140 万亿韩元，集中发展计算机、半导体、生物技术、新材料、新能源、精细化工、航空航天等 28 个知识创新产业及服务业；计划使知识创新产业及服务业年均分别递增8.7%和12%，拉动GDP平均每年新增0.64个百分点。政府还通过减免税收、设立基金、提供信息、协助成果推广等方式，发挥企业技术开发主体的作用。大企业通过技术引进，掌握外国先进技术，并在部分商业化过程中取得了成功；但大都局限在风险性小、市场规模小的技术创新领域。

第三节　韩国研究生教育与国家创新体系的关系

一、韩国研究生教育在国家创新体系中的地位与作用

（一）研究生院是知识创新的基地，是国家创新体系建设的重点之一

如前所述，韩国的国家创新体系由企业、政府研究机构和高等院校组成。而在20世纪80年代之前，韩国对大学的功能定位主要局限在传统的教育与培训上，经过20世纪80年代的过渡，大学在国家创新体系中的功能才有了突破，即建设研究型大学①成为国家对高等院校发展的战略意见。根据研究型大学的标准和内涵，建设研究型大学最重要的是发展研究生教育，提高高校的科研能力和科研水平。韩国对研究生院建设的投入在20世纪90年代以后主要体现在"面向21世纪的智力韩国"事业上。

为了实现"尖端科技立国"的国家发展战略目标，韩国把国立汉城大学等五所重点大学改为以研究生院为中心的大学，要求研究生人数占注册学生总数的70%以上。研究型大学的发展思路是减少学士课程，扩大研究生院，形成以硕士和博士课程为主的组织运营机制。为了给研究生培养创造更好的教育环境，韩国政府加大了对这些大学的财政支持力度，增加教授编制，减轻授课负担，优化研究条件。例如，在"面向21世纪的智力韩国"计划中，政府的

---

① 从洪堡的"研究与教学统一"原则的提出，到后来美国建设研究型大学，再发展到今天，研究型大学的标准和内涵已经发生了变化。例如20世纪初美国确立研究型大学的标准是该大学是否设有研究生院和是否为美国大学学会成员；1994年，卡内基教学促进会提出研究型大学的标准从是否有研究生院发展为博士学位授予的数量和每年从联邦政府获得的科研经费；到了2003年，卡内基教学促进会又把美国研究型大学分成广博性和集中性两种，广博性的标准是每年至少在15个学科授予50个博士学位，而集中性的标准是每年至少在3个学科授予20个博士学位。除了上述对研究型大学进行解答的量化指标以外，人们也在不断探讨研究型大学发展的其他内涵。比如，世界银行和联合国教科文组织特别工作组对于世界各国不同的研究型大学进行分析后指出：研究型大学最重要的目标是在多个学科领域取得优秀的研究成果，注重高层次人才的培养和提供高质量的教育。简言之，研究型大学更多地注重科学研究，"关注新知识的增长，关注不同学科领域中的新突破，并将重要的研究成果应用于实际"。

重点非常明晰，即重点支持十几所顶尖研究生院的建设，朝着世界前十的目标前进。该计划预计在 7 年中投资 12 亿美元（1999～2005 年），其中"发展世界级的研究生院"项目就占了 11 亿美元。"面向 21 世纪的智力韩国"计划也将经费总数的 70% 以上投向研究生教育和博士后培养。同时，为了提高研究生院的科学研究能力，韩国将在 5 年内投入 1.27 亿美元，优先发展一些具有战略意义的应用领域。①

（二）韩国研究生教育为国家创新体系建设提供人才和成果支持

韩国研究生教育经过半个多世纪的发展，培养了众多的人才，并取得了丰硕的成果。这些人才成果为韩国的经济和科技的发展，为国家创新体系的建设和完善做出了重要的贡献。

仅以韩国 14 所争创世界一流大学研究院②中的部分院校的发展成果为例：

汉城国立大学一直保持全国优秀教学型、研究型大学及亚洲著名大学桂冠，自 1999 年入选"BK21"计划重点建设大学之首以来，进一步强化其博雅教育思想，一方面成为国际公认的学术机构，另一方面继续占据全国最有威望的研究型、国际化学术机构的领导地位。

韩国科学技术学院（KAIST，国立）办学历史只有 30 年，却在截至 2001 年的 27 年中为国家培养了一批高质量的理工科人才：其中 5594 名理学士、13180 名理学硕士、4427 名（哲学）博士，而在韩国 30 岁以下的理学硕士和博士中，有一半毕业于该校。

私立浦项科技大学办学历史仅 10 余年，但却在 1999 年获得香港《亚洲周刊》评选出的"亚洲著名理工大学第二名"桂冠，而且同年又被国家列入"BK21"计划重点建设大学，并取得了骄人业绩：2001 年共发表学术论文 1176 篇，其中在国际型刊物上发表 743 篇，被 SCI 收录的论文 732 篇（人均 3.6 篇，居全国高校前列）。

成均馆大学办学历史最悠久、从官办学府转为私立大学，1997 年制定的 2010 年发展目标是"聘用一流教师，提供一流教育，开展一流研究，创办一流大学"，2010 年全日制教师 1300 人（目前为 830 人），其中杰出教授 40 人，外籍教师 130 人（占 10%），师生比 1：15（现在为 1：35）；本科生与研究生

---

① Ministry of Education & Human Resources Development. Brain Korea 21. http：//www. moe. go. kr
② 汉城大学、庆尚大学、庆北大学、韩国科技学院、光州科学技术学院、浦项科技大学、延世大学、高丽大学、亚洲大学、成均馆大学、梨花女子大学、汉阳大学、明知大学、庆熙大学为韩国 14 所争创世界一流大学的研究型大学。它们在人才培养和科研方面取得了骄人的业绩。

比例为 1.5：1；把 10 个学科领域办成全国一流，其中 5 个为世界一流。

韩国目前规模最大的私立大学延世大学（2002 年各类在校生达 5.10 万人，其中研究生为 1.30 万）所确立的"21 世纪计划"，是通过国际化、数字化和专业化战略在 2010 年进入世界大学百强行列。

2001 年科学论文引用索引（SC1）统计资料显示，韩国有 12 所大学跻身于全球大学 500 强行列，其中汉城国立大学以 2589 篇居世界第 37 位（比上年跃升 18 个名次），其他大学依次为：韩国科学技术学院 162 位，延世大学 167 位，成均馆大学 279 位，浦项科技大学 284 位，高丽大学 187 位。1995～2001 年韩国著名大学科技论文统计结果也颇能说明问题。其一，论文总数——汉城国立大学 14544 篇位居第一，名列第二至四位的大学分别是韩国科学技术学院 10861 篇、延世大学 6454 篇、浦项科技大学 4236 篇；其二，教授人均论文数——韩国科学技术学院 29.5 篇，浦项科技大学 21.5 篇，光州科学技术学院 14.8 篇，汉城国立大学 9.9 篇，延世大学 4.8 篇，高丽大学和西江大学均为 4.1 篇，汉阳大学 3.7 篇。韩国大学教育协会 2003 年公布的《2002 年学术领域评价结果》显示（以数学系、土木工程系和社会福利系 3 届毕业生考查大学的教学条件和教育质量），汉城国立大学在 3 个学科领域总评价中获得最佳评价。2005 年以后，韩国每年在自然科学和工程技术领域培养的博士生达到 1300 名。

（三）大学研究生院是践行"产学研"联合的主体之一，是创新行为主体的联系纽带

韩国产学研合作，主要侧重于产学研三方发挥各自的优势，以课题为纽带，组成共同研究体，进行共同研究或进行研究方法、信息的交流。高校尤其是研究生院作为产学研合作的主体之一，无论在研究机构的数量、参与人员数量、研发设备配备、研究成果方面，都有着举足轻重的作用。

1993 年学界参与先导技术开发计划的研究人员占所有参与人员的比例为 33.8%，几乎与产业界（32.6%）、研究所（33.6%）的参与同等比例。1994 年，韩国大学研究机构 244 个，占各类研究机构的 9.2%；在汉城大学、全北大学等高校选定 17 家优秀科学研究中心和 28 家优秀工学研究中心进行研发，涉及基础工业、高新技术产业等。由企业确定研究内容，以合同形式委托大学或研究所研究的委托开发研究方式中，在研究成果的分享上，学研方面可获得较多利益，一般情况，可获成果利润的占 10% 以上，甚至有的达 40%。这种成果可分享、经费有保障的合作方式，颇受学研方面的欢迎。在大德科技园区

内有高等院校研究所 3 所，每年培养 400 名博士生，享受园区内同等的优惠政策和公共设施。

同时，建立以大学为基地的产学研合作研究中心是国家推行产学研合作的重要方式。其基本做法是：由政府划出土地，并给以土建方面的税收优惠，以大学为主，向产业界征集会员，以会员制的方式集资建成中心。中心由两大部分组成，一是大学研究实验楼，二是会员单位的研究实验室，相当于企业把自己的研究部门延伸到了大学。企业研究人员带着企业急需解决的技术问题，在中心用自己的或大学开放实验室的设备，请大学教授或学生参与，反之，大学教授和学生也可以根据自己的研究方向和课题利用企业的设备，与企业研究人员一起研究。这种中心从形式到内容都是一种直接的、紧密的产学研合作。它充分利用了产学研各方在研究资源方面的优势，特别用开放实验室的办法，支持了一些研究能力较弱的中小企业。通过产学研各方的技术、知识、研究经验和信息的密切交流，成功地解决了研究与生产脱节的问题，能较快出成果，被誉为"新技术开发的催化剂"。以始建于 1997 年的高丽大学合作研究中心为例：该中心有 20 个会员单位，包括三星、LG、浦项钢铁等大企业，也有一些中小企业，分布在 1.7 万平方米的七层大楼内，通过通道（被称为"联结产学研"的桥梁）与 1.9 万平方米的大学研究实验楼相连，形成连体建筑。在大学研究楼里，不乏一流的先进仪器。在企业研究楼里，研究人员可根据企业的研究课题更换。

综上可以看出，进入 20 世纪 90 年代以来，韩国大学加大研究生院建设，极大提高教师、学生的科研能力，因此在产学研合作中，大学研究生院必然是产学研合作项目的重要参与者，大学是产学研合作的重要主体。

（四）国际化的研究生教育是国家创新体系具有国际化特征的途径之一

韩国是一个比较典型的资源匮乏型国家，受这一国情的限制，无论是经济建设还是人才的培养，韩国都致力于利用国际资源壮大自身的力量。如前所述，韩国研究生教育一直走的是国际化道路。无论是双边或多边国际教育交流，还是允许著名大学在韩国建立研究生院，韩国教育的国际化实现了人才素质、观念的国际化，这为韩国进一步发展科技、壮大科技，进行国家创新体系建设的国际化奠定了很好的人才基础。而这些人才又使韩国引进、消化先进国家技术，发展本国经济，进而实现技术创新成为可能。

这一进步主要表现在：20 世纪六七十年代，韩国主要是靠引进国外先进技术发展本国经济；到 80 年代进入了消化所引进的国外技术，积极促进改良、提高引进技术的小规模技术创新阶段；90 年代后韩国则顺应世界潮流，进入立足本国、进行大量高新技术创新阶段。从 1995 年到 2005 年的 10 年间，韩国共有 28 家企业在海外设立了 60 家研发机构。通过建立海外技术研发机构，跟踪学习世界先进技术，紧随世界先进技术的发展步伐，提高自身技术开发的能力和优势。为了有目标、有步骤地走出去，不少韩国企业在世界技术创新中心设立研发机构，把握世界技术发展脉搏。总之，教育的国际化有力推动了国家创新体系国际化的发展。

二、韩国国家创新体系建设对研究生教育的影响

（一）国家创新体系建设促进研究生教育专业结构的调整

韩国国家创新体系建设中，政府的主导作用是非常重要的。政府始终利用政策、计划、法律法规等方式引导着国家创新体系的发展。在不同的阶段，韩国都制定了经济、科技发展战略，并始终保证教育与经济、科技发展同步。反应在现实生活中，则直接体现在韩国根据经济建设需要，调整研究生教育的专业结构。

韩国文教部自 1980 年起首先调整了文理科招生比例，将 1979 年以前文科与理科的 6∶4 比例调整为 4∶6。1975 年韩国的工科大学入学人数为 7548 人，1983 年增加到 40000 余人；1978 年韩国的理科大学入学人数为 1968 人，1983年增加到 5930 人；1982 年理工科毕业生在 10 万名大学毕业生中所占的比率为 73%。从 1999 年到 2005 年，理科博士培养人数从 2500 人增加到 4500 人。

为适应经济发展需要，近 5 年来，韩国着手进行以下专业结构调整。（1）限制人文社科类专业的招生。经过调整，人文社会科学的博士生人数呈现下降趋势。（2）加快自然科学和工程技术学科发展。为了鼓励学生报考理工科，韩国政府还制定了《理工科专业大学生、研究生奖学金资助方案》，并于 2003学年度开始对部分理科生发放奖学金。（3）由于医学类和师范类人才已接近饱和，政府控制这两类学科招生，使其平缓发展。

（二）国家创新体系建设促使韩国大学注重提高基础研究能力

同时，韩国的基础研究能力不足，这是韩国国家创新体系的薄弱环节。为了明确产、学、研各主体在国家创新体系中的功能，韩国注重挖掘大学，尤其是研究生院在基础研究方面的能力，引导其在国家创新体系建设中应有的作用。

为提高韩国大学的基础研究能力，"BK21 事业"第二阶段项目加大资助研究生院基础科学的研究。

表8.6 "BK21事业"资助明细

事业类型	细节支援范围		全国优秀研究生院		地方优秀研究生院	
			事业团数（个）	资助额（亿元）	事业团数（个）	资助额（亿元）
科学技术范围	基础科学	物理	7个左右	20	4个左右	5
		生物	10个左右	30		15
		化学	7个左右	20		8
		数学	5个左右	15	2个左右	5
		地球科学	3个左右	20		5
		小计	32个左右		16个左右	
	应用科学	信息技术	8个左右	70	6个左右	50
		机器		35	4个左右	30
		化工		20		10
		材料			3个左右	
		建设	6个左右	30	2个左右	15
		应用生命	10个左右	35	4个左右	25
		学制间融合		15	5个左右	7
		小计	58个左右		28个左右	
	科学技术合计		90个左右		44个左右	
人文社会范围合计			35个左右	8	10个左右	8
核心事业	科学技术		120个左右	2.5	80队左右	2.5
	人文社会		50个左右	1.2	40队左右	1.2
	核心合计		170个左右		120个左右	
专门服务人力养成范围	医疗		8个左右	25		
	经营		4个左右	15		
	专门服务合计		10个左右			
总计			135（170）		54（120）	

资料来源：教育人力资源部《第二阶段"BK21事业"基本计划》。

（三）国家创新体系建设使研究生教育的规模显著扩大，质量有效提高

随着国家创新体系的建设，人们日益认识到人才的重要性，国家培养人才

意识和个人保证受教育的权利意识都不断提高，这促进了韩国研究生教育的重大发展。自 20 世纪 90 年代以来，韩国历届政府为了积累创新人才，发挥高校尤其是研究生创新人才培养基地的作用，对高等教育发展都非常重视。1993 ~ 1998 年，韩国政府致力于增加民众接受高等教育的机会，包括发展终身教育、国际教育、进行考试制度改革等；1998 ~ 2003 年，政府则强调增强大学竞争力，提出建设世界一流的研究型大学；2004 年至今，政府则致力于保证教育机会的均衡发展，包括促进地方研究生院的发展，在 "BK21 事业" 计划中，将 3/10 左右的经费用于地方大学建设，以缓解教育资源分配的不均衡状况。韩国政府重视教育的发展，主要是为了实现为经济和科技发展服务的目的。

1. 国内研究生教育规模和研究生数量的不断扩大

20 世纪 70 年代中期以来，韩国研究生教育不仅在规模和数量上不断扩大，而且通过一系列的改革措施，初步形成了具有本国特色的研究生教育体制。例如，1975 ~ 1993 年间韩国研究生人数激增，与前一时期相比，增长速度之快令许多亚洲和第三世界国家望尘莫及。下表反映了这一时期研究生教育在数量上的变化。

表 8.7　1970 ~ 1993 年间研究生人数的增长表

年	硕士生	博士生	总计
1970	6112	518	6640
1975	12351	1519	13870
1980	29901	4038	33939
1985	57698	10480	68178
1990	72417	14494	86911
1993	86329	17645	103974

资料来源：韩国教育部《文教统计年版》。

上表不难看出，1970 ~ 1975 年仅仅 5 年间，不论硕士或博士的人数都增加了一倍。而到 1993 年，研究生人数已超过 10 万人，占整个高等教育人口的 6.6%。

从 1997 年到 2003 年，韩国培养的硕士和博士的数量又翻了将近一倍，如表 8.8 所示。

表 8.8　1997～2003 年间研究生人数统计表

区分	1997			2000			2003		
	硕士	博士	合计	硕士	博士	合计	硕士	博士	合计
国、公立	19547	3737	23284	26887	4701	31588	29901	5799	35700
私立	47547	6215	53762	67583	8351	75914	77794	10029	87823
合计	67094	9952	77046	94450	13052	107502	107695	15828	123523

资料来源：《韩国研究生院入学人员增长状况》。

2. 公派留学制度和人才诱致政策培养和吸引了众多海外人才

进入 70 年代中期，随着经济的高速增长，韩国国家创新体系建设的目标锁定在自主创新上，因此急需一批高级专门人才。在继续依靠自费和海外奖学金的前提下，于 1977 年第一次确定了"国费留学制度"。该制度的宗旨是为国家发展培养出能够起核心作用的栋梁之材，向海外派遣公费留学人员的专业是经济发展急需的科学技术和特殊语言学领域。1977～1998 年，韩国一共向海外选派了 1600 名公费留学人员，其中理工类为 1273 人（80%），人文社会科为 240 人，外语类为 87 人。

为了确保具有研究开发能力的高级科学技术人力，韩国推进了"旅居国外韩国人科学技术人员诱致事业"。1968～1969 年仅两年间，韩国政府共诱致了 29 名海外韩国科学技术人员，进入 70 年代后更加正式地推进了该事业。1999～2005 年，韩国对于人才实行"走出去、请进来"政策：走出去，每年派 2000 名博士后出国研修；请进来，除吸引旅居海外的科学家回国服务外，还制定了"聘用海外科技人才制度"，大力引进外国科技人才。

（四）国家创新体系建设推动研究生教学与科研的结合和科研成果的转化

"BK21 事业"对教师、学生的学术要求都非常高，国家对于每所申请到项目经费的高校都进行科研情况跟踪报告，达不到要求的研究生经费将被收回，这样为高校认真做好科研工作、培养教师和学生的科研能力施加了压力，也带来了动力。同时，"BK21 事业"主要资助学生（包括外国留学生），目的在于招收优秀学员，促成教师、学生结合开展研究工作，促成科研与教学的结合。经过一段时间的发展，截至 2004 年，"BK21 事业"对韩国教育事业产生了丰富的促进成果。

表8.9 大学院 BK21 事业的促进成果表

促进范围	细节内容	促进成果					
		1999	2000	2001	2002	2003	2004
学生教育	资格证（%）	7.0	14.0	8.5	14.1	19.3	29.4
	就业率（%）	84.8	77.0	74.0	66.1	58.6	70.9
	外语（%）	1.7	6.1	6.3	12.4	19.1	17.5
	信息处理（%）	2.1	3.2	3.0	8.1	13.9	12.2
	学生课题（件）	142	168	147	105	139	148
	现场教育（名）	106	226	166	114	163	129
	产学课题（件）	5	13	43	52	22	9
产学合作	技术指导（件）	20	14	14	105	79	40
	技术转移（件）	32	8	16	19	11	10
	产品化（件）	32	8	16	19	11	5
	创业（件）	4	4	3	2	2	2
	教授派遣（回）	122	132	76	124	89	100
	师院再教育	8	11	5	16	19	22
宣传	入市宣传	1	2	3	6	6	8
	成果宣传	5	7	6	23	17	30
国际合作	长期研修	3	8	6	11	10	12
	短期研修	2	110	48	53	46	50
	硕学邀请（名）	—	8	5	11	14	14
研究实绩	研究论文（件）	363	358	109	365	313	313
	RA 论文（件）	76	82	48	79	114	97
对应资金 （百万元）	校内	—	147	154	201	138	127
	资自身	—	100	118	161	525	526
	产业体	30	196	710	646	232	199

资料来源：《"BK21 事业"和大学发展》。

韩国《2005 大学产学合作白皮书（2006 年度版）》表明，2005 年韩国大学的研发经费为 23353 亿韩元，比 2003 年的 19516 亿韩元增长了近 19.6%。

与此同时，韩国大学专利申请与技术转让的成绩也在大幅增加。截至 2005 年底，韩国 132 所大学注册的国内专利达 5915 件，国际专利达 778 件。2005 年，韩国大学有 591 项技术转让，比上一年的 259 项增长一倍以上。白皮书还表明，排在国内专利注册前三名的大学是韩国科学技术研究院、首尔大学和浦项科大，共拥有专利 2493 件。

综上，可以看出韩国在国家创新体系建设中，"BK21 事业"作为一项重要的国家发展计划，重点资助的是研究生院，非常注意发挥研究生院的功能，研究生教育成为国家创新体系的重要组成部分，并产生了丰富的成果，进而又推动国家创新体系的完善和发展。

第四节　韩国研究生教育与国家创新体系建设对我们的启示

一、加强政府在研究生教育和国家创新体系建设中的综合协调职能

韩国自 20 世纪 60 年代至今，在国家创新体系建设的每一阶段，都非常重视政府的主导作用，政府始终是推动国家创新体系建设的主要力量。韩国政府建设国家创新体系、发展研究生教育的经验总结如下：

（一）根据经济发展需要，政府适时引导国家创新体系建设的方向

如上文所述，在不同的历史时期，韩国政府曾分别作为国家创新体系的建设者、规划者、推动者和协调者，相应地，政府的职能也实现了从"划桨"到"掌舵"的转变。但无论怎么变化，政府始终把持着国家创新体系建设的方向，即确定并适时调整科研重点，调整产业方向，实现科技与经济的良性互动。

1960 年代韩国以模仿和跟踪国际先进技术为主，重视技术引进，技术创新滞后，国家整体科技水平相对不高，韩国则借助西方发达国家经济结构调整的机会，在 1962 年开始实行"第一次技术振兴五年计划案"，重点发展了轻纺、重化工等产业。进入 1970 年代，韩国制定并开始执行"第三个经济开发五年计划"（1972 ~ 1976），当局把重点放在发展重化工业。1980 年代后，随着世界新技术革命的深入，韩国政府一方面保持传统的劳动、资本密集产业的优势，另一方面利用发达国家向外转移低层次的技术和产品的机会，强调"关键性战略技术本地化"，包括培养高质量的技术人才、促进民营企业 R&D 投资等，大力发展本国的知识技术密集型产业。亚洲金融危机后，韩国政府深

刻认识到，加快技术创新步伐，加速高新技术产业发展，是重振韩国经济的关键。开始实施"重点国家研究开发计划"、推进"21世纪未来研究计划"、推动"信息网络技术开发五年计划"、积极发展高新技术产业，并首先选择高新技术（6T：信息技术 – IT、生命技术 – BT、纳米技术 – NT、宇航技术 – ST、环境技术 – ET、文化技术 – CT），重视科技、经济和环境协调发展；而"9·11"过后，韩国更加注重开发直接涉及国家安全的技术。

（二）配备科研管理机构，强调机构的权威性

在不同阶段，在国家对经济发展的战略不断进行调整和转变的同时，政府也要注重不断调整科技主管机构。这表现在：1967年成立了"科学技术处"；1972年，设置了由总理担任议长的"综合科学技术审议会"；1982年成立了总统担任主席的"国家科学技术振兴扩大会议"；1999年1月，设立由总统亲自挂帅的"国家科学技术委员会"。

据介绍，在韩国政府管理体系中，科技、教育管理部门的地位很高，这不仅体现着韩国对科技、教育发展的重视程度，也反映了教育、科技在整个韩国经济系统中不可替代的地位；机构的权威性也保证了教育、科技活动能够有效、顺利地开展。

（三）积极资助科学知识的生产

在市场经济条件下，尤其是在韩国经济起步阶段，企业很难资助不能马上收到经济效益的研究活动，而科学知识的生产主要是基础研究和部分应用研究，这时政府的资金投入推动了科学知识的创新。

1. 政府直接组建科研体系

20世纪60年代，在科学技术发展过程中具有重要意义的是设置了韩国第一综合产业研究所"韩国科学技术研究所（KIST）"（1966年）；20世纪70年代，政府为了弥补企业科研能力的不足，组建了国家研究中心；1981年设立了研究开发资金援助机构"韩国技术开发股份公司"；到了20世纪90年代末，为加强集中统一管理，提高科技资源利用和研究开发效率，又把研究所从政府主管部门中分离出来，按不同领域分别建立基础科学研究会、产业技术研究会和公益技术研究会。各研究会隶属于国务总理室，由各部门专家组成联合理事会管理。项目经费向主研究所倾斜，逐年减少非重点研究所的政府拨款，逐步实行民营化。

2. 政府逐步加大了对基础研究的投入和对大学科研、教学的投入

1963年，韩国政府开始为大学提供研究津贴；为摆脱对引进技术和模仿

技术的依赖，韩国政府 1977 年建立了"韩国科学财团"，国家开始了对基础科学研究活动的支持（这一时期的研究开发经费大幅度增加，从 1965 年的 21 亿韩元增加到 1975 年的 427 亿韩元）；尽力增加基础研究投入，更新大学科研设施；加强基础研究队伍建设，在大学增设基础研究中心；扩大国际学术交流，招聘国外高级专家；指定国家重点基础研究室从事生命科学、信息、原子能、新材料、航空航天等领域的基础应用技术开发。

3. 政府积极推动企业成为技术创新的主体

从 20 世纪 70 年代起，政府陆续设立了工业发展基金、产业技术开发基金、科学技术发展基金、尖端产业发展基金等多项技术开发基金、资金，以长期低息贷款方式支持企业技术开发。近年来，政府对企业研究开发的投资一直保持在国家研究开发总投资的 80% 以上，超过美、日、德等发达国家。1999 年政府用于对企业的研究开发费支出达 1300 亿韩元，比 1998 年增加 311 亿韩元，增长 31.4%。此外，政府还从国家科研经费中拨款鼓励企业参与国家科研计划。

从 20 世纪 70 年代中期起实施"技术开发储备金制度"，并对研究试验用设施投资税、新技术企业化事业资产投资税、所得税等予以减免优惠。为确保税收支援政策落到实处，政府通过修改国家有关规定，将技术开发组织（企业研究所等）作为法定支援对象确定下来。80 年代后又采取了技术人才开发费税金扣除、免征国外技术人员所得税、减免技术转让收入税和技术密集型中小企业所得税、免征科研用品进口关税等制度。

政府还通过研究信息中心、产业技术信息院等机构，向企业提供国内外科研动向、各产业技术发展状况、最新技术成果和专利信息，并建有数据库，重要信息上传到因特网、研究电算网，供企业随时查询，政府建有科研成果商品化事业团、技术开发洽谈中心及新技术成果实用化支援机构，协助企业实现新技术成果商品化。同时设立科学技术奖、优秀产品奖、新技术产品奖，鼓励在研究开发和成果转化方面做出突出贡献的科研人员。

此外，韩国还在股票市场上开设创业板 KOSDAQ，通过创业板为高科技企业筹集资金，1999 年筹集额达 3.1 兆韩元。

（四）政策、法律等配套措施先行，提供有力保障

为推动国家创新体系建设，韩国政府还不断修改有关教育改革与发展、科学技术创新的法律，负责制定教育、科技发展长远规划，综合协调各部门政策，决定科技预算分配原则等。政策、法律先行，为国家创新体系建设发展提

供了有力保障。

首先，韩国历届政府制定的教育法、专项教育法规以及实施的一系列高等教育改革与发展举措，极大地推动了研究生院的改革和发展。比如1963年修订《国立学校设置令》，1972年提出《长期综合教育计划方案》（1972～1986年），1973年制定了"加强重化学工业教育方案"，1977年制定《第二次大学发展10年计划》（1978～1986年），1979年颁布《学术振兴法》，1984年公布的《韩国教员大学设置令》，1989年拟定《教育长短期发展计划》（1989～2001年），1995年制定《大学教育自主化方案》，1999年发布"教育发展五年计划"，2000年出台《国立大学发展计划案》等。

其次，在科学技术振兴方面，韩国政府非常注重利用法律、政策保证创新活动的开展。比如1960年制订了"技术引进促进法"，1962年实行"第一次经济开发五年计划"，1967年制订了"科学技术振兴法"，1973年制订了"特定研究机构育成法"，1978年开始实行技术引进自由化政策，1980年修正了"特定研究机构育成法"，20世纪80年代又相继出台了《中小企业创业支援法》、《支援中小企业创业法》、《关于中小企业稳定经营和结构调整政策措施法》，1994年制订了《合作研究开发促进法》，1997年公布了《科技创新五年计划》，1998年制定了《面向21世纪的产业政策方向及知识创新产业发展方案》，1999年1月修改了《科学技术创新特别法》，1999年实施了知识产权行政处理全面创新计划，2001年修改了《知识产权法》，2001年制订了《促进技术转让法》，制订了《科学技术基本法》，并按照此法律制定了"21世纪国家科学技术基本计划"等。

第三，韩国政府非常重视适时转变科技政策。一是科技开发战略由以往的跟踪模仿向自主创造转变；二是国家研究开发体制由过去部门分散型向整合型转变；三是科研开发由强调增加投入和扩张研究领域向提高研究质量和强化科研成果产业化转变；四是国家研究开发体系引入竞争机制，由政府资助研究机构为主体向产学研均衡发展转变。

（五）统筹教育、科技协调发展，教育为科技提供人才

韩国政府在国家创新体系建设中，对教育、科技之间的关系有比较深刻的理解和认识，并能够根据科技发展重心的改变调节人才培养和利用机制，实现了教育为科技服务，为科技振兴和经济发展提供了人才保障。

1. 扩大高级人才培养，促进科技人才结构的提高。通过地方理工科大学、韩国科学技术院、光州科学技术院等以研究为主的理工大学及政府研究机构，

增加博士级高级人才培养；实施产学合作人才培养体制，支持大企业自办大学，培养产学研科技人员；加强大专院校建设，实施科学英才教育；每年派遣2000 名博士后出国研修，积极扩大高级研究开发人员在科研人员中的比重。

2. 建立引进海外高科技人才的机制，利用外国高科技人才的"头脑资源"加强韩国技术研究开发力量。近年来，为配合国家技术创新战略的实施，韩国政府制定了"聘用海外科学技术人才制度"，规定从事电子通信、生物工程、航天航空、新材料等研究开发的机构，可大力引进外国科技人才，并给予一定的资助。研究开发机构尤其是企业的研究所积极利用这一制度大力引进外国"头脑资源"。韩国企业在近两年中每年都要引进上百名外国高科技人才。

3. 实施"国家战略领域人才培养综合计划"。该计划是 2001 年 11 月 15日宣布的，根据这一综合计划，韩国将在今后 4 年内（2005 年前）为提高国家竞争力的 6 个战略领域投入 2.24 万亿韩元，提高 22 万名在校学生和研究机构专业人才水平，并培养 18 万名新人才。为此，政府将支持大学扩大招生，扩充大学师资力量，鼓励大学之间进行共同研究，支持企业参与大学硕士、博士教育管理。韩国政府表示，要通过这一综合计划使韩国现在处于世界第 28位的科技竞争力，在 2006 年进入世界前 10 位。①

（六）协调产、学、研三者关系，并积极促进其合作

总结韩国产学研合作的主要特点，首先就是政府引导有力。如前所述，在20 世纪 70 年代，韩国政府就开始促进"产学研"联合创新，并通过法律加以确立，进入 90 年代，研究型大学、研究机构开始参与企业难题攻关，企业也积极促进科研成果的转化，至此，企业、高校、科研机构等各主体在国家创新体系中有了更明确的角色和职责，这是韩国国家创新体系发展的重要一步。

政府通过国家项目计划的实施，强调以产学研共同研究的形式进行，并直接介入了产学研合作的组织管理，鼓励、引导、优选产学研共同合作研究。对其他形式的产学研合作，政府也给予强有力的引导、支持。同时，政府还为产学研建立了齐全的保障或者支援体系。韩国的产学研支援体系贯穿于国家科技发展的支援体系中，主要内容如下。

1. 法律支援。以立法的方式促进产学研，如《科技振兴法》（1963 年）、《科技革新特别法》（1997 年）、《技术开发促进法》（1972 年）、《联合研究促进法》（1994 年）、《产业技术研究组合培育法》（1986 年）等。

---

① 刘助仁：《韩国强化国家科技创新体系的举措》，《科学与管理》2002 年第 6 期。

2. 税收支援。根据国家税法，主要体现在对研究经费、研究设备仪器、材料、研究人员所得、技术引进、技术转让、技术集约型企业及企业研究所等的税收优惠上，1995 年，免税额达 1 兆亿韩元。

3. 资金支援。国家研究开发计划有稳定的研究开发资金保证，1997 年达 1 兆 700 亿韩元，从 90 年代以来，每年都以大于 30% 的增长率在增加。对民间的研究开发，有形式多样的基金作为金融支援，如国家财政支援的政策金融，有科技振兴基金、工业发展基金等，利率一般低于银行利率 6 ~ 7 个百分点，此外还有风险投资、信用保证的资金支援。

4. 协调服务支援。政府科技处通过属下的 17 个研究所和管理机构对产学研进行协调服务。每年都对企业进行产品、技术、研究状况等抽样调查，有关资料集中于"研究开发情报中心"，供产学研各方沟通。每 5 年还召开专家、学者、企业家参与的会议预测技术发展方向，作为产学研共同研究方向。①

二、积极发挥市场机制在研究生教育和国家创新体系建设中的作用

（一）市场机制促进企业成为技术创新主体

为了获取经济效益，企业在市场机制的激励下积极进行创新。从知识到商品的转化需要经过研究开发、试制和生产的过程，而这一过程主要是由制造产品的企业来完成的。企业处于市场竞争的最前沿和竞争的中心，是技术创新的主体。

韩国企业是韩国研究与开发活动的主体，研发经费主要用于试验发展，在电子、汽车、造船等行业，韩国企业实力较强。韩国企业研究所由 80 年代初的 47 家猛增至 3825 家；企业研究人员由数千人增至近 9 万人，千名职工中拥有研究人员 45.1 人，达到英、法等国水平。企业的 R&D 总投入由 1989 年的约 28 亿美元增至 1997 年的 133 亿美元，在国家 R&D 总投入中所占比重，自 90 年代以来每年都达 80% 以上，超过美、日、德等发达国家。

由于企业在研究中的直接参与，研究成果商品化过程中的中试问题在研究中也能尽早解决，加速了科技成果转化。同时，企业参与产学研合作，已不仅仅是为了解决技术源的问题，而是作为一项重要的技术发展战略，旨在提高自身的研究开发能力，实施产业化、多元化、世界化，加强竞争能力。从这个意义上说，产学研合作的作用已经不仅仅是促进科技成果的转化，而且对提高企

---

① 丁为峰：《韩国产学研结合的概况及启示》，《云南科技管理》1998 年第 5 期。

业技术开发水平，提高整体技术素质，从而提高整个经济发展的科技水平有着重要的作用。① 企业研究开发实力的增强，对科技进步及国家经济发展的促进作用十分明显。

1. 形成了企业发展和产品竞争的技术支撑，研究开发主体由政府转向民间，使政府的财政投入有可能集中到国家重点技术领域。

2. 企业在承担大部分产业技术开发的同时，积极参与国家科研计划，进一步充实了国家科研实力，密切了生产与科研的关系，加速了科研成果向实际生产力的转化。

3. 企业具备消化、改良国外技术的能力，使产业技术迅速接近发达国家水平，现已成为钢铁、汽车、造船、电子、半导体等产业的世界十大生产和出口国之一。

4. 企业在发达国家建有近百家研究机构，从民间角度进一步拓宽了高新技术引进渠道。

5. 企业积极参与产学研合作，直接加快了科技与经济的融合。

（二）市场机制促使大学和国立研究机构在知识创新上合理划分各自职责

在市场经济较为发达的国家，科学知识的生产主要是由大学和国立研究机构来完成的，其中大学在知识创新和创新人才的培养方面起着关键作用，而国立研究机构主导着公益性较强的科研领域。大学和国立研究机构在科学知识生产上的分工，对国家创新体系在科学知识生产、传播和应用方面发挥作用产生着重要的影响。

如前所述，在 20 世纪 80 年代之前，韩国比较轻视基础科学研究，研究开发主要集中在当时使用的、在经济上重要的技术，大学研究能力不足，是国家创新体系的薄弱环节。随着国家对基础研究的重视，政府加大了对基础研究和大学科研的支持力度，尤其是"BK21"事业第一阶段、第二阶段计划实施以后，研究生院的科研能力得到显著提高，并取得了丰硕的成果。研究生院成为创新人才培养基地和基础科学研究阵地。而国立研究所在 20 世纪 90 年代末按不同领域分别建立基础研究会、产业技术研究会和公益技术研究会，其职责也越来越明晰起来。

（三）市场机制促进产、学、研积极合作

韩国积极实施科技振兴政策，对经济与社会发展起到了巨大的促进作用。

---

① 丁为峰：《韩国产学研结合的概况及启示》，《云南科技管理》1998 年第 5 期。

自 20 世纪 90 年代以来，提高独立自主研究开发能力，从发展中国家模式向发达国家模式、从模仿向创新转变，通过自主开发，解决经济发展中的科技需求，是韩国政府科技政策的重要实施方向。在这个过程中，产学研合作研究作为一种有效的组织形式，在国家研究开发事业和企业自主技术开发等种种形式的活动中，都被广泛地采用，显得十分活跃。

韩国产学研合作的形式、程度和效果，是与其经济发展水平相关的。如前所述，韩国经济的发展，从 60 年代的产业化开始，走过了劳动密集型，进入了 80 年代以后的技术密集型阶段。其产学研合作也经历了一个由浅入深、由低向高的发展模式。1997 年，韩国大型企业中已有 777 个研究所，在中小企业中有 2091 个研究所，相当数量的研究所已有了较强的研究开发能力，这是韩国以共同研究为主的产学研合作模式的基础和条件。这种共同研究为主的产学研合作形式，是较技术交易式的产学研合作更高的形式。产学研合作研究中心和向国外延伸的产学研机构，则更是适应科技发展和国际市场竞争对产学研合作提出的更高要求。

在 20 世纪 70 年代，韩国政府就开始促进产学研联合创新，并通过法律加以确立，进入 90 年代，研究型大学、研究机构开始参与企业难题攻关，企业也积极促进科研成果的转化，至此，企业、高校、科研机构等各主体在国家创新体系中有了更明确的角色和职责，这是韩国国家创新体系发展的重要一步。目前产学研合作的形式有共同研究、技术指导、技术培训、科研器材的共同使用、关键技术信息的服务、专利使用等。2000 年特定研究开发计划的 1900 多个课题中，85% 为合作研究。

综上，总结韩国在产学研合作方面值得我国借鉴的经验和启示主要有四点。

1. 产学研合作模式要与经济发展水平相适应，特别是要与企业技术水平相适应。要根据企业的开发能力，区别对待，分类指导。对具有较强研究开发能力的企业就应采取较高形式的产学研合作形式。而对大多数企业，则主要应做好产学研协调服务，沟通产学研联合渠道，做好中介服务工作。

2. 协调服务与行政手段相结合，推动产学研合作。在政府组织实施的研究开发计划及科技政策上，要充分体现政府对产学研合作的引导与重视。要为产学研合作主体提供法律、政策（包括金融政策、货币政策、财政政策等）多方面的保障。产学研合作的根本动力是产学研各方从自身发展中激发出的积极性，政府的有力扶持，资金、税收、有关政策的优惠和支援，为产学研合作创造良好的外部环境，则是促进产学研合作发展的重要条件。

3. 要始终正确定位政府和市场在产学研合作中的作用，协调好政府与市场的关系。只有在健全的市场中，各合作主体才能找到合作的结合点，才能在科技成果转化中各自发挥自己的优势，提高转化率；只有在健全的市场中，风险投资机制才有可能建立起来，才能更好地解决转化问题。

4. 解放思想，立足国内国际市场，扩大对外开发，是促进产学研合作的重要措施，要积极鼓励企业以国内国际市场为目标，搞全国性的、世界性的产学研合作。

三、健全和完善国家创新体系的运行机制

（一）整合创新资源

面向特定领域，明确专业分工，发挥核心作用；撤并重复机构，实现人员专业化和精锐化，将研究开发机构特别是政府资助研究开发机构建成具有国际竞争力的优秀研究开发群体。为此，各研究开发机构对本机构的主要职能和次要职能做出明确划分，并确定发展方向和目标；将原研究开发室改编为能执行大型研究开发课题的部；对人员的搭配、机构的评价、研究开发活动的保障等进行合理的整合；提高资金使用效率，使经费的支援更符合实际需求，真正做到有所为有所不为；给研究开发机构赋予更大的权力，实行自主改革，由各机构根据自身特点，发动研究开发人员特别是年轻有为的研究人员，研究制定改革方案，确保机构的专业特点和一流水平；要充分利用开放条件下科技全球化提供的机会，提高整合全球技术资源、科技资源的知识和能力，及参与国际科技活动的能力与水平。

（二）引入竞争机制

研究开发院所长从任命制改为社会公开招聘，不拘一格地选拔懂技术、会管理的人才来担任。采用合同和阶段目标管理责任制，通过由技术专家组成的评价机构，定期对研究开发机构工作进行考察和评价，把结果反映到院所长任免和经费支持上。增强科技投资的透明度，政府的研究开发课题不再仅限于由政府资助研究开发机构执行，大力提倡大学、企业研究所参与竞争；在政府资助研究开发机构中逐步推广了"研究开发课题中心制"，将以定员数为依据向研究开发机构划拨资助金的传统做法，改为以研究开发课题为依据；将课题研究开发组的所需费用直接计入课题研究开发成本中，使课题负责人拥有人员组成、预算编制、外部人员聘用、经费执行、奖金分配等与课题相关的一切自主权。激烈的竞争环境对研究开发机构尤其企业技术创新产生巨大的刺激作用，

使企业无时不存在一种危机感，以此来克服惰性，激发人们的积极性和创造性。

（三）形成激励机制

研究表明，产权激励是最经济有效的、持久的创新激励手段，因为它将人们的创新活动与物质利益挂钩，使创新有了强大动力；例如：挑选部分特别优秀的研究开发人员，允许个人在最能发挥其研究开发能力的领域自由选题开展研究开发活动，政府对其连续三年每年支援 1 亿韩元；对研究开发人员实行"年薪制"，同每一个研究开发人员签订合同，根据该研究开发人员的职务和工作性质、能力及成绩决定年薪数额；采取效益分成和奖励政策，允许获得专利权的研究开发人员享有部分专利份额；对以技术成果创业的研究开发人员给予免除技术费和减免各种税收等优惠待遇。

（四）不断改革用人和分配制度

韩国最初的研究院院长是由上级主管部门任命的，到 20 世纪末改为在社会公开招聘，在赋予其经营权的同时，以合同制和分阶段目标管理责任制方式规范和约束其经营行为，并通过政绩考核、评价，决定经费支持额度及其职务任免；压缩行政编制，对研究人员实行"年薪制"，推行效益分成和奖励政策；允许专利权人享有部分专利份额，以提供必要资金和予以减免税待遇等措施，鼓励研究人员停职创业。

（五）改革评价制度

为对国家科技开发计划实施有效的监督，韩国政府拨专款并设立了"韩国科学技术评价院"，以便对国家科研计划和项目实施调查、分析和评价，对科技部主管的特定研究开发计划实施进行评价与管理，以及对科学技术的发展作中长期预测和对短期技术需求实施调查。

四、在研究生教育和国际创新体系建设中坚持走国际化道路

韩国非常注重学习和利用国际成果，并强调消化吸收再创造。如前所述，韩国在 20 世纪 60 年代就是通过引进国外技术实现经济起飞的，因此，在韩国的发展中，始终强调学习和利用国际成果。但是，韩国比较明智的地方是，并没有一味地依赖国际成果，而是强调自身消化吸收再创新。尤其是韩国限制一揽子技术引进，而是引进核心技术，然后进行资助研发，这种做法值得我们学习。同时，韩国在人才培养上一直推行"引进来、走出去"的做法，使韩国科技研究人员能够了解国际科技发展前沿，为科技创新提供了很好的支撑。但韩国永远没有忘记自身发展，积极发展本国高等教育，积极吸收外国留学生来韩国学习，并积极建设世界一流的研究型大学，以壮大本国实力，是非常值得我们借鉴的。20 世纪 90 年代后韩国在科研水平先进地区建立研究机构，加强与国际权威的交流，也非常有效地促进了韩国的科技创新。

综上，韩国建设国家创新体系最值得我国借鉴的经验就是强化政府在国家创新体系建设和运行中的综合协调职能，以改变我国现在各创新主体之间关系松散和相互作用不紧密的现状，充分发挥各创新主体的积极作用，不断改善我国国家创新体系的运行机制，加强国际交流与合作，从而大力推动国家创新体系的建设与发展。

主要参考文献

1. 谢桂华：《学位与研究生教育工作实践及思考》，北京：高等教育出版社，2002年。

2. 谢桂华：《20世纪的中国高等教育·学位制度与研究生教育卷》，北京：高等教育出版社，2003年。

3. 谢桂华：《学位与研究生教育研究新进展》，北京：高等教育出版社，2006年。

4. 刘晖，侯春山：《中国研究生教育和学位制度》，北京：教育科学出版社，1988年。

5. 秦惠民：《学位与研究生教育大辞典》，北京：北京理工大学出版社，1994年。

6. 李盛兵：《研究生教育模式嬗变》，北京：教育科学出版社，1997年。

7. 薛天祥：《研究生教育学》，桂林：广西师范大学出版社，2001年。

8. 伯顿·克拉克：《研究生教育的科学研究基础》，王承绪译，杭州：浙江教育出版社，2001年。

9. 伯顿·克拉克：《探究的场所——现代大学的科研和研究生教育》，王承绪译，杭州：浙江教育出版社，2001年。

10. 王秀卿，张景安：《国外研究生教育》，北京：科学技术文献出版社，1987年。

11. 王忠烈：《学位与研究生教育的比较研究》，北京：中国人民大学出版社，1998年。

12. 陈学飞：《美国、德国、法国、日本当代高等教育思想研究》，上海：上海教育出版社，1998年。

13. 美国科学、工程与公共政策委员会：《重塑科学家与工程师的研究生教育》，徐远超等译，北京：科学技术文献出版社，1999年。

14. 教育部国际合作与交流司：《国外高等教育调研报告》，北京：首都师范大学出版社，2001年。

15. 中国学位与研究生教育发展报告课题组：《中国学位与教育生教育发展报告（1978～2003）》，北京：高等教育出版社，2006年。

16. 中国学位与研究生教育发展报告课题组：《中国学位与教育生教育发展报告（2002～2010）》（征求意见稿）。

17. 教育部学位管理与研究生教育司：《2003～2005研究生教育创新计划实施报告》，北京：北京理工大学出版社，2006年。

18. 廖湘阳：《研究生教育发展战略研究》，北京：清华大学出版社，2006 年。

19. 韩廷民：《改革视野中的大学教育》，青岛：中国海洋大学出版社，2006 年。

20. 约瑟夫·熊彼德：《经济发展理论》，北京：商务印书馆，1990 年。

21. 路甬祥：《创新与未来——面向知识经济时代的国家创新体系》，北京：科学出版社，1998 年。

22. 张凤、何传启：《国家创新系统——第二次现代化的发动机》，北京：高等教育出版社，1999 年。

23. 刘洪涛：《国家创新体系（NIS）》，西安：西安交通大学出版社。1999 年。

24. 石定寰，柳卸林等：《国家创新体系：现状与未来》，北京：经济管理出版社，1999 年。

25. 阎立钦：《创新教育：面向 21 世纪我国教育改革与发展的抉择》，北京：教育科学出版社，1999 年。

26. 刘锟，李燕：《创新教育基础理论》，济南：齐鲁书社，2000 年。

27. 柳卸林：《21 世纪的中国技术创新系统》，北京：北京大学出版社，2000 年。

28. 佟景才：《创新教育与创新人才培养》，北京：北京铁道出版社，2000 年。

29. 彭坤明：《创新与教育》，南京：南京师范大学出版社，2000 年。

30. 汪刘生：《创造教育论》，北京：人民教育出版社，2000 年。

31. 中国社会科学院研究生院：《知识经济与国家创新体系》，北京：经济管理出版社，2000 年。

32. 欧庭高：《创业的家园——中国高科技企业孵化器》，北京：北京邮电大学出版社，2000 年。

33. 顾明远：《跨世纪创新人才培养国际比较》，北京：人民教育出版社，2000 年。

34. 何传启、张凤：《知识创新——竞争新焦点》，北京：经济管理出版社，2001 年。

35. 李志仁等：《高等教育与国家创新体系建设》，郑州：大象出版社，2005 年。

36. 殷朝晖：《国家科研体制建设与研究型大学发展》，青岛：中国海洋大学出版社，2007 年。

37. 国家创新体系建设战略研究组：《2008 国家创新体系发展报告》，北京：知识产权出版社，2008 年。

38. 黄福涛：《欧洲高等教育近代化——法、英、德近代高等教育制度的形成》，厦门：厦门大学出版社，1998 年。

39. 曾国屏、李正风：《世界各国创新系统——知识的生产、扩散与利用》，济南：山东教育出版社，1999 年。

40. 沈红：《美国研究型大学形成与发展》，武汉：华中理工大学出版社，1999 年。

41. 马万华：《从伯克利到北大清华——中美公立研究型大学建设与运行》，北京：教育科学出版社，2004 年。

42. 霍立浦，邱举良：《法国科技概况》，北京：科学出版社，2002 年。

43. 邢克法：《战后法国教育研究》，南昌：江西教育出版社，1993 年。

44. 高柏：《日本经济的悖论》，北京：中国经济出版社，2001 年。

45. 袁韶莹：《当代日本高等教育》，长春：吉林教育出版社，1993 年。

46. 王春法：《国家创新体系与东亚经济增长前景》，北京：中国社会科学出版社，2002 年。

后　记

　　本书是教育部科学技术研究重点项目《研究生教育、大学科研与国家科技创新体系》的最终成果。

　　我们围绕课题先后组织了北京科技大学教育经济与管理专业、高等教育学专业几届硕士研究生和科技与教育管理专业的博士研究生开展了广泛而深入的研究，并在科技与教育管理专业博士生课程中增加了研究生教育改革和国家创新体系建设的内容。我们从创新教育、高校学科建设、大学科研、大学科技园、研究生教育改革和产学研培养模式等多角度探讨与国家创新体系的关系，努力搜集相关国家的资料，为我国研究生教育与国家创新体系建设提供启示。我们还先后召开了两次"研究生教育与国家创新体系学术研讨会"，发表了10余篇有关学术论文，并有部分研究生结合课题研究撰写了硕士学位论文。

　　在课题研究过程中，我们对书稿不断地进行了论证、推敲和修改，几经反复，现在呈现给读者的这本《研究生教育与国家创新体系》，即是我们数年来不懈努力和探索的结果。

　　本书是集体智慧的结晶。前前后后参加本课题研究和为本书写作做出各种贡献的有：苏雁羽、韩景超、王强、李洁、熊作勇、徐静姝、涂端午、张祥兰、马萱、张秋月、刘晶、关少华、张毅等。他们做了大量的资料收集、整理和有关章节初稿的撰写工作。还要特别感谢张跃、李梅、谷贤林、毛祖桓、杨晓明等，在课题研究、本书前期论证以及研究生学位论文指导方面给予的大力支持和帮助。

　　负责本书各章最后撰稿的具体分工为：前言，谢桂华；第1章，谢桂华、林喜庆；第2章，许放、李志红；第3章，林喜庆、王文宏；第4章，许放、牛金成；第5章，丁凤新、殷凌云；第6章，齐书宇、丁秀棠；第7章，齐萱、李芹、王海燕；第8章，李志红、许放。

　　林喜庆、李志红分别负责上、下篇的文字编辑和整理工作；许放对全部书稿统一规范了体例，进行了修改和完善；谢桂华对全书进行了审阅，并提出修改意见；最后由主编谢桂华、许放统稿。

本书力图尽可能清晰地诠释研究生教育与国家创新体系二者之间的关系，尽可能客观地分析一些国家相关的经验和借鉴，从而为深化我国研究生教育改革和推动国家创新体系建设提供有益的建议和对策。虽然我们想法是好的，并已尽最大的努力，但囿于知识和学术水平的限制，本书不可避免地会存在许多疏漏和不当之处，我们竭诚欢迎专家学者及广大读者不吝赐教并给予批评指正。

在本书写作过程中，我们参考引用了国内外许多学者的相关研究成果，虽然我们在书中尽可能将所引文献详细地注释出来，并在全书末尾详尽地列出主要参考文献，但仍可能会有一些被引用了观点、资料的文献未能一一列出，还请各位专家见谅，并对本书所引文献资料的作者表示衷心的谢意。

教育部原副部长、中国高等教育学会会长周远清教授特为本书作序，这对我们既是鼓励又是鞭策，在此谨向他表示最衷心的感谢！

在付梓出版之际，有幸入选"高校社科文库"，得到教育部高等学校社会科学发展研究中心的出版资助，为此亦深表谢意。

最后，我们对光明日报出版社的支持，对责任编辑所付出的辛苦，表示由衷的感谢！

本书出版后，于2013年获北京市第六届教育科学研究优秀成果三等奖。

编者
2010 年 9 月 10 日